阪南大学翻訳叢書24

ジョン・ロジャーズ・コモンズ
制度経済学 上

●政治経済学におけるその位置

John Rogers Commons
Institutional Economics
Its Place in Political Economy

ナカニシヤ出版

日本語版の刊行に寄せて

ジョン・ロジャーズ・コモンズ（John Rogers Commons：1862–1945）は、ヴェブレン（Thorstein B. Veblen）やミッチェル（Wesley C. Mitchell）とともに、経済学における制度学派の創始者とされる人物である。また、アメリカの労働史研究で多くの業績を残し、ウィスコンシン州でアメリカ最初の失業保険の法制化に貢献した人物でもある。

コモンズはオハイオ州の自営業主の子として生まれたが、家庭は裕福とはいえず、病弱でもあった。彼は経済面と健康面で苦しみながらオバーリン大学を卒業したあと、ジョンズ・ホプキンス大学大学院に進み、歴史学派の影響を受けたイーリー（Richard T. Ely）のもとで政治経済学を学んだ。博士号は取得できず、その後は教員としてウェズリアン大学、オバーリン大学、インディアナ大学、シラキューズ大学といった諸大学を転々としていた。しかし、一八九九年から五年間、卸売物価の調査や移民調査を行ないつつ、労使の合同会議にも出席し、労働問題に深く関与するようになった。そして、一九〇四年に恩師イーリーの勧めでウィスコンシン大学に着任した。そこで、進歩主義的なラ・フォレット州知事の政策立案者（ブレーン）となり、活躍の場を得ることになった。彼は一九三二年に退職するまで、『アメリカ産業社会史（全十巻）』（一九一〇―一一年）、『合衆国労働史（全四巻）』（一九一八―三五年）の執筆に関与したほか、アメリカ経済学会会長や全米経済研究所（ＮＢＥＲ）の理事なども務めた。そして、政策立案者として自分が関わった政策の法的妥当性を調べるうちに、法と経済社会の関係を研究するようになる。その成果が、『資本主義の法律的基礎』（一九二四年）、本書『制度経済学』（一九三四年）、そして死後出版された『集団行動の経済学』（一九五〇年）で、この三つの著作が彼の制度経済学を代表する著作となった。

本書は、コモンズが自伝のなかで「自分の考えは『制度経済学』と『合衆国労働史第三版』で結実した」と述べているように、彼の主著といえる。本書の出版は一九三四年だが、脱稿は一九三三年十一月であった。この年は、一月にドイツでヒトラー政権が誕生すると同時に、アメリカではルーズベルトによるニューディール政策が始まった年である。よって、ナチズムやケインズ政策の検証はなされていないが、資本主義が修正資本主義または軍国主義や共産主義へと変貌する時期に、彼の考える「適正な資本主義」を論じている点に特徴がある。それゆえ、本書の最終章は「共産主義、ファシズム、資本主義」となっている。

株式会社や労働組合、そして組織的な政党が発展していく時代において、コモンズの関心は、人々の利害が「対立」する一方、集団への「依存」が高まる社会で、紛争を解決する「秩序」を解明すること、すなわち集団的行動に関する理論を構築することにあった。彼は、そのためには理論を構築する最小単位に、社会科学における法的・経済的・倫理的要素を含めなければならないと考えた。その最小単位がコモンズ独自の「取引（transaction）」概念である。

コモンズはこの取引概念を三つに分類した。第一は、市場での売買行為を意味する「売買交渉取引」で、法的に同等な者の間でモノやサービスを売買する取引である。第二は、工場長と労働者のような法的上下関係を含み、富の生産を目的とした集団内の命令‐服従関係を意味する「管理取引」と呼ばれるものである。そして第三は、税の割当のような法的上下関係を含み、富の分配を目的とした、利益と負担を振り分ける「割当取引」と呼ばれる取引である。

こうした取引概念をもとに、コモンズは集団的行動の分析をしていく。彼は人々の単なる集合体であるグループではなく、「自発的意志（willingness）」をもった人々で構成される集団・組織に注目し、それを「ゴーイング・コンサーン（going concern）」と呼んだ。これは、将来へ向けて継続（going）する、自発的意志や取引を含む活動体（concern）を指す。コモンズは企業や同業組合はもちろん、国家や家族もゴーイング・コンサーンと考えたが、最もよく当てはまるのは企業である。例えば、ゴーイング・コンサーンとしての企業では、三つの取引が次のように行なわれる。生産部門では商品生産のために管理取引が行なわれ、営業部門では商品販売のために売買交渉取引が行なわれる。そして、これらを統治する取締役会などで、配当金などの利益配分や、従業員の社会保障負担を割り振る割当取引が行なわれる。取締役会などの統治機構は就業規則などのルールをつくるが、コモンズはこれを「ワーキング・ルール（working rule）」と名づけた。こうしたルールは必ずしも個人の自由を奪うものではなく、ルールを制定することによって新たな自由を得られる場合がある。なぜなら、ルールは守らなければならないこと（義務）を規定すると同時に、やってよいこと（自由）や可能なこと（権利）も規定するからである。これにより、個人は自分だけではなしえないビジネスを行なうことができるようになる。こうして彼は、集団内のワーキング・ルールである制度（institution）を「個人の行動を抑制し、解放し、拡張する集団的行動」と定義した。

コモンズは労働問題に長年取り組んだが、その解決のために国家の経済介入にも肯定的な立場をとる。しかし、国家による統制が行きすぎると、前述した管理取引や割当取引が重視されるようになる。これが極端に推進されると、命令－服従関係が強化され、最終的に共産主義やファシズムへ向かう危険性が生じてしまう。一方、売買交渉取引が重視された場合でも、市場での「機会の平等」「公正な競争」そして「対等な交渉力」を実現しなければ、不公正な競争の結果として独占が生まれ、労使の対立が激化するなど、自由放任による資本主義の弊害は解決されない。したがって、三つの取引をバランスよく組み合わせた制度を構築するという、マクロレベルの政策が重要になってくる。

では、バランスのよい制度は、誰がどのように決めるのだろうか。コモンズは、集団的ルールである制度は、最終的に最高裁判所による判決によって人為的に淘汰され、そこから商品価格や資産価値などの「適正な価値（reasonable value）」が決まると主張した。これは、アダム・スミスがいった市場における神の「見えざる手」ではなく、慣習・判例に影響される裁判所の「見える手」の存在を重視している点に特徴がある。ただし、人為的淘汰は「適法手続（due process of law）」を経なければ、うまく機能しないことをコモンズは強調した。なぜなら、プロセスが疎かにされれば、裁判官などの裁定者の暴走を許すことになるからである。こうして彼は、慣習に基づいてプロセスを遵守した、制度の人為的淘汰によって、適正な資本主義を実現すべきだと主張した。

このようなコモンズや他の制度学派の知的運動は、大恐慌後のニューディール政策に少なからぬ影響を与えた。しかし、制度学派が中心となった前期ニューディールの政策（産業復興法や農業調整法）が違憲判決を受けると、制度の抜本的改革よりも、景気の短期的回復を目的としたケインズ政策が中心になり、制度学派は衰退していくことになった。第二次世界大戦後は、エアーズ（Clarence E. Ayres）、ガルブレイス（John K. Galbraith）、ミュルダール（Karl G. Myrdal）らの「ネオ制度派」（neo-institutionalist）と呼ばれる人々が、豊かな社会特有の問題などを扱った。その後は、コース（Ronald H. Coase）、ノース（Douglass C. North）、ウィリアムソン（Oliver E. Williamson）らの「新制度経済学（new institutional economics）」が伸展してきたが、彼らは旧来の制度学派とは一線を画し、主流の新古典派経済学の拡充に貢献してノーベル経済学賞を受賞した。これにより、経済学における制度の役割が再び注目されるようになった。このなかで、「取引費用経済学」を展開して二〇〇九年にノーベル経済学賞を受賞したウィリアムソンは、経済における取引の重要性については、コモンズの研究に影響を受けたと著書で述べており、それがコモンズに対する評価を見直すことにつながっている。

コモンズは当初、『資本主義の法律的基礎』と本書を一冊で出版しようとしていたが、ミッチェルのアドバイスにより、二冊に分けて出版することになった。コモンズは政策の法的妥当性を確認するために何百もの判例研究を行なったが、そのなかで裁判所が利害の対立に対してどのような判決を下してきたかを調査した。それは所有権や「適法手続」に関わることで、これらを中心に扱ったのが『資本主義の法律的基礎』であった。これに対して本書は、法学的な考えを経済学に当てはめることで、現代資本主義における集団的行動を分析しようとしたものである。その際、過去の経済学者が様々な概念をどのように扱ってきたかを調べる必要があったので、方法論や経済思想の分析がなされている。

冷戦終結後、資本主義経済はいっそうの拡大をしてきた。しかし、自由放任的な規制緩和は、バブルとその崩壊による大恐慌やリーマンショックのような事態、さらに経済格差の拡大を招いてしまう。その反対に、規制を強化しすぎると、旧社会主義経済や軍国主義の二の舞になってしまう。両者の間にこそ現実的な制度があるというのは容易に理解できるが、それをどのように設計するのか。コモンズの学説は、適正な資本主義に関する一つの示唆を与えているといえる。そして、彼が本書で展開した内容は、法・経済・社会・政治・倫理を考慮した「制度」によって、個人の自由を拡大させる独自の理論体系をもつ。その思想は、今日の資本主義経済はもちろん、今後の経済学や社会科学全体を考えるうえで有益なビジョンを示しており、そこにも本書の現代的な意義があるといえるだろう。

二〇一四年十一月十五日

高橋真悟

凡例

1．本書は、John Rogers Commons, *Institutional Economics : Its Place in Political Economy*, Macmillan, New York, 1934（以下便宜上、これをマクミラン版と呼ぶ）、の全十一章のうち、序文〜第七章までを訳出したものである。原著は、全十一章からなるが、九〇〇頁を超える大著のため、第7章までを上巻（本書）、第8・9章を中巻、第10・11章を下巻として公刊する。なお、この訳書各巻の分量は、原著で約三〇〇頁に相当する。

2．原著は一九三四年にMacmillanから公刊されたあと、一九五九年に、University of Wisconsin Pressから、第8章四五七頁までを第一巻、そこから第11章までを二巻とする二分冊にて再版されている（以下、これをウィスコンシン版と呼ぶ）。このウィスコンシン版はマクミラン版と何ら異同はなく、ページ数もまったく同じであるので、マクミラン版をもとに写真製版したものと思われる。またコモンズ研究で知られている、Malcolm Rutherfordの序文が新たに付された版が、一九九〇年にTransaction Publishersから刊行されており、何度も再版されている（以下、これをラザフォード版と呼ぶ）。ラザフォード版は、第9章までを第一巻、残り10章と11章を第二巻としている。しかしながら、ラザフォード版は、ラザフォード自身の序文が付されている以外、マクミラン版と何ら異同はなく、ページ数もまったく同じであるので、マクミラン版を元に写真製版したものと思われる。したがって、本書においては、もっぱら、マクミラン版を利用した。

3．翻訳に際しては以下の点に留意した。

（1）ラテン語起源の用語などを除く、原文におけるイタリックはゴシックにした。

（2）先頭の字句が大文字で始まっている用語には傍点を付した。

（3）（ ）はそのまま（ ）にした。また、読者の理解のために英文をそのまま表記した箇所がある。

（4）——、コロン、セミコロンは省略し、日本語として読みやすくするための工夫を行なった。

（5）原語に正確に対応する日本語が選別しがたい用語、日本語の表記だけですませると誤解を与えるような用語、原文において用いられている類似の用語と明確に異なる意味で用いられている用語についてはできうる限り、カタカナのルビを振った。

（6）コモンズの翻訳書は、現時点では、『資本主義の法律的基礎』の前半部分、『労働法原理』および『集団的行動の経済学』だけである。彼独自の概念に関わる用語の訳出に際しては、できうる限り既存の研究および邦訳書を参照したが、それらの翻訳がなされた時代的背景やその後の理論研究の進捗などに鑑みて、それらの訳語を継承していない場合がある。また、コモンズの理論における独自性を表現するために、既存の経済学でその使用が一般的なものとなっている用語であっても、独自な訳語を与えている場合がある。たとえば、bargaining transaction の訳語は通例では「売買取引」であるが、本書ではあえて「売買交渉取引」と訳出した。なお、このような事例においては、多くの場合訳語の上にカタカナのルビを振った。

（7）訳註は、短いものの場合は〔　〕にて適宜本文に挿入した。また、解説的な訳註は、原注と別の記号を用いて、頁ごとに、原注のあとに挿入した。

（8）コモンズは、ロック、スミス、リカード、マルクスなどの著書から数多くの引用を行なっている。その引用箇所に関しては、適宜既存邦訳を参照し、可能な限り邦訳書の頁も記入した。ただしコモンズが引用に際して意図的に引用文を省略している箇所や自身による独自な挿入を行なっている箇所も多く存在するため、そのような引用箇所などについては、邦訳を改変した。また、本文の訳語と、引用箇所の訳語との整合性を保つために、既存邦訳の訳語を改変した。なお、コモンズが引用文中において独自に挿入している箇所については［　］を用いた。

（9）コモンズは、原注において、しばしば原著の他章を参照するよう促している。しかしながら、中・下巻は今後刊行される予定なので、上巻ではその邦訳該当箇所を指示することができない場合がある。そこで本書では、そのような言及がなされている原注においては、原著の頁数をイタリック体で示した。

（10）（9）との関連で、原著との対比を行ないやすいように、訳文の上部に原著の頁数を挿入した。

制度経済学——政治経済学におけるその位置　上　＊　目次

コモンズ　制度経済学——政治経済学におけるその位置　上

序文

v

本書は、自然科学のテキストをモデルにしている。本書に組み込まれているアイディアの一つひとつは、その創始者まで遡って追跡されている。その後、そのアイディアが継承され修正されて展開されているが、当該のアイディアに含まれていた当初の二重ないし三重の意味合いが、それぞれ一つになるまで分離され、単一の意味として分けられている。そのアイディアは、第一次世界大戦以降に展開している政治経済の科学であるとわたしが理解するもののなかで、他のものと組み合わされている。新しいアイディアと理論の創始者は、アメリカ独立戦争〔一七七五―八五年〕の前後に登場している。この期間はわたしが戦争周期（ウォー・サイクル）と呼んでいるものだ。わたしは自分の分析を英米のコモン・ローに基礎づけている。だからわたしは一六八九年のイギリスにおける革命から開始する。その次に、一七八九年のフランス革命による世界戦争が続く。そのあとに、一八六一年の南北戦争が、一八四八年のヨーロッパでの革命が鎮圧された結果が、そしてそのまた次に、一九一四年に始まる一ダースもの大変革にともなう戦争が続いている。

わたしは、本書のほかにも自叙伝で説明しているが、こうした大変革の循環過程の二つの部分を体験してきている。その二つのうちの一つは、アメリカの大変革、奴隷制廃止であった。もう一つは、過去二十年の世界的規模での大変革である。わたしの最初の著作である『富の分配 *The Distribution of Wealth*』（一八九三年）は、十九世紀の第四四半期を通じて支配的であった理論に基づいている。『資本主義の法律的基礎（*Legal Foundations of Capitalism*）』（一九二四年）と本書『制度経済学 *Institutional Economics*』（一九三四年）は、われわれがいまのその一端に関わっている大変革の循環過程のなかで出現している理論に基づいている。

多くの学生と助手の皆さんにわたしは過去二十五年にわたって多くを負っているが、そのなかでも、アンナ・キャンベル・デイヴィスAnna Campbell Davis夫人には、七年間にわたって法律訴訟や経済訴訟について、またルーベン・スパークマンReuben Sparkman氏は、四年にわたって経済事件について、手助けしてもらった。経済学部の同僚の方々には、目に見えない援助をしていただいたし、ここで言及した以外の経済学者たちにも、そのなかには以前や現在の学生たちも含んでいるが、わたしが書いては書き直した原稿を読んで意見を述べてもらい、不備な個所を指摘してもらったし、問題点を克服するのに手助けしてもらった。

ジョン・R・コモンズJohn R. Commons

ウィスコンシン州、マジソン

一九三四年八月

第1章　本書の視点

1

わたしの視点は自身の集団的行動（コレクティヴ・アクション）への参加に基づいており、この参加からいまやわたしは個人の行動において集団的行動が果たす役割についての理論を得ている。その考察は場合によっては制度経済学についての他の人々の考えに適合するかもしれないし、あるいはそうでないこともあるだろう。わたしの『資本主義の法律的基礎』および本書『制度経済学』のさまざまな謄写版の草稿やそれらの改訂版の読者および学生による論評や批評は、彼らがわたしの諸理論も、わたしがどのような考えでいるのかも、理解できなかったことによる。またそれはわたしの諸理論があまりにも自分自身のためだけの個人的なものであったために、おそらく誰もそれらの理論を理解できなかったことによる。しかし彼らの論評や批評のおかげでわたしは気がねなく、また臆することなく自分自身を客観的に見ることができたのだった。そしてそれはわたしの、五十年にわたる、多くの集団的行動への参加を通じて可能となったのである。

　この最初の章において、また諸々の偶然の出来事および失業[1]について表わした部分で再度、わたしはこの参加の記録を説明する。わたしは、本書が自分自身のためだけの理論ではなく、むしろ集団的行動における多くの実

（1）　後述、*p. 2*をみよ。

際的な試みと合致し、それゆえ過去二百年の個人主義的諸理論と集団主義的諸理論との調和を求める理論である、と考えている。

わたしの〔集団的活動への〕参加は、一八八三年、オハイオ州クリーヴランドの地方の活版印刷組合の一員になることで始まった。わたしは、インディアナの片田舎の小さな村でのちっぽけな新聞社とその作業場での七年間の多方面にわたる養成を経て、「田舎の印刷工」が抱くあらゆる純朴さと好奇心を携えて仕事に臨んだ。週給十五ドルほどで週七日、一日十二時間働くというこの新しい経験、また大日刊紙の経営者と印刷工たちをともにコントロールしようとする労働組合の試みという経験、それに一八八六年以前の渡り印刷工としての旅を経て、わたしは、ジャーナリズムを仕事にする準備をしているという漠然とした考えから、わたしがなしうるあらゆる方向での経済学におけるすべての問題を研究するという計画へ、転換したのだった。

わたしが最初に読んだ経済理論は、同僚の印刷工から勧められた、ヘンリー・ジョージの個人主義的で神学的な『進歩と貧困』であった。わたしは、ジョージがたどり着いたような、演繹的結論には決して到達しなかった。わたしは彼が労働組合を非難していることに憤慨した。[2] というのも、わたしは、自身の事例から、労働組合が、その対極にあるオープン・ショップ[a]での雇用条件よりもましな雇用条件を生み出すことを知っていたからである。

2

法律と経済学との関係という問題をわたしが最初に導入したのは、一八八八年、ジョンズ・ホプキンス大学のイーリー教授[3]の講義においてであった。一八九九年にわたしは、全米産業委員会のために、移民をテーマとした調査を行なったが、その調査でわたしは、実際に全国の労働組合の本部に出向いた。このことが資本組織と労働組織による産出制限についてのさらなる研究を導いた。一九〇一年以降わたしは、「労働者、雇用主、公衆」を代表する、全米市民同盟とともに、労働仲裁に加わり、一九〇六年には、同じ組織とともに、公益諸事業の自治体および民間が運営する事業の調査に加わった。

一九〇五年にわたしは市民サービス法を起草し、一九〇七年には、ウィスコンシン州知事のロバート・M・ラ・フォレットの要請で公益事業法を起草した。その公益事業法の狙いは、地方の公益事業会社による適正な諸価値と適正な諸実践を突き止め、整備することであった。一九〇六年と一九〇七年にわたしはラッセル・セージ財団のために、他の人々とともに、ピッツバーグの鉄鋼産業における労働条件を調査した。一九一〇年から一九一一年の間、社会主義者たちがミルウォーキー市を管理していたとき、わたしは彼らのために経済・効率局を組織した。一九一一年にわたしは、ウィスコンシン州のための産業委員会法を起草し、次いでその産業委員会の、運営に二年間参加したが、その目的は、雇用主と被雇用者の関係における適正な諸ルールと諸実践を突き止め、強化することであった。一九一三年から一九一五年にかけて、わたしは、ウィルソン大統領に指名された、労使関係委員会のメンバーであった。一九二三年にフェッター教授、リプレイ教授、そしてわたしは、U・S・スティール株式会社が実際に行なった差別待遇についての、ピッツバーグ・プラス訴訟に関わる連邦通商委員会における西部四州の代表であった。一九二三年と一九二四年に、国民通貨連合の会長として、わたしはニューヨークおよびワシントンにおける連邦準備制度の運用を調査した。このことから結果的に、一九二八年に、下院貨幣・通貨委員会におけるカンザス州のストロング下院議員による価格安定化法案を支援することになった。

その一方で、一九二四年から一九二六年の間、わたしは、議長として、シカゴの被服産業における任意の失業

(2) George, Henry, *Progress and Poverty* (1879)〔邦訳、山嵜義三郎訳［1991］『進歩と貧困』日本経済評論社〕。彼の『著作集』*Complete works* (1906–1911) を参照。

(a) 訳者注：労働組合員以外の労働者をも雇用する事業所のこと。もとは組合労働者を雇用しない反組合主義の工場 (nonunion shop) を意味した。

(3) 以下を参照。Ely, Richard T., *Property and Contract in their Relation to the distribution of Wealth* (2 vol., 1904).

保険制度（プラン）を、二年間にわたって運営した。この制度は、わたしがそれ以前の、一九二三年に、法制化のために創案していたものとよく似ていた。その制度は改善されて、最終的に一九三二年にウィスコンシン州の法に制定された。

こうした五十年を経験した人が、利害対立と集団的行動という、この二つの結論にどうして到達しないのか、わたしにはわからない。州や市の政府でさえ、結局は主権を保有している人々の集団的行動であることがわかったのである[4]。

3　その一方で、わたしは当然のことながら、何百もの判例を、主として連邦最高裁判所の判例および労働・商事仲裁裁判所の判例を研究し続け、これらの裁判所が、利害の対立にもかかわらずどのような原理に基づいて判決を下したのか、つまり裁判所が、適法手続（デュー・プロセス）[b]、財産と自由の考慮、法による平等な保護に関して憲法の条文に従って判定を下していることを発見しようと努めてきた。これらの判決はわたしの『資本主義の法律的基礎』（一九二四年）において論じられているが、それに対して本書はそれらの判決に関わる経済学者たちの諸理論についての研究書である。ほとんどの経済学者が、本書の以下で展開されている見解を考慮しておらず、また法制度を経済学に適合させることを、あるいはアメリカの司法主権についてのこの憲法上のテーマに適合させることを、可能ならしめる貢献をもなしえていないということをわたしは知ったのである。

4　わたしが、一九〇七年に公益事業法を法律家と一緒に起草していたときに、気づいた主なこととは、「財産」という言葉の意味づけにおいて、一八九〇年以降に、連邦最高裁判所が実施した変更である。その変更とは、一八七二年の屠殺場訴訟における「無体（インコーポリアル）」財産についての初期の意味づけに、一八七六年のマン訴訟において、「無形（インタンジブル）」財産という新しい意味づけを付け加えたことである。一八九〇年以降最高裁判所は財産という用語にこの新しい意味づけを与えたのだった。その追加された意味づけは一八九七年と一九〇四年の間でなされたいくつかの判決によって完全なものとなった。

　これらの判決によれば、またわたしが自身の『資本主義の法律的基礎』の刊行以降その意味づけをさらに発展させたように、無形財産の意味づけとは、他者が必要としているが所有していないものを、他者に与えないでおくことによって価格を固定する権利のことである。無形財産はまた、〔一八九〇年〕以前には別々に取り扱われていた、自由の意味づけをも含んでいる。適正価値に関する一八九〇年以降の最高裁判所のすべての判決は、この無形財産の意味づけいかんに、またそれにともなう裁判にかけられている利害対立いかんにかかっていたとみなされるであろう。

　ソースティン・ヴェブレンは、感心なことに、続く一九〇〇年代に無形財産という同様の考えを経済学に導入しつつあった。彼が「制度」経済学者として知られるようになったのはもっぱらそのような理由からであった。しかし〔裁判所の判決との〕その違いは、ヴェブレンが自身の具体的な事例を、一九〇〇年の全米産業委員会における財界の実力者の宣誓証言から得ているということにあった。その結果彼の無形財産の概念はマルクスの強奪および搾取に終始したのである。しかしわたしの源泉は自らの集団的行動への、法案の起草への参加であった。これらの参加期間において、わたしに必要だったのは、その期間のすべてにわたる最高裁判所の判決の研究で

（4）　わたしは、以下に述べることの要旨として、*American Economic Review* の編者者より、一九三二年六月号の論文を用いることを許可されている。また、同誌の六月号以前にある、ジョセフ・E・シェーファー教授による評論もみよ。その評論のおかげで、わたしは、この個人的な見解を明確に示すことができたのだった。

（b）　訳者注：判例に基づく決定方法のこと。なお、コモンズはこの方式を様々な社会的合意形成の過程にまで適応している。詳細は10章「適正価値」原著 *p. 697*「習慣上の仮定」以降を参照のこと

あった。その結果わたしの無形財産の概念は適正価値（リーズナブル・ヴァリュー）というコモン・ローの概念に帰着した。

　この概念を、最高裁判所の訴訟においてのみならず、団体交渉、労働仲裁、商事仲裁訴訟においても、分析するなかで、わたしは当然、次のことを発見した。まず、これらの裁判所の判決が、利害対立に始まること。次いでそれらが双方の利害対立の相互依存関係という明白な考えを斟酌していること。さらにそれらが利害対立から、利害の調和ではなく、秩序を引き出す努力を行ないつつ、最高裁判所、労働・商事仲裁裁判所という、最高権威による判決に至ることがそれであり、それらは「適法手続」として知られていた。

　その一方でわたしは、対立、相互依存、秩序という、これら三つの構成要素を包含するであろう研究単位とはいったい何でありうるのかを、見つけようとしていた。幾多の年月を経て、わたしは苦心してようやく、それらが、諸商品、労働、欲求、諸個人、交換といった旧来の概念に反するものとしての、**取引**の公式においてのみ併有されていることに見出される、という結論を得た。

　このことをもってわたしは、取引を、経済学研究における最も基本的な単位に、つまり法的コントロールの移転という単位にした。この単位によって、わたしは、諸取引に関連するさまざまな経済的要因の下での裁判所および仲裁裁判所におけるすべての経済的判決を、それらが実際に行なわれているとおりに、分類することができた。この分類によって一つの歴史的展開が可能になった。そこから明らかにされたのは、裁判所ならびに仲裁裁判所が、現時点で、諸取引において到達した強制的あるいは適正ではない価値をいかにして排除するのかであり、またそれらの裁判所が、その環境の下では、納得できる取引であり、適正価値であるとみなすものをどのようにして承認するのか、であった。

　ジョン・ロックから今日の正統派へと至る経済学者たちを調べ直すなかで、わたしは、彼らが富に関する、次のような、二つの対立する意味づけを保持していたことを知った。すなわち、富とは**物質的なモノ**（マテリアル・シングス）であり、またそれはそうしたものの所有権（オーナーシップ）でもある、と。しかし所有権とは、少なくとも無形財産についてのその近代的意味づけにおいては、価格を維持すべく豊富性を**制限する**力を意味する。他方で物質的なモノは、生産において、たとえ過剰生産においてさえも、効率性によってモノの豊富性を**増大する**力からもたらされる。それゆえ、所有権は制度経済学の土台となるのであるが、物質的なモノは古典派経済学や快楽主義経済学の土台であり、それらの学派による財産についての「有体的」意味づけは所有されている物質的なモノに相等しい。

十九世紀中葉の、マルクス、プルードン、ケアリー、バスティア、マクラウドといった、異端派経済学者たちによってはじめて、所有権と物質（マテリアルズ）とが同じものではない、ということがぼんやりと感じ取られるようになったのであり、そのことが制度経済学に対して準備された端緒であった。これらの経済学者たちは、彼らが「有体」財産についての（未だに経済学者たちがそのままにしている）より古くさい考えをもっていたという点で曖昧であった。その考えでは所有権と所有される物質とが同一視されていたのであり、あるいは「有体財産」を、契約ないし負債といった「無体財産」からしか区別していなかったのである。それゆえ、「無形財産」についての新しい考えが十九世紀最後の十五年における実業界の実力者の慣習や実際の用語から生じてはじめて、ヴェブレンや最高裁判所は、物質の所有権や負債の所有権のみならず、価格があらかじめ納得できるようなかたちで、あるいは強制的に取り決められるまでは供給を行なわないでおくことにより儲けることが期待される諸機会の所有権をも、それぞれはっきりと分離する、という新たな区別を行なうことができたのだった。この期待される諸機会の所有権こそが「無形」財産なのである。

かくして、制度経済学は、部分的には数百年に及ぶ裁判所の諸判決を通じて歴史をさかのぼる。制度経済学において集団的行動は、制定法に従うのみならず、（連邦最高裁判所のコモン・ロー方式（メソッド）において頂点に達した）成文法を解釈するコモン・ローの諸判決にも従って、ビジネスないし労働の慣習を、これらの判決を用いて、引き継ぐ。また、最高裁判所が公益および私的権利にとって好ましいとか、好ましくないとかみなすどのようなところでも、集団的行動は諸個人の行動を強要ないし抑制するのである。

そうした解釈もまたジョン・ロックから二十世紀へと至る経済学者たちの著作を通じて、彼らが集団的行動をその著作に取り入れていたか否かを見つけ出して、〔その問題に〕立ち返ることにある。集団的行動ならびに個人的行動は、つねに存在していたのであるが、スミスから二十世紀にかけてそれらは、労働組合に対する攻撃や倫理および公共政策に関する注釈を除いては、排除され、無視されてきた。いまや問題は、先行の諸学派と絶縁した、異なった種類の経済学、つまり「制度の（インスティテューショナル）」経済学を生み出すことではなくて、集団的行動に対して、そのあらゆる多様性をもって、経済理論のいたるところにその正当な地位をどのようにして与えるのかである。

6

わたしの判断では、このような、諸個人の取引における集団的コントロールとは、一つの完成された政治経済学理論全体に対する制度経済学の貢献であり、その貢献は、労働価値の諸理論や近代資本主義に対して最初の理論上の土台を築いた、ジョン・ロック以来のすべての経済諸理論を包含するであろうし、またそれらの理論に対して適切な地位を与えるであろう。

利害対立を経済学において普遍化した最初の経済学者は、神の**豊富性**の理論をもってそれを行なったロックやスミスというよりもむしろ、**希少性**の理論をもってそれを行なったデイヴィッド・ヒュームである。しかしヒュームと、彼に続くマルサスもまた、希少性を、協同性（コーペレーション）、感情（フィーリング）、正義、財産の基礎とした。つまりあらゆるものに無限の豊富性が存在するならば、いかなる利己心、不正義、所有権、倫理も存在しないであろう、というのである。

望まれ、欲求されるのは、希少なモノ、現実的なモノ、あるいは期待されるモノでしかない。それらのモノが希少であるがゆえに、それらの獲得は、財産と自由についての権利と義務を生み出す集団的行動によって調整されるのであり、それらの権利と義務なしには無政府状態が存在するであろう。この希少性は経済学者によって認められている事実であるのだから、彼らはまさしく自らの欲求（ウオンツ）と欲望（デザイア）という概念において財産制度をすでに前提にしている。制度経済学は、希少性を当然のこととして決めつけずに、より開かれたものとして希少性を認めており、集団的行動に対して、対立の終結および、希少性、私的所有、そこから帰結する諸々の対立からなる世界の秩序の維持という適切な位置を与えている。

　わたしは、取引においては利害対立が支配的であるとしている。しかしわたしの結論は、このことが唯一の原理であることを認めるわけにはいかない、というものである。なぜなら集団的行動による相互の依存関係および秩序の維持もまた存在するからである。わたしは、経済学者たちと同じように、すべての経済理論に普遍的なものとしての、希少性から始める。次いで、わたしが着手するのは、ヒュームとマルサスがそうしたように、対立のみならず、相互の依存関係によって秩序を組み立てる集団的行動もまた、希少性から引き出されることを示すことである。

　秩序あるいはわたしが集団的行動のワーキング・ルールと呼ぶものは、「適法手続」という特殊な事例であるが、その秩序そのものは制度の歴史のなかではまったく可変的なものである。またわたしは、この秩序が、豊富性の世界においては無用のものである、さまざまな割当取引のなかに現われていることに気がついた。

　希少性についてのこのような理由からまさしく、わたしは効率性をも普遍的な原理としている。なぜならそれは協同性によって希少性を圧倒するからである。しかし協同性は、旧来の経済学者たちが考えていたように、利害の調和からは生じない。それは、協同を望んでいる人々の間での利害対立から、対立における**新しい調和**を、あるいはもし調和が不可能である場合、少なくとも秩序を**生み出す**という必然性から生じる。それは説得、強要、威圧という折衝（ネゴシアル）心理学である。最も偉大なアメリカの作品は、のちに悪評を被った、持ち株会社であり、それは、説得が不十分である場合、対立を抑え込むのである。秩序のために対立を抑え込む、より普遍的な協同性は、共産主義、ファシズム、ナチズムによって企てられている。これらは利害対立を覆い隠すそれぞれに独自な方法を見つけ出した。それゆえ、調和は経済学の前提条件ではない。むしろそれは、対立を統治することとなる諸ルールの持続を意図した、集団的行動の帰結である。共産主義、ファシズム、ないしナチズムが歴史上の資本主義を廃止しなければならないということはまったくもって、売買交渉取引（バーゲニング・トランザクション）を廃止し、それらを、計画経済による管理と割当に置き換えるということである。

　こうしたことからわたしは古典派および共産主義の工学的（エンジニア）経済学を、またオーストリア発祥の**将来**に向けての経済学を退けて、将来の生産、消費ないし労働過程に影響を与える法的コントロールの現在的移転として、折衝心理学を展開している。生産と消費は何よりもまず法的コントロールを獲得せずには遂行されえない。もしかするとこれは因果関係（コーゼーション）についての考えを変えるかもしれない。それは明らかに、因果関係を、ロックの労働の諸理論と古典派および共産主義の経済学者たちがその因果関係においていた過去にかえて、あるいはベンサム以来の快楽主義経済学者たちによる生産ないし消費における苦痛と快楽という現在の知覚（センセーション）にかえて、将来におく。それは、現在の交渉による将来の結果と法的コントロールの移転という**自発的意志（ヴォリショナル）の**理論となり、生産を継続するのか、それとも操業ペースを落とすのか、はたまた停止するのかを決定し、将来の消費が拡大されたり、引き受けられたり、弱められたりする程度を決定するのである。

　おそらく問題は欲求と欲望という用語に必然的に含まれる、心理学の**種類**いかんによる。もしわたしが、裁判所が論争者の動機を分析したり、彼には動機があるとしたりするときに裁判所が行なうように、実際に取引に従事している人々と一緒にみたり、参加したりするならば、わたしはそこでつねに、生産ないし消費においてではなく、最終的には生産と消費を決定する、売買交渉取引での説得ないし強要、管理取引での命令と服従、および割当取引での議論と弁明のなかに、将来性（フューチュリティー）を見出す。制度経済学の要諦である、これらの諸交渉と諸決定のなかでは、つねに**将来**の生産および**将来**の消費こそが問題となっている。なぜなら諸交渉は、物理的コントロールに先行しなければならない、法的コントロールを決定するからである。

もしこの折衝心理学が、他の人々が言い立てているように、経済学における因果関係についてのすべての問題を、また欲求と欲望についてのすべての定義全体を変更するのであれば、わたしは、その関係が実際にそこに存在しており、経済学者たちが観察している多数の因果関係のうちの一つとして組み入れられるべきであるといわ 8 ざるをえない。わたしはこのようなことが行なわれていると考えている。しかし旧式の学派や彼らの近代における忠実な追随者は、自らの諸理論を練り上げた際に、労働や欲望といった、因果関係に関する単一の原理を選びだそうとした。だが実は近代の諸理論は間違いなく多様な因果関係の諸理論である。それゆえわたしは、「制度的因果関係」がその他の因果関係を排除するとは思わない。しかし将来の帰結をつねに期待しているのは、あらゆる種類の取引において効力を発揮する、自発的意志の経済学である。制度経済学は、諸々の権利、義務、自由、無保護（エクスポージャー）についての専有（プロプライエタリー）の経済学としての立場をとっており、そのことが、全体にわたってわたしが示そうとしたように、集団的行動に対して、経済学の理論化におけるそれ相応の地位を与えるのである。

わたしは、このような分析に何か目新しいものがあるとはみていない。本書のなかではあらゆることが二百年間にわたる傑出した経済学者たちの仕事に見出される。それは幾分異なった見解であるにすぎない。変わっているのはその解釈であり、強調であり、世界的な経済過程を作り上げている幾千にも及ぶ要因のうちの異なったある諸要因として挙げられるものがもつ重要さである。これらすべては、経済学者たちが著述していたその時代と場所で直面した、支配的な政治的かつ経済的諸問題に、また二世紀の間に変容した利害対立における彼らの相異なる社会的哲学に、帰することができる。

わたしが行なおうとしたこととは、経済諸理論にそれ相応の重要さを与える、わたし自身の経験によって修正された、ある思想体系を練り上げることである。こうしたことは、個人主義者であるロバート・M・ラ・フォレットや、社会主義者であるヴィクター・ベルガーといった二人の指導者とともに、またウィスコンシン大学で支援してくれた人々の寛大さとともに過ごした、この最高の大学でのこうした血湧き肉躍る状況というわたしの過去三十年間がなければ、不可能であっただろう。ウィスコンシン大学は世界的な利害対立の縮図であり、また経済的対立から、適正価値と適正な諸実践を、調査・探求（インヴェスティゲーション）を通じて獲得しようとする試みの縮図である。その試みは、ラ・フォレット知事が主張し、知事のあとを継いだ民主党員によって最近危難にさらされている、初期の市民サービス法なくして、実行不可能であったろう。しかしながら、州の公民立案権（イニシアティヴ）は、一つには連邦最高裁判所の諸判決によって、また一つには州政を管轄している全米行政機関によって、そして最近では、われわれ全員が参加しつつある、前例のない国をあげての実験によって、制限されてきた。

わたしは、本書が多くの再説に負っていることを自認している。しかしこうしたことを、わたしは避けることができなかった。それは一つにはテーマの目新しさに対して読者や学生が不案内であることによるのであり、また一つには、複数の因果関係における多くの源に対してそれ相応の重要さを与える理論においては、単一の概念ないし原理が、あるないしその他の多くの変更可能な因果が侵害するあらゆる点において、繰り返し使われるからである。9 もしわたしが詳述したと思う、ある先行の因果が、この同じことについての異なった視角では省略されたり、うっかり忘れられたりするならば、その場合現下の因果がもつ適切な重要さは曲解されるだろうし、また読者ないし学生はそれがわたしの注意すべきことであると考えるであろう。実験家としてのわたしの見解はそれゆえ、ある調停者、法律家、裁判所、行政官のそれとまったく同一である。彼らは、対立する諸原理、因果ないし目的をともなう、多くの対立する諸利害が、できることなら、すべて平和裏にうまくいくようにしなければならないところで、平和的にある論争に決着をつけようと努めている。
　数年にわたるこれらの試みの、とりわけ一八九九年以降に、わたしが刊行した初期の同時代の論文や著書は、その多くがわたしの学生や実際の参加者たちとの協働によるものであり、それらは本巻の諸理論に対して大部分のデータを与えている。それらは主として以下のとおりである。

論文〔表記方法は原文に従った〕

"State Supervision for Cities," *Annals of the American Academy of Political and Social Sciences*（May 1895）, 37–53.

"Taxation in Chicago and Philadelphia," *Journal of Political Economy*（September 1895）, 434–460.

"A Comparison of Day Labor and Contract Systems on Municipal Works," *American Federationist*, III, IV（January 1897 to January 1898）. Thirteen articles.

"The Right to Work," The Arena, XXI（1899）, 132–141.

"Economic Theory and Political Morality," *Proceedings American Economic Association*（1899）, 62–80.

"A Sociological View of Sovereignty," *American Journal of Sociology*,（1899 1900）, V, 1 15, 155–171, 347–366, 544–552, 683–695, 814–825；VI, 67–89.

"A New Way of Settling Labor Disputes," *American Monthly Review of Reviews*, March 1901.

Report of the U. S. Industrial Commission, U. S. Government Report, Immigration and Education, XV（1901）, 1–41；Final Report, XIX（1903）, 977–1030, 1085–1113.

Regulation and Restriction of Output, Eleventh Special Report of the Commissioner of Labor（1904）. H. R. Document No. 734, 58th Congress, 2d Session.

"The New York Building Trades," *Quarterly Journal of Economics*, XVIII (1904), 409–436.

"Labor Conditions in Meat Packing and the Recent Strike," *Quarterly Journal of Economics*, XIX (1904), 1–32.

10

"Types of American Labor Unions: The Teamsters of Chicago," *Quarterly Journal of Economics*, XIX (1905), 400–436.

"Types of American Labor Unions: The Longshoremen of the Great Lakes," *Quarterly Journal of Economics*, XX (1905), 59–85.

"Causes of the Union Shop Policy," *Publications of American Economic Association*, Third Series, VI (1905), 140–159.

Commons, John R., and Frey, J. P., "Conciliation in the Stove Industry," U. S. Government Report, Department of Commerce and Labor (Bulletin of the Bureau of Labor, January 1906, No. 62, 124–196).

"Types of American Labor Unions: The Musicians of St. Louis and New York," *Quarterly Journal of Economics*, XX (1906), 419–442.

Report to the National Civic Federation Commission on Public Ownership and Operation (3 vols., 1907), "The Labor Report," I, 60–112.

"Is Class Conflict in America Growing and Is It Inevitable," *American Journal of Sociology*, XIII (May 1908).

"Wage Earners of Pittsburgh," *Charities and the Commons*, XXI (March 6, 1909), 1051–1064.

"American Shoemakers, 1648 1895: A Sketch of Industrial Evolution," *Quarterly Journal of Economics*, XXIV (1909), 39–83.

"Horace Greeley and the Working Class Origins of the Republican Party," *Political Science Quarterly*, XXIV

(1909), 468–488.
"Eighteen Months' Work of the Milwaukee Bureau of Economy and Efficiency," Milwaukee Bureau of Economy and Efficiency (1912), *Bulletin* 19, 34 pp.
"The Industrial Commission of Wisconsin ; Its Organization and Methods," published by the Wisconsin Industrial Commission, Madison, 1914.
U. S. Commission on Industrial Relations, *Final Report and Testimony Submitted to Congress* (11 vols.), I (1916), Section II, 169–230.
"Unemployment–Compensation and Prevention," *Survey*, XLVII (Oct. 1, 1921), 5–9.
"Tendencies in Trade Union Development in the United States," *International Labor Review*, V (1922), 855–887.
"A Progressive Tax on Bare Land Values," *Political Science Quarterly*, XXXVI (1922), 41–68.
Commons, John R., McCracken, H. L., Zeuch, W. E., "Secular Trend and Business Cycles : A Classification of Theories," *Review of Economic Statistics*, IV (1922), 244–263.
11 "Unemployment–Prevention and Insurance," *The Stabilization of Business* (ed. by Lionel T. Edie, Macmillan, 1923), 164–205.
"Wage Theories and Wage Politics," Papers and Proceedings of the Thirty Fifth Annual Meeting of the American Economic Association, *American Economic Review Supplement*, XIII (1923), 110–117.
"The Delivered Price Practice in the Steel Market," *American Economic Review*, XIV (1924), 505–519.
"Law and Economics," *Yale Law Journal*, XXXIV (Feb. 1925), 371–382.
"The Passing of Samuel Gompers," *Current History Magazine* (Feb. 1925).

"The Stabilization of Price and Business," *American Economic Review*, XV (1925), 43–52.

"The True Scope of Unemployment Insurance," *American Labor Legislation Review*, XV (Mar. 1925), 33–44.

"Marx Today: Capitalism and Socialism," *Atlantic Monthly*, CXXXVI (1925), 682–693.

"Karl Marx and Samuel Gompers," *Political Science Quarterly*, XLI (1926), 281–286.

Stabilization Hearings, House Committee on Banking and Currency, H. R. 7895 (1927), 1074–1121; H. R. 11806 (1928), 56–104, 423–444.

"Price Stabilization and the Federal Reserve System," *Annalist*, XXIX (April 1, 1927), 459–462.

"Reserve Bank Control of the General Price Level: A Rejoinder," *Annalist*, XXX (July 8, 1927), 43–44.

Commons, John R., and Morehouse, E. W., "Legal and Economic Job Analysis," *Yale Law Journal*, XXXVII (1927), 139–178.

"Farm Prices and the Value of Gold," *North American Review*, CCXXV (1928), 27–41, 196–211.

"Jurisdictional Disputes," in *Wertheim Lectures on Industrial Relations 1928*, Harvard University Press (1929), 93–123.

Unemployment in the United States, Hearings, Senate Committee on Education and Labor, Senate Report 219 (1929), 212–236.

"Institutional Economics," *American Economic Review*, XXI (1931), 648–657.

書籍

The Distribution of Wealth, The Macmillan Company, 1893.

Social Reform and the Church, Thomas W. Crowell, 1894.

Proportional Representation, Thomas W. Crowell, 1896； revised 1907, The Macmillan Company.

12 Commons, John R., in collaboration with others, “Regulation and Restriction of Output,” United States Government Report, published as *Eleventh Special Report of the Commissioner of Labor*, H. R. Document No. 734, 58 th Congress, 2d Session, 1904.

Trade Unionism and Labor Problems, Ginn and Company, 1905； Second Series 1921.

Races and Immigrants in America, The Macmillan Company, 1907.

Commons, John R., and associates, *A Documentary History of American Industrial Society*, The Arthur H. Clark Company, 1910, 10 vols.

Labor and Administration, The Macmillan Company, 1913.

Commons, John R., and Andrews, J. B., *Principles of Labor Legislation*, Harper & Brothers, 1916； revised 1920, 1927.〔池田直視・吉原節夫訳『労働法原理』ミネルヴァ書房〕

Commons, John R., and associates, *History of Labour in the United States*, The Macmillan Company, 1928, 2 vols.

Industrial Goodwill, McGraw Hill Book Company, 1919.

Industrial Government, The Macmillan Company, 1921.

Legal Foundations of Capitalism, The Macmillan Company, 1924.〔邦訳『資本主義の法律的基礎』コロナ社〕

Commons, John R., Draper, E. G., Lescohier, D. D., and Lewisohn, S. A., *Can Business Prevent Unemployment?* Alfred A. Knopf, 1925.

第2章　方法

第一節　ジョン・ロック

[13] ジョン・ロックは、革命的な十七世紀イギリスの結果であった。二つの革命では、彼が反対した人々からも賛成した人々からも冷遇された。彼は三十年もの間匿名で、雇われた政治家のために著作を出版したり、大量の草稿をつくったりした。五十七歳になるまで、すなわち彼が亡命先から自国に戻り、近代の**資本主義**が確立された一六八九年の名誉革命のあとまで、イギリスで公に著作を出版したことがなかった。

彼の経験の範囲は、その世紀がもたらしたものと同じくらい広くかつ強烈であった。オックスフォードで教育を受けたピューリタンであり、そこの終身任命者であった彼は、ピューリタンが権力を握ったときには、彼らによって封殺され、国王が権力を握ったときには、国王によって解任された。彼の運命は、国務大臣シャフツベリとともに浮沈した。ロックは、シャフツベリの家に住み、彼のために宗教、科学、政治学について執筆し、彼とともに亡命した。彼は、身分の高い人と低い人が、**教会**、**君主**、**ピューリタン**、**裁判官**たちによって処刑され、投獄され、財産を没収され、彼らの見解が封殺されたのをみた。彼は、ニュートンからレーウェンフックに至る、

「新しい学問」の献身的な研究者である新しい科学者の友人や同僚であり、実験による知識の向上を目指す新しい王立協会の一員であった[1]。

ロックという人間において、その結果は、知識のかわりに懐疑主義、確実性のかわりに蓋然性、権威のかわりに理性、教条主義のかわりに研究、絶対主義のかわりに立憲政府、そして財産、自由、寛容のための司法制度の独立であった。あらゆる学問分野において、彼は十七世紀の典型であり、十八世紀に著しく影響を与え、哲学者と心理学者が制度的概念と心理学的概念を放棄したあと、十九世紀と二十世紀の正統派経済学者の制度的概念と心理的概念を規定した。

14

彼の『人間知性論』は、バークレーを理想主義に、ヒュームを懐疑主義に、フランス人を唯物論に、カントを知識の**先験的**な形態と区分に駆り立てたが、ロック自身はすべての事物における適正さのためにのみ、その著作の執筆を意図した。彼の『統治二論』は、一六八九年の名誉革命を正当化し、アメリカとフランスの革命に法律、慣習、君主に優る人間の自然権を導入したが、ロックは一六八九年におけるイギリス人のコモン・ロー的権利を、アダムから継承されたとされる国王の神権のかわりに用いようとしただけであった。同著作は、労働を政治学と経済学の基盤にし、アダム・スミスを自然の価値尺度としての労苦の理論に、リカードを正常な価値尺度としての労働力の理論に、マルクスを略奪の尺度としての社会的労働力の理論に向かわせた。しかしロックの労働に関する観念は、自己労働の生産物における私有財産であり、彼は独立した裁判官による審問や判決なしに国王によって財産を没収することに反対する議論を意図しただけであった。彼の『寛容論』は、人間知性の限界と意見の自由、言論の自由、集会の自由を規制する際の、政府の限界に関する彼の疑念から引き出された結論であった。以上のすべての論文は、彼が三十年以上にわたって、書いたり書き直したり、匿名の断片で発表、または国外で発表したものであったが、彼は専制君主制が立憲君主制に取ってかわられた十二カ月のうちに、それらの論文を自国で公表した。

1．観念

ロックの『人間知性論』は、人間の精神はどの程度本当に知ることができるのか、また知ることができないのかを明らかにするという実践的な目的で始まる。それは、混乱、不寛容、内乱を引き起こしていた十七世紀の論争と教条主義から生じたものであった。

彼曰く、「私の居間に五、六人の友人が集まって、本書とたいへんかけ離れたある主題を論じ合っていたところ、四方八方から起こる難問に友人たちはたちまち途方に暮れた。私たちは自分を悩ます疑惑の解決に一歩も近づかずに、しばらく戸惑っていたが、そのあげく、私はふと、自分たちの道がまちがっていて、この性質の探究を始める前に自分たち自身の才能を調べ、私たちの知性が取り扱うのに適した対象と適さない対象とをみる必要がある、と思いついた[2]」。

15　これは、道具が生み出すものを調査する前に、われわれの研究の精神的道具（メンタル・ツール）を調査するというロックの「新し

（1）　一六六二年にチャールズ二世によって認可された。

（2）　*The Works of John Lock*, "Epistle to the Reader" in *Essay Concerning Human Understanding* (11th ed., 1812, 10 vols.), I（著作集は未邦訳であるが、『人間知性論』は邦訳がある。訳文は次の邦訳書から引用した。大槻春彦訳［1972］『人間知性論』岩波文庫。以下、『ジョン・ロック著作集』、および『人間知性論』と表記）．ロックのすべての参考文献は、彼の著作集のこの版を参照している。

い方法」であった。それは、彼の創造的な天才を特徴づけるものであり、観念、言葉、蓋然性に関するこの論文に結実した。

ロック曰く、精神のなかの観念は、人間が本当に知っている唯一のものであり、言葉によって外部に表明されるものである。「容認された教義」は、人間は生まれたときから精神に刻み込まれた「生得の観念や独自の性格」をもつというものであった。ロックは、この教義を詳細に論破し、続けて次のように論じた。「精神を、あらゆる特徴を欠き、いかなる観念もない白紙であると仮定してみよう。その場合、精神はどこから与えられるのか。……これに対する私の答えは、一言でいえば、経験からである[3]」。

ロック曰く、経験は、知覚（センセーション）と内省の両方である。五感は、精神に「小体」を伝える。「小体」とは、外的対象に内在する、感じ取れる属性という観念として、精神で内省され、黄色、熱、硬いという言葉のようなサインによって表わされるものである。内省は、鏡のような、「われわれの内部にあるわれわれ自身の精神の働きである。なぜならそれは、すでに獲得した観念に対して用いられるからである」。しかし、「何らかの思考から生じる満足、あるいは不安」の感覚（フィーリング）がともなう。これらの働きは、「精神が内省され、考察されるようになると、知性に他の観念の組み合わせを与える。そしてそれは、外部の事物から与えられることはできず」、「まったくそれ自身に内在するものである[4]」。それらはまったく適切に「内面的な感覚と呼ぶことができ」、この内面的な感覚から生じる観念は、「知覚、記憶、注意、反復、識別すること、比較すること、構成すること、命名することである」。

前述の諸知覚とそれらの内省は「単純な観念」の二つの源泉であり、知性は「何らかの観念が持つ最も小さいかすかな光すら持っていない。そしてそれらは、知性がこれら二つのうちの一つからも受け取らないものである[5]」。これらの単純な観念は、さらに内省されると、「他の思考、他の行為よりも、ある思考もしくはある行為をより好む根拠を与える」快楽と苦痛の観念となる。われわれが自分たちの肉体を動かし、自然体が他の肉体における動きを作り出すことができるというわれわれ自らが観察している力の観念。われわれが観念を実際に精神のなかに存在すると考える時や、実際にわれわれの外部の事物であると考える時のような実在の観念。われわれが「あるものを現実的なものか観念的なものか」を考えるときのような単一性の観念。そして、「われわれ自身の精神を通過するものによって常にわれわれに伝えられている」継承の観念(6)。

16

これらの単純な観念から構成されたものは、単純な観念の「集積」、すなわち人間や空気のような「実体」、夫と妻のような「関係」、空間、時間、善、悪、公正、殺人、恐怖などのような「状態」である複雑な観念となる。これらの単純な観念と複雑な観念は、われわれが知る唯一のものである。「……精神は、その思考と推論のすべてにおいていかなる直接的な対象も持たないが、それ自身の観念を持つ。そしてそれは、単独で行い、もしくは熟考することができるものである。そして知識は、われわれのなんらかの観念に関する、関連や一致、もしくは不一致や矛盾の知覚（パーセプション）にすぎない(7)」。

こうしてロックは、外部の世界から内部の精神を完全に切り離した。精神は、特定の観念についての働きをそれ自身で観察する。特定の観念とは、単純な観念から実体、原因、結果、道徳性、神の法、市民法という高度に複雑な観念までを結合し、また再結合するものである。

---

(3) 同書、第1巻、第2編、第1章、第1、2節〔邦訳、第二巻、一三三―一三四頁〕。
(4) 同書、第4節〔邦訳、第二巻、一三五―一三六頁〕。
(5) 同書、第1章、第5節〔邦訳、第二巻、一三六頁〕。
(6) 同書、第7章〔邦訳、第二巻、一七六―一八二頁〕。
(7) 同書、第2巻、第4編、第1章、第1、2節〔邦訳、第四巻、七頁〕。

内部のメカニズムである精神と外部のメカニズムの模写（コピー）である世界とのこうした分離は、ロックから十九世紀末までの経済理論の特徴である。こうした二元論を取り除き、精神の内部と世界の外部との間の機能的関係を代替するのに必要な概念は、経済理論では、一八七一年のメンガーまで構築されなかった。[8] 彼は「効用逓減」という名で、欲求を充足させようと外的対象へ依存する感覚、すなわちこうした対象の豊富性の増加にともなって量が減少するという感覚の観念を練り上げた。そして一八八八年にベーム＝バヴェルクによってはじめて、将来財に関する現在の逓減価値という観念が構築された。こうしてそれは、ロックや彼の信奉者たちによる外部の世界と内部の精神の分離ではなく、現在と将来の外的世界への、精神と肉体の変化する依存の度合いという機能的な概念を与えるために、希少性と将来性という、より新しい観念を必要とした。〔しかし〕たとえそうだとしても、これらの快楽主義的経済学者は、ロックの知覚と観念の小体理論に従ったのである。

17

　ロックの精神についての機械論的観念は、外部からやってきて、その後内部で内省される、ニュートンの小体という形態をとった受動的な観念の容器のそれであった。これもまた、カール・マルクスで最高潮に達する、物理学的経済学者の特徴であった。彼らは、個人的な意識を単なる富の生産と獲得の模写物に還元した。取引の期待された反復という観念に、ロックの小体の感覚、内省、および意思という観念を結び付けるためには、肉体に入り込んでくる特定の感覚ではなく、行為における全肉体としての精神に関するさらに別の概念を必要とした。将来のことを考え、期待された結果を考慮して外部の世界と他人を操る**創造的**な作用としてこの全肉体がある。これは、最新の心理学と経済学が成し遂げねばならないことである。[9]

　しかしロックは、経験の教義による方法と次のような彼の論証による方法とを用意した。その論証とは、すべてのわれわれの観念の源泉は、程度の差こそあれ、もっぱら不完全なイメージをわれわれに与える五感だけであり、世界に関する生まれつきの、もしくは確かな知識ではない。現代の心理学と経済学は、当時隆盛していた、物理学、光学、天文学という最良の科学との類推によって引き出された、ロックの精神に関する物理学的概念の放棄だけを要求した。そして、彼や彼の同時代の人々が自然科学において用いていた実験的方法と同じように、心理学、歴史学、経済学を研究するのに適した概念の代替物を要求した。

この対象を考慮に入れつつ、もしわれわれが「意味づけ（ミーニング）」という感情的な用語をロックの「観念」という知性的な用語に付け加えるとすれば、世界の外部から切り離された、精神のなかを動き回る主観的な小体という機械論的なアナロジーなしに、われわれは彼が考えていたものを手に入れることができるのは明らかである。ここで意図されているような、「意味づけ」という用語は、純粋に知性的な側面である観念の情感的（エモーショナル）な側面を表わしている。それは、内部と外部の変化する世界に対する行為と反応の意志的なプロセスという、主観的かつ客観的な側面の両方を含意する。

この意味づけという概念は、ロックの「観念」という概念を、鏡のなかの単なる受動的なコピーから、外的な諸行為に関して、別のやり方では扱えない複雑さを研究し理解するために、内的に選択され変形した観念の能動的な精神的構築物へと変化させた。赤色は毎秒四百兆の振動から、そして紫色は毎秒八百兆の振動から成り立っていると考えられている。(10) われわれは赤をみるが、それは、世界のメカニズムにおける一定の反復に対してわれ

（8）ゴッセン（一八五四）、ジェヴォンズ（一八七一）によって先行され、独立してワルラス（一八七四）が続いた。

（9）プラグマティズム、ゲシュタルト心理学、制度経済学。小体と光の波動理論を結び付けようとする最近の試みである、Reichenbach, Hans, in collaboration with Allen, E. S., *Atoms and Cosmos: The World of Modern Physics*（tr. And revised 1933）も参照せよ。Whitehead, A. N., *Adventure of Idea*（1933）〔邦訳、山本誠作、菱木政晴訳［1982］『ホワイトヘッド著作集　第12巻　観念の冒険』松籟社〕. 特に、第11章、「客観性と主観性」も参照せよ。

われが与える意味づけにすぎない。それはまったく赤ではなく、それゆえコピーでもない。それは殺人を意味するかもしれないし、バラを意味するかもしれない。それは、経験、反復、記憶、出来事におけるわれわれの利害に基づく、何が起こったのかに関するわれわれの推測、もしくはこれから起こるだろう何かに関するわれわれの期待である。それは、われわれが毎秒四百兆の振動に与える多様な意味づけである。したがって、それは、自然の、人間性の、そしてわれわれ自身の主観的な観念と情感に関するあらゆる対象をともなっている。われわれの

18 知識は、模写ではなく、知性的な側面では、内部で実際に創造される観念である。情感的な側面では、意味づけである。それは、知覚と観念を関係づけるものである。よく考えられた代替案の側面では、これらは価値づけることである。それは意志的な側面では、行為し取引することである。

というのも、「意味づけ」という用語は、経験の一部と経験の全体との間の関係の公式を発展させるために、われわれが構築する観念の名前だからである。それゆえそれは、感覚と情感（エモーション）から切り離すことができない何かをありありと描写する。後者を、それらが行為の閾に達するとき、われわれは価値と名づける。すなわち、自然の世界やわれわれの周囲の人々との関係によって、実際にかつ測定可能な程度までに示されるような、外的対象に客観的に割り当てられた相対的な重要性である。

これは、「意味づけ」が期待の観念をもたらすことを意味する。意味づけという言葉は、いわゆる観念の内容以上のものを意味する。それは、観念によって呼び起こされた期待を意味する。ロックの「観念」は、ただ聡明な知性の内部によって練り上げられた、外部にある何かの模写にすぎなかった。一方、「意味づけ」という用語は、直接の、もしくは後の行為に対するこれらの観念の重要性を意味する。

この点で、「意味づけ」という用語は、価値づけること、選択すること、および行為することという切り離せない側面を意味する。ロックの「価値」という言葉は、単に外的な属性、すなわち客観的に存在する使用価値を

意味するにすぎなかったが、内的な「観念」としてとらえられる。しかし、現代の用語法は、価値という名詞を「価値づける」という動詞に変えている。動詞の「価値づける」とは、直接的な、もしくは期待された出来事によって引き起こされる、意味づけ、もしくは相対的重要性の感覚から成り立つ。意味づけることと価値づけることとは、それゆえ互いに切り離すことができず、一方は、内的な強調であり、他方は周囲の世界に向けた行為と世界に対する反応の同じ意志的プロセスの外的な強調である。

19

　というのも、意味づけることと価値づけることは、選択することから切り離せないからである。それは、割り当てられた意味づけと帰属させられた価値の外的な証拠である。ロックの力の観念は、彼に多くの困難をもたらし、第二版で修正された[11]。その説明は、明白である。外部の能動的なメカニズムとしての世界からの、内部の受動的なメカニズムとしての知性の分離は、彼に力という言葉の意志的な意味づけを何ら与えなかった。彼は、他の対象が他のものを動かすのをみていたのと同じように、内部の知性が外部のものを動かすという物理的プロセスしかみていなかった。こうして、意志は、光学、もしくは熱、もしくは化学的な行為に対する類推となり、代替案間の選択という観念に対する余地を彼に残さなかった。後者は、自然科学においてはまったく生じない観念であり、わずか過去三十年間のうちに新しい経済理論の基礎となった観念である。実際、ロックの力powerに関する議論は、選択という現象に対する言及がただの一つもない。選択は、彼にとって、快楽と苦痛の観念とのみ関係があった。もし彼が、自身や彼の同時代の人々が経験的な方法を物理学に応用していたように、内省的（イントロスペクティブ）な方法ではなく、経験的な方法を心理学に応用していたとすれば、自身の意思に関する説明のために物理学的アナ

（10）Jeans. Sir James, *The Universe around Us* (1929), 108〔邦訳、賀川豊彦、鑓田研一訳［1934］『我等をめぐる宇宙』恒星社〕.

（11）ロック、『人間知性論』第1巻、第21章、「力能について」〔邦訳、第二巻、第二一章、一二六—一三〇頁〕。

ロジーに従うのではなく、彼は自身の力の観念である意志が、そのときに実際利用可能な最良の代替案に対する、反復的な選択と行為のプロセスであるということに気がついていただろう。これらの代替案はまた、彼らの行為、意味づけ、相対的重要性に応じてつねに変わっていく。これは、物理学、光学、天文学では生じないことである。意志という用語に変形させられた、彼の力の意味づけは、生命体の全体と外的な世界との間の機能的な関係である。その点で、意志とは、利用可能な代替案に帰属する相対的重要性である意味づけと価値づけに従った、世界と他人に対する異なった力の度合いとの間の選択のプロセスそれ自身である(12)。

この選択に関する機能的な概念は、実際、物理的プロセスをもともなっているが、物理学という科学のそれとはまったく異なったものである。それは、一つの同じ行為のなかに、履行、回避、自制、という三重の次元をともなっている。履行とは、ある方向における物理的もしくは経済的な力の発揮である。回避とは、次善の代替的な履行の拒否である。自制とは、実際の履行における高い力の度合いに反対するような、より低い力の度合いの選択である。

この物理的および経済的な力の三重の次元は、物理学では知られていない。それは、その肉体的な行為における意志の次元であり、それに基づいて経済理論と法学理論は構築される(13)。それは選択することの行為的プロセスであり、これは生命のない行動から区別される生命のある行動である。そのため、われわれは「価値」、「行動」、「行為」、「取引行為」のような用語と同等のものとして、そしてロックの「力」の適切な意味づけとして、「選択すること」という用語をしばしば用いるだろう。選択に関するこれらの三重の次元、すなわち履行、回避、自制は、ロックには知られておらず、外部の世界のメカニズムをコピーする内部の受動的なメカニズムとしてであれ、物理学からの類推のような外的対象に対する直接的な行為としてであれ、彼の精神に関する物理学的類推のなかにそれを見出すことはできない。

20

しかしながら、こうして人間行動の物理的および経済的次元として理解された、観念、意味づけ、価値づけ、行為という四つの用語は、ロックの内部世界と外部世界という切り離されたメカニズムではなく、物理的および人間的世界を扱う際に、切り離せない人間行動の知性的、感情的、意志的なプロセスである。われわれはのちに、物理的力を経済的および道徳的力と区別するであろう。

しかし、「意味づけ」という用語は、ロックによって生み出された「観念」という用語と同様の重要性を保持している。というのは、それが次のことを示すからである。ほとんど無限に近い確かな知識ではなく、つねに錯覚の知識に基づいた実際の感覚に基づいて、人間は実際に行動し、実際に他人を行動する気にさせ、同様に時間のプロセスにおける彼らの行動の習慣を変化させる。それゆえ、われわれは「観念」という用語を、研究の目的のために人間によって作り出された、純粋に人為的な知的「構造物」として使用する。そして、観念を観念の**意味づけ**から区別するだろう。それは、知的であると同時に感情的でもある。

言葉は、ロックによれば、当然、精神的模写の記号である。彼曰く、適切に使用するならば、言葉は、「話し手の心のなかにおいてそれが象徴する同様の観念を、聞き手のなかに喚起する[14]」こととなる。だが、こうしたことは生じない。彼自身の経験から語っているのであるが、言葉は異なった考えを喚起するのである。彼曰く、

---

(12) 後述、*p. 301*「能力と機会」をみよ。

(13) Commons, John R., *Legal Foundation of Capitalism* (1924), P. 69 以下〔邦訳、新田隆信、中村一彦、志村治実訳［1964］『資本主義の法律的基礎（上巻）』コロナ社、以下、『資本主義の法律的基礎』と表記〕。

(14) 『ジョン・ロック著作集』第2巻、第3編、第9章、第4節。

……彼は、言葉の悪い利用によって世界に広がっている、間違いや不明瞭さ、思い違いや混同を十分考慮しているであろうし、言語が、それが用いられているとおりに、人類の知識の改善ないしその妨げに対していっそう貢献しているかどうかを疑ういくつかの理由を見出すであろう[15]。……このことをして、わたしは、言葉が、ものそのものに対してではなくて、われわれの観念に対してのみの記号であるということをもって、とらえられるならば、少なくとも、われわれが世界のなかできわめて数多くのより些細な論争を有する、といえるかもしれないと考える[16]。

ロックによる言葉の誤用についての矯正法は次のようである。すなわち、それが表象する観念なしには名称は存在しない、というのがそれである。観念そのものは、「黄色」や「白色」といった単純なものであれば、明快でなければならないし、区別されねばならないし、またそれらが、実際にある、固定された対象をまったくもたない、「正義」や「法」といった単純な概念の集合であるならば、正確に確定されねばならない。言葉は、「できるだけ公(コモン)の利用がそれらに付け加えているような観念に」当てはめられねばならない。しかし公の利用は「言葉に対していかなる意味も明解には付け加えていない」ので、「それらの言葉の意味づけをはっきりさせる」必要がある。そして「もし人がそれらの言葉の意味付けをはっきりさせる労をとらなければ」、彼らは「終始同じ状況では同じ言葉をともかく利用することとなるであろう」。もしこのようになされるならば、「係争中の論争の多くは終結するであろう[17]」。

21

こうして、ロックの『人間知性論』は、想定されていたような、懐疑論の哲学というよりもむしろ、実際的な事柄における意見の一致のための便覧であった。それは言葉の意味づけに関する論説であり、われわれはそれに、調査、合意、活動の道具としての、観念そのものの意味づけを加える。彼の著書は探求の方法に関するものであった。

もし知識が観念とだけ関係しなければならないのであれば、観念はものの模写にすぎないのであって、モノthingsそのものではない。したがって「モノそのもの」でさえ「単純な観念の集合にすぎない」[18]。その場合、どのような知識の確実性が存在しうるのであろうか。ロックによれば、唯一確実な知識とは、その知識の数理的ないし論理的で演繹的な特性に関わっており、それは直接ないし論証によって、諸観念間の、連関、一致、不一致、矛盾を知覚するという特徴である。しかしもし、黄色は黄色であり、白色ではない、というように、直接的に認知されるならば、これは「直観的な」知識であるか、あるいはわれわれが述べたように、意味づけである。もし、三角形の三つの角度は二つの直角に等しいといったような、間接的に論証によって認知されるならば、これは「合理的な」知識である。その二つはともに理性の知的基盤であり、それがそうであるのは、いっさいの疑念が存在しえない、確実な知識をそれら二つが構成する限りにおいてである。これには、われわれの知識についての真理が含まれているのであり、知識とは、永遠に変わらない、たいていの場合力強く、認知的で、思慮深く、目に見えない存在物である。その存在は、われわれの知識のあらゆる要素から自然に演繹可能である。こうして演繹可能な論証によって、われわれはこの存在物を確かめるのであり、その論証は原因と結果という観念から生じるのであり、そこにおいては、結果は原因よりも重要ではありえない。世界は結果であり、神が原因なのである。

(15)　同書、第11章、第４節。
(16)　同書、第10章、第15節。
(17)　同書、第11章、第26節。
(18)　同書、第３巻、第４編、第11章、第１、２節。

このような観念から二つの結論が導かれる。これらの結果のうちの一つが人間の知性なのであるから、当然、根源的で無限の因果もまた、永遠に変わらない精神（マインド）であらねばならなかった、ということになる。第二に、「実際に見出されるべき秩序、調和、美」は、最初の永遠に変わらない情感、ならびに理知（インテリジェンス）がそこに存在していなかったら、生み出されえなかっただろう。そして、その情感や理知が秩序、調和、美を希求したがゆえに、「その後常に存在しうるあらゆる完全無欠さ」を自らもっていたのである。

この、永遠に変わらない精神という観念は、単に完全無欠さの観念にすぎないが、それによってわれわれは、永遠に変わらない道徳律が、「その処罰手段」をもって存在していることをも確かめるのである。そしてこの道徳律は、「理性的な被造物、あるいは自然法を研究する者にとっては、コモンウェルスの実定法と同じように、あるいはおそらくそれ以上に、理解しやすく平明であることは疑いえない。なぜならば、理性は、相矛盾する隠された利害を言葉で表現することに由来する人間の空想や手の込んだ考案物よりも、はるかに容易に理解できる

22

からである[19]。

それゆえ、ロックの理性についての考え方は単なる知的作用についてのそれではない。彼は理性に、われわれが幸福と名づける、究極の目的である情感的意味づけを導入したのであり、われわれが正当化と名づける、その目的に何とかして達しようとしていた自然法の道具的意味づけを導入した。彼は理性と神、そして理性と自然法や人間の幸福を同一視したが、それが彼の『統治二論』に現われたときには、そのことは、永遠に変わらぬ、無限で、不変の、慈悲深い神慮となった。そして、そのことが意図していたのは、調和、平等、平和、豊富性（アバンダンス）の諸原理に基づく人類の繁栄であり、生命、自由、財産の保護であった。

こうした理由から、哲学において彼は功利主義者と評されたのだった。彼の功利主義は無限の主権のそれであって、ベンサムのいう初期の立法府ではない。この無限の主権がもつ諸々の意図について、彼は、それが論証

によって演繹可能であることをある程度知っていたのであり、その論証に基づいて彼は、自らの自然法、自然権論、価値論、財産と自由の正当化を作り上げた。神、自然、理性は同一であり、それらは一六八九年の名誉革命を正当化したのだった。

こうしてわれわれは、ロックの個人主義の基礎を確認することができる。人間は彼らの生きる時代や場所における習慣と慣習の産物ではなく、理性的単位であった。つまり人間も同様に、理性を行使することで、たしかに宇宙および理性を達成すべく意図された自然法という無限の恩恵による理性たりえるのである。すべての個人が確実に知ることができるただ一つの完全な理性、一つの完全な原因が存在する。なぜなら、彼ら自身がその原因の結果だからである。それゆえ、この完全な理性はロック自身の理性を永遠で、不変なものにした。彼は、宇宙の中心としての彼自身の個人的精神から始めたのであり、出来事、実践、および取引の繰り返しからは始めなかった。なぜなら、彼の精神はそれらにあまりに慣れていたので、それらが自然的、理性的、および神的に思えたからである。

こうした理由のため、彼は、彼の時代以降の科学が行なってきた区別である、確実性と蓋然性の間の区別をするよう要求された。なぜならそれは、蓋然性だけを扱っているからである。そのうえ、彼には相対性、時間、感情という現代的概念がなく、個人の精神、完全な理性、および宇宙の理性的「枠組み」といった不変のものを追い求めた。そしてそれらに、すべての変化と蓋然性がゆだねられる。

さらに、ロック自身も、自分のまわりの移り変わる出来事からなる、変化する経験のプロセスであった。そし

(19)　同書、第5巻、*The Treatise of Government*〔邦訳、加藤節訳［2010］『統治二論』岩波文庫、以下、『統治二論』と表記〕、後篇、第2章、第12節〔邦訳、二〇五頁〕。

23

て、すべての個人も同じである。結局、ロックの確実性とはただ、科学ではなく、研究の精神的道具である数学と論理学の確実性のような、彼の精神のなかにある観念であった。彼が論証したような、これらの道具は、外部の世界には存在しない。外部から来るものは何であれ、数学的知識を除いて、外部世界に関する「信念や見解であり、少なくともあらゆる一般的心理における知識ではない[20]」。

もしそうであれば、外部世界の知識をもたらすのは蓋然性だけである。蓋然性は、「われわれを誤ったところに案内する」知識不足を埋め合わせる。そしてそれは、「われわれは確実性をまったくもたず、それらを正確に受け取ろうとする多少の誘引をもつだけであるという命題につねに関係している」。蓋然性の根拠は、「われわれ自身の知識、観察、経験と何かの適合」や、「それらの観察や経験を保証する他者の証言」である[21]。蓋然性は程度においてさまざまである。そして精神は、

> 理性的に進行するであろうし、蓋然性のすべての根拠を説明しなければならず、それに同意したり、それに異議を唱えたりする前に、彼らがどんな命題であれ、多かれ少なかれ賛成か反対かをどのように決めるのかを理解しなければならない。そして、全体を適切に調整することについては、二者択一における蓋然性のより強い根拠という優越した状況に比例して、ほとんど確実な同意をもって、命題を拒否したり受容したりする[22]。

このように、もし、蓋然性、信念、意見、経験が確実な知識に取って代わるならば、その基礎は懐疑論のためではなく、理性（リーズン）と適正さ（リーズナブルネス）を区別するために築かれる。理性は、われわれに神、自然、完全といった不変の法則を与えるかもしれないが、適正さは、われわれに生の問題における圧倒的多数の蓋然性に対する相互の承認を与え

る。生き残るのは、ロックの適正さの教義であり、彼の理性の教義ではない。

　われわれは、観念を内省によって観察され、機械のように扱われる原子とみなすロックの物理学的方法に従う二世紀間の哲学的議論をここで再考する必要はない。バークレーが述べたように、われわれはただ諸観念を知ることができるだけであり、外部の世界は、われわれにとって神の観念にすぎない。ヒュームが述べたように、われわれ自身もまた、ただの観念にすぎない。カントが述べたように、われわれ自身の自由な意志から、われわれは、宇宙とわれわれ自身に対する理性的法則を構成する。これらは、理性の教義であり、適正さの教義ではなかった。それらは、諸観念であり、諸観念の意味づけではなかった。

24

　その一方で、もしわれわれが、ロックの「観念」という言葉に情感を付加したものとして、「意味づけ」という言葉を使うのであれば、意味づけは、蓋然性の観点からすれば、出来事と実践の変わりうる重要性であり、適正さについて変化する意味づけである。その言葉は、サンタヤナ[23]がおそらく「本質」によって表わしたものの代用語である。それは、永遠に先在する、純粋な観念であるプラトンの本質ではなく、ロックの「信念もしくは意見」に相当し、サンタヤナが「動物的信念」と名づけた常識によって、事物や出来事に与えられる、われわれ自身の変わりやすい意味づけと価値である。ここで用いられた「意味づけ」という言葉は、サンタヤナの「本質」の意味づけを含むが、精神の外部に本質の存在をほのめかすプラトンの物理的隠喩は含まない。もしわれわれが、

---

(20) 同書、第2巻、第4編、第2章、第14節。
(21) 同書、第3巻、第4編、第15章、第4節。
(22) 同書、第15章、第5節。
(23) Santayana, George, *Skepticism and Animal Faith*; *Introduction to a System of Philosophy*（1923）; *Realm of Essence*（1927）.

言葉だけでなく、対象物や出来事、さらにはロックの観念にさえ、われわれが付与する意味づけや価値だけを表わすために、観念や概念、本質などを解釈するのであれば、われわれは変化する出来事の解釈や変化する言葉の解釈だけでなく、変化する観念それ自体に適した言葉をもつ。それらは、経済学者の著作だけでなく、より重要である、ビジネスマン、労働者、裁判官、立法者の行動にともなうものである。経済学者が著述するのは、その意味づけ、価値づけ、選択についてである。彼らはみな、知識だけでなく、彼らが自分たちの観念を構成した意味づけや価値づけに基づいて、行動し、他人を行動するよう促す。

　最も重要なのは、次のことである。「意味づけ」という用語が示すのは、知覚、感覚ないし観念が化学的な「結合法則」[24]に応じて他の諸観念に対応して動くような独立した粒子や原子として抽象的に存在しているのではない。知覚、感覚ないし観念は、記憶、期待および行動の複雑な動的プロセス全体のなかにある一つの機能的部分として存在している。観念の意味づけは、ロックの観念を超えるものである。観念の意味づけは、行為の反復的および可変的な指針である。行為そのものが、時により、人により、年により、世紀により繰り返され変わるので、この指針もつねに変化しながらも繰り返される。ロックの「観念」は、無時間的であり、永遠であり、変化しない本質であるが、観念の**意味づけ**は、記憶されている過去から、現在の行為を経て、期待される将来へ至る時間の流れのなかでの諸事象がもつ一つの可変的な機能である[25]。

　このように、意味づけは観察できるものであり、研究や実験に適したものであるといえる。言葉に割り当てられる意味づけと、観念や事象に割り当てられる意味づけとの間の重要な区別が、次のように生み出される。ロックが一般的に述べているように、経済的行動において、言葉は、考えを明示し、正しい方向に導くこともあるとはいえ、考えを隠し、誤った方向に導くこともよくある。ビジネスマン、労働者、判事、重役、政治家などが実際に意味するのは、彼らが述べることではなく、また彼らが考えることでもなく、彼らが**行なう**ことである。神、自然、財産、自由などについて彼らが述べ、考えることは、彼らによる言葉の名目的な意味づけであり、言葉によって示される観念の名目的な意味づけである。他方、彼らが行なうことは、彼らの記憶、活動、期待、願望および代替物から生じる、彼らの実質的意味づけである。こうして、意味づけは、活動の見地から、科学的に探求できる。この探求は観念や本質に関わるものではない。なぜなら、観念や本質は、それが示す意味づけ、価値づけ、および選択することを除いて、外的な参照物をもたない精神的な公式にすぎないからである。

われわれが、これまで述べたことを要約し、これから述べることを先に示すと次のようになる。ロックに従った経済学者たちの理論と同様に、ロックの基礎理論は、個人的認識論と個人的価値評価の理論である。つまり、どのようにして個人が、何かを**知り**、それに**価値**を与えるのかという理論である。他方、われわれの理論は、あらゆる取引における、諸個人の共同的活動と共同的価値評価の理論である。この取引を通じて、参加者たちは、相互に、各人を意見と行動の合意に導くのである。これは、ジョン・ロックの理性の理論ではなく、彼の適正さの理論である。[26]

2. 価値

ジョン・ロックは、法学、経済学および倫理学を、労働という一つの概念のなかで結びつけた。この課題は、

---

(24) この言葉は、リカードの友人であるジェイムズ・ミルの *Analysis of the Phenomena of the Human Mind*（1828）において詳しく説明されている。この著作は、観念の「化学的」理論であることを公言している。

(25) 後述、*p. 140*「ヒュームとパース」をみよ。

(26) 後述、*p. 140*「パース」をみよ。

一六八九年の革命を彼が正当化するなかで生じた。トーマス・フィルマー卿[a]は一六八〇年に『パトリアーカ』を出版した。これは、かつてクロムウェルの独裁時代に、私的な回覧のために書かれたものである。この本で彼は、「国王の神聖な権利」を、臣民の生活、自由および財産を支配するための自然権として支持した。そして国王は、この権利を国王に付与した神に対してのみ責任をもつとした[27]。

　ロックは、労働の神聖な権利で対抗した。ロックによれば、「イギリスの宮廷人」のフィルマーのこの「薄っぺらなたわごとを、最近、説教師たちが公然と自分たちのものとしており[28]」、そして「この時代の広く知られている神性」を作り出した。政治的権力の神聖な権利というこの教義に対抗して、ロックは、労働自身の生産物に対する労働の権利から導かれた「生活、自由および財産の自然権」を対置した。この両者の間の違いは、部分は全体に従属するというフィルマーの有機体のアナロジーと、全体は部分の合計であるというロックの機械のアナロジーとの違いである。

　これらのアナロジーは個人と富とに適用されている。フィルマーによると、諸個人は彼らが代々引き継ぐ本源的法律と、家族のような社会的性質とによって制約される。ロックによると、諸個人は、慣行（コンヴェンション）のような、相互的な利便性のゆえに集う。フィルマーによると、国民の富は社会の生産物であるが、ロックによると、それは個人的生産物の合計である。フィルマーによると、この富の個人の所有は主権者から引き出されるが、ロックによると、私的財産は主権よりも先行する。したがって、フィルマーによると、神と自然は、臣民に諸義務を課すことによって、世俗の君主に諸権利を授けた。しかし、ロックによると、神と自然は、君主に諸義務を課すことによって、諸個人に諸権利を授けた。二人とも、自身の推論を、神と自然の永久の推論として、擬人化した。

　ロックは自身の考え方の基礎を、価値の唯一の源泉としての労働の理論においた。検討すると、労働価値という彼の観念は、労働によって生産された物質的なモノ（マテリアル・シングス）の私的所有という「複雑観念」における擬人化であることがわかる。この複雑観念から、彼は、製造業者、農場経営者、商人および地主の優れた実践を説明した。ロックの考え方は、彼の時代の産物であるので、われわれはこの労働、物および所有という複雑観念の起源を調べる必要がある。

ロックの『統治二論』の百二十五年前に、トーマス・スミス卿は、「コモンウェルス」[b]という用語に政治的意味を付与した[29]。エリザベスが大陸に派遣した大使として、彼は、イングランド王国と絶対君主制あるいは独裁制との間の違いに驚いた。イングランド王国では、民衆は議会に参加し、コモン・ロー裁判所での公聴会があった。イングランドでは、この参加する階級は、「肉体労働によらず」生活している男爵とジェントルマン、そして自作農と農場経営者と地主であった。あとの三者はコモン・ロー裁判所によって保護されており、「他のすべてよりもコモンウェルスに「奉仕すべく努力する」人々であった。第四の階級である「プロレタリア」は、工夫、職人、校正助手、さらに土地をもたない商人や小売人のような、「自分の土地をもたない」人々であった。これらの人々は、「われわれのコモンウェルスにおいて、発言権も権威も何らもたず、何らの重要性をもたない。これらの人々は他者を支配するのではなく、支配されるだけである[30]」。

（a）訳者注：ロバートが正しい。

（27）Figgis, J. N., *The Theory of the Devine Right of Kings*（1896, 1922）〔以下、フィギス『王権神授論』と表記〕, p. 149以下。引用は第1版から。

（28）『ジョン・ロック著作集』第5巻、『統治二論』緒言、p. 210〔前掲邦訳、一九頁〕。

（b）訳者注：この用語は以下ではさまざまな意味で用いられている。ときにそれは「共和国」や「政治共同体」を意味し、別の場合には「公共の富」ないし共和政をも意味している。本章では主に「公共の富」および「政治共同体」という意味で用いられている。

（29）Smith, Sir Thomas, *De Republica Anglorum*（一五六五年に執筆、一五八三年に出版）。

（30）コモンズ『資本主義の法律的基礎』pp. 222-224を参照せよ。

トーマス・スミスが一五六五年につくった、土地を所有する階級と所有しない階級との間のこの区分は、**コモンウェルス**の政治的意味における支配的区分として、イングランドでは三百年以上、植民地農業国のアメリカでは二百五十年以上、存続した。一六四七年における国王側の最終的敗北のあと、ただちに、イングランド共和国軍のなかで、上記の意味に関する論争が起きた。そこで、平等主義者たちは、土地所有に関わりない、すべての兵士の平等な選挙権を要求したが、クロムウェルとアイルトンは、土地の権益をもつ者だけが、イングランド共和国の恒久的権益のために戦うものと信じられると判断した。これが、ジョン・ロックによる、コモンウェルスの政治的意味である。政治的コモンウェルスとは、土地の恒久的権益をもつ者による政府への参加であった。

27

コモンウェルスの経済的意味は、この政治的意味から始まった。それは、修道院の没収、耕作地の牧草地への転換、共有地の囲い込みから生じた。ヘンリー八世から土地を没収し、地代を引き上げたり、小作人を追放したりした人々を、一五四〇年にラティマー主教は、「コモンウェルスを、共有の悲惨」に引き込んだと非難した。これに対して、これらの人々は、非難攻撃をする者たちを、現代の共産主義者と同様の意味で、共和政主義者たちであるとして罵倒し、共和政主義の首謀者かつ提唱者が「ラティマーという名の共和政主義者」であった。ラティマーは、メアリーの統治下における主教としての地位から、彼らを「血縁のない領主たち、地代値上げ人たち」と非難した。その百年後、イングランド共和国軍のなかで、新しい共和国の投票権の問題が、かなり議論された。平等主義者たちは普遍的な投票権を求めたが、クロムウェルとアイルトンは投票権を財産所有者に限定することを求めた[31]。のちに、真正水平派として知られる平等主義者たちはコモンウェルスの意味を共有地にまで拡張した。彼らはアメリカの「公有地定住権主張者」、払い下げ公有地所有者、鉱山試掘権主張者の先駆者にあたる。共有地で、真正水平派は、収穫の準備や家を建てるための造成を開始したが、裁判所やクロムウェル軍によって阻止された[32]。

そのうちに、コモン・ロー裁判所は、コモンウェルスの経済的意味を製造業や商業の領域にまで拡張した。区別は人が豊かになる手段に向けられた。もし、主権者によって許可された製造業や商業の特権のおかげで豊かになったとすれば、彼の豊かさは、コモンウェルスから引き出されたものであり、彼自身の貢献はともなっていない。しかし、もし、製造業、商業、小売、外国からの商品輸入、あるいは彼の土地での作物生産の活動によって豊かになったとすれば、彼の私的な富は、コモンウェルスへの彼の貢献と等しい。コモンウェルスは私的な富の総計である。独占や政治的抑圧によって獲得するものもあるが、この種の私的な富は、産業と倹約によってのみ獲得できる。これは、諸国民の富というアダム・スミスの考え方になった。それは、所有されるが独占されない物質的なモノという、ジョン・ロックから現代に至る正統派経済学を支配する、富の二重の意味となる。

28

こうして、一五九九年には、国王から免許を得たものであるが、仕立屋のギルドが、非メンバーと競合した自分たちのメンバーを優先するルールをつくろうとしたとき、最高コモン・ロー裁判所は、それは違法であると判断した。なぜなら、そのようなルールは「臣民の自由に反するし、コモンウェルスに反する」からであった[33]。一六〇二年には、エリザベスが廷臣に対して認めていた独占は「コモンウェルスに反する」と、同じ裁判所が決定

（31）*The Clarke Papers*, I, pp. 299–326, published by the Camden Society, Series 2, Vol. 49（1891）. この資料は、国王拘束後のクロムウェル軍のなかの議論に関する速記録である。

（32）同書、pp. 204–225. また、Gooch, G. P., *English Democratic Ideas in the Seventeenth Century*（1927）, pp. 214–219とTawney, R. H., Religion and the Rise of Capitalism（1926）, pp. 255–261〔邦訳、出口勇蔵・越智武臣訳［1956–1959］『宗教と資本主義の興隆』岩波文庫、以下、トーニー、『宗教と資本主義の興隆』と表記〕を参照せよ。

（33）Davenant v. Hurdis, Moore, K. B. 576（1599）, 72 Eng. Rep.769（コモンズ、前掲同書、p. 47）.

した。なぜなら、特権を授けられた廷臣は機械的なスキルをまったくもたないので、「コモンウェルスにとって有益な」才能やスキルをもつ人々の競争を禁じるという法的権力はまったく正当化できないからである[34]。さらに、一六一〇年に、商人のベイツは、議会の承認なしに、国王によって特別輸入税を課せられた。財務裁判所で、彼の弁護人は、不首尾に終わったが、彼の支払い拒否に関して、外国の財の輸入により得た富は、コモンウェルスに追加されるものに相当すると論じた[35]。

主任裁判官のコークは、他の法律家以上に、独占されない場合の私的な富はコモンウェルスに相当するというこの経済的意味を発展させた人物であるが、一六一六年にジェームズ国王によって罷免された。彼の罷免は、国王の恣意的なコントロールに対抗するための司法の独立というロックの考え方の歴史的な土台となった。この司法の独立は一六八九年の名誉革命によって達成され、一七〇〇年には、王位継承法によって、法制化された。私的な富とコモンウェルスとの同等性という考え方は、ピューリタンの聖職者たちによってさらに発展し、ジョン・ロックの同時代人であるリチャード・バクスターの著作において、頂点に達した。バクスターは、キッダーミンスターの村を、粗野な暮らしぶりから、勤勉で倹約的な共同体に変えた。

バクスター曰く、「公共の福祉、あるいは多数の者の善とは、とりわけわれわれ自身を超えて評価されるものである。したがって、すべての人は、他者とくに教会とコモンウェルスに対して彼ができるすべての善を行なうように仕向けられている。そしてそれは怠惰によってではなく、労働によってなされる。巣箱を満たすミツバチの労働のように、社会的創造物としての人間は、彼が属する社会の善のために労働しなければならない。社会のなかに、彼は一部分として含まれる。……もし、神があなたに、（あなたの魂や他者の魂を誤らせることなしに）、別の方法よりも多くを、合法的に得る方法を示したとすれば、そしてもしあなたが、それを拒否して、より少ないものしか得られない方法を選び、神のお召しの目的に背いたとすれば、あなたは神の僕となることを拒否したことになり、神の恩恵を受けることを拒否したことになる。神がそれを必要としているときに、神の恩恵を神のために使うことを拒否したことになる。あなたは、神のために豊かになる労働をすることはできるが、肉や罪のために労働してはならない。……多くの人を公共善に導く神のお召しは、選ぶべきものである。……二つのお召しが、等しく公共善に導くとき、そしてそのうちの一つが豊かさの点で有利で、もう一つがあなたの魂にとって有利であるとき、後者を選ぶべきである。公共善に次いで、魂にとっての利点があなたの選択を導かねばならない。……長持ちしない一時的な財よりも、子孫の代までももつような耐久的な財を選びなさい。……圧制者はキリストに反するものであり、神に反するものであり、……悪魔の使いであるだけでなく、悪魔の権化である」。利己的で私的な人は「彼自身がコモンウェルスによって何かを得るかもしれない場合、コモンウェルスがこうむる被害を何ら顧みない[36]」。

バクスターが、教会とコモンウェルスに関する彼の見解に加えることができなかった人々は、まったく財産を所有していない、賃金稼得者、職人、徒弟、および村の呑んだくれであり、そして自分たちが生産するよりも多くの財産を所有している地方の紳士階級であった。バクスターは、これら二つの階級が、教会とコモンウェルスに敵対して団結するだろうと考えた。トーニーが指摘しているように、バクスターやバニヤンでさえ、「法外な価格という不正を強調し続け、彼らの諸原理を賃金という主題に応用しようとはまれにしか考えなかった」。バ

(34) Darcy v. Allein, Case of Monopolies, 6 Coke's Repts. 84 b., 77 Eng. Rep 1260–6 (1602).
(35) Bates Case, Lane 35 (1606), 145 Eng. Rep. 267, 2 Howell's State Trials 371.

クスターが擁護したのは、賃金稼得者ではなく、地主に対立するものとしての小作人であった。地主は、「彼らを自由人よりも奴隷のようにするそのような労苦や用心、そして欲望の制限を強制する」べきではない。しかし、彼曰く、賃金稼得者として彼らが必要とするのは、「もし自分自身のために働くとすれば、失敗するであろう従業員の間に道徳的規律を設けることができる主人である」[37]。

30

バクスターのいう物質的財で豊かになることによって、よりいっそうコモンウェルスに貢献した人の典型例は、トーマス・フォリーであった。彼は、「ほとんど一文無しの状態から、鉄鋼業によって年間五千ポンド以上を稼ぎ、非常に公正で潔白な取引をしたので、彼が一度でも関係をもった人々や、私がこれまでに聞いた人々はみな、彼の非常な正直さと誠実さを強調した。そのことに、異議を唱える者はいなかった。したがって、依然として教会やコモンウェルスに付随する、勤勉、高潔さ、優れた管理、倹約によって獲得された富こそが、ピューリタン的精神の経済的理想とロックが自身の観念を獲得した環境を特徴づけている。

トーニーは、彼の『宗教と資本主義の興隆』のなかで、ピューリタンの恣意的規則とスチュアート王による専制支配の双方に反逆した一六六〇年以降の革命を的確に描写している。われわれは、この著作によって、どのようにジョン・ロックがこの革命と関係したのかを理解してきた。その結論は、政府は私的な富を、教会やコモンウェルスに従属させるための介入をすべきではないという要求であった。ロックは、人間知性に関する彼の懐疑論と、価値の源泉としての彼の労働論との両方によって、この要求を支持すべく周到に準備していた。しかしながら、ロックが考えていた労働の種類は、コークやバクスターのそれであった。すなわち、多忙で質素な借地人、自由保有農、小売業者、およびコモン・ローの専有者とピューリタンの専有者といった、強制なしに働いて節約し、不動産や諸製品、諸商品を蓄積する人々である。そうした労働は、無産労働者という近代的、あるいはマルクス的労働ではなく、フォリーの、すなわち彼の製鉄所労働であり、ベイツの、すなわち彼の商業労働である。

ロックも彼と同時代のピューリタンも、地代、利子、利潤、賃金の間の現代的な経済的区別をしなかった。彼らが攻撃したのは人間であり、分配における非人格的な経済的分け前ではない。分配におけるこれらの分け前はすべて、小農、職長、あるいは商人による、労働に対する個人的対価という単一の観念に結び付けられた。これらの人々は専有者ではあるが、彼の職人や徒弟とともに、未だ肉体労働をしなければならなかった。レントは、ロックから百二十五年後のリカードに至るまで、独占や特許から得られる収入のような、「不労所得」とはならなかった。法外な地代を取る地主の過度の地代と、彼らの不正な囲い込みだけが、バクスターによって、「コモンウェルスに敵対する」圧制者、および独占主義者といっしょに分類された。利潤や利子は依然として理論的に区別されておらず、実際にはロックから約二百年後のベーム・バヴェルクに至るまで、それほど区別されていなかった[38]。高利貸し、すなわち非道な金貸しによって強要される過度の利子だけが、コモンウェルスに敵対するものと分類されていた。一方で、他人がある人の財産を使用することに対する適度な利子は、ある人はそれを自分

（36）Baxter, Richard, *Christian Directory*（一八三八年の再版）. バクスターの経済学的重要性を最初に発見したのは、マックス・ウェーバーである。以下の文献を参照せよ。Weber, Max, *Gesammelte Aufsatze zur Religions-Soziologie*, I, p. 164〔邦訳、大塚久雄、生松敬三訳［1972］『宗教社会学論集』みすず書房〕（1922, その一部は *The Protestant Ethic and the Spirit of Capitalism* として一九三〇年に英訳された）〔邦訳、大塚久雄訳［1989］『プロテスタンティズムの倫理と資本主義の精神』岩波文庫〕；Commons, John R., *Review of Tawney's Religion and the Rise of Capitalism, Amer. Econ. Rev.*, XVII（1927）, pp. 63–68；Powicke, F. J., *A Life of the Reverend Richard Baxter*, 1615–1691（1925）, 158–159；Tawney, Jeannette, *Chapters from Richard Baxter's Christian Directory*（1925）；トーニー『宗教と資本主義の興隆』（1926）；*The Autobiography of Richard Baxter*（1696, ed. by Tawney, 1924）；Commons and Perlman, Review of Sombart's *Der Moderne Kapitalismus, Amer. Econ. Rev.*, XIX（1929）. pp. 78–88.

（37）トーニー『宗教と資本主義の興隆』p. 268.

自身のために使用するかもしれないが、一種の利潤なのである。そして、利潤は賃金とほとんど区別されなかった。それは、賃金のために働く彼らの従業員よりも、財産を所有しているが、利潤のためによりいっそう働く農民、職長、商人が受け取る労働に対する唯一の対価であった。四分の三世紀後のアダム・スミスの時代においてでさえ、雇用主は労働者と区別されておらず、ましてや利潤と賃金は区別されていなかった。もし通常の対価よりも大きな利潤が存在するとすれば、その違いは、トーニー曰く、程度の違いであり、種類の違いではなかった。(39)

このように、彼のピューリタンの同時代人から引き出されたロックの価値論は、労働の意味づけに基づく理論であった。労働の対価は、小作農民、職長、または商人の勤勉や倹約に対する通常の対価であり、働かずに生活している者は誰もいなかった。そして、彼らの産出に対する所有権からもたらされる彼らの個人的収入は、のちに地代、利子、利潤、賃金という脱擬人的収入になるものの性質を幾分かもつものであった。ロックと彼の時代のその他の人々によれば、諸々の作用でなく、諸個人こそが重要なのである。

そのうえ、ロックや彼のピューリタンの同時代人にとって、あらゆる個人は労働し、蓄積する義務を負っている。この義務は、もともとはアダムとイヴの原罪に対する罰として課され、実際に労働し、蓄積した者だけが、それによってコモンウェルスに奉仕し、神に対する彼らの義務を果たしているのである。労働は罪に対する罰であり、ある人の個人的必要を超えた富の消費はコモンウェルスと、神の命令に対する不服従の双方から演繹される。ピューリタンが労働し、蓄積するのは、それが神に対する彼の義務だからである。

これが、「価値を生産する」労働者の性質である。ロックによる価値の意味づけとは、コモンウェルスを増やす生産性や蓄積のそれであり、コモンウェルスから演繹される希少性のそれではない。したがって、私有財産に関する彼の観念は、生産、有用性、そして幸福に関する観念であり、いずれもが自身の労働の生産物について、生産者としての自己使用、あるいは消費者としての享受に対する法的所有権の観念に依拠していた。そして、彼らが必要としているが所有していないものを他者から互いに留保するという取引的観念でもなく、労働への誘因としての希少性という経済的観念でもなかった。これらは、原罪に対する罰としての労働の観念とは区別される。希少性は、豊富性の楽園での人間の原罪に対する罰として、擬人化された。しかしながら、この希少性の機能的観念こそが、マルサスの時代以降、地代、利子、利潤、賃金の間の区別を生み出すのである。

独占と圧政が、専制君主の恣意的な規則に由来する事柄として排除され、所有と労働の希少性観念が、罪とし
32
て擬人化されたことで、価値の生産性観念は、私的な富およびコモンウェルスと一致するということが明らかとなった。私的な富を増加させるものが何であれ、それは、生産性の意味でのみ生じるのであるが、コモンウェルスを増加させる。コモンウェルスとは、すべての私的な富の総計なのである。

ロックの基礎的な諸観念それぞれは、彼の『統治二論』においては、前述した、価値の生産性観念、所有の専有的意味づけ、および罪という道徳的観念に依拠している。彼は、労働という単一の複雑な観念において、神、自然、理性、完全性、平等、自由、幸福、豊富性、有用性、罪という構成的観念を擬人化した。神は豊富性を望むが、人の罪は豊富性の実現のための労働を彼らに強いるのである。したがって、ロック曰く、

（38）シーニョアでさえ、一八三四年に彼が「禁欲」の考えを導入した際に、利子を、禁欲に対する支払いとして区別しなかった。利潤と利子の両方が、彼にとっては、禁欲の報償なのである。彼曰く（p. 89）「禁欲という語が表現するのは、資本〔消費〕の非生産的な使用を慎む行為であり、あるいはまた、人が、直近の結果よりも遠く隔たった生産へと彼の労働を捧げるという前者と同一の行ないである。そのように行動する人物が資本家であり、彼の行いの報償が利潤なのである」。Senior Nassau W., *Political Economy*（1834, 6th ed., 1872）第6版から引用.

（39）トーニー『宗教と資本主義の興隆』p. 207。

われわれが、自然の理性に従って、人間は、ひとたび生を享けたならば、自分を保全する権利をもち、それゆえ、肉や飲み物、さらには自然が人間の生存のために与えてくれるその他のものに対する権利をもつと考えるにせよ、あるいは、啓示に従って、神は世界をアダムに、またノアやその息子たちに授与したとの説明を受け入れるにせよ、いずれにせよ、王ダビデが『詩篇』第一一五篇一六節で「地は人の子にあたえたまえり」と語っているように、神が世界を人類共有のものとして与えたことはこの上なくあきらかである「フィルマー曰く、そうではない」。アダムとその代々の継承者にだけ与え、それ以外のアダムの子孫はすべて除外した[40]」。

ロックが、神の贈り物は一般的に与えられていると述べるとき、彼はもちろん、原始共産制や、現代のマルクス的共産主義、あるいは各個人に労働の分け前を配分する組織化された集団などの、歴史的な意味における共同所有を意味しているのではない。共同所有という意味づけは、支配者として、諸個人に分け前を配分する家長の自然的権威に関するフィルマーの主張に屈しただけでなく、個人的所有によって他者を侵害することがいっさいなく、それゆえ、自由な個人的所有を妨害する可能性のあるいかなる集団的所有も正当化されないという、ロック自身の本源的な豊富性の観念とも矛盾する。ロックの「公の(コモン)」という語が意味するのは、希少性という理由による共同所有ではなく、豊富性という理由による、ある程度普遍的な機会平等である。

こうした豊富性の観念は、「食べ物、飲み物、および生存に必要なもの」の所有に関する、ロックの自然権の観念における前提である。彼の所有に関する自然権は、希少性から生じるのではなく、豊富性から生じる。いかなる個人も神の贈り物の豊富性から、彼が必要とするものを、征服か不平等な交換のいずれかによって他の誰からも奪い取ることなく、得ることができる。

33

それでは、非常に豊富なため、神の贈り物の排他的所有に対していかなる対立も競争も生じないものに、誰もがアクセスできるための相関的義務は、誰に支えられているのか。もし、神の贈り物が空気や日光のように豊富であれば、権利の観念は無意味である。なぜなら、この場合いかなる人も、神の恵みを必要とするだけ使用することから、他人を排除しようと試みることはないからである。しかし、いま述べたこともまた、ロックのいう食べ物、飲み物、および生存に必要なものという観念に含まれている。初期の自然状態における神は、さらには現在の自然状態における神でさえ、豊富であるために、いかなる人もそれへの利用権を得ることについて、他人の同意を得る必要はないほどの自然資源を与えている。ある人がするべきことは、彼が必要とするものを得ることだけである。しかし、「得ること」とは、肉、飲み物、および生存に必要なものという形態をとる労働にほかならない。しかしながら、この労働は、単なる肉体労働だけでなく、知的労働も含む。したがって、**理性的**労働は、ある人が自然の豊富性から得る物が何であれ、所有の権利を付与する。そして、この所有権は、資源が豊富であるため、彼が自然の豊富性から獲得したいと望むであろうものを、他人から奪わない。

人間に世界を共有物として与えた神は、また、彼らに世界を生活の最大の利益と便益になるように利用するための理性をも与えた。大地と、そこにあるすべてのものとは、人間の生存を維持し快適にするために与えられたのである。そして、大地が自然に生み出す果実や大地が養う獣たちは、すべて、自然の自ずからなる手によって生み出されたものであるから、人類に共有物として帰属する。したがって、それらがそうした自然状態にある限り、それらに対して、何人も他人を排除する私的な支配権を本来的に持ち得ない。しかし、

（40）『ジョン・ロック著作集』第5巻、『統治二論』後篇、第25節〔前掲邦訳、三二四頁〕。

それらは人間が利用するために与えられたのだから、それらが、何かに利用される前には、あるいは、誰か特定の人にとって有益なものになるに先立って、何らかの方法でそれらを専有する手段が必ずやあるに違いない。囲い込みを知らず、今なお共有地の借地人である未開のインディアンを養う果実や鹿の肉は、それらが実際に彼らの生存を支えるために役立つものとなりうるまえに、まず彼のものであり彼の一部であって、他の者がそれに対してはいかなる権利をもちえないものでなければならない。

たとえ、大地と、すべての下級の被造物とが万人の共有物であるとしても、人は誰でも、自分自身の身体に対する固有権を持つ。これについては、本人以外の誰もいかなる権利も持たない。彼の身体の労働と、手の働きとは、彼に固有のものであるといって良い。したがって、自然が供給し、自然が残しておいたものから彼が取り出すものはなんであれ、彼はそれに自分の労働を混合し、それに彼自身のものである何者かを加えたのであって、それを彼自身の所有物とするのである。それは、自然が設定した状態から彼によって取り出されたものであるから、それには、彼の労働によって、他人の共有権を排除する何かが賦与されたことになる。というのは、この労働は労働した人間の疑い得ない所有物であって、少なくとも、共有物として他人にも十分な善きものが残されている場合には、ひとたび労働が付け加えられたものに対する権利を、彼以外の誰もが持つことができないからである。[41]

34 こうしてロックは、アダム・スミスに向かう道を整備した。自然の豊富性というロックの観念は、財産と同様に、自由に関する自然権の前提である。「人は誰でも、自分自身の身体に対する所有権をもつ。これ［所有権］については、本人以外の誰もいかなる権利ももたない」。したがって、彼のいう労働の観念は、単なる肉体労働や合理的な労働であるだけでなく、また、単なる生産性の観念でもない。労働の観念は、自由と所有の観念でもある。労働者は、自身の身体を用いて、自身が満足するように行なうという自然権をもつ。そして他の人々は、彼を一人にしておく義務を負う。ただし、彼は自身の財産を、自然の限りない供給から食べ物、飲み物、および生存に必要なものにおいて取り込む。ロックのいう労働は、奴隷労働ではない。それは、自由な労働であり、この自由な労働は、自由な土地において行なわれるものである。そこでの労働者は、それによって、自身の私的財産を獲得する。

クロムウェルの軍が勝利した頃、真正水平派、および隣接する地主による共有地の囲い込みに反対する者たちは、労働の機会という人為的な希少性に、共有地を専有するための主張の基礎をおいていた。ロックは、土地の自然的豊富性と私有財産の生産性に、囲い込みを支持する彼の主張の基礎をおいた。

……自分自身の労働によって自ら土地を専有する人間は、人類が共有する貯えを減少させるのではなく、むしろ増加させるということである。なぜならば、囲い込まれ開墾された一エーカーの土地が生産する人間生活の維持のための食料は、同じように肥沃でありながら、共有地として荒れるにまかされている一エーカーの土地が産出するものの（少なく見積もっても）十倍になるであろうからである。したがって、土地を囲い込み、十エーカーの土地から、自然のままに放置された百エーカーの土地から得られるよりも多くの生活の便益を得る者は、人類に九十エーカーの土地をもたらすことになると言ってよい。というのは、その人の労働によって、十エーカーの土地から、共有地のままにとどまっている百エーカーの土地の産物に等しい食料

(41)　同書、後篇、第26、27節〔同邦訳、三二五―三二六頁〕。

が供給されるからである。私はここで、改良された土地の生産量の比率を大変低く評価して一対十としたが、実際には一対百に近い(42)。

これは、一八六二年のアメリカのホームステッド法の論拠であった(43)。それゆえ、自由な土地における自由な労働者の生産性は、労働者の私的財産と同様のことであり、このことは、ロックによれば、神の法と自然法の両方である。

35

人間に対して、神は世界を共有物として与えた。……神が世界を与えたのは、あくまでも勤勉で理性的な人間の利用に供するためである。……自分自身の改良のために、すでに人のものとなったのと同じくらいの土地がたっぷりと残されている人間は、何ら不平を言う必要なく、また、他人の労働によってすでに改良されている土地には決して干渉すべきではない。……神は人間に労働を命じ、人間も窮乏ゆえに労働を強いられた。彼が労働を付加したものは彼の所有物であり、誰も彼からそれを奪うことができなかった。こうして、土地を征服し、あるいは開墾することと、それへの領有権をもつことが一つに結びついていたことがわかるであろう。前者が後者への権原を与えたのである。したがって、神は、土地の征服を命じることによって、それを専有する権威を与えたことになる。こうして、労働と労働の対象とを必要とする人間生活の条件が、必然的に私有財産をもたらすことになるのである(44)。

土地を改良することによって、その土地のある区画を充当することは、他の人間に対していかなる損害をも与えなかった。というのは、土地はなお十分にたっぷりと、しかも、まだ土地をもたない者が利用しきれないほど残されていたからである。したがって、実際のところ、誰かが自分のために囲い込みをしたからといって、他人の分として残された土地が減るわけではなかった。なぜならば、他人が利用できるだけの土地を残しておけば、彼は何も取らなかったに等しいからである(45)。

このようにロックは、土地の非希少性概念のなかで、法学、経済学、倫理学を統合した。当時のわずかな人口と、エリザベスに続く世界征服という視点においては、彼が非論理的であるということはできない。ここで問いが生じる。そのような労働者は、どれくらいを私有財産として獲得しえたのであろうか。ロックは、貨幣の導入の前に何が先行し、貨幣の導入のあとに何がくるのかに基づいて、二つの回答を与える。貨幣が導入される以前、財産の範囲は、

人間の労働と生活の便宜との範囲によって定められた。いかなる人間の労働もすべての土地を征服し占有することはできなかったし、また彼が享受することで消費しうるものはほんのわずかな部分であったからであ

(42) 同書、第37節〔同邦訳、三三七頁〕。
(43) Commons, John R., and associates, *History of Labour in the United States* (1918), I, p. 562〔『合衆国労働史』、以下、コモンズ他『合衆国労働史』と表記〕.
(44) 『ジョン・ロック著作集』第5巻、『統治二論』第2篇、第34、35節〔前掲邦訳、三三二―三三四頁〕。
(45) 同書、第5巻、第33節〔同邦訳、三三一―三三二頁〕。

る。……すべての人間の所有物は、以上のような尺度によって、きわめて穏当な割合に、限定されていた(46)。

その手段によってわれわれに所有権を与える同じ自然法が、同時に、その所有権に制限を課しているからである。「テモテ前書」第六章十七節（I Tim. vi, 17）における「神はよろずの物を豊かに賜う」という言葉は、霊感によって確認された理性の声である。しかし、神は、どの程度にまでわれわれに与え給うたのであろうか。それらを享受する程度にまでである。つまり、人は誰でも、腐敗する前に、自分の生活の便益のために利用しうる限りのものについては自らの労働によって所有権を定めてもよい。しかし、それを越えるものはすべて彼の分け前以上のものであり、他者に属する。腐敗されたり、破壊したりするために神が人間に向けて創造したものは何もない。このように、世界には自然の糧が長い間いかに豊かに存在したか、また、それを浪費する人がいかに少なかったか、そして、特に、自分自身の用に役立つ限りという理性の制限のうちにとどまる限り、一人の人間の勤勉さがおよびうる自然の糧の部分はいかにわずかで、それを独占して他人を侵害することもいかに少なかったかといったことを考えると、その頃は、そのように確立された所有権をめぐって争いや対立が生じる余地はほとんどなかったであろう(47)。

この過少人口の議論は、フィルマーに反対する目的で用いられた。もし神が王を創ったならば、唯一の所有者である王は、

他のすべての人類が彼の主権を認めず、また彼の意志に服従しない場合、彼らに食物を拒み、意のままに彼らを餓死させうる。

しかし、

人類に増殖せよと命じた神は、生活手段に関して人間の意志に基づかせるよりも、彼らのために豊かに供給した衣食やその他生活の有用品や素材を利用する権利を彼ら全員に与えるはずだ、と考えた方がより合理的である。(48)

こうして、貨幣が導入される**以前**の規則は、「各人は自分が利用しうるだけのものをもつべきである」というものである。しかし、この「財産に関する同一の規則」は、「より多くの所有」が「貨幣の発明」という理由によって生じるときに、侵害されることはなかった。ここでロックのいう重商主義が出現する。これは、ケネーとアダム・スミスによって非難されたものである。しかし、実際のところ、今日でさえ、重商主義は倒されていない。ロックによれば、貨幣の獲得は、私的な富と、それと同等なコモンウェルスの両方である。

それゆえ、「貨幣の発明」にともなって、いまやある個人は自身の個人的労働によって征服することができるものよりもはるかに多く量を所有することが、他人のいかなる侵害をも受けることなく、可能になった。「暗黙の合意」によって、「消耗したり腐敗したりせずに永続する小さな黄色の金属片が、大きな肉の塊や山のような穀物と同じ価値があるとされた」。彼が大量の他の商品を保持したならば、彼は「共有の貯えを浪費したことに

(46)　同書、第５巻、第36節〔同邦訳、三三四頁〕。
(47)　同書、第５巻、第31節。〔同邦訳、三二九―三三〇頁〕。
(48)　同書、第５巻、前篇、第41節〔同邦訳、九〇頁〕。

なる」。なぜなら、それらは「自身の手のうちで無駄に腐ってしまう」からである。しかし、彼がそれらを貨幣ないしは同様の耐久性のあるものに交換したならば、彼は、ある持分を、それが自らの所有において無駄に消滅しないようにするために手放したのであり、「それと同時に、彼は、それら耐久性のあるものを好きなだけ蓄積してもかまわないし」、彼はいかなる者も傷つけることはできないし、「彼の正当な所有権の限界を越えたかどうかは、彼の所有物の大きさのいかんにあるのではなく、そのなかの何かが無駄に消滅してしまったかどうかにある」。

37

重商主義者ロックにとっての貨幣の意義は、物質的耐久性であった。なぜなら、彼曰く、「このようにして、貨幣の使用が始まった。それは、人間が腐らせることなしに保存できるいくらか耐久性のあるものであり、人々が、相互の同意によって、真に有用でありながら消滅する生活の必需品と交換に受けとるものである」。

時代が下ると、貨幣の利用と大規模な交易により、大規模所有が利益をもたらすようになった。「というのは、開墾されて多くの家畜がいる一万エーカーあるいは十万エーカーのすばらしい土地があっても、それがアメリカの内陸部のただ中にあって、世界の他の地域と交易できる望みがまったくなく、したがって、生産物の売却によって貨幣を手に入れることができない場合、人がその土地にどれだけの価値を与えるかを私は聞きたいのである。そうした土地は囲い込むに値しない」。そしてこの貨幣、つまり、「このように余剰生産物の交換を通じて手に入れた」貨幣は、「所有者の手中で腐ったり消滅したりしないために誰の権利をも侵害せずに貯蔵され」うる。それゆえ、重商主義者のいう国家の富のような私的な富は、商品の交換によって獲得される貨幣の蓄積である。

貨幣の導入は、ロックの推定では、自由な土地の消失を意味しない。交易と貨幣によって生じた大規模所有が土地の豊富性を減少させるのは、貨幣が導入される以前の場合と同じである。

それゆえ、ロックの前提は、労働、物質、私有財産が価値と政府の理論の中心に据えられたことによる、創造者の恩恵によって自由な人たちに共通して付与される、土地の豊富性という前提である。この前提には、仕事をし、増殖するという義務がともなっている。経済学的用語である「豊富性」は、ロックの神学的用語である「恩恵」と同等のものである。

この豊富性の前提があったからこそ、物質的なモノとその所有権の間に矛盾は生じえなかった。財産が希少性を意味し、労働が豊富性を意味するようになってはじめて、矛盾が生じた。

金と銀が導入されたことによって、ロックは二つの種類の価値を区別する必要性に迫られた。ただし、この二種類の価値は、いずれも労働に依拠している。「暗黙の合意ないしは同意」は、金と銀の価値であるが、「モノ本来の価値」は、「人間生活にとってそれらがもつ有用性」にのみ依拠する価値である。これらをそれぞれ、後述するように、希少性価値と使用価値に区別しよう。しかし、ロックに従うと、これらの種類の価値それぞれは、労働の量によって決定され、しかも、カール・マルクスの価値の理論に真っすぐに導かれるものである。本来の価値の量、つまり使用価値の量は、労働の量とほぼ正確に一致する。ロックは、自身のより以前の発言においても繰り返して以下のように述べている。

……というのは、すべてのものに価値の相違を設けるのは、実に労働に他ならないからである。タバコや砂糖が栽培され、小麦や大麦が蒔かれている一エーカーの土地と、耕作が何も施されないまま共有地にとどまっている同じ一エーカーの土地との間にどれだけの相違があるかを考えてみれば、価値の大部分を作りだすのは労働による改良だということがわかるであろう。私は、人間生活に有用な土地の産物のうちの十分の九は労働の成果であると言っても、それはきわめて控え目な計算であろうと思う。否、もしわれわれが、われわれの使用に供されるものを正しく見積もり、それらに必要な経費のうち、どれが純粋に自然に帰すべき分であり、どれが労働に帰すべき分であるかを計算すれば、ほとんどの場合、百分の九十九まではまったく労働の勘定に入れられるべきだということを見いだすであろう[49]。

ケネーとスミスはこれほどではなかったが、彼らもまた、自然を生産的なものとした。マカロックとカール・マルクスは、忠実にロックを支持した。

しかし、金と銀もまた、主に労働の量によって決定される価値をもつ。それらは実に、「食物や衣服や乗り物に比べて人間の生活にとってはほとんど役に立たない」ものである。しかし、金と銀は、「空想的で想像上の価値」をもつ。「自然はそれらの上に価値を置いていないのである[50]」。このような理由から、金と銀の価値は、本来のものではなく、「ただ人々の同意」に負うものである。とはいえ、労働は、「それらの価値を決める尺度の大部分」をつくる。

こうしてロックは、『人間知性論』と、統治と寛容についての自らの諸論との双方において、神、自然、理性、財産、平等、自由、幸福、豊富性、有用性、罪について、自身がいたるところで論証してきたすべての事柄を、「複雑観念」に結び付けたのであり、それらを彼のいう労働という意味において擬人化した。神、自然、理性はまったく同じものである。というのも、その推論ではロック自身が理性を働かせているが、彼は、神自身の力から推論の力を与えられているからであり、また彼は神の理性を知っており、ある蓋然性としてではなく、ある必然性として、神が意図したことを語ることができるからである。この必然性は、直観によってではなく、永遠の、超時的な数学上の真理のような、論証によって引き出されるものである。これらの意図とは、以下のものである。すなわち、すべての人は、自然や永遠の理性とまったく同じである神によって、同等に扱われる。次いですべての人は、自然の贈り物がもつ有用な特質から充足される、自分たちの欲求を有するという幸福を享受すべきである。そしてこれらの有用な特質は、豊富性のなかで与えられるのであり、いかなる競争や争いの必要性も生じないので、それらの特質の排他的専有が尊重される。さらにこの豊富性は、神の意図が慈悲深いものであることの証左である。加えて、この豊富性およびこうした取り扱いにおける平等性をもって、すべての人間は、自身が自らのために利用することができるすべてのものを手に入れるという点で、等しく自由である。なぜなら、その場合他のすべての者に対して必要なものが残されるであろうからである。最後に、それゆえ、これらの豊富性という諸条件の下では、生命、自由、財産は、自然権、神授権、ないし理性が論証する権利と称されても差し支えないであろう。なぜなら理性とは、あらゆるところに存在する神の恩恵から、論理的に正当化されるものだからである。[39]

神、自然、永遠の理性が、空気、陽光、食肉、酒、生活必需品と同様に、豊富性のなかであらゆるものを供するのであれば、労働が必要であるべきなのはいったいなぜなのか、という疑問が生じる。ロックの答えはピューリタンのそれ、すなわち罪である。希少性にかわる罪こそが人に労働を強いるのである。神の命令への人の不服従は、人に、次の二つの義務を言い渡すための機会であった。すなわち、生活のための労働の義務と、罪のより大きい人が罪のより小さい人に従属する義務がそれである。彼はフィルマーと同じ状況を用いているが、その状況を違ったように解釈している。

それらは「エデンからの追放時の」、最初の、そして進んでなされた不服従に対する女性への神の呪いの言

(49) 同書、第5巻、後篇、第40節（同邦訳、三四一頁）。

(50) 同書、第5巻、後篇、第50節（同邦訳、三五〇頁）。

葉である。……〔侵犯した同罪者であるとともに〕誘惑を幇助した者として、イヴはアダムよりも下位に置かれ、アダムは、イヴが受けたより大きな罪のゆえに偶然にイヴに対する優越性をもちえた。……神が、〔フィルマーが論争しているように〕アダムを全人類の普遍的な王とすると同時に、終生の日雇い労働者にしたということ、また二十三節で、「楽園から」追放して土を耕しめさせながら、同時に、彼を王位と特権と絶対権力の安楽さに就けるということはおよそ考えられないのである。……神はアダムが自らの生活のために働くように定め、彼に、土地の住人を支配するための王笏（おうしゃく）よりも、土地を制圧するための鋤（すき）を与えたように思われる。〔神は、アダムに対して、〕「汝は額に汗して食物を食らい」としている。[51]

こうして希少性は罪に擬人化され、貧困は罪深さに正当化されている。罪は怒れる神の天罰として描き出され、豊富性に満ちた神の楽園からの追放という処罰によって強要される。[52] これがアダム・スミスの理論となったのであり、またロックから百五十年後、奴隷がアメリカにおいて罪に対する処罰として正当化される一方で、すべての労働立法、児童労働法、労働組合主義はアメリカにおいて百年間にわたり、罪に対する懲罰と希少性による強制との区別を余儀なくされてきたのだった。[53]

ロックのいう価値の意味とはそれゆえ、労働の擬人化のなかで倫理学、法学、経済学を統一するものであり、それは、物理的測定に還元されるとき、三つの意味を含んでいる。これら三つはすべて、希少性という機能的概念を排除しており、また、その改良をともなった、アダム・スミスに見出される。これら三つの意味を次のように要約しても差し支えないであろう。

（1）次のような点で、有用な諸特質が、物理的、客体的に具体化されたもので、のちに使用価値として区別されることになるものである。すなわち、それらの特質は生産ないし消費にとって有用であるが、それらの有用性は希少性に依存しておらず、それゆえ供給の増大にともなって逓減しないし、供給の減少にともなって逓増もしない、という点がそれである。これらの有用な特質の総計はコモンウェルスと私的な富双方についての経済的意味である。私的使用価値は、公的使用価値とまったく同じである。

(2) 価値の原因と尺度は、自由な土地で働く自由な労働者の自由意志である。しかしながら、その自由意志は、将来のために働き貯蓄することを運命づけられている。それは彼が故意に神命に服従しなかったことによるのであって、彼の身体を、あるいは彼の労働の機会を、あるいは彼の労働生産物を、他人が所有することによって生じた希少性によるものではない。

(3) この、労働し貯蓄するという義務の遂行は、相応して、彼の労働と倹約からなる生産物の私的所有権であり、彼が交易と貨幣によって他のすべての自由労働者から獲得する生産物の私的所有権である。彼の権利は、自由な土地における彼個人の生産物と、また彼が自由な交換によって受けとるものと、まったく同じで

---

(51) 同書、第5巻、前篇、第44、45節〔同邦訳、九六―九八頁〕。

(52) ウェーバー、前掲同書、「アクィナス、ルター、カルヴァン、バクスターの諸原理に内包されている労働の義務について」を参照。

(53) Commons, John R., and Andrews, John B., *Principles of labor Legislation*（1927）〔邦訳、池田直視・吉原節夫訳［1959-1963］『労働法原理』ミネルヴァ書房〕、コモンズ他『合衆国労働史』、とりわけ「負債を理由とした収監について」を参照。Frank, T., *Economic History of Rome*（1920, 1927）は、p. 324において、次のように述べている。「すべての人を潜在的な寄食者にする惰性からなる万能の法によって、素朴な思想は、労働が楽園の出口門で課せられる罪への処罰であらねばならないという推論に導かれる。ところがアリストテレスやゼノンのような古の哲学者たちは、不断の骨折り仕事からなる諸年がもたらす道徳的知的空虚を力説することによって肉体労働に費やされる生活を等しく低く見積もることに達した、きわめて単純な説明にまったく満足しなかった」。

ある。

3. 慣習

41

一九二二年、フィラデルフィアで八百人のビジネスマンの昼食会が開かれたが、そのときの議論の主題は被雇用者に対する雇用主の関係であった。「諸事実」という声明書が採択され、リーフレットとして出版された。その一部は次のように記されている。「われわれは皆労働者だ。合衆国はわれわれの労働組合だ。われわれの忠誠とはまず神に対するものであり、次いでその労働組合に対するものである。われわれの国家はわれわれの創造主を信仰することの現代的表現である。自由は神授権による人権である」。

自由と財産が神授権であると一九二二年にこのように主張されたことは、一六八九年のジョン・ロックにさかのぼる。[54]

われわれは前段で、神、自然、理性についてのロックの観念が、数学のように、永遠で、一定不変の、超時的なものから作り上げられた彼自身の観念であったことに言及してきた。彼の『人間知性論』に従えば、それは彼自身の心のなかにのみ存在していたのであり、それは依然として「疑う余地のないもの」であった。問題はそれがどのようにして彼の心のなかに存在するようになったのか、ということである。彼の哲学的解答は、神の恩恵は地上の豊富性と同義である、というものであった。というのも、哲学における有限性が経済学における希少性であり、哲学における無限性が経済学における豊富性であるからである。しかしロックは、貨幣の希少性という重商主義的仮定に基づく自身の豊富性の理論をなかなか練り上げることができなかった。恩恵や豊富性とよく似た諸観念はロック以前にも、フィルマーや教皇たちの心のなかに存在していたのであり、ロック以降には、フランスのケネー、スコットランドのアダム・スミス、アメリカのエイブラハム・リンカーン、そしてフィラデルフィアの雇用主たちの心のなかに存在した。明らかに、自由と財産が神授権であるという仮定において、神の観念が豊富性にかえて（のちのマルサスにとってそうであったように）希少性という神であるとみなされるならば、われわれは神の起源と自然権を発見すべく、経済学ないし哲学以外に目を向けねばならない。われわれはそれを慣習に見出す。

財産と自由が神授権であるという観念は、ロックが主張しているように、経験から生じたが、ロックの観念がその意味を獲得した経験とは、彼が、自ら好んで交遊していた人々の善き慣習とみなしていたものを、自ら経験したということである。それはフィルマーにとっても、またフィラデルフィアの雇用主たちにとっても同じであった。ロックが、神、自然、理性を同一視するという特殊な形態を公刊するようになったのは、フィルマーの『パトリアーカ』が聖職者たちやジェームズ王の支持者たちの間で人気を博したことによるのであり、そのときに神、自然、理性は、フィルマーが自ら好んで交遊する人々の善き慣習であるとみなしたものと、同一視されたのだった。

フィルマーは自身の著作をクロムウェル独裁のときに書いたのであり、彼には同じような議論を用いている二つの敵対集団があり、彼らに対抗して彼はチャールズ国王の神権を主張しなければならなかった。ローマ教皇の側も、ピューリタンの側も、神、自然、理性を、人民が自らの国王を廃する権利をもつことと同一視していたが、前者は、教皇の神授権が国王たちを統治することを、後者は、小地主の神授権が国王たちを選択し、法によって彼らの行為を調整することを主張した。

フィルマーは次のように記した。

（54） Hamilton, W. H., "Property According to Locke", *Yale Law Jour.*, XLI（April 1932）, pp. 864-880を参照せよ。

スコラ哲学者の神学が開花し始めたときから、神学者たちならびに彼ら以外のさまざまな学識ある人々によって支持された、共通の見解が存在していた。その見解は次のことを是認している。人類はあらゆる隷属状態からの解放を生まれながらに付与されており、またそれをもって生まれた。そしてそれは、どのようなお気に入りの統治形態を選択するのかという自由のもとでのことであり、いかなる人も他人に対して有するその力は何よりも大衆の思慮分別に従って授けられるのである。

フィルマー曰く、

この教理はまずスコラ哲学において孵化させられ、善き神学を求める、その後のすべてのローマ教皇礼賛者たちによって育まれた。カルバン派教会の神学者たちもまた、それを考えに入れていたのであり、民衆は終始その教理を、生身の人間にとって最も信頼できそうなものとして、奉じている。なぜなら、それは最も卑しい大衆に対しても少しばかりの自由を、湯水のごとくばらまくからであり、その大衆は、あたかも人間の至福の高みが、ただただ自由に見出されるべきであるかのごとくそれを崇め、自由の欲求がアダム下向の最初の原因であったことをまったく覚えていない[55]。

そこでフィルマーは、「狡猾なスコラ哲学者」、とりわけカーディナル・ベラルミーやイエズス会士の、スアレスに長々と答えて、「必ずや何がなんでも国王を教皇の下に置こうとしている彼らは、人民の地位を国王のそれよりも高めることが最も安全な道筋であり、そうすることで教皇の力は王座を得るかもしれないと考えていた」。彼は続けて、この「スコラ哲学者」の教義は、「聖書の教義や歴史に、すべてのいにしえの君主政体が絶えず行なってきた実践に、そしてまさしく自然法の原理に、相反している。神学のほうがよりいっそう間違っているのか、それとも政治のほうがよりいっそう危険なのかについては言い難い」。なぜならそれは「人類が生まれながらに自由と平等を有している」という教義であるからであり、その教義に「民衆の反乱という、この非常に強力な手段の全構造」が見出されるからである。[56]

フィルマーが支持している、国王が神授権を有しているという教義は、実のところ、それに対立する教義よりも古めかしいものであるのだが、フィッギスが指摘しているように、フィルマーはそれを発見した最初の人物である。ただし、それは、神の定めについての前者の考え方に基づくものでも、聖書からの引用に基づくものでもなく、社会における存在の創造主によって作り上げられた人間知性に基づくものであった。[57]かくして彼は神の法と、自然と人間知性の双方からなる法を同一視したのであり、国王たちの神授権は国王たちの自然権となった。ケネーは領主と国王に対してそれと同じように考えたのであり、ロック、スミス、フィラデルフィアの雇用主たちは、製造業者に対して同じように考えたのである。

しかしフィルマーは自然に対して生物学的意味を与えた。彼曰く、人間知性の基本的事実とは、平等や自由ではなく、遺伝や隷従であった。フィルマーが主張したところでは、赤ん坊たちは父親によってもうけられるのであるから、彼らは即座に、絶対的な家父長権力の下に入るのであり、その権力の下で父親は好きなように、生活、

（55）　Filmer, Sir Robert, *Patriarcha : Or the National Power of Kings*, Ch. I, Sec. 1, p. 1〔以下、『パトリアーカ』と表記〕. それはロック『統治二論』（第2版、一八八七年）の Morlery 版にある。

（56）　同書、pp. 1-2。

（57）　フィッギス『王権神授論』p. 149。

死、自由、財産というすべての事柄において赤ん坊たちを取り扱う。赤ん坊たちがわが物としているものはどのようなものであれ、神の恵みによって獲得されたものであって、権利によって獲得されたものではない。赤ん坊たちの自然な状態は奴隷であり、彼らは、ローマにおいてそうであったように無保護であり、あるいは売り渡されていたといって差し支えないであろうし、それはフィルマーが引用している原始社会の数多くの歴史的事例においてそうであるように、そのような行ないをしたからといって父親に罰が下されることは決してなかったのである。しかしもし父親がそのようなふるまいをせず、自身の子供を保護したならば、それは自然が義務を課したからではなく、彼が自身の子供を愛していたからなのである。

フィルマーは、家族がそうであるように、共和国（コモンウェルス）についても、その事情はまったく同じである、と論じた。家族にとってただ一人の父が存在するように、共和国（コモンウエルス）にもただ一人の父が存在する。フィルマーの「すべての議論は」、フィッギス曰く、「王国を家族と、また王の権力を父権的権力と同一視することに依存している」[58]。彼はこの暗喩を真剣に受け止めた。フィッギスが述べているように、「聖書からの引用について、ありきたりのごた混ぜ以上の実質的な効力を与えたこと」、また「その観念が、ある発見の影響力をほとんどの人に及ぼしたことこそ、その著作が俗受けしたことのさらなる証拠である」[59]。

その発見とは、神を生活現象（バイオロジー）と同一視したことであり、また生活現象を、イングランド国王と王室の大義の支持者たちの同時代的慣習だけでなく、古代の諸家族、諸部族、諸国家の、原始的慣習と同一視したことである。歴史的にみて、フィルマーはロックよりもかなり正しかった。イングランドのコモン・ローは、彼が正しく述べているように、単なる「共通の慣習」ではなかった。なぜなら、

あらゆる人にとってそれ〔共通の慣習〕が慣習ではなかったときが存在していたのであり、われわれがいま

有している最初の先例はそれが始まったとき先例ではなかった。なぜなら、あらゆる慣習が始まったときには、それを合法にした慣習以外の、別の何かが存在していたからである。さもなければ、すべての慣習の始まりが不法であったであろう。慣習は何よりも、その始まりまでに命令をしたり同意をしたりした、それよりも上位にある何かによってのみ合法となった。……コモン・ローそのものないしこの国の共通の慣習はもともと最初から成文ではない国王の法律と命令であった。

そしてコモン・ローを確立した判事たちは「全員国王の権限と名の下で彼から権威を受けて、いにしえの時代の規則と先例に従って判決を下した」[60]。フィルマーはいくつかの引用文を記述している。

それゆえ制定法にとっても事情は同じである。その「国王は唯一現下の創造者であり、検閲官であり、それらの調停者でもある」。諸々の議会は国王の意思によって招集され、解散させられる。それらの議会は「人民が生まれながらにあらゆる自由をもつという慣例」に基づいて創立されたのではない。「なぜなら、議会で要求されているこれらの自由はすべて国王からの恩寵による自由であり、人民にとって本性の自由ではないからである。また、なぜなら、もし自由が生まれながらのものであるならば、そのことは、大衆に、彼らの気の向くままの時と場所において自らを招集し主権を用いる力を、また協定を結ぶことにより、その主権の行使を制限し指導する力を与えるであろうからである。……人民は自ら招集することはできないが、国王は、自身の勅命を通じて、気

(58)　同書、p. 140。
(59)　同書、p. 151。
(60)　フィルマー、前掲同書、第3章、第9節。

の向くままにどのような場所へでも彼らを召喚することができる。そしてその場合、国王は一息でたちまちのうちに彼らを追い払うことができるのであり、そこで示される国王の意思以上のいかなる別の根拠も存在しない」。そして成文法がつくられるのは議会によってではなく「人民が嘆願したときに、ただ国王だけによってである[61]」。

このことはみな、フィルマーによれば、理性が告げるようにそうでなければならない。というのは、そうでなければ国家は治安妨害と内乱でばらばらに破壊されてしまうからである。

44

……君主は法律に従って彼の行為のすべてを組み立てるのであるが、しかし、なおそのうえに君主は、彼の善き意思や善き先例以外には拘束されないし、あるいは、共和国（コモンウェルス）の安全という一般法が君主を自然に拘束するのである。というのは、そのような場合、実定法のみが君主を拘束するといわれるのだが、実定的であるからではなく、それは実定法が、共和国（コモンウェルス）の維持のために当然、最良であったり唯一の手段であったりする限りにおいてである。この手段によって、君主のすべての臣民の土地、財産、自由、生命を保存することを、すべての君主、さらに専制君主や征服者さえも、土地についての国内法ではなく、父なる自然法によって拘束されるのである。父なる自然法が、君主をして、彼らの臣民の福祉のために必要な事柄について、彼らの先祖や先行者の布告を裁可するように君主を拘束するのである[62]。

したがって、フィルマーは、ロックと同様に、フィラデルフィアの製造業者たちの予言者である。神、自然、理性は、イギリス国王やアダムからチャールズに至るすべての国王の、そしてのちには自身の従業員に対するすべての雇い主の、実践や善悪と考えられるものに従って、国王の神授権と自然権を制定する際に、完全に一致し同一のものとなる。

45

フィルマーは、鋭敏なロックの知性に先んじて、国王の神授権の正体と無力さを明らかに暴露した。ロックは、フィルマーの言葉と事象に関する矛盾した意味づけをふざけてひけらかした。フィッギス曰く、理論に対するフィルマーの重要性は、「たしかに偉大であった」。というのは、「彼は最も完璧な理論の主唱者として記憶されるというよりも、理論の衰退の先駆者として記憶されるに値する」からである。[63] 彼の理論はまさしく、国王の神授権を財産所有者の神授権に転換するために、『人間知性論』を著した賢い著者によって探究された不合理性の理論である。しかし、ロックの修正に不合理性が少ない理由は、彼が勝者側を代弁し、フィルマーが敗者側を代弁したからにすぎない。

フィルマーとまったく同様に、ロックは神、自然、理性を同一視したが、その意味づけは異なる。というのは、彼の意味する慣習は、一六八九年の農場経営者、製造業者、商人と資本家などの勝者の慣習であり、それに対して、フィルマーの慣習は原始部族、古代文明、ローマ教皇の支持者たちの退廃的な慣習であり、イギリス国王、封建領主、王室の支持者たちの敗者の慣習であったからである。

なぜなら、慣習は実践（プラクティス）と取引の単なる反復、複製、変わりやすさだからである。[c] 以前の反復とまったく同じ反

---

(61) 同書、第3章、第11章—15章。

(62) 同書、第3章、第6節。

(63) フィッギス、前掲同書、p. 152。

（c）訳者注：コモンズは「慣習」に関わる用語を正確に分類している。まず個人の意識レベルで認識されるものを「習慣」(habit)、次いで集団的活動レベルで認識されるものを「慣習」(custom)、またその慣習のうちその機能形態において法的拘束力が弱いものを「実践」(practice)、最後に社会的レベルで認識されるものを「慣行」(convention) と定義している。なお以下では「実践」は、文脈によって「習わし」ないし「商慣行」とも訳出した。

復は存在せず、同時代に存在するものとまったく同じ複製は存在しない。それゆえ、通時的そして共時的な慣習の変わりやすさがつねにある。こうした歴史の流れにおける変わりやすさは、前の、あるいは現代の慣習の変数として、あるいは代替物として、新しい慣習を導入する。古い慣習、あるいは競合する慣習の衰退、ときには暴力的な排除がつねにあり、新しい、あるいは異なった慣習に取って代わられる。こうして、慣習の淘汰が継続的にあり、その結果、変化する経済状況や変化する政治的、経済的支配に適応した慣習が生き残る。これは人間の意志によって作用するので、ダーウィンの進化論でいう人為的淘汰とよく似ているが、ダーウィンの変化する地質環境に適した生物の構造と機能に適用できるのではなく、変化する社会環境に適した実践と取引に適用できるのである。

　こうした種の進化と慣習の進化との間の類似性は、両者とも人為的淘汰によって、われわれが自発的意志と名づける、意識的で習慣的に作用する同様の力があるという主張を十分保証できそうである。慣習は急激に、もしくは突然に変えることはできない。なぜなら、慣習は生物、本能、習慣という最も基本的な事実から生じるからであり、これらは生命、享楽、生存競争を保護するための経験によって見出される行為の反復にすぎない。この反復は、このような方法で世代から世代へと続いていくので、慣習は遺伝に類似している。

　しかし、慣習は習慣 habit 以上のものである。慣習は、個人の習慣を創造する社会的習慣である。われわれは、独立した個人から出発していない。われわれは規律と従順さをもった幼児から出発し、すでに継続している活動体（ゴーイング・コンサーン）のメンバーであり続ける。それゆえ、反復的で複製的な実践に従うこと、これこそゴーイング・コンサーンの意味するところであり、それこそが、容易で安全に、そして同意をもって生命、自由および財産を手に入れる唯一の道である。われわれは、ロックの「初期の自然状態」によって前提された知的人間として出発しないし、それを続けない。われわれは反復、定型行動、単調さから、要するに慣習から出発し、それを続ける。知性そのものは、行動、記憶、予測の反復であるとともに、生命、自由、財産のために依存する行動、記憶、予測の模倣、正確には複製である。

もし、これらの反復と複製を進行し続ける意識が存在するとすれば、それは、親密さ、名声、そして社会的強制の意識だといえるかもしれない[46]。これらの反復と期待が、固定的ではないにせよ、相当不変的で非常に親密であり、そしてかなり強制的であったとする。さらに、もしそれらが有益な期待に安全性を与える社会的名声をもたらすとすれば、反復と期待は、事象の前に発せられる命令の一種として擬人化されるであろう。他方で反復と期待は、それらが作用する仕方からわれわれが知る限り、同様の有益な行為が繰り返されるという期待にすぎない。こうした善き慣習の擬人化は、明らかに、フィルマーやロックの述べた精神的過程であった。彼らは、自分たちが精通して確実だと感じた物理的性質や人間の本性に関する期待された反復について、永遠で時間を超越し、前提とされて、なおかつ不変である、自然、神、理性の法として描いたのである。

しかし、この反復は不変ではない。期待された反復は、経済的、政治的情勢の変化にともなって変化する。フィルマーやロックが理解していた慣習とは、封建体制として知られる、地主、小作人、王の反復される諸実践や諸取引であり、商人、職長、農民の諸実践と諸取引であった。これらは、商業と革命を通じた資本主義の拡大期のものであった。

しかしながら、その時代の慣習は、ロックにとって神聖であり、自然であると思われ、ロック自身よりも古いものであったにもかかわらず、歴史上ごく最近のものであった。例えば、王立裁判所による自発的な諸契約の強制は、おそらく百五十年も経っていなかった。しかし、ロックは、社会の起源へとさかのぼるやり方を考案し、「原始契約」で定められていた政府に従うという義務を、こうしたやり方から基礎づけようとした。

当事者の行為のなかに暗黙の法的契約を読み取る司法の実践は、裁判所が当事者の行為から当事者の意図を汲

47

み取ることに起因するが、そのような実践は、同様に、十六世紀の**単純契約違反の賠償請求**という教義の、コモン・ロー的起源であった。しかし、ロックは、彼が述べたように、「明示的な同意と暗黙的な同意という一般的な区別」をつくり、この区別を、彼の次のような教義に基づいて展開した。その教義とは、原始時代の人々は彼の時代のものと類似した、強制的な準契約をつくっていただろうというものである。一般的に、ロックのいう暗黙の同意の教義は慣習にほかならなず、『統治二論』の多くがその教義に基づいている。最も未開な時代から、あらゆる慣習は、奴隷制度でさえ、暗黙の同意という習わし(プラクティス)として解釈できる。しかし、ロックはその暗黙の同意の範囲を定めた。その範囲は、彼にとっては当たり前のものであり、彼が支持する人々の目標にとって有益であると考えられるものであった。

子による財産の相続権は、イギリス人の慣習に従えば、子の自然権なのであり、「そうした実践が普遍的なところでは、その根拠が自然な状態であると考えるのが適正である[64]」。

妻の夫への服従は、当時イギリスで教えられていたように、神のイヴに対する罰と「人間の法律および国家の慣習」に基づいていた。それゆえ、「現実にそれに対する基礎があった」。妻の従属は、夫の権利と関連した、神聖で、自然的な義務であった。なぜならそれは、ロックの見解においては、通俗であり、有益であったからである。彼がフィルマーの試みに対して唯一異議を唱えたのは、フィルマーが「慣習の神聖さ」を、「妻の生死に関する政治的権力」に適用しようとしたからである。それは、ロック曰く、妻の財産に含まれる「婚姻の権力」の神聖さから合理的に生じるものではない[65]。

最も重要なものは、一六八九年のコモン・ローにおいて施行されたような、私有財産の慣習だったのであり、その意味づけのなかには、「生命、自由、財産」が含まれていた。しかし、財産は、ロックによれば、社会が組織される前に存在しており、「それゆえ、人が、コモンウェルスへと結合し、自らを統治の下に置く、大きな、そして主たる目的は、所有権の保全である」[66]。

もし慣習が変わるか、状況が変わるのであれば、ある選択は、慣習の間でなされるに違いなく、理性と利己心の間の対立こそがある選択を決定する。善い慣習が選び取られ、悪い慣習が拒絶されるだろう。イギリス議会でみられる「腐敗選挙区」について、ロックは次のように述べている。「この世の事物はたえず流転するので、長く同一の状態にとどまるものは何一つない。……しかし、事物は必ずしも一様に変化して行くものではなく、また、慣習や特権が、正当な理由がなくなっても私的な利害に支えられて存続することも少なくないので……すでにその存在理由がなくなっているのに慣習を墨守することがどんなに甚だしい不合理を導くかについては」、議会における腐敗選挙区という不公平な代議制度においてみられる[67]。こうしたことは、ロックの時代以降、彼が神聖で、自然で、そして永遠と考えた慣習の多くで生じた。それらは、多かれ少なかれ、腐敗することになった。

他方で、「自然状態」では存在しなかった慣習は、当時、善い実践であると考えられていたものに関する緩慢な選択が数世紀なされたあと、イギリスの裁判官が、ロックの時代においてコモン・ローへと展開させたものである。ロックによる「自然状態」の説明は、まさしくこれらの慣習がまだコモン・ローに発展していない状態である。しかし、ロックにおける当事者たちは、とにもかくも慣習について理解している理性的な存在であった。そして彼らは、慣習を確実で強制可能なものにするために、コモンウェルスの組織化にとりかかるのである。

(64)『ジョン・ロック著作集』第5巻、『統治二論』後篇、第6章、第88節〔同邦訳に該当箇所存在せず。ただし第88節は第7章にある〕。
(65) 同書、第5巻、後篇、第83節〔同邦訳、三八九—三九〇頁〕。
(66) 同書、第5巻、後篇、第123節、124節〔同邦訳、四四一—四四二頁〕。
(67) 同書、第5巻、後篇、第157節、158節〔同邦訳、四八二—四八五頁〕。

望まれてはいたが、自然状態では未だ発見されていなかったこれらの新しい実践は、ロックによれば、第一に、そこでは、何が正しく何が不正であるかの基準として、また、人々の間のあらゆる紛争を裁決すべき共通の尺度として人々の一般的同意によって受けいれられ、認められている制定され、恒常的な、公知の法が欠けている。というのは、確かに、自然法はすべての理性的な被造物には明白で理解できるものであるとはいえ、人間は、研究不足であるために自然法については無知であるだけでなく、また、利害による偏見を免れないので、自然法を個々の場合に適用するに当たって、それが彼らを拘束する法だとはなかなか認めたがらないからである。(68)

したがって、司法の独立が必要である。

第二に、自然状態においては、制定された法に従ってすべての争いを裁決する権威を備えた周知の公平な裁判官が欠けている。というのは、自然状態においては、すべての人間が自然法の裁判官であるとともに執行者でもあり、また人間は自分の身にとかくえこひいきしがちであるので、自分自身のこととなると、情念や復讐心に駆られて行き過ぎたり激烈になったりするが、他人のこととなると、怠慢と無関心とからきわめて不熱心になりがちであるからである。(69)

ここでも再び〔必要なのは〕、司法の独立である。

第三に、自然状態は、しばしば、正しい判決が下された場合に、それを後押しして支持し、その判決を正当に執行する権力を欠いている。何か不正によって罪を犯すような人々は、可能な場合にはほぼ例外なく実力に訴えて彼らの不正を正当化しようとするだろう。だから、そういう抵抗は、多くの場合、処罰を加えること自体を危険にし、しばしば、処罰を加えようと試みる人間に破壊的な事態をもたらすことになる。(70)

それゆえ、司法の判決を強制させるための立憲君主が必要である。

こうして、自然状態とは、ロック自身がそうであるように、孤立し、そのうえ知的な存在という原初的状態であり、彼は、イギリスのコモン・ロー、独立した司法、立憲君主、あるいは司法に従属する保安官ももたなかったのである。

「戦争状態」は、反対に、「万人に共通の理性の法の拘束下にはない」（そこでは権威をもつ裁判官がいない）状態であり、そこでは、人は「狼やライオンを殺してもよいのと同じ理由で」人を殺すかもしれない。自然状態においては、俗界の公平な裁判官への訴えは存在しない。このことはまた、法に従うことを拒む不公平な裁判官についても当てはまる。王たちは服従を、神と自然の法に負っているのである。(71)

(68)　同書、第５巻、後篇、第124節（同邦訳、四四一―四四二頁）。
(69)　同書、第５巻、後篇、第125節（同邦訳、四四二―四四三頁）。
(70)　同書、第５巻、後篇、第126節（同邦訳、四四三頁）。
(71)　同書、第５巻、後篇、第16節（同邦訳、三一二頁）。

49

そのため、いずれの場合でも唯一残ったのが「天への訴え」であり、それによるこの神聖かつ自然の法を強いるすべての関係者の努力は、「戦争状態」以外の何ものでもない。独立した公平な司法が欠けていて、あるいは法に従順な行政官が欠けているならば、自然状態は戦争状態になる。「自然状態から人をコモンウェルスの状態へと移行させる」ものは、「地上に裁判官を置くこと」である。こうしてロックは、一六八九年の革命を正当化し、立証責任は打ち負かされた王にあるとしたのである。自然かつ神聖なる法の権威なしに王が力を行使することによって、「彼は、常に攻撃者として、戦争状態に置かれるので〔……危険で有害な被造物として〕扱われても仕方がない」。「この状況においては、人々がこの世に裁判官を持たず、天以外に訴えるべきところがないような他の全ての事例のように、人々は他の対処法を持たない[72]」。

戦争による征服ではなく、この「自然状態」こそが、政府の起源である。というのも、自然状態とは強制なしの自発的な契約だからである。ここでロックはイギリス史を遡上するが、しかし一六八九年の革命と、奴隷制を廃止したアメリカの南北戦争を正当化したのだった。

> 統治は、本来、先述したような形でのみ発生しうるものであり、政治も、人民の同意にのみ基礎を置くものであるにもかかわらず、野心によって世界に無秩序が充満した結果、人類の歴史の大きな部分を占める戦争の騒音にかき消されて、その同意ということにほとんど注意が向けられていない。そのために、多くの人が、武力を人民の同意と取り違え、征服を統治の起源の一つに数え上げている。しかし、征服は、統治を樹立することとはかけ離れていることであって、それは、家を取り壊すことが、その場所に新しい家を建てることとは違うのと同じである。確かに、征服が、古い政治的共同体を解体することによって新しい政治的共同体の構築に道を開くことも少なくない。しかし、その場合にも、人民の同意がなければ新しい政治的共同体を

50

樹立することはできないのである。[73]

ロックは彼のいう原初的な自然状態に関する歴史上の事例を探した。それは、人々はすでに存在する政府の下で生まれるのであって、分離した諸個人の存在という先行状態から自発的に一体となったのではない、という反論がなされることに気づいていたからである。彼は、ローマおよびヴェネツィアの起こり、そしてアメリカインディアンの部族に言及した。

われわれは、もっと新しい例を引くことができるだろう。ロックの豊富性の状態でもあった、自然状態に近似しているもので一番最近の記録は、シンによって描写された、金が発見されてから最初の一年半の間の、カリフォルニアにおける採掘キャンプのなかにみられる。[74] この十八カ月間、採掘師たちは政府をもたず、犯罪もなかった。彼らは採掘を区画する要求において対等だった。彼らは、自分の労働によって手にすることのできたすべての金を得る個人的自由をもっていた。彼らは労働によって手にしたものに関する完全な私有財産と、スペインから武力で奪いインディアンから守られるべき公有地という意味での共有財産をもっていた。彼らはクロムウェルの時代の真正水平主義者であったが、クロムウェルの軍による排除はなかった。

もし彼らの自然状態についての説明を求めるならば、われわれは、それがまさにジョン・ロックのいう豊富性

(72) 同書、第5巻、後篇、第16節〔同邦訳、同頁。ただしコモンズの原文ではかなり省略したかたちで引用されているため、〔 〕にて補足を行なった〕。

(73) 同書、第5巻、後篇、第175節〔同邦訳、五〇七頁〕。

(74) Shin, Charles Howard, *Land Laws of Mining Districts*, Johns Hopkins Univ, Studies in Historical and Political Science, II, 12.

の状態であったことに気づくのである。金採掘者は、自身の労働によって、一日に金で千ドル程度を稼ぐことができた。新参者は、採掘者たちの習慣に基づき、彼らの労働力の範囲に限って要求することが許されており、それは古参と同様であった。誰も他者の要求によって妨げられることはなかったのだが、それはすべての者にとっての豊富性が存在していたからである。誰も賃金のために働く必要はなく、したがって各々自身が労働者であり、雇い主であり、地主であり、彼の生産物の所有者なのであって、それはまさにロックが一六八九年に定義した労働と同じであった。犯罪、不法侵入、あるいは盗みは起こらなかった。なぜなら、採掘によってより多くの金を稼ぐことができるなら、盗みに何の意味があるだろうか。この時代は、二年目に、金を求める者たちの殺到によって過ぎ去り、豊富性は希少性へと成り変わった。そして盗み、犯罪、不法侵入、裁判所、行政官、そして絞首刑が生まれ、自然状態はカリフォルニア州へと成り変わったのだった。

したがって、ロックの推論の誤りとは、順序の反転という歴史的推論の誤りであった。彼は時間的要素を逆行させた。彼は、原始時代に彼自身のような知的存在や近代文明の出身であるカリフォルニアの採掘者を投影した。彼がなじんでおり、永続することを望んでいる実践を、後ろ向きに、今後変化することのない人間に結び付けられた永遠の理性へと、投影したのだった。過去に発せられた命令として彼が考えたものは、将来の期待であった。このようにして彼は、強力な政府と国王の司法組織が数世紀にわたり形成してきた、イングランドのコモン・ローであった自発的合意を、原初的な自然状態へと置き換えた。彼は心のなかで、欠乏と暴力の時代のかわりに、豊富性と平和の時代に属する観念を構築したのである。

一方でロックは、合理的な基礎が失われ、単に不平等な特権が持続しているように思われる慣習を自身が拒絶するときには、その慣習の真の歴史的過程を認識していた。理性がそのような慣習から離れてしまったのは、それらがふさわしくないものであったからである。良い慣習は、神聖で、自然的、かつ永遠的である。悪い慣習は、

51

人間的であり、自然的ではなく、一時的である。

しかし、「腐敗選挙区」についてロックがいったことは、すべての慣習に当てはまる。それらは新しい状況に対する人間行動の適応として始まり、「それらの理由」が消えてなくなってしまったあとも残存する。そしてフィルマーがコモン・ローについていったことも同様に真実である。慣習は、裁判所がそれらの習慣に従って判決を下すまでは、法にならない。これらは、期待の保証という人間的な意味で「自然的」である。しかしそれは、現在の個人が、発せられるべきだったと考えることに対応する、果てしない過去に発せられた不変の命令という、神的な意味においてではない。

このことは、所有の神聖さというロックの考えについても当てはまる。自然という語を用いることで、彼はフィラデルフィアの工場主のように、自由および所有を「事実」として描くことができるのだが、それは彼がそうあるべきと考えるものの単なる正当化にすぎない。所有とは、「現実の事実」においては、単に管理取引・売買交渉取引・割当取引の期待された反復にすぎず、それは変化する状況や変化する意味と同程度に可変的である。それは、現在の受益者が変化しないものにすべきといま考えるものに従って発せられた、神聖なる不変の命令ではない。所有の意味は、質素で勤勉な農民や熟練工や商人の慣習を、不変の自然と理性の神聖な命令として、ロックが擬人化した時代から大きく変化してきた。それは、経営における法制化された信用と法人システム、そして機会に関する世界規模の希少性によって、所有が世界中の労働者と消費者を不在者支配する時代への変化だった。ロックのいう天国への訴えは、臣下に対する王の神聖な権利に逆らう一六八九年の革命の正当化であった。一九二二年のフィラデルフィアの工場主たちの天への訴えは、被雇用者に対する資産所有者の神聖な権利を正当化するものである。

こうした精神的道具は、プロパガンダには役立つかもしれないが、経済状況の研究に適したものではない。それは、無神論者であってさえ行なう誓約なのであり、神の名において、彼らが事実と考えるものが事実であり、それは研究や調査や他者の意見すべてに勝る。それゆえにわれわれは、研究に役立つ道具となる新しい観念の構築にとりかからなければならない。

52

ジョン・ロックは、イギリスを封建制から資本主義へと変えた革命のスポークスマンだった。それ以外の革命も、経済および法の理論における革命的な変化によって予言され、また後追いされていたことがわかる。フランス革命はアダム・スミスの理論をまるごと採用し、革命後の世界戦争と回復の時代にマルサスとリカードの論争から古典派経済学が生まれた。ロシアの共産主義革命はマルクスの理論を採用し、そしてわれわれはいま、もう一つの世界大戦から成長してきた経済理論の革命のただ中にいるのである。

ロックは労働価値説を唱えたが、それは主に経済学の基礎としてではなく、所有権が君主の権利に取って代わる革命の正当化としてであった。彼は、貨幣を私的な富および共有の富（コモンウェルス）と同一視することによって、所有の権利を拡張した。しかしこの重商主義の哲学は、経済理論が二つの方向へと分裂することに寄与したのである。すなわち、貨幣的理論と非貨幣的理論にである。

貨幣的理論は、ケネー、チュルゴー、マルサスから始まり、マクラウド、ヴィクセル、カッセル、クナップ、ホートレー、ケインズらの信用理論、そして純然たる信用に基づいて行なわれた世界戦争を予言して後追いした、その他の諸理論に至った。

労働の理論はスミス、リカード、プルードン、マルクスから始まっているが、彼らは貨幣の名目価値を仕事および犠牲の実質価値に置き換え、それによってこれまで知られていなかった労働の力を予言した。それは、戦争が行なわれる条件を指定する力であった。したがって、最近の第一次世界大戦に関する未了の問題は、労働者の協調行動（コンサーテッド・アクション）を前面にもってきて、その方法を経済的および政治的な力の専有にせざるをえなくしたが、それはロック、スミス、リカードらが知らなかったことであった。経済理論はそれを、競争する個人的所有者の力学的均衡から、資本家および労働者の連合による経済取引と統治の集団的管理へと変化させる。われわれは、取引、ワーキング・ルール、ゴーイング・コンサーンの現代的理論の基礎を据えるために、経済理論におけるこれらの歴史的変化をいくらか詳細にたどっていくことにしよう。

第二節　取引（トランザクション）と活動体(75)

1．株式会社からゴーイング・コンサーンへ

一八九三年インディアナ州の人々は、例えば州をまたいで運営されている鉄道のような、巨大公益事業株式会社の財産に対する課税を、農業者、製造業者、事業者の財産に対する課税と平等にするための法制化の要求を行なった。当時財産とは、有体（コーポリアル）財産や無体（インコーポリアル）財産のことを意味したのであり、それは土地、建物、線路、在庫品ストックといった物理的財、および個人や企業が所有する負債や株式のことであった。無体財産は財産査定官の監視から逃れていたのであり、それは一つにはそれが隠匿されていたからであり、また一つには課税上の**所在地**が所有者の住所に従っていたからである。その所有者の住所とは、株式会社の場合、州政府の法の下でその許可を与えられた州にあるとみなされていたのであり、その州内に株式会社はその法定上のオフィスをもつことが必要とされていたのだった。先の州民の要求に答えて、インディアナ州議会は、これらの企業の財産査定を、インディアナにある物理的財産の評価から、ニューヨーク証券取引所で売買されるこれらの企業の株式や債券の総

53

(75) 本節の目的は、本章以降の諸章で展開する内容への導入あるいは概説である。

市場価値へと変更した。次いで議会は、インディアナ州内の路線距離が全州の総路線距離に占める比率に応じて、インディアナ州へその価値を割り当てた。

これによって次のことが生じた。法律の企図においてのみ存在していた目に見えない法的存在であったがゆえに、[76]これまで、それが設立された州における法的存在にすぎなかった株式会社が、いまや、その諸取引のなかに存在する経済的なゴーイング・コンサーンとなった。この諸取引はそれが事業を行なうところではどこでも行なわれ、またそれゆえ株式市場でその会社の株式や債券に価値を与える純所得を稼ぎ出す。

オハイオ州はこの法制化を模倣し、それはオハイオ州から連邦最高裁判所へと進み、一八九七年にその法制化は支持された。最高裁判所は、オハイオ州におけるアダムス輸送会社の全有形財産の総額は二万三千四百ドルにすぎないが、路線距離に従えば、全株式と債券の総市場価値のうちのオハイオ州のその取り分は、四十五万ドルであり、無形（インタンジブル）財産は有体財産の約十二倍の価値があることを認めた。[77]アダムス輸送会社は、ニューヨークに本拠を置く株式会社であるにもかかわらず、それは事業を行なうところがどこであっても実在する、ゴーイング・コンサーンとなったのである。

一九二〇年のU・S・スティール株式会社に対して起こされた解散訴訟において最高裁判所が行なったのは、同じような、法律的意味づけから経済的意味づけへの移行であった。この会社はニュージャージー州で持ち株会社として設立された。司法省は訴訟を起こして、反トラスト法違反を理由に持ち株会社を解散させようとした。しかし、裁判所は国のさまざまな地域に分かれているその子会社の商行為を調査し、それらの商行為が適正な取引制限であることを認めた。[78]これらの商行為（プラクティス）のうちの一つは、一九二〇年には裁判所に提訴されなかった、「ピッツバーグ・プラス」と呼ばれる差別待遇である。これは、一九二三年に、勢力を拡大していた西部圧延鉄鋼消費者組合の要請によって、連邦取引委員会に提訴された。その商行為とは、どこで製造されようとも、すべての鉄鋼の価格を、ピッツバーグで、引き渡し地までの運賃を加算して見積もることであった。買い手は、この契約に従って、権原(タイトル)をピッツバーグで獲得するのではなく、自らが鉄鋼を用いる地でのみそれを獲得した。この[54]商行為は、検察官により、ニュージャージーにある持ち株会社の法律上の**所在地**に帰属する独占を生み出している、と告訴された。この主張が正しいものであったならば、その是正方法は、反トラスト法侵害を回避するための持ち株会社の解散であった。そのような根拠に基づく同様の解散は、スタンダード・オイルやたばこ会社の事例でも命じられた。

しかし、フェッター、リプレイ、コモンズといった経済学者たちは、ピッツバーグ・プラスの事例を、次のように論じた。すなわちこの事例は独占というよりもむしろ、株式会社が事業をしているところではどこにでも現存している差別待遇であり、その適切な是正方法とは、持ち株会社の解散ではなく、生産物に対する法律上の権原を、ピッツバーグ、シカゴ、ダルース、あるいはバーミンガムであろうと、鉄鋼が製造された地点で移転することであるとした。会社はこれらのあらゆる場所に生産設備を所有していたのであり、生産コスト**＋運賃**は、ピッツバーグで製造され、アイオワに運ばれる場合よりも、シカゴで製造され、アイオワへ運ばれる場合のほうが、**より安く**なるかもしれなかった。それは、アイオワがピッツバーグからは**遠く離れている**からである。しかし、シカゴ工場がその価格を、ピッツバーグの生産コスト＋ピッツバーグ発の運賃で見積もる場合、アイオワはより低いコストやより短距離での輸送という優位性を獲得していなかった。さらに、シカゴ工場のピッツバーグ

(76) Dartmouth College v. Woodward, 4 Wheat 463 (1819).
(77) Adams Express Co. v. Ohio State Auditor, 165 U. S. 194 ; 166 U. S. 185 (1897). コモンズ『資本主義の法律的基礎』p. 172 を参照せよ。
(78) U. S. v. U. S. Steel Co., 251 U. S. 417 (1920).

向けの販売での引き渡し価格は、シカゴ近郊で鉄鋼を用いる顧客に対する引き渡し価格よりも**低く**請求された。これは、「ダンピング」という商慣行であり、あるいは地元の市場で請求する価格よりも低い価格によって、遠くにある市場で販売を行なうという商行為であった。これは、鉄鋼ビジネスの三十年間にわたる慣習が、**法的コントロールを譲渡する場所**として、何千とある顧客への物理的引き渡し場所を指定している場合に、自由競争市場が存在していたのか、それとも、機会の平等と自由競争は、**法的コントロール**が製造地で渡されるべきであると要求していたのか、という問題であった。

　連邦取引委員会は、この問題に判定を下して、価格見積もりの拠点地としてのピッツバーグを却下し、現実の製造地を拠点地として代替することを命じた。この命令は、すべての顧客が、その地で**法的コントロールを求めて競争する**のに必要な機会の平等を有するためには、法律上の権原は製造地において顧客に渡すべきであるという、経済学者たちの解釈を完全には採用していなかったが、実質的には経済学者がいわんとしていたことを達成していた(79)。

55

　しかしながら、重要な点として、アダムス輸送会社やU・S・スティールの事例が示しているのは、裁判所ないし連邦取引委員会が、株式会社が設立された州にある住所を無視して、株式会社の意味づけを、法律上存在しているにすぎない法的株式会社から、事業をしているところがどこであっても実在している経済的ゴーイング・コンサーンへと移行したことにある(80)。

　意味づけのこの移行は、多くの他の事例においても進行したが、さらにもう一つの移行をも含んでいる。それは商品の物理的移転としての「交換」という、昔の経済学者たちの意味づけから、所有権の法的移転としての取引という制度的意味づけへの移行である。価格を確定し、競争を許容するのはまさしく、所有権であり、また競争が公正であるのか差別的なものであるのかを決定するのは、物理的交換ではなく、所有権の移転であった。

2. 交換から取引へ

ジョン・ロックは、法学、経済学、倫理学を擬人化することによって労働の意味づけを行なった。彼にとって労働とは、所有される物質的なモノの実在であると同時に、所有権の正当化であった。所有権と物質的富という、この二重の意味づけは二百年にわたって伝統的経済学者たちの意味づけであり続け、それゆえ経済学者たちは制度経済学の領域を隠匿してきたのである。十九世紀中頃のマルクスやプルードンから、二十世紀初頭のソレルに至る異端派の経済学者たちを立腹させてきたのは、まさしく、富の二重の意味づけのうちの所有権という側面の秘匿である。われわれは二つの意味づけを区別し、さらには物質と所有権との相関関係を、ロックのいう労働の擬人化のなかにではなく、**経済的活動の単位**、つまり取引のなかにさらには、利益をもたらす諸取引の期待のなかにも見出すであろう。そしてこの諸取引の期待とは、より大きな経済的活動の単位であるゴーイング・コンサーンなのである。

これは、物理学、化学、天文学に分離されていた科学が、それらに共通の活動単位が見出されたことによって、最近相関関係があるとされたアナロジーと符合する。[81] 大まかにいって、物理学における共通の活動単位は分子で

(79) Commons, John, R., "The Delivered Price System in the Steel Market," *Amer. Econ. Rev.*, XIV (1924), p. 505をみよ。Fetter, Frank A. は自身の重要な著作、*The Masquerade of Monopoly* (1931) で、多くのアメリカの産業と裁判所の判決における、こうした状況とその経済的影響を研究している。後述、*p. 773*「希少性、豊富性、安定化」についてをみよ。

(80) U・S・スティール株式会社は最高裁判所に上訴しなかった。

(81) 以下のページにおける要約と推敲は、ナンシー大学市民法学部教授フランソワ・ジェニー学部長に敬意を表してジュビリー出版が行なったものである。わたしはその論文利用の許可を受けている。また*Encyclopedia of the Social Science* の "Functionalism" の項と Bibliography もみよ。

あり、化学におけるそれは原子であり、天文学においては惑星と恒星であった。そしてこれらの単位を進行させる「エネルギー」は熱であり、電気であり、化学的親和力であり、引力であった。しかし今日では、これらの科学に共通する単位は、一つの活動の単位である粒子波動の波長の相互作用であり、「エネルギー」の概念は消え去っている。一秒につき四百兆の振動は、人間の頭では赤色であるが、物理学、化学、天文学では多数の波長である。[56]

こうしたアナロジーは大まかには、法学、経済学、倫理学の相関関係の問題を描写している。重要なのは、これらに共通の活動単位を発見することである。

経済学の領域において、その単位はまず、ロックとリカードによると、**所有される**物質的**諸商品**であり、諸商品を所有する**諸個人**であり、その「エネルギー」は人間の**労働**であった。次いで、この単位は、同様のないしは類似の物質的諸商品とその所有権であり続けるが、諸個人は諸商品を**消費する**人々となり、その「エネルギー」は**欲求**という刺激になり、それは欲求される諸商品の量と種類に依存することとなった。いずれにせよ、個人と自然の力との間の同じ関係を、第一の見方は客体的な側からみたものであり、もう一つの見方は、主体的な側からみたものである。しかしながら、この自然の力は、物質的形態においては、諸個人によって所有される。いわゆる「交換」は、諸商品あるいは「主観的な交換価値」の引き渡しと受け取りという労働過程であった。いかなる事例においても、古い物理学のアナロジーを用いた、労働と欲求という対立するエネルギーは、需給の「弾力性」に拡大されて、互いに交換される諸商品が均衡に向かう自動的な傾向という唯物論的な暗喩によって、物理的に関連づけられる。この暗喩は、大海における水の原子に類似しているが、リカードの「限界耕作地」やメンガーの「限界効用」においては「自らの水準を探索する」として擬人化されている。この均衡論はアルフレッド・マーシャル（一八九〇）によって先導された「新古典派経済学者」によって完成させられた。

そこでは法学や倫理学とのさらなる相関関係を求める必要はまったく存在していなかった。実際、これらの法学や倫理学は必然的に排除されていた。なぜなら経済単位が構成されるところの諸関係は人間と自然との関係であって、人と人との関係ではなかったからである。リカードにおいてそれは、人間労働と自然的諸力の抵抗との関係であり、メンガーにとっては、自然的諸力の欲求量と利用可能な量との関係であった。制定法も、倫理学も、慣習も、裁判所の判決も、これらの関係にはいっさい関係なかった。それどころかむしろ、これらすべては、ただ物とサービスとの物理的交換にのみ基づいた純粋経済学理論を構築するためには、所有権が所有される物と同一であるという仮定を立てることにより、除去されたほうがよかったのである。

こうした除去は実際に行なわれた。この所有権と物との同一性は、何の研究もなされないまま、慣習として受け入れられた。すべての商品は所有されるとみなされたが、所有権は、所有されている物理的事物と同一であるとみなされ、それゆえ所有権は当然のものとして看過された。諸理論は結局のところ物理的事物として練り上げられ、あらゆる所有権は、それらが「当然のことである」という理由で、理論から省かれた。

経済学者のなかでも、ロッシャー、シュモラーほかの人々[82]が主導した歴史学派と倫理学派はこうした所有権の除去に反旗を翻した。これらの学派は、リッケルトやマックス・ウェーバー[83]が提唱したような「理念型」という、その学派の最高形態においてさえも、リカードやメンガーから引き出された経済原理を、単なる描写ないし歴史的過程の主体的理念にとどまっていたものに、決して組み入れることができなかった。しかしながら、われわれ

---

(82) 以下を参照。Commons, John R., "Das Anglo-Amerikanische Recht und die Wirtchaftstheorie," in *Die Wirtschaftstheories der Gegenwart* ,III (1928), pp. 293-317. わたしは、編者であるH. Mayer, F. A. Fetter, and R. Reisch と出版者であるJ. Springer, Vienna から、論文利用の許可を受けている。

が法学、経済学、倫理学に共通の活動単位を発見するならば、その組み入れは可能になる。もし政治経済学の主題が、個人や自然的諸力だけでなく、所有権の相互移転によって互いに生計を立てる人間にもあるならば、そのとき、この人間活動における決定的に重要な転換点を探すのは、まさしく法や倫理においてである。

裁判所は、自然に対する人間ではなく、人間による自然の**所有権**に対する関係のなかで、人間活動を取り扱う。だが、裁判所は一定の点、つまり原告と被告との間の**利害対立**という点でしかこの活動を取り扱わない。しかし、人間の自然に対する関係を基礎とした古典派経済学理論は、その研究単位においていっさいの利害対立を有していなかった。なぜなら古典派の単位は**諸商品**と**諸個人**であって、それらにおいては所有権が省かれていたからである。これら究極の単位は、実のところ、均衡のアナロジーに即して、諸利害の**対立**よりもむしろ諸利害の**調和**を生み出した。それゆえ、法学、経済学、倫理学を関連づけるという問題に求められる究極の単位は、所有権における利害の対立に関する単位である。

しかしこれだけでは十分ではない。活動における究極の単位は、**相互に依存しあう利害**についての単位でもあらねばならない。人間の人間に対する関係は、対立の関係であるだけでなく、相互依存の関係でもある。

さらに進めるならば、この究極の単位は、変動しつつ、連続的に同じかたちで**繰り返し現われるもの**でなければならないだけでなく、それらの繰り返しの現在および過去の状態と実質的には類似のものとして、将来、参加者たちによって持続的にその繰り返しが期待されているものでなければならない。その単位は期待の保障を含んでいなければならない。この種の期待を、われわれは**秩序**と名づける。

この秩序の意味は、将来が、過去の経験から引き出された、信頼に足る推論を土台としている以外では、全体的に不確定であるという事実から出てきている。また、人は将来において生きるが、現在において行動するということが妥当するかもしれないという事実からも出てきている。こうした理由から、活動の単位は期待を示す要素を含んでいる。あるいは、もし期待の保障が存在するならば、厳密な意味において、それは事前に制限的因子または戦略的因子を把握するという行為を指している。これらの因子の現在のコントロールに基づいて期待されるのは、将来の結果が多少なりともコントロールされるかもしれないということである。実のところ、これは人間活動における主要な特徴であり、このことからすべての物理学と人間活動とが区別される。われわれはのちに、抽象的にではあるが、この特徴を分離して、**将来性**（フューチュリティー）という一般的な名前を与えることになるだろう。しかし、すべての経済学者が「保障」の名の下で仮定している規則的な期待は、将来性という一般原理における特殊な事例である。われわれはそれを、自分たちの当面の目的のために、単に秩序と名づけることにする。

こうして、法学、経済学、倫理学と関連する、究極の活動単位は、自らのなかに**対立**、**依存**、**秩序**という三つの原理を含んでいなければならない。この単位が取引である。取引は、その参加者とともに、制度経済学における最小の単位である。諸々の取引は、古典派経済学者がいうところの労働による生産と、快楽主義的経済学者たちのいうところの消費による快楽との間に現われる。それは単に、自然的諸力の所有権や自然的諸力へのアクセスを、秩序というルールによってコントロールするのが、社会であるからだ。こうして、取引は次のように定義される。すなわち、それは「引き渡し」という物理的な意味における「諸商品の交換」ではなく、社会の集団的

（83）Rickert, H., *Die Grezen der naturwissenschaftlichen Begriffsbildung; eine logische Einlcitung in die histrischen Wissenshaften*（1902）、および Weber, Max, "Die objektivitat sozial wissenschaftlicher und sozialpolitischer Erkenntnis," *Archiv f. Sozialwissenscaft und Sozialpolitik*, XIX（1904）, pp. 22–87〔邦訳、富永祐治、立野保男訳［1998］『社会科学と社会政策にかかわる認識の「客観性」』、岩波文庫〕. 後述、*p.* 719、「観念の諸類型」をみよ。

なワーキング・ルールによって決定される、物理的事物の将来の所有権という、**権利**に関する諸個人間での譲渡と取得である。**これらの権利の移転**はそれゆえ、労働が生産を行なうことができる前に、あるいは消費者が消費を行なうことができる前に、あるいは商品が物理的に他の人へ運搬される前に、社会のワーキング・ルールに従って、関係する当事者間で交渉されなければならない。

われわれが、所有権の移転である取引を分析するとき、それらの取引は三つのタイプに分解されることがわかる。それは、売買交渉取引、管理取引、割当取引として区別されるであろう。これらは機能的に相互に依存しあっており、われわれがゴーイング・コンサーンと名づける全体を、ともに構成している。ゴーイング・コンサーンとは、利益をもたらす、売買交渉、管理、割当の取引からなる共同期待であり、「ワーキング・ルール」によって束ねられている。また、他の諸因子をコントロールすることが期待されている、可変的な性質の戦略的ないし「制限的」因子のコントロールによって束ねられている。その期待がなくなるそのとき、ゴーイング・コンサーンは継続することをやめ、生産は停止する。

このゴーイング・コンサーンそれ自身はより大きな単位であり、生物学においてフィルマーがいうところの「有機体」[59]、あるいは物理学においてロックがいうところの「機構」と似ている。しかし、その構成要素は、生きた細胞でもなければ、電子でも、原子でもない。それらの構成要素とは、諸々の取引なのだ。

ここで、われわれは、あとからわかるわれわれの研究上の試行錯誤をあらかじめ述べておこう。まず、売買交渉取引の公式を構築することによって、われわれの歴史研究からもたらされる結論を提起しておこう。次いでわれわれは、売買交渉取引の公式を、管理取引および割当取引の公式から区別する。

(1) 売買交渉取引(バーゲニング)

経済学者たちの理論研究から、裁判所の判決に照らして、交渉の単位は**四人の**当事者からなっていることがわかる。それは二人の買い手と二人の売り手であり、彼らすべては、議論を裁定する支配的権威によって、法的には**平等である**として取り扱われる。そこから引き出される公式は、当事者たちによって行なわれる申し出に関して、次のように、描き出される。そこでは、商品に百ドルを支払うことを申し出る買い手と九十ドルを申し出る買い手とがそれぞれ存在し、それに百十ドルで応じることを申し出る売り手と百二十ドルを申し出る売り手とがそれぞれ存在している。(84)

売買交渉取引の公式——法的平等

B　百ドル　　B¹　九十ドル

S　百十ドル　　S¹　百二十ドル

他方、管理取引と割当取引は、法学と経済学においては、劣位者に対する上位者の関係である。管理取引において、上位者は一人の個人ないし諸個人からなる一つの階層であり、この上位者が、劣位者が従わざるをえない秩序を付与する。この秩序とは例えば、労働者に対する職長、市民に対する保安官、あるいは被管理者に対する管理者といった関係である。しかし割当取引においては、上位者は一つの集団的上位者ないしその公認の代弁者である。これらには、さまざまな種類があり、例えば株式会社における役員会、州議会、裁判所、仲裁裁判所、

(84) コモンズ『資本主義の法律的基礎』p. 66。

共産主義ないしファシスト政権、カルテル、労働組合、課税当局である。これらは活動体の受益と負担を、劣位者たちの間で割り振る。管理取引ないし割当取引はそれゆえ、四人ではなく、次のような、**二人の**当事者の間での関係によって描かれる。

管理取引と割当取引の公式

法的上位者

法的劣位者

60

取引の公式は自然ないし現実の模写ではなく、単に経済理論における最小単位を心的に表現したものであり、その手段によって現実が理解されるかもしれない、一つの研究単位であることは、心にとめておくべきであろう。

ここで最初に区別しておくべきことは、交換という用語が、二重の意味を、また三重の意味さえ有していることである。すでに言及したように、初期の経済学者たちはそのような用い方をしていたのであるが、この用語は、法的過程を経済的過程から隠すのと同様に、売買交渉というマーケティング過程を、管理という労働過程から隠し、そして割当という権威的な過程から隠すことに役立った。

交換の概念は、市場と定期市という前資本主義の時代にその歴史的起源を有している。当時商人とは、自らの財や硬貨を市場へ持ち運ぶ行商人のことであったのであり、彼らは他の商人たちとそれらの品々を物理的に交換していたのである。だが現実には、商人自身は、経済学者たちが用いていたものとは違う、完全に異なった二つの活動を組み合わせていた。すなわちそれは、諸商品の物理的な引き渡しと受け取りという労働活動と、諸商品に関する所有権の譲渡と獲得という法的活動がそれである。前者は諸商品ないし金属貨幣に対する物理的コントロールの物理的引き渡しであり、後者は法的コントロールの法的移転であった。前者が交換であり、後者が取引である。

その違いは根本的なものであり、それは経済学理論には組み込まれていない。なぜなら、諸々の物はそれらの所有権から区別されていなかったからである。**個人**は所有権を移転していない。国家のみが、あるいは中世においては「開かれた市場」だけが、裁判所による解釈に従った法律の運用を通じて、取引への参加者たちの心のなかにある意図を読み取って、所有権を移転するのである。この二種類の移転は、資本主義的産業において分離され続けてきた。法的コントロールは、ニューヨーク、ロンドン、パリといった、資本主義の中心地で移転されるが、物理的コントロールは、法的コントロールを有している人々の指揮命令の下で活動する労働者たちによって、地の果てで移転される。法的コントロールの移転は、売買交渉取引がもたらす帰結である。商品の輸送と物理的コントロールの引き渡しとは、物質的なモノに「場の効用」を付け足すという労働過程である。この労働過程を、法的見地から、われわれは管理取引として区別する。

個人主義的経済学者たちはやむをえず、自らがいうところの交換の意味に、対価の相互授与を付け加えた。しかしこれは、客体的に、所有権の譲渡として取り扱われたのではなく、主体的に、諸商品間の快楽と苦痛との選択として、取り扱われた。ところが、法的な売買交渉という見地からすれば、交換は、法的に平等で自由であるとみなされている人々の間での説得と強制という、自発的意志（ヴォリショナル）による交渉である。また交換は、裁判所が争点となる事例で行なうであろうことの期待を考慮した、現行の法律を運用することによって、商品と貨幣の**法的コントロール**を相互に移転しあうことで終わる。

後者の交換の意味こそがまさに、イギリスのコモン・ロー（判例法）判事が十六世紀に、対立している商人間の争いに判決を下す際、認識していたことである。それは、市場における商人らの売買交渉の慣習を引き継ぎ、判事たちがそれを慣習と承認する限りにおいて、それらの慣習に準拠して争いに判決を下したのであった。これらの慣習は、裁判所によって引き継がれたとき、アングロ・アメリカンの法では、技術的には**単純契約違反の賠償請求**および**提供役務相当金額の請求**の教義として知られるようになった[85]。

広義に解釈すれば、これらの原則は次のように進行する。すなわち、それを推論に任せるならば、商人たちの慣習に従った通常の交易の流れにおいて、ある人が他の人から商品ないし貨幣を獲得したとき、それは略奪ないし盗みやペテンを行なおうとしたのではない。そうではなく、その商品に対する支払い責任を引き受ける、あるいは引き換えに商品ないしサービスを引き渡す責任を引き受けようとしたのであった（**暗黙の単純契約違反の賠償請求**[86]）。そしてさらにいえば、彼は所有権の移転という関係について、経済的強制ないし物理的強迫によって他人の意志を打ち負かそうとしたのではなく、公正ないし適正にそれを履行しようとし、あるいはそのような額を支払おうとしたのであった（**提供役務相当金額の請求**[87]）。

責任を引き受けるという意図と、支払いないし履行するという道徳的義務とによる、こうした推論は、必然的なものである。なぜなら裁判所は、争いが生じている場合、交渉を含んだ支払いや履行への服従を強要することで、法的義務を作り出すことを求められるからである。そしてこのことは、通常負債として知られている、履行や支払いを引き延ばすことだけでなく、通常特売取引ないし現金取引として知られているような、即時履行や支払いに対しても適応される。これらの交渉や法的所有権の意図的な譲渡や獲得こそ、支払いないし履行を考察する際に、われわれが売買交渉取引と呼んでいるものである。他方、物理的「交換」は、労働過程にゆだねられており、われわれは物理的引き渡しと呼んでいる。それは、必要とあれば管理取引の法によって強制されることもある。

単純契約違反の賠償請求と**提供役務相当金額の請求**というこれらの原則に平行して、裁判所は、強迫からの自由に関する法を発展させつつ、参加者たちの心のなかで継続しつつあるものに従って推論を行なうことにより、「自発的（ウィリング）な買い手と自発的な売り手」という倫理的標準を構築した。この自発的意志（ウィリングネス）は、その基準が構築されて以来、それが生産物市場で交渉される商品であろうと、労働市場で交渉される賃金であろうと、株式市場で交渉される株や債券であろうと、貨幣市場で交渉される利子率であろうと、または不動産市場で交渉される地代や土地であろうと、売買交渉取引から生じる争いに判決を下すための標準的な仕組みとなってきた。これらの交渉すべてにおいて、**単純契約違反の賠償請求**と**提供役務相当金額の請求**の原則、そして強迫の原則は、所有権の移転という問題において、明示的にも暗黙的にも影響を与えてきた[88]。

62

では、どのようにして、経済学者は活動の単位を、すなわち売買交渉取引を、裁判所の幾千もの判例から引き出されるコモン・ローの進化に適合するものとして、構築すべきなのか。われわれは経済学者たちが、先に述べたように、市場に適用可能な公式をすでに構築していることを知っている。交渉は四人の当事者、つまり二人の買い手と二人の売り手からなっている。しかしながら、もし利害対立が重大局面に達する場合、各々は、争いになっている問題において、裁判所による過去の判決および予期される判決に支配されている[89]。かくして所有権の

（85）単純契約違反の賠償請求と提供役務相当金額の請求には、数多くの異なった判例から生じている厳密な法解釈の歴史がある。例えば最も初期の論争は過剰地代、過剰サービス、ないし過剰賃金であったが、それは結局、契約という近代的な意味づけに終わった。

（86）スレードの判例（1602, 2 Coke's Rep. 92b, 76 Eng. Rep. 1072, 1074）は、単純契約違反の賠償請求という、特殊な側面における前世紀の諸判決に関する摘要をつくり、また負債についての古い行為にかえて、契約法を展開し始めた。

（87）これらの原理の歴史的発展は、法学書とりわけ Page, W. H. の *The Law of Contracts*（3 vols., 1905）に見出されるかもしれないし、またそれらの経済学的起源は Anna C. Davis 女史の近刊によって研究されつつある。

（88）以下を参照。The historical development in Galusha v. Sherman, 105 Wis. 263（1900）, コモンズ『資本主義の法律的基礎』p. 57。

63

移転を申し出ており、また法的判決で承認されている慣習に従って行動している、これら四人の参加者たちを含むように構築されている普遍的公式から、人と人との間の、四つの経済的・法的関係が引き出されることとなろう。これらの関係はきわめて密接に結びついているので、それらの関係のうちの一つの変化が他の三つのうちの一つないしそれ以上のものを変更することとなるであろう。これらの関係は、すべての売買交渉取引に存在しているが、表だっては見えない、四つの部分からなる利害対立から引き出される論点である。そして、経済的争いに関するアメリカの裁判所の判決は、ただちにこれら四つの方向に分類される。各々の判決は、利害対立から相互依存関係と秩序の期待をもたらすであろう判例として、ワーキング・ルールの確立をその目的としている。これらすべては、物の所有権に関わっているのであって、物それ自身に関わっているのではない。

（1）最初の論点は、機会の平等ないし不平等であるが、それは適正な差別および不適正な差別に関する法的原則である。それぞれの買い手は最良の二人の売り手の間で選択し、それぞれの売り手は最良の二人の買い手の間で選択をする。もしある売り手が、例えば鉄道会社や電信会社または鉄鋼会社が、まったく同じサービスに対して、一人の買い手に高い価格を請求し、競合する買い手に安い価格を請求するならば、高い価格を請求された買い手は、利潤マージンが少ないという現代的条件の下では、不適正に差別されているのであり、最終的には破産してしまうかもしれない。しかし、もし数量、コスト、あるいは品質の違いといったような、差別の正当な根拠が存在するならば、その差別は適正であり、それゆえ、適法である。(90) 同じ原則は、労働仲裁や商業仲裁においても数多く現われる。

（2）第一の論点とは不可分の、もう一つの論点は、公正な競争か不公正な競争かという論点である。二人の買い手が競争し、二人の売り手が競争しているとき、彼らは自分たちの競争において不公正な方法を用いているかもしれない。不公正な競争に関する判例は、三百年間にわたって、近代の営業権（グッド・ウィル）という資産を確立してきたのであり、それは近代のビジネスにおける最大の資産である。[91]

（3）上記の二つの論点とは不可分の、第三の論点は、適正価格か不適正価格か、または適正価値か不適正価値かという論点である。二人の買い手のうち一人が、二人の売り手のうち一人から購入するとしよう。価格は次の三つの経済的条件に依存するであろう。すなわち、選択のための機会、買い手と買い手との競争および売り手と売り手との**競争**、そして法においては平等であるはずの、実際の買い手と実際の売り手との間の交渉力の平等ないし不平等がそれである。この適正価格は、代々の裁判所の知性のなかで、機会の平等、公正な競争、交渉力の平等という三つの前提条件に基づいて徐々に構築される。[92]

（4）最後に、アメリカの判例において、適法手続という重要な論点が現われる。この論点こそ、われわれが「ワーキング・ルール」と名づけるものであり、これが諸個人の取引を規制する。連邦最高裁判所は、次のようなあらゆる事例において州議会、連邦議会、そしてすべての執行機関の決定を覆す権威を獲得している。その事例とは、上記の議会などが諸個人ないし諸企業から、「適法手続なしに」財産や自由を奪い取ると裁判所がみなす場合である。適法手続（デュー・プロセス・オブ・ロー）は、最高裁判所における当面のワーキング・ルールなのである。それは慣習や階級支配の変化とともに、あるいは判事の交替ないし判事の意見の変化とともに、または財産や自由の慣習的な意

（89）Glaeser, M. G., *Outlines of Public Utility Economics*（1927）, p. 105, p. 107は、「収入の交渉」と「費用の交渉」という用語を用いている。彼の収入の交渉はわれわれのいう売り手の交渉に等しく、彼の費用の交渉はわれわれのいう買い手の交渉に等しい。

（90）Western Union Telegraph Co. v. Call Publishing Co., 181 U. S. 92（1901）. 後述、*p. 784* をみよ。

（91）コモンズ『資本主義の法律的基礎』p. 162 および、後述、*p. 773*「経済的諸段階」をみよ。

（92）以下を参照。Commons' article on "Bargaining Power," *Encyclopedia of the Social Science*, II および『資本主義の法律的基礎』、p. 54。

味づけの変化とともに、変化する。もし州議会ないし連邦議会、下級裁判所や執行機関が、取引における四人の参加者たちのいずれかから、その平等な機会の選択を奪い取るか、競争の自由を奪い取るか、あるいは価格を固定することで交渉力を奪い取るならば、その剥奪行為は、彼らの財産や自由をともに「奪い去る」ことになる。もしその剥奪が、裁判所の望むところのものに照らして正当化されえないのであれば、それは適法手続なき財産と自由の剥奪であり、それゆえそれは憲法違反であり、法的効力をもたないものであり、禁止されるであろう(93)。

64

こうして、最高裁判所によって支配される四人の参加者たちに加えて、経済学者と法律家の双方の知性において、対立、依存、秩序(適法手続)というその本質的属性によって売買交渉取引の公式が適切に構築されるならば、活動の単位もまた、法学、経済学、政治学、社会倫理学に共通のものとして構築される。それは、まさに原子や星の公式が、物理学、化学、天文学において、陽子、電子、放射能などの構成要素から再構成されつつあるかのごとくである。

(2) 管理取引

だが、これ以外に二つの、なおも不可分の活動単位が存在する。すなわち、管理取引と割当取引がそれであり、それぞれは法的、経済的、倫理的相関関係を示している。

管理取引は四人ではなく、二人の間の関係から生じる。売買交渉取引における決定の背後にある習慣化した諸前提は、自発的な買い手と自発的な売り手との平等性という前提である一方、管理取引の背後にある前提は、上位者と劣位者という前提である。一方の人物は、指揮命令を発する法的権利をもった法的上位者である。もう一方の人物は、その関係が続く間は、服従という法的義務に縛られている法的劣位者である。それは職長と労働者、保安官と市民、管理者と被管理者、主人と召使い、所有者と奴隷との関係である。上位者は命令を与え、劣位者は服従しなければならない。

　経済学的見地からの管理取引とは、その目的が富の生産にある取引のことである。そこには、商品の輸送と引き渡しによる「場の効用」を付加するとみなされている、われわれがすでに、交換の物理的意味と名づけたものが含まれている。それに対して、売買交渉取引は、富の分配、および富を生産して引き渡すことへの誘導を、その目的としている。売買交渉取引における普遍的な原理は希少性であり、他方、管理取引のそれは効率性である[94]。

　また、心理学的かつ倫理的にも、管理取引は売買交渉取引とは異なっている。道徳心理学、または、われわれが売買交渉取引の折衝心理学と名づけているものとは、**説得**と**強制**の心理学であり、それは機会、競争、交渉力に依存している。なぜなら当事者たちは、法的に平等であるとみなされているにもかかわらず、経済的には不平等であったり（強制）、経済的に平等であったりするからである（説得）。管理取引の折衝心理学とは、**指揮命令**と**服従**である。というのも、当事者の一人は法的かつ経済的にも劣位者であるからである。

65

　この管理取引は、労働というケースにおいては、売買交渉取引と不可分であるが、それと区別することができる。交渉者としての近代の賃金労働者は、自身の雇用主と法的に**平等**とみなされており、説得ないし強制によっ

（93）以下を参照。コモンズ『資本主義の法律的基礎』。Summarized by Voegelin, Erich, *Uber die Form des Amerikanischen Geistes*（1928）, pp. 172–238 : Kroner, Hermann, *John R. Commons, seine wirtshaftstheoretische Grundfassung*, in Heft 6, Diehl, K., *Untersuchungen zur theoretischen Nationalokonomie*（1930）; Llewellyn, K. N., "The Effect of Legal Institutions on Economics," *Amer. Econ. Rev.*, XV（1925）, pp. 665–683, "What price Contract?–An Essay in Perspective," *Yale Law Jour.*, XL（March 1931）, pp. 704–751 ; Grant, J. A. C., "The Natural Law Background of Due Process," *Columbia Law Rev.*, XXXI（1931）, pp. 56–81 ; Swisher, C. B., *Stephen J. Field, Craftsman of the Law*（1930）, reviewed by Commons, John R., *Jour. of Pol. Econ.*, XXXIX（1931）, pp. 828–831.

（94）後述、*p. 251*「効率性と希少性」をみよ。

て取引に入るように誘導される。しかし、いったん彼が**雇用の現場**に入ることが認められるが最後、彼は法的には**劣位者**となり、彼が従うことを求められている指揮命令によって、誘導される。二つの用語の組み合わせ、すなわち第一は雇用主と被雇用者あるいはオーナーと賃労働者という売買交渉の用語として、第二は職長ないし監督者と工員という管理上の用語として区別される場合には、売買交渉取引と管理取引の区別は明らかである。

ここにもまた、「交換」という歴史的単語の二重の意味がある。それは、売買と管理の区別に失敗していることに基づいている。近代産業において専有者は、二人の代表者を有している。すなわち代理人と職長であり、しばしば一人の人間がこれらを兼務している。代理人とは、その活動が仲介の原則に基づいて依頼人に、つまり雇用主と結びついていると法的にみなされる人のことである。それは単純契約違反の賠償請求と提供役務相当金額の請求の原則のずっと以前から始まっていたが、財産の所有権を移転するという意図を暗に含んでいる、同様の基礎的原理を有していた。職長は、事故に対して雇用主の責任を負うことや被雇用者の産出量を承認することといった、一定の重要な目的をもつ代理人であり、そこでの彼の行為は雇用主を想定上の債務と結び付ける。彼はそういう存在として代理人であるのだが、彼はまた、技術的過程を委託されるという位置におかれた、もう一人の被雇用者にすぎない。その区別は、「労働部」と「生産部」という近代的な部門分化からすれば明らかである。労働部は依頼人と代理人の法によって統治されているのに対し、生産部は管理者と被管理者の法によって統治されている。

歴史的に経済学者たちは、自らの理論において、代理人と被雇用者とを区別することに失敗しており、この失敗は、雇用主と被雇用者、主人と召使い、所有者と奴隷といった用語の、法的かつ技術的な、二重の意味づけに由来する。しかし、上記の二つの部門への分化にこそ、われわれはその意味づけの歴史的な違いに立ち戻り、その違いを明らかにする糸口を見出すのである。

66

それゆえ明らかに、「交換」という単語の、伝統的な経済学による意味づけには、こうした制度的区別を導入するどのような場所も残されていない。こうして「交換」という単語はいまや、第三の意味づけをもっていたことが見出される。すなわち、労働者が自分の生産物を職長と「交換しあう」ということがそれである。この交換の第三の意味づけは、命令の下での物理的引き渡しであるとともに、労働者が自らの生産物の所有権を、雇用主へ移転することでもある。この移転は、専有者、ないしその代理人が貨幣の所有権を労働者へ移転することを考慮して、雇用主の代理人を通じて行なわれる。後者〔貨幣〕の所有権の移転は、説得ないし強制という原則をともなう、売買交渉取引の細目の一つであり、またここでの労働者とは、賃金労働者のことである。前者〔生産物〕の所有権の移転は、指揮命令と服従という管理取引のことであり、ここでの労働者はまさしく、リカードやマルクスのいう、機械的な労働力の束である[95]。

近年の経済学理論は、「科学的管理」の登場以降、先に述べた交換についての二重の意味づけの明確な区別を可能にする、二組の用語と二つの測定単位を提供している。その測定単位とは、マンアワー〔一人一時間当たりの仕事量〕とドルである。その用語の組み合わせは、投入と産出、支出と所得である。科学的管理は、リカードとマルクスの労働理論を再興したが、それは*効率性*の名の下においてであった。時間当たり産出〔物理的使用価値〕の、時間当たり投入〔平均労働〕に対する比率は、効率性の尺度である。これは決して労働者と職長の間で

(95) Holden v. Hardy, 169 U. S. 366 (1898). コモンズ『資本主義の法律的基礎』p. 63 ほか諸所をみよ。われわれがとる、前述の分析は、「労働は商品ではない」という、クレイトン法のなかに書かれている修辞的な抗議の基礎である。**交渉者**として、労働者が売るものは彼の労働力であり、その関係は、説得、強制、強迫である。**労働者**としての彼は、何も売っていない。彼は、自らの使用価値の物理的算出を実行することによって秩序に従う。

の「交換」ではなく、管理者の監督下で、自然の抵抗を克服する物理的過程である。効率性の測定単位は、マンアワーである。

しかし、売買交渉取引における測定単位はドルである。それは所得に対する支出の比率である。支出は所有権の譲渡である。所得は所有権の獲得である。そのとき、ドルは売買交渉取引における相対的希少性の尺度であるが、他方でマンアワーは管理取引における相対的効率性の尺度である。[96]

売買交渉取引とは区別される、これらの管理取引における権利・義務を取り決めるコモン・ローには数多くの事例がある。[97] それらの取引は、顧客、訪問者、不法侵入者、被雇用者として構内に立ち入る人々の行為をコントロールする、所有者の権利という、より一般的なルールの下で行なわれる。それゆえ、被雇用者の事例では、管理取引は上位者と劣位者からなり、各々は管理取引から生じる争いを判定することによって新しい法をつくるという、コモン・ローの方法による指揮命令と服従という法によって統治されている。

67

管理取引は、近年、科学的管理の研究を通じて前面に出てきている。それは売買交渉取引のような一定量の折衝を含むが、たとえそうであっても、法的にはもっぱら上位者の意志に基づいている。こうした折衝の取り込みは、主として近代的な労働の自由から生じており、それは理由を述べることなく仕事を辞めるという、労働者の自由をともなっている。そのような制度的設定の下では、売買交渉のようにみえるかもしれない何かが、管理取引において前面に出てくることは避けられない。しかし、それは売買交渉を行なうことではなく、管理を行なうことである。とはいえ、管理取引に伴う売買交渉取引の折衝としては、それは重要な局面ではある。[98] 巨大企業の卓越した管理者が、転義的に述べているように、「われわれは決して命令を与えない。われわれは命令を遂行しなければならない人々にアイデアを売っているのだ」。そしてヘンリー・S・デニソン氏は、経営を行なった自分自身の経験から、「業務管理分析」という題で、最新の管理取引に関する最も注意深い分析を行なっている。

上に示す彼自身の要約は、管理取引という意味での、最近の科学的管理の進歩について、適切な考え方を示している[99]。

68

(3) 割当取引

最後に、割当取引は、売買交渉取引や管理取引と、次の点で異なっている。すなわち、割当取引は、共同事業のメンバーに受益と負担を割り当てる権限を有している、複数の参加者たちのなかで合意に達するための折衝である。境界線上にある事例は、共同経営事業に関する取引であり、それは共同で請け負った事業の将来における受益と負担をシェアするための取引である。この事例よりもやや明白な事例は、株式会社の役員会が次年度のための予算を作成する活動である。まったく同様の、そしてもっと明白な事例は、課税割り当てを行なう、あるいは保護関税を承認するといった、アメリカでは「なれ合い(ログ・ローリング)」として知られている、立法府の構成員による活動である。いわゆる「団体交渉」または「通商協定」は、経営者団体と被雇用者団体との間の、あるいはすべての買い手団体と売り手団体との間での、割当取引である。独裁と、カルテルのような生産高コントロールのためのすべての団体行動は、一連の割当取引である。経済的争いについての法的解決とは、一定量の国富を、あるいは購

---

(96) 後述、*p. 276*「投入－産出、支出－所得」をみよ。

(97) わたしの論文 "Law and Economics," *Yale and Jour.*, XXXIV (1925), pp. 371–382 において、わたしは効率性を純粋に技術的なものとして扱った。なぜなら、わたしはそのとき、管理取引の法則を研究していなかったからである。

(98) 以下を参照。コモンズ『資本主義の法律的基礎』pp. 283–312「賃金交渉」。

(99) Dennison, Henry S., "Who Can Hire Management," *Bulletin of the Taylor Society* IX (1924), pp. 101–110.

業務管理分析

<table>
<tr><td rowspan="2">理解</td><td>**観察**
(作業の監視、監督。それは、観察対象を選別すること、および、頭脳労働と肉体労働を記録する方法を含む)</td></tr>
<tr><td>**評価**
(観察された事実を解釈する。それらを他の事実及び他の方針に関連づける。相対的重要性を決定する)</td></tr>
<tr><td rowspan="3">創意工夫</td><td>**着想**
(諸々の可能性、すなわち目標を想像する)</td></tr>
<tr><td>**分析**
(目標と可能性を分析し、それに、観察され、評価された事実を関連づける)</td></tr>
<tr><td>**企画**
(やり方、手段、誘因、作業を決定する)</td></tr>
<tr><td rowspan="3">説得</td><td>**管理指導**
(命令する。厳密にいえば管理することではなく、人を動かすこと)</td></tr>
<tr><td>**教育指導**
(目標、手段、方法、誘因についての必要最低限の理解を確立する)</td></tr>
<tr><td>**意欲を引き出す**
(勇気づけ励ます――「望むものを引き出すこと」、すなわち教育する際の感情面を支援するもの)</td></tr>
</table>

買力にほぼ等しいものを、他の人から強制的に取り上げて、別の人へ割り当てることである。これらの事例においては、それが賄賂の授受[100]となるであろう売買交渉はいっさい存在しないし、劣位者である執行部に任された管理も存在しない。ここにあるのは単に、しばしば「政策形成」と名づけられているもの、つまりしばしば「正義」と名づけられているものである。しかし、経済的数量に還元された場合、それは富ないし購買力の割り当てであり、平等であると思われている当事者たちによってではなく、法において彼らよりも上位にある権威によって割り当てられる。

　われわれは二種類の割り当てを区別することができる。それは生産高割り当てと価格割り当てである。価格を固定することなく参加者たちに割り当てる数量を固定することが、生産高割り当てであり、価格を固定し、数量を売り手と買い手の意志に任せることが価格割り当てである。ソヴィエト・ロシアや多くのカルテルは生産高を割り当てているが、ソヴィエト・ロシアはまた、郵便局のような「国家トラスト」の多くで、価格を固定し、数量に関する決定を諸個人にゆだねている。課税という巨大な領域は、価格割り当てである。それは租税支払者に、教育や鉄道といった、公共サービスのコストを課すことでなされている。そこには租税支払者による、いかなる交渉も存在していないし、租税支払者が、与えられた公共サービスから受け取っている、個々の便益に関するいかなる配慮も存在していない[101]。

これら三つの活動単位は、経済科学におけるすべての活動を網羅している。売買交渉取引は、法的に対等な人々の間での自発的に取り交わされた合意によって、富の**所有権を移転する**。管理取引は、法的上位者の指揮命令によって**富を創造する**。割当取引は、法的上位者の**指図**によって富の創造の受益と負担を割り当てる。それらは対等な人々の間での、あるいは上位者と劣位者との間での、社会的活動の単位である。よって、それらはその特徴において、法的および経済的であるとともに、倫理的である。

69

(4) 制度

これら三つの取引のタイプは、より大きな経済的研究の単位において結び付けられており、それはイギリスや

(100) 判事の買収が違法になったのは、一六二一年のバコン卿のみじめな経験以後、および訴訟当事者によって支払われていた報酬が、国家によって支払われる俸給に取って代わられるようになってからである。

(101) そこには弁論における立証手続きおよび訴答手続は存在するかもしれないが、取引は存在していない。なぜなら、納税者が支払いを差し控えるという法的力がまったく存在していないからである。後述、*p. 805*「課税の政治権力」をみよ。

アメリカの実践においては、ゴーイング・コンサーンと名づけられている。[102] これらのゴーイング・コンサーンこそ、それを動かし続けるワーキング・ルールとともに、家族、株式会社、労働組合、事業者団体から、国家それ自体にまで至る広い範囲で、われわれが制度と名づけているものである。その受動的な概念が「グループ」であり、能動的な概念が「ゴーイング・コンサーン」である。

いわゆる制度経済学の領域を定義する際の困難とは、制度という単語が意味するものが不確定なことにある。時に制度は、その制度の枠内で諸個人が収監者のように行為するところの構造物、つまり諸々の法や規制といったある種の枠組みに類似したものとみなされている。また時にそれは、収監者たち自身の「行為」を意味するものとみなされている。時に古典派経済学ないし快楽主義的経済学に追加されるあらゆるもの、またはそれらを批判するあらゆるものが、制度的なものと思われている。時に「静的なもの」にかわって「動的なもの」であるすべてのものが、つまり商品にかわって「過程」が、感情にかわって活動が、均衡にかわって管理が、そして自由放任にかわってコントロールが、制度経済学であるとみなされている。[103]

これらの考えのすべては、おそらく制度経済学に含まれているであろうが、それらは暗喩ないし叙述的描写といわれることもあろう。それに対して経済行為の**科学**は、原因、結果、あるいは目的の類似性である諸原理のなかに分析を求め、統一的な諸原理の体系的総合を求める。そしてさらに、制度経済学それ自身、先駆的な古典派および心理学的経済学者たちの諸々の優れた発見や洞察から分離することはできない。しかしながら、それに加えて組み込むべきは、それと同じく重要な、共産主義、無政府主義、サンディカリズム、ファシズム、コーポラティズムおよび組合主義の経済学者たちの発見である。おそらく、種々雑多であり、得体が知れず、単に叙述的な特徴をもっているという評判を制度経済学がこうむっている根拠は、これらのまとまりのない活動すべてを一つひとつ網羅するという努力にある。それは、初期の未熟な歴史学派を長きにわたって経済学から追放してきた

70

ことと似通っている。

もしわれわれが、制度的なものと知られているすべての行為に共通の、普遍的原理を発見しようと努めるのであれば、われわれは制度を、個人の行動をコントロールする集団的行動として定義することができよう。

集団的行動は、組織のものとなっていない慣習に始まり、家族、株式会社、持ち株会社、事業者団体、労働組合、連邦準備制度、「密接な利害をもつグループ」、国家といった、多くの組織されたゴーイング・コンサーンへと至る、すべてのものをその射程に含んでいる。これらすべてに共通する原理とは、集団的行動によって個人の行動を多少なりともコントロールするということである。

ある個人の諸行為の、このようなコントロールは、つねに別の個人に利益をもたらし、またもたらそうとする。もしこのコントロールが契約の執行であるならば、その場合負債は、他の人の利益を生み出す信用にまったく等しい。負債とは、集団的に強制されうる義務であり、他方で信用とは義務を創造することによって生み出される権利と同等のものである。その結果生まれる社会関係は、経済的な地位であり、それは各々の当事者が自らの経済行為に向けている諸々の期待からなっている。負債と義務の側面において、それは集団的行動への準拠の地位である。そして信用と権利の側面において、それは準拠という期待によって生み出される、保障の地位である。これが「無体」財産として知られているものである。(104)

---

(102) ドイツ語では、*gutgehendes Geschaft* である。

(103) 以下を参照。*Proceedings* of the 43d meeting, Amer. Econ. Assn., December 1930, pp. 134–141. また以下の諸論文も参照。Copeland, M. A., and Burns, E. M., *Amer. Econ. Rev.*, XXI（1931）, pp. 66–80；Atkins, W. E., and Others, *Economic Behavior, an Institutional Approach*（1931）, 2 vols. 本節は、論文 "Institutional Economics," *Amer. Econ. Rev.*, XXI（1931）, pp. 648–657 に凝縮されている。

あるいは、集団的コントロールは、干渉、違反、権利侵害といった、一定の活動を**タブーとみなす**ないし禁止するという形態をとる。この禁止はある人にとっての自由という経済的地位を生み出して、したがってある人を免除者とする。しかし、ある人の自由は、その人と関わる人の将来の利益ないし損害をともなうかもしれない。したがって、生み出された経済的地位は、他人の自由に対する無保護である。雇用主は、被雇用者が働いたり仕事を辞めたりする自由に対して無保護（エクスポージャー）である。被雇用者は、雇用主が雇用したり解雇したりする自由に対して無保護である。こうした、無保護と自由との関係は、ビジネスにおける営業権（グッド・ウィル）、ビジネスをするための地域独占営業権（フランチャイズ）、特許、商標、その他の数多くのもののような、「無形」財産として区別されるようになってきている(105)。

諸個人に対して、これらの相関的で互恵的な経済諸関係の範囲を決定するワーキング・ルールは、株式会社、カルテル、持ち株会社、協同組合、労働組合、経営者団体、事業者団体、二つの団体の共同による通商協定、証券取引所、商業会議所および政党が、そしてアメリカのシステムにおいては連邦最高裁判所を通じて国家そのものが、規定し、施行する。実際、これらの私的な活動体による経済的な集団的行為は、

71

ポリテイカル・コンサーン（政治的活動体）であり、それは国家の集団的行動以上に、しばしば強力である。

倫理と法に関する用語で述べられるのは、以下で展開されているように、すべての集団的行為が、権利、義務、無権利、無義務の社会的諸関係を確立しているということである。個人の行為に関する用語で述べられるのは、集団的行為において求められるのが、個人による履行、回避、自制であるということである。結果として生じる個人の経済的地位に関する用語で述べられるのは、集団的行為が与えるものが保障、準拠、自由、無保護である、ということである。原因、結果、目的に関する用語で述べられるのは、制限的および補完的な相互依存関係としての、あらゆる経済行為を通じて働く共通の原理が、希少性、効率性、将来性、集団的行動のワーキング・ルー

ル、および主権である、ということである。個人の行動におけるワーキング・ルールの運用に関する用語で述べられるのは、集団的行動は、諸個人が行なえること can、行なえないこと cannot、行なわねばならないこと must、行なってはならないこと must not、または、行なってもよいこと may、あるいは行なってはいけないこと may not、という助動詞によって表現されるということである。彼が「できる」ないし「できない」というのは、集団的行動が彼を助けに来ることもあれば、そうではないこともあるからである。彼が行なわ「ねばならない」ないし行なっては「ならない」というのは、集団的行動が彼に強要をするであろうからである。彼が「してもよい」というのは、集団的行動が彼を許可し、保護するからである。彼が「してはいけない」may not というのは、集団的行動が彼を妨げるからである。

　まさしくこれらの行動主義的な助動詞のゆえに、「ワーキング・ルール」という見慣れた用語は、すべての集団的行動に共通する、原因、結果、目的という普遍的原理を指し示すのにふさわしいのである。ワーキング・ルールは、国家やあらゆる私的団体を含む制度の歴史のなかで絶えず変化しつつあり、そして制度ごとに異なったものである。それらはしばしば、管理運営の**行動原則**として知られている。アダム・スミスはそれらを課税の**一般原則**と名づけ、最高裁判所はそれらを**理性のルール**ないし**適法手続**と名づけた。しかし、それらのルールの違いや名前の違いがどのようなものであれ、それらのルールは、このような類似性を有しており、個人が行なえること、行なえないこと、行なわねばならないこと、行なってはならないこと、行なってもよいこと、行なってはいけないことを指し示しており、そうしたことは集団的制裁によって強要されるのである。

---

(104)　後述、*p. 78*「経済的・社会的諸関係の公式」をみよ。

(105)　後述、*p. 402*「マクラウド」をみよ。

これらの集団的制裁の分析は、経済学、法学、倫理学におけるそうした相関関係を与えており、それは制度経済学理論における前提条件である。デイヴィッド・ヒュームは、希少性とその結果としての利害対立に、これらの社会科学の統一を見出した。アダム・スミスは、神の摂理や豊富性が地上にあまねく存在し、そこから利害の調和がもたらされるという前提に基づいて、経済学を分離した。制度経済学は、ヒュームに立ち戻る。ヒュームを手がかりとすれば、また「ビジネス倫理」といった用語の近代における台頭を手がかりとすれば、倫理学は、利害対立から生じて集団的意見の**道徳的**制裁によって強要される、管理運営のルールを取り扱っている。経済学は、経済的**利得**ないし**損失**の集団的制裁によって強要される、同じ管理運営のルールを取り扱っている。法学は、**物理的な力**による組織された制裁によって強要される、同じルールを取り扱っている。制度経済学は、これら三つのタイプの制裁に関する相対的なメリットを絶えず取り扱っている。

さまざまな種類の制裁による諸個人の行動のコントロールという、集団的行動のこのような普遍的原理から生じるのは、権利、義務、無権利、無義務という倫理的・法的関係であり、また保障、準拠、自由、無保護のみならず、資産と負債というものをも含む経済的関係である。実際、まさしく、諸個人の欲求と労働、苦痛と快楽、富と幸福、効用と不効用という領域からよりもむしろ、その可変的な資産と負債をともなう、企業の資金調達という領域から、制度経済学はその大部分のデータと方法論を引き出している。制度経済学は、アダム・スミスの国富論とは対照的な、活動体の資産と負債を取り扱っている。国家間ではそれは、国際収支における貸方と借方である[106]。

集団的行動は、活動体という組織された形態よりも、慣習という未組織の形態において、なおいっそう普遍的である。しかもゴーイング・コンサーンもまた、慣習なのである。慣習は、ヘンリー・メイン卿が主張したように、自由契約や競争に取って代わられてはいない[107]。慣習は経済状況の変化にともなって変化してきたにすぎないが、それらは今日、非常に無視できないものになっているかもしれないので、独裁者でさえそれらを無効にすることはできない。信用制度という現代の慣習の利用を拒絶する、ないし利用できないビジネスマンは、支払い能力のある銀行で小切手を受け取ったり発行したりするのを拒否することで、取引の継続によるビジネスをまったく持続できなくなる。小切手が法定貨幣ではなく、単なる私的取り決めであるにもかかわらず、そうなのである。これらの道具は、法定貨幣にかわる、慣習による貨幣であり、利潤、損失、競争という強力な制裁によって裏打ちされており、それは準拠を強要している。そのほかにも、七時に仕事にやってきて六時にやめる、あるいは慣習的な生活水準といった、無視できない慣習が挙げられるかもしれない。

しかし、慣習的な諸標準はつねに変化している。したがって、それらは正確さを欠いており、それゆえ利害対立をめぐる争いを引き起こす。もしそうした争いが生じるならば、そのとき、信用団体、企業経営者、証券取引所、商業会議所、商事紛争や労働紛争の仲裁人、最後に、連邦最高裁判所に至る法廷、といった組織された活動体の職員たちは、慣習に正確さを求め、組織された法的ないし経済的制裁を追加する。

こうしたことは、争いに判決を下して法を作り上げるというコモン・ロー方式を通じて行なわれる。判決は、先例となることによって当面の間、特定の組織された活動体のワーキング・ルールとなる。英米の法学における歴史的な「コモン・ロー」は、存続し続けているすべての活動体に共通した普遍的原理の、特殊な事例にすぎな

73

（106）一九二二年から一九三〇年にかけての諸年間におけるこれらの収支は、Rogers, J. H., *America Weighs Her Gold*（1931）という啓蒙的な著作の根拠となっている。

（107）Maine, Sir Henry S., *Ancient Law: Its Connection with the Early History of Society, and Its Relation to Modern Ideas*（1861）〔邦訳、安西文夫訳［1948］『古代法――その初期社会史に対する関係とその近代思想に対する関係』史学社〕.

い。それは、利害対立に判決を下すことによって新しい法律をつくり、そのことによって慣習や倫理といった未組織のワーキング・ルールに、よりいっそうの正確さを与え、組織的な強制を与えるという特殊な事例にすぎない。コモン・ロー**方式**はすべての集団的行動において普遍的なものであるが、イギリスやアメリカの法律家による厳密な法解釈による「コモン・ロー」は、封建時代にまでさかのぼる判決の一群である。要するに、コモン・ロー**方式**、あるいはコモン・ローの作用の仕方とは、慣習そのものであり、それはその他の慣習と同様に、可変性をともなっている。それは、すべてのゴーイング・コンサーンの集団的行動が、対立時の個人の行動に作用する方法なのである。それは、争いに判決を下す際に裁判官がつくった法〔判例法〕であるという点で、制定法とは異なっている。

集団的行動は、諸個人の行動を**コントロール**する以上のものである。集団的行動は、まさしくコントロールという行為によるものであり、それは、助動詞によって示されたように、強制、強迫、差別待遇、あるいは不公正な競争から、諸個人の行動を**解放する**のであり、その解放は、他の諸個人を抑制下におくことでなされるのである。

そして集団的行動は、個人の行動を抑制し、解放する以上のものである。というのもそれは、個人の取るに足らない行為によって彼が行なうことができることをはるかに超えるところにまで、個人の意志を**拡張する**からである。巨大な株式会社の社長は、地球の果てまで自らの意志を執行する命令を与えるのである。

幾人かの人々にとっての〔意志の〕解放と拡張は、彼ら自身の利益のために、他の人々を抑制することにあり、また制度の簡潔な定義は、個人の行動をコントロールするという集団的行動であるので、次のような定義が導出される。すなわち、制度とは、個人の行動を抑制し、解放し、拡張する集団的行動である。

これらの個人の行動は、現実には、個人の行為と同様、諸行動を**またぐもの**、つまり諸個人の間での行動である。商品や個人そして交換から、取引や集団的行動のワーキング・ルールへの、こうした移行こそがまさに、経済思想における古典派および快楽主義学派から、制度学派への変遷を特徴づけている。その移行とは、経済学的研究の究極的単位における、商品や個人から、諸個人間の取引への変更である。

結局のところ、個人こそが重要であるとみなされるのであれば、その場合、われわれが論じ続けているところの個人とは、制度化された精神である[108]。個人は赤ん坊として始まる。彼らは次に、以下のような慣習を学ぶこと 74 になる。すなわち、言語、他の諸個人との協調、共通の目標に向かっての仕事、利害対立をなくすための交渉、そして自らがその成員である多くの活動体にあるワーキング・ルールへの服従、といった慣習を学ぶ。彼らは、物理的で動物的な性質の諸力に似た、リンパ腺によって動かされる生理学的な肉体として出会うのでもなければ、苦痛と快楽に突き動かされる「欲望という小さな球[109]」として出会うわけでもない。そうではなく、習慣によって多少なりとも準備されたものとして、慣習の圧力に導かれるものとして、お互いに出会い、集団的な人間の意志によって生み出される高度に人為的な取引に加わるのである。彼らは、物理学、生物学、主観的心理学的、ドイツのゲシュタルト心理学といったもののなかに存在するのではなく、人間の間での対立、相互依存、秩序が前もって自生しているところに存在している。個人にかわって、参加者たちはゴーイング・コンサーンの市民である。自然の力にかわって、彼らは人間性という力である。快楽主義的経済学者たちのいう、欲求の機械的な一様性にかわって、彼らはすこぶる可変的な人格である。自然状態にある孤立した個人にかわって、彼らはつねに取引の参加者であり、彼らが出入りする活動体の成員であり、彼らが生まれる前から生き長らえ、彼らが死んだあ

---

(108) 以下を参照。Jordan, E., *Forms of Individuality: An Inquiry into the Grounds of Order in Human Relations* (1927).

(109) 後述、*p. 649*「ヴェブレン」をみよ。

とにも生き長らえる、ある制度の市民なのである。

(5) 資産対富

経済的、法律的そして倫理的という三つの側面は、財産と自由の意味づけにおいて現われる。われわれはこの三つの側面を区別しようと試み、次いでゴーイング・コンサーンの概念に関係づけることを試みる。われわれは、財産の経済的意味を資産とみなし、資産の法的意味を財産とみなす。富と資産の差異は、富を物質と所有権として定義づけた古典派経済学者たちによって覆い隠された。だが、所有権は富ではない。それは資産である。

「財産」という用語は、諸個人と共同体が、財産として主張される対象物に関して、行なうか行なわないかが自由な活動、あるいは行なうか行なわないかが要求されている活動、そのすべての活動を定義することでしか定義できない。これらの活動は、三つの類型の取引である。すべての取引の交渉において所有権が主張されるただ一つの理由は、期待される希少性である。デイヴィッド・ヒュームは、財産と希少性とのこの同一性をはじめて指摘した。電波の波長でさえも、その期待される希少性という理由から、誰が、いくらで、いつ、それらを利用してよいかを命じる割当取引によって、いまや財産になってしまっている。ただし、希少性は経済学における根本概念でもある。リカードの労働価値説とメンガーの効用逓減説のどちらも、必要とされる労働という観点から、また自然の限られた物質的資源の処理によって獲得される満足という観点から、希少性を体現したものである。

75

われわれは、希少性という用語を供給と需要のかわりに用いる。後者の用語は、実業家たちによって、彼ら自身の外部にある幾千ものさまざまな力を表わす名称として使用される。彼らは、それらの力をコントロールできず、それゆえ「供給と需要」と名づけ、それ以上は考察の対象としない。しかしわれわれは、供給と需要の背後に隠されている諸力と体現されたものを分析せざるをえない。そこでわれわれは、それらの諸力に希少性というより広い名称を与え、その幾千もの応用を考察する。

もし希少性の原理が、法学、経済学および倫理学的関係にとっての根本原理であるならば、そこから、財産という用語は二重の意味をもつことになる。一つは、経済学者に知られる希少性の経済的意味である「経済的数量」であり、法学者にとっては、「**物**」ないし「**財産物**」である。そして二つ目の意味は、法的または倫理的意味での**財産権**である。これは法律家が用いる意味での「財産」である。また一方で後者の意味を、われわれは、希少なもの、または希少であると期待されるものの取引の際に、共同体が諸個人に強制する**ワーキング・ルール**として定義する。[110] 希少性についてのこの経済的意味づけは、予測と結び付けられるとき、**資産**と**負債**という用語によって表現される。その一方で、財産の法的および倫理的意味は、〔原著〕七八頁の公式において描かれるように、権利、義務、権能、責任などである。[111]

希少性の経済的、法的、倫理的側面に基づくこの用語法の有用性は、連邦最高裁判所が国の最高法である合衆国憲法において使用されている財産と自由という用語に付与した、拡張された意味に見出されるであろう。修正第五条（一七九一年）と南北戦争時の修正条項（とりわけ一八六八年の修正第十四条）を含んだこの憲法は、州か連邦かにかかわらず、すべての立法と執行の機関を支配する次のような三つの規定を含んでいる。

（1）私有財産は、適切な補償がない限りは公共の用に供されてはならない。

---

(110) こうした区別は、デイヴィッド・ヒュームの希少性という共通の原理に基づく法学、経済学、倫理学の統一化に由来する。後述、*p. 140*「ヒュームとパース」、*p. 397*「マクラウド」をみよ。

(111) コモンズ『資本主義の法律的基礎』p. 80以下もみよ。

（2）あらゆる州政府は、契約の義務を損なういかなる法律も可決してはならない。

（3）いかなる人も、適法手続なしに生命、自由、または財産を剥奪されない。

76

上述のいくつかの用語、すなわち憲法において使用される、財産、自由、人および適法手続などの意味の拡張に基づいて、財産の三つの意味づけが**権利**の意味において区別される。これらの意味づけのそれぞれが、経済的、法的、倫理的である。「人」という単語は、かつての奴隷が市民となったのと同様に、資産を所有する法人を意味するようになった。財産（**物**）は、一八七二年の屠殺場事件の判決で示されたように[112]、「有体」財産、つまり土地、機械、奴隷などを意味した。そして「自由」はそのとき、かつての奴隷の新たな「有体的」自由を意味した。さらに、財産は、負債の返済義務や譲渡可能性という「無体」財産の意味をもった。そして財産の第三の意味は、屠殺場事件においては多数派によって承認されなかったが、「無体」財産とは区別される「無形」財産として現在知られるものである。これは、そもそもは三百年前における営業権訴訟に端を発するが、企業が請求する価格を議会が引き下げることを禁止した最高裁判所によるのちの判決以降の、憲法修正第五条と第十四条にも基づいている。議会による法律の制定によって価格を引き下げることは、現在では、有体財産の物理的な剥奪とまったく同様に、財産を「奪い去る」ことである。しかしながら、これは財産の**価値**のみを奪い去ることである。この剥奪は、一八九〇年以降では[113]、現状の可変的な「適法手続」に一致するものとして連邦最高裁判所が承認する範囲でのみ、実施されうる[114]。

したがって、経済的資産としての財産における三つのアメリカ的な意味は、イギリスおよびアメリカの裁判所の実践から生じてきた。裁判所は、適用可能かつ適切であると考えられる限りにおいて、民間の当事者たちの既存の慣習を踏襲し、彼らに主権による物理的な制裁を加えてきた。封建制および農業の時代において、財産は主に有体であった。重商主義の時代（十七世紀のイギリス）において、財産は、譲渡可能な負債からなる無体財産となった[115]。過去四十年の資本主義の段階においては、財産はまた、売り手または買い手が、いかなる価格でも手に入れることができるということを決める自由についての無形財産にもなった。憲法の解釈における、財産と自由の両方に関するこれらの意味は、最高裁判所によって一八七二年から一八九七年までになされた一連の判決において大きく変革させられた。つまりその変革とは、財産と自由の意味が、物質的商品と人間の身体から、個人と法人の売買交渉取引と資産にまで拡張されたことにある。

　実際には、これらの意味すべては封建制の時代から、ただし異なる名称と経済的状況の下で、存在していた。

77

「無体相続財産」、例えば使用料やサービス料を徴収する特権（フランチャイズ）は、無形財産と同様のものであった。再封与[d]は、その土地の生産物に対する権利であった。有体財産は、絶対的なものではなく、これらの無形財産によって限定されていた。それは、実際に土地を耕作した借地人の生産物または役務に由来するレントに、究極的には基づいていた。すべては最古の時代から続く法律に含まれるが、アメリカの裁判所は現代において、資本主義という新たな時代に照らして選択を行ない、そして異なる名称を与えた。

---

(112) 同書、第二章。
(113) 同書、p. 15。
(114) 「適法手続」に関する変容した意味づけについては、コモンズ『資本主義の法律的基礎』pp. 333–342を参照せよ。
(115) 同書、pp. 235–246。
(d) 訳者注：国王や上位の領主が遠隔地等の土地保有権を借地人に譲渡または転貸すること。

経済的・社会的諸関係の公式
最高裁判所

制裁（道徳的、経済的、法的）				誘因	制裁（道徳的、経済的、法的）			
集団的行動	ワーキングルール	経済的地位	社会的関係	取引	社会的関係	経済的地位	ワーキングルール	集団的行動
権能	できる	保障	権利	経済的数量に関する 売買交渉 管理 割当	義務	準拠	しなければならない、してはならない	責任
無権能	できない	無保護	無権利		無義務*	自由	してもよい	免責
免責	してもよい	自由	無義務*		無権利	無保護	できない	無権能
責任	しなければならない、してはならない	準拠	義務		権利	保障	できる	権能

*ホーフェルドの「特権」と同じ。

(6) 自由と無保護

資産と負債としての財産、その経済的等価物の意味づけに関するこれらの変化は、法学において使用される「権利」という用語の意味の、より深い分析を必然的にもたらした。この分析は、一九一三年におけるイェール法科大学院のホーフェルド教授、ならびに彼の分析を発展させたイェール大学法学部によって著しく進展した[116]。彼らの分析に基づいて、後述の公式が、最高裁判所の司法権の下にある集団的、経済的、かつ社会的諸関係の相関を示すために構築された。ただし、ここで示されるのは、経済的数量と関係する三種類の取引に適用されるものに限られる。「社会的関係」は、ホーフェルドの「法的関係」に由来するが、国家という政治的、法的活動体に加え、経済的および道徳的活動体を含めるまでに拡張された。「経済的地位」は、相関する経済的資産と負債である。そして「ワーキング・ルール」は、集団的行動によってコントロールされ、解放され、拡張されるものとしての個人の行動である。

この公式を考察する際には区別が必要とされ、その第一の区別は、誘因と制裁である。誘引とは、諸個人が相互に与えあう個人的誘引である。つまり、それは売買交渉取引の場合は説得と強制であり、管理取引の場合は命令と服従であり、割当取引の場合は弁明と議論である。制裁とは、活動体によって諸個人に適用される集団的誘引である。活動体は、諸個人の説得、強制、命令、服従、議論、弁明をコントロールし、解放し、強制することによって、彼ら個人の行動をコントロールし、解放し、拡張する。

これらの制裁は、コントロールを実行する活動体の種類によって、道徳的、経済的、および法的制裁に区別されうる。法的制裁とは暴力ないしは脅迫的暴力であり、活動体は国家である。その他の制裁は「法律を超えるもの」である。道徳的または倫理的制裁は単なる見解にすぎないが、教会、社交クラブ、ならびに数多くの「事業者団体」のような倫理団体などの活動体によって実行される。この事業者団体を構成する実業家たちは、「倫理 79 規定」を公式化し、経済的または法的な罰則もしくは報酬による支えが**ない**としてもメンバーの集団的**見解**にのみ基づいて制裁を実行する。経済的制裁は、例えば労働組合、事業会社、カルテルといった組織によって、利益ないし損失、雇用ないし失業、もしくは他の経済的利益の獲得か剥奪を通じて、ただし暴力をともなわずに、実施される。

これら三つの制裁はたいていの場合重複する。しかし、以下の通常の分析方法において、われわれはまず、固有の特徴をもつそれぞれの制裁の極端な場合を扱うこととする。そのあとでわれわれは、制裁が生まれ出てくる特定の争いのなかで、争いにおいて用いられた各制裁の相対的な「比重」に照らしながら、三つの制裁を結合させる。

しばしば、これらの道徳的および経済的活動体は、「法廷」をも備えている。そこでは「異端審問」、「商事仲裁」ないし「労働仲裁」といった名の下で、裁判所におけるそれと同様の機能が発揮される。ただし、暴力を行使する司法組織による物理的制裁をともなわずに、特定の争いが解決される。要するに、経済的・社会的諸関係

---

(116) 同書、p. 91以下。

の公式は、集団的行動が道徳的、経済的、政治的活動体のどの形態をとるかに関わりなく、個人の行動をコントロールし、解放し、拡張するすべての集団的行動に当てはまる。とはいえ、道徳的ないし経済的制裁の使用では解決できない争いの解決を図るために、国家による物理的暴力が要請されるときはいつでも、コモン・ロー裁判所は、個人の行動についての集団的なコントロール、解放、そして拡張についてのこの普遍的な公式以外から、裁判所の習慣化した諸前提を引き出す。

80

これらとその他の理由により、右に述べたように、法的、道徳的、および経済的なものが相関するこの公式は、法的関係と道徳的ないし経済的関係との間にある**同一性**を意味するものでは**ない**。この公式が意味することは、特定の争いにおいて、負債、自由、無保護等の大小にかかわらず、もしくは道徳的、経済的、ないし法的な制裁の相対的**比重**にかかわらず、同一の法的関係がすべての経済的行為に対して有効であるということだけである。それゆえ、それは諸個人による実践、もしくは道徳的ないし経済的活動体による実践が、司法組織の判断で規定されるあらゆる厳格な規則または「規範（ノルム）」に、正確に適合することを意味しない。この公式は、裁判所判事または仲裁機関の仲裁者が、特定の争いの当事者たちがすべきこと、すべきでないことについて、実際に判断した特定の争いにおいてのみ、正確な相関を表わしている。これらの争いの外には、裁判所または仲裁機関まで決して持ち込まれない、きわめて変化しやすい何十億もの取引がある。公式は、あくまで一般化された公式であり、道徳的、法的、経済的関係の分析を進める過程で、思考の助けとするために頭のなかでつくられたものである。そうはいっても、当事者たちが裁判所または仲裁機関に持ち込む場合については、この公式は、訴訟の判決に到達するために利用できる法的、経済的、または社会的諸関係すべてを包含する。また、これらの諸関係は、何十億ものさまざまな取引ないし行為にも見出され、そこから、裁判官ないし仲裁者は、彼の論拠を引き出すのである。

なぜなら、われわれが慣習と呼ぶ、**未組織の、不正確な**集団的行動も存在するからである。われわれはこの慣習に対して、同じ公式を適用する。そして、すべての裁判所は、諸関係をより正確にしていくコモン・ローの方法を通じて、習慣化した諸前提をこの慣習から引き出す。慣習は、拘束力をもたない単なる可変的な**習わし**から**義務的な**慣習まで、それがもつ、強制の度合いや正確さの欠如の度合いに幅がある。銀行小切手の使用は、法律によって義務づけられてはいない。しかし、支払い能力のある銀行の譲渡可能な手形の発行と引き受けを拒否するビジネスマンは、ビジネスを継続することができない。この慣習は、正確ではないにせよ、最も強力な制裁である、利益と損失という経済的制裁によって義務的なものになってきた。しかし、それを強制し、正確性を与える組織された法廷は存在していないであろう。義務的な慣習は、ゴーイング・コンサーンのように組織されているか組織されていないかにかかわらず、諸個人に対して正確にまたは不正確に、彼らがしなければならないこととしてはならないこと、なしうることとなしえないこと、してもよいこととしてはいけないことを告げるのである。

われわれは、原因、結果、ないし目的に関する普遍的原理または類似性というものを、個人の行動の集団的なコントロール、解放、そして拡張についてのあらゆる観察から引き出すことができる。そして、その普遍的原理または類似性がゴーイング・コンサーンであるか慣習であるかにかかわらず、われわれはそれを「ワーキング・ルール」と名づける。これらのワーキング・ルールは、アメリカの裁判所の判決において、「適法手続」、または「理性の法則」として要約されるものである。これらは、ジョン・ロックと法学の自然権学派が仮定するような、あらかじめ定められた永遠なもの、または神聖なものではない。そうではなくて、これらのワーキング・ルールは、時には「規範」と名づけられる、実に変化しやすいルールである。裁判所または仲裁機関は、訴訟の当事者たちに対して命令を出す際、変化する経済的ならびに社会的状況の点からみて、このルールを当面の間承認するのである。

81

われわれは、法学のホーフェルド学派の分析と専門用語を精緻化したものとして、これらの命令の、自発的意志に関わる四つの異なる側面を区別することができる。それらの側面各々は、争いに関して対立する当事者の集団的な能力ないし無能力を生じさせる。もし裁判所または仲裁機関が、被告に対して役務の履行、負債の支払い、または原告への妨害の回避を命じるならば、その場合、助動詞の「しなければならない must」または「してはならない must not」が被告に指示される。相関的にみて、このことは、原告が次のような「力（パワー）」ないし「能力（アビリティー）」をもつことを意味する。すなわち、しなければならない、またはしてはならない被告に対して、原告の意志（ウィル）が被告に強制されるのを支援するために、集団的行動に要請する力ないし能力を原告はもつ。この力は、意志の観点から、助動詞の「なしうる can」によって表わされる。

その一方で、もし裁判所が、行為ないし不行為を被告に強制することを拒否するのであれば、原告は、自分の意志を被告に強制するよう、集団的行動に要請することを「なしえない cannot」。

技術的にいえば、これは「無能力」である。そして相対的にみて、被告は、争われた事柄について彼がしたいことを「してもよい may」という立場にある。これは、免責である。

また一方で、取引に関わる当事者間の相互関係が存在するがゆえに、原告もまた、争われた事柄の別の側面について彼がしたいことを「してもよい」し、そして被告は、その点に関し、彼の意志を原告に強制することについて人々の集団的行動の助けを借りることを「なしえない」。しかし、仮に原告が、履行、支払い、または彼の側で取引の妨害の回避を同じく命じられたならば、前述したように、助動詞の「しなければならない」または「してはならない」が助動詞の「なしうる」に相関する。

このように、取引の各当事者が何をなしうる、なしえない、してもよい、しなければならない、またはしてはならないかを決めるもの、そして慣習よりも正確に決めるものは、活動体の変わりやすいワーキング・ルールである。このワーキング・ルールは、活動体の制裁の利用に際して、裁判所または仲裁機関の見解によって表現される。

　これらの自発的意志による諸決定を、対応する経済的等価物に変換すると、個人が自らの取引でとりうる四つの経済的な位置となる。各位置は、他の当事者たちと関係する経済的地位に彼を位置づける。すなわち、集団的活動体は、彼にとって次の諸点を確かなものにする。(1)集団的活動体が必要とする限りでの諸期待の保障。(2)他の参加者の側での、これらの諸期待への準拠。もし裁判所または仲裁機関が集団的な制裁による助けを差し控えた場合、その結果、一方の当事者は次の位置におかれる。(3)彼がしたいことをする自由。そうすると他方の当事者は、次の位置におかれる。(4)一方の当事者によるその自由の行使と同等の、損益への無保護。こうして、先に示したように、雇用主は、離職するかしないかに関する被用者の自由に関して無保護となる。そして労働者は、「採用と解雇」に関する雇用主の自由に関して無保護となる。

　さらに進んで、次に、相関する社会的な専門用語について考察する。「権利」とは、個人が市民であるゆえに、次のようなことを「なしうる」、もしくは、しばしば「能力」ないし「力量」とも呼ばれる、「力」をもつことを示す。すなわち、ある種の命令を通じて準拠の義務を課すことによる期待の保障を、国家または他の集団的活動体に要求できるという力である。逆に、いずれの当事者にも義務が課されなければ、その場合、経済学で「自由競争」と呼ばれる急迫した局面において、当事者たちが相互に自由と無保護であるという社会的関係となる。

　この相関によって、財産の三つの意味を区別することが可能になる。それらの意味は、過去六十年の間に連邦最高裁判所の判決によって発展してきた。合衆国憲法(修正第五条および第十四条)は、国家と州の議会が生命、自由、ないし財産を、適法手続をともなわずに「奪い去る」ことを禁止した。

　一八七二年の主要判例において[117]、裁判所は、財産の意味は有体財産であり、かつ、自由の意味は隷属からの解放であると理解していた。財産または自由を「奪い去る」ことは、当時、国家が人から、有体財または彼自身の**身体**、つまり「有体」の体について、彼がしたいようにすることにおける彼の保障を奪ってはならないという、当面の間のワーキング・ルールを生み出した。これは、有体財産の物理的な意味であったが、経済的価値をも含んでいた。

財産を「奪い去る」ことは当時、人から、履行義務や経済的対価に関する支払義務の強制を国家に要求するという権利を剥奪することも意味していた。これに相関するものは、信用または資産、ならびに負債または債務である。この「無体財産」ないし契約は、「経済的数量」でもあった[118]。

まったく異なるのが無形財産、つまり別の「経済的数量」（例えば営業権、特許、地域独占営業権等の価値）である。その意味づけは、一八九〇年以降にアメリカの判決に現われてきた。もし係争中の問題について**無義務**（ホーフェルドのいう「特権」）という判決が下されたならば、そこにはもちろん、**無権利**の状態がある。経済において無**義務に**対応するのは**自由**であり、また無**権利**に対応するのは、相手の**自由**に対する**無保護**である。ある商人の経済的な損益への無保護は、「経済的数量」ないし商品に関して、顧客が買うか買わないかの自由をもつことと相関する。そして、ある顧客の損益への無保護は、商人がかなりの高値でなければ売却を拒否する自由をもつことに相関する。

次に、各当事者が公平に扱われている場合、公式にみられるように、自由と無保護には相互関係がある。これは、価格ないし賃金を確定する売買交渉取引の意味づけ、ならびに「無体」財産と区別される「無形」財産の意味づけである。無形財産、つまり裁判所がそれらの取引について認識する無形財産とは、将来の有益な取引に関するすべての人々の期待である。この期待は、一般的にはビジネスの営業権、高い信用度、良い評判、もしくは近年「労使間の信頼（グッド・ウィル）」[119]として認知された賃金労働者の信頼として知られているものである。これらすべては、かつては「自由（リバティー）」としてとらえられていたが、それらは価値をもつ経済的数量であるゆえに、現在では財産としてもとらえられている。一八九〇年[120]におけるこれらの判決以降、もし国家または議会が、鉄道会社によって請求される**価格**を引き下げたり、差別を撤廃したり、または使用者と労働者の交渉力の平等化を試みたりする場合、83 こうした価格引き下げや、機会選択への妨害、ないし交渉力の剥奪は、財産を「奪い去る」ことである。国家ないし議会が奪い去り、または引き下げたものが、財産の**価値**ないしは参加者たちの**行動**であって、物質的な財産でなくとも、それは財産を「奪い去る」ことなのである。

　こうして「財産」の意味づけは、憲法において用いられるように、有体財から交渉力にまで拡張され、そして「自由」の意味づけは、身体的な運動の自由（フリーダム）からすべての経済取引における選択の自由（フリーダム）と交渉力の自由（フリーダム）にまで拡大された。

(7) 時間

　ようやく、次の問題が立ち現われる。ロック、スミス、そしてリカードの時代から用いられている、商品の伝統的な概念はどうなるのか。商品の二重の意味は、物質と所有権である。一八五六年においてマクラウドは、唯一所有権のみを足場として政治経済学の体系を構築することを試みた。しかし彼の理論は、すべての経済学者た

(117) Slaughter House Case, 16 Wallace 36 (1872).
(118) 後述、*p. 397*「マクラウドと経済数量の意味」をみよ。
(119) 以下を参照。Commons, John R., *Industrial Goodwill* (1919), 後述、*pp. 667–668*「適正価値」をみよ。
(120) コモンズ、『資本主義の法律的基礎』、p. 15, p. 36。

ちに切り捨てられた。なぜなら、彼らは、マクラウドが同一のものを、あるときは**物質的**なモノとして、またあるときはモノに対する**権利**として、二度カウントしたと考えたからである。ところが、これらの経済学者たち自身は、それ以前からすでに商品について、物質および有体財産という二重の意味づけをしており、二度カウントしていたのである。

古典派経済学者たちの難点は、時間の概念にあった。マクラウドは一貫性がなかったとしてもはじめて、「現在」は到来する将来と去っていく過去の間にある時間の零位点であることに注目した。[121]「現在」というこの移動する観点から、（マクラウドを再構築すると）所有権はつねに将来に向いているが、物質はそれらを生産した過去の労働へと向いている。しかし諸取引は、所有の権利が移転される時点である現在において生じている。時間の概念は、経済理論が商品から取引へと変化してはじめて重要なものになりえた。というのも、時間こそ、活動の単位に関する本質的な要素だからである。

さらに取引のあとに、もし争いが生じるならば、裁判所は、さまざまな倫理的原則を通じて、当事者たちのそのときの意図から、または議会の意図から、ないしは公共政策の実際的な観点から推測されるものを、すでになされたこの取引のなかに読み取るのである。われわれは、これらをまとめて**習慣化した諸前提**（ハビチュアル・アサンプション）と名づける。[122]これらは、商品、価格、貨幣やその他の経済的数量に関係する、将来への確かな期待である。まさにこれらの将来の数量こそが、現在において評価されるのである。それがつまり、資産と負債であり、財産について期待される、保障、準拠、自由および無保護であり、そして諸個人について期待される、履行、自制、回避である。

この精神的な過程については、われわれはすでに、現代的契約論の部分的な起源である、**単純契約違反の賠償請求**と**提供役務相当金額の請求**の理論について議論した際にふれた。いったん判決によって解決すれば、これらの習慣化した諸前提は、先例として、現時点の取引の将来的な経済的帰結に関する、すべての当事者たちの期待となる。これは、予期ないし予測の原理についてのわかりやすい特殊な事例である。われわれが将来性の原理と名づけるこの原理は、すべての人間行動がもつ一つの特徴である。[123]

「将来性の科学」などありうるのかという疑問が提起されてきたし、これからもつねに提起されるであろう。もし人間活動が科学の主題であるならば、このような科学はあるに違いないと答えよう。大昔の予言者、魔術師、呪医に始まり、あらゆる科学において定式化されているあらゆる仮定を経由して、景気に関する現代的悲観論や楽観論ならびに経済予測の現代的専門技術に至るまで、つねに人間活動を支配してきたのは、将来性の原理である。もしかすると、将来性の科学は実現できないかもしれない。そうはいっても、失敗と成功を観察することによって検証される、取引と予測の行動に関する科学は、人間活動の科学である。なるほど、人間は将来において生き、しかし現在において活動するといえるかもしれない。物理科学でさえも、無知、偏見または誇張をともなう多くの周辺的学説を抱えているが、それらは許容されているはずである。[124]というのは、予測の**方法**が科学的であるがゆえに、それらは科学的なのである。

これは、それ自体将来の予測である、所有権と取引の科学に、なおさら当てはまることである。

---

(121)　後述、*p. 401*「時間に関するマクラウド」をみよ。

(122)　後述、*p. 697*「習慣化した諸前提」をみよ。

(123)　前述、*p. 83*、後述、*p. 714*「新しい法律をつくるコモン・ロー方式」をみよ。

(124)　以下を参照。Shapley, Harlow, *Flights from Chaos ; a Survey of Material Systems from Atoms to Galaxies*（1930）.

（8）価値の取引的意味

価値と資本の概念は、三つの歴史的段階を通り抜けてきた。各々がもたらした現代における実際上の成果の観点から、われわれはそれを、工学的（エンジニアリング）経済学の段階、家計（ホーム）の経済学の段階、そして制度経済学の段階と名づけることができよう。

工学的経済学の段階は、リカードに始まり、カール・マルクスによって精緻化され、それからフレデリック・テイラーの科学的管理において頂点に達した。ここで、価値と資本に関して基礎となる概念は、使用価値、ないしは商品とサービスの技術的な質である。それらの単位当たりの価値は、需要と供給につれて増減することはないが、それを生産するために必要な労働と創意工夫の量に応じて増加し、そして減価償却と磨滅、もしくは「費消」の量に応じて減少する。使用価値は、弓矢が火薬やダイナマイトに、またはフープスカート〔張り輪を入れてふくらませたスカート〕がむき出しの足に取って代わられたように、文明化の進展につれても変化する。発明や流行におけるこれらの変化を考慮して、使用価値は、陳腐化と発明という二つの側面のもとで、文明価値とも名づけられよう。使用価値が将来におけるさらなる生産への使用のために貯えられたとき、この貯蔵が、その用語の古典的な意味づけにおける資本であった。われわれは、これを技術的資本と名づける。技術的資本の属性は使用価値である。

85

使用価値ないし技術的資本は、労働によって生産される。それは、「社会的必要労働力」という名称でマルクスが提唱したような、肉体的労働、精神的労働および管理的労働が結合されたものである。それは測定できるものになったとき、「科学的」となった。この測定は、フレデリック・テイラーの偉業であった。技術者である彼は、彼の弟子とともに、使用価値の生産において必要とされる三種類の物質的な測定を体系化した。第一は、**ブッシェル**〔容積単位〕、**トン**のような物質的な数量である。第二は、**等級**1や**等級**2といった物質的な品質である。第三は、使用価値を生産するために必要とされる、**単位当たりのマンアワー**〔一人一時間当たりの仕事量〕である。

工学的経済学の成果は、時間の要素がマンアワーという合成した名称に基づいて導入されたとき生まれた、効率性という概念である。そして効率性の科学は、現代の大学の工学部や農学部において専門とされている。

家計の経済学の段階は、ゴッセン、ジェヴォンズ、メンガー、ベーム・バヴェルクによる快楽主義派あるいは快楽・苦痛学派に始まる。そこでは、貨幣を使わずに、個人は、さまざまな食べ物、衣服、住居、土地、備品およびその他の生産財・消費財の比率を決める。その際の彼の目標は、彼の自由になる限られた物質的資源から最大限の満足の総計を実現することである。ここでの価値の概念は、物質の単位当たりの効用**逓減**、つまり利用可能な数量の増加にともなって逓減する効用である。もしくは、物質の単位当たりの効用**逓増**、つまり利用可能な数量の**減少**にともなって逓増する効用の概念である。この効用は、使用価値のように客観的に存在するのではなく、個人の精神と感覚のなかにある主観的なものであるという理由から、おおむね心理主義的経済学の分野に含められる。しかし、この学派が現在、特化しているのは、家計の経済学ないし消費経済学という科学である。その一例は、孤立した農民が、彼自身の使用のために生産するケースである。このようなケースにおいて、目的は、さまざまな物質的財から得られる人間の満足の最大化である。ただし、各々の財はそれ自体、数量の増加に応じて単位当たりの満足度の逓減をもたらし、また数量の減少に応じて満足度の逓増をもたらす。

しかしながら、この心理主義的価値は、希少性という普遍的原理の特殊な事例の一つに当たるので、われわれはこれを使用価値との対比において、わかりやすく希少性価値と名づけよう。

この側面において、希少性価値は、心理主義的経済学から制度経済学へと変換されうる。制度経済学では、**所有権**が取引を通じて譲渡され、また獲得される。制度経済学では、希少性を測定する単位はもう一つの制度である貨幣であり、心理主義的な名称である「限界効用」にかえて、価格をその専用名称とする。

このように、商品ないしサービスのあらゆる単位は、測定可能な価値についての二つの次元をもつ。一つは、豊富性に応じて単位当たりで逓減もしないし、希少性に応じて単位当たりで逓増もしない使用価値である。もう一つは、豊富さに応じて単位当たりで逓減し、希少性に応じて単位当たりで逓増する希少性価値である。

最後に、すべての商品とサービスは、評価される際には、直近ないし遠い将来に存在する。その際、長かれ短かれ期待される待ち時間と、大なり小なり期待されるリスクとを考慮して、将来の数量は、同じ種類と総量の現在の数量に比べて価値が低いと判断される。人間の本性に関するこうした普遍的な事実の心理主義的な基礎は、ベーム・バヴェルク[125]によって詳細に説明された。つまり彼は、制度経済学にとって普遍的な事実の心理主義的基盤を探求した。この普遍的な事実は、あらゆる市場に現われている。そこにおいてそれは、所有権を移転する折衝における一要因であり、また信用と銀行システムの基盤である。期待される次元と比較した際の、このような現在の価値の次元は、価値と資本の意味付けの第三の次元である。これは一般的に、将来において付加される場合には利子や打歩[e]と名づけられ、現在において差し引かれる場合には割引と名づけられている。

こうして、価値についての取引的ないし専有的意味づけは、各々がそれ自体の評価においてきわめて変わりやすい三つの次元をもつ。すなわち、リカードとマルクスの工学的経済学から移された使用価値、心理主義的経済学から移された希少性価値、ならびに、これまた心理主義的経済学から移された取引価値である。これらすべては、現在の取引時点での専有的期待において結合される。われわれは、この専有的期待を物理的数量にかえて、マクラウドに従って「経済的数量」の一つとみなす。なぜなら、将来性は価値の三つの次元の一つであり、かつ、それらすべてが一体となって資本の現代的意味を構成しているからである。

古典派および快楽主義派の物質的商品が消えるわけではなく、それらは所有権の制度を通じて**将来**にただ移転

87

されるにすぎない。将来というのは、いかにも、測定に値しないほど短いかもしれないが、将来性は測定に値する。取引は、財産に関する諸制度からなる集団的行動によって保障される、直近ないし遠い将来に関する期待に基づいている。そして、取引において終結する折衝（ネゴシエーション）が成立してはじめて有効になる。取引は、経済的数量の**法的**コントロールを獲得し譲渡するための、法律と慣習の作用に基づく諸手段である。これには、のちに最終消費者に向けて商品の生産と提供を行なうであろう労働と経営の法的コントロールも含められる。

　こうして、制度経済学ないし専有の経済学は、古典派経済学および心理主義的学派と絶縁はしない。制度経済学は、これらの理論を、物質的な財が現在の取引の所産として生産され、物質的に提供され、または消費されるであろう**将来**に移転する。とはいえ、制度経済学は、**法的コントロール**と所有される物質とを区別する。所有権の移転は、時間のなかのつねに存在する移動点としての、現在の取引である。将来の重要性は、古典派や共産主義経済学者の生産に関する工学的経済学、もしくは快楽主義的な経済学者の家計の経済学にもあるかもしれない。両者はともに**物質的**コントロールに依拠している。しかし、古典派および快楽主義の理論が物質的コントロールのみを扱ってきたのに対して、制度経済学が扱うものは、商品、労働、その他の経済的数量の**法的**コントロールである。**法的コントロールは、将来の物質的コントロールである**。これは、代理人、管財人、受託人などについての法律にみられるような受益者たちに関して、修正されるかもしれない。しかしこれらは、取引自体には影響を及ぼさない。取引では、使用、希少性、そして将来性の三つからなる次元によって制限されるのは法的コントロールである。(126)

---

(125)　Bohm-Bawerk, E. von, *The Positive Theory of Capital* (tr. 1891)〔以下、『資本の積極理論』と表記〕.

(e)　訳者注：うちぶ。先物相場が直物相場よりも高い場合の差額。

価値をもつのは法的コントロールであって、物質的コントロールではないと述べることは、正統派経済学者の仮定とは正反対であると思われるかもしれない。彼らにとって、物質的コントロールは、富の創造と消費にとって不可欠なものであった。このなかで彼らは、確かな結論に到達したが、法的コントロールは**将来の**物質的コントロールであるという着想を、彼らの理論に組み込みはしなかった。彼らは将来性を、ベーム・バヴェルクの心理学のやり方で経済学に導入した。しかし将来性は、心理主義的経済学者たちが拒絶した所有権としてつねに存在しているのである。そうはいってもベーム・バヴェルクは、消費における将来の心理学から、将来の使用のための物質的コントロールを獲得する現在の労働へと、将来性を連れ戻すという優れた貢献を行なった。われわれはさらに進んで、物質的コントロールに先行する法的コントロールを獲得する取引で終結する、折衝（ネゴシアショナル）心理学にまで将来性を連れ戻す[127]。

88

(9) 履行、自制、回避[128]

しかしながら、法的コントロールは経済的数量であるだけでなく、その経済的数量の諸次元が依存する諸個人の、将来における行動をコントロールすることでもある。

経済学を物理科学から区別する、すべての活動における人間意志の特有の属性とは、代替案のなかから選択するという属性である。選択は自発的かもしれないし、他の個人ないし集団的行動によって強いられた非自発的な選択かもしれない。いずれにせよ、選択はそれが富の生産と消費の場での、自然の力に対する物理的な活動と反応であるか、取引の場での相手をお互いに誘引する折衝的活動であるかに関わりなく、活動する心身全体、つまりは意志によるものである。

いかなる選択も、つまるところ、三つの次元をもつ行為であることがわかる。それらは争いにおいて持ち出される争点にみられるであろうが、一体かつ同時的に、履行、回避、自制である。履行（支払いを含む）は、物質的または経済的数量を獲得および提供するための、自然または他人に対する力の行使である。回避は、次善の利用可能な方向というよりも、むしろ一つの方向への力の行使である。他方、自制は、危機または強制された場合を除いて、**全面的な**力の行使**ではなく**、ある者の**実行可能な**道徳的、物理的、または経済的な力の、ある限度内での行使である。このように、自制は履行にかけられた制限であり、履行は現実の履行である。そして回避は、却下ないし回避された代替的な履行である。これらはすべて一体であり、かつ同時点で生起する。

自制と回避はたいていの場合、「不作為」という法律用語に結び付けられている。しかしこの単語は何が「控えられた」かを告げないため、われわれはこれを自制または回避のどちらかとして分析する。

適正さの教義が生まれるのは、これら選択の三つの次元からである。履行は、役務の提供、役務の強制、ないし負債の支払いのいずれかを意味する。回避は、他人の履行、自制、ないし回避を妨害しないことである。自制は、履行の「適正な」行使である。それぞれは、対応する他人の権利と無保護をともなう義務ないし自由かもしれない。そしてそれぞれは、特定の活動体のそのときのワーキング・ルールに従って、集団的行動によって強制され、許可され、または制限されるかもしれない。

すべての集団的強制が法的ないし仲裁的手続を通じて作用するのは、ロックの力の概念とはまったく異なる、行動意志のこれら三つの次元である。履行の命令は、**提供役務相当金額の請求**についての法理の命令と同じ含意

(126)　後述、*p. 510*、「貨幣と価値の取引理論」をみよ。

(127)　後述、*p. 438*、「心理的経済学から制度経済学へ」をみよ。

(128)　以下を参照。コモンズ『資本主義の法律的基礎』*p. 69* 以下。

[89]をもつ。すなわち、ある者が権利をもつ経済的数量である。これは、公益法人によって提供される役務の量とそれに対して支払われる価格の額を規制するアメリカ人の習わし（プラクティス）にみられる。回避の命令は、あらゆる集団的命令のなかで、最も昔からあり、かつ、普遍的である。これは、原始的な**タブー**と十戒に始まり、現代の有体、無体、ならびに無形というすべての種類の財産に至るまで、あらゆる財産の権利と個人の自由を創り出す。これは、次のような許可された諸期待を、第一当事者ないし第二当事者はなおさらのこと、当事者以外の第三者の側からも、妨害してはならないという義務を創り出す。まず、土地や物質の使用（有体）がもたらす期待であり、次に、役務の履行と負債の支払い（無体）がもたらす期待であり、最後に、営業権という一般名の下で保護されている将来の有益な取引（無形）がもたらす期待である。

議会と執行機関が、適法手続なしに財産、財産の価値、または自由を奪い去ろうと試みるとき、連邦最高裁判所が議会と執行機関に対して命令するのは、これら回避または自制の義務なのである。経済学の見地からは、履行であれ、自制であれまたは回避であれ、これらの集団的命令のすべては、資産と負債として知られる変化する経済的数量に折り込まれる。法学の見地からは、これらの集団的命令のすべては財産権である。集団的行動の見地からは、これらはワーキング・ルールである。経済的地位の見地からは、これらは保障、準拠、自由、そして無保護である。ゴーイング・コンサーンそれ自体の見地からは、ゴーイング・コンサーンによる諸個人のコントロールにおいて、それらは権能、責任、無権能、免責である。

(10) 戦略的取引とルーティン的取引

百年以上もの間、経済学者は、補完「財」の理論を発展させてきた。その理論は、その最近の形態において、制限的因子（リミティング・ファクター）と補助的因子（コンプリメンタリー・ファクター）の理論となった。しかし、利害対立のなかでの人間の行動意志という見地からこ

90

の理論をみて、わたしはこれを**戦略的取引とルーティン的取引**の理論と名づける。[129] 端的に、わたしは次の意味で戦略的または制限的という用語を使用することとする。制限的因子と補助的因子の関係と同一のものについて、「戦略的」という語は自発的意志による側面を指し示し、「制限的」という語は客体的側面を参照する。

人間意志は、何百、何千もの複雑な諸因子のなかから、ただ一つの因子に基づいて行動するという、奇妙であるがなじみ深い能力をもっている。その際、他の諸因子は当然、それら自身が本来もつ力によって、意図された結果をもたらそうとするであろう。ほんの少しのカリ〔炭酸カリウム〕が、もしそれが制限的因子である場合には、土地の収穫を一エーカー当たり五ブッシェルから三十ブッシェルに増加させるであろう。アクセルのほんの少しのコントロールが、自動車を一時間当たり五十マイルで進ませるであろう。多数の労働者のなかで戦略的地位にある者を、ほんの少しコントロールすることが、群衆をゴーイング・コンサーンに変化させるであろう。徐々にしか増加しない因子の供給、例えば街の中心として用いるために、何千もの実業家と労働者が争って求めている土地の区画に対する法的なコントロールを、ほんの少し保障することによって、この土地の利用者たちは彼らの利潤、利子ないし賃金から、不在地主への地代の支払いに十分な額を差し引くことになるであろう。

さらにまた、制限的因子と補助的因子は、絶えず位置を変えている。ある時点において寄与的であるものは、次の時点において戦略的なものになるかもしれない。あるときには、それはカリであり、そのあとは水かもしれない。また、あるときには、それはアクセルであり、別のときには点火プラグであるかもしれない。レントの契約が結ばれるあるときには、それは土地の区画かもしれない。また、賃金交渉が行なわれる別のときには、それは熟練工またはストライキ中の労働者でさえあるかもしれない。また、商業信用が制限的因子である別のときに

---

(129) 後述、*p.* 867「戦略的取引とルーティン的取引」をみよ。

は、それは銀行家であるかもしれない。弁護士たちが判決を得るまでその他すべてのことが停止する可能性があるとき、それは裁判所または最高裁判所であるかもしれない等々、戦略的ならびに寄与的な諸因子の無限の可変性のなかにある。将来的に人が欲する物を獲得するに際しての制限的因子を、特定の時間、場所、または量で操作し、供給し、または供給を留保することによって、世界の複雑さ全体が、物質的に小さくて弱い人間の命令に従うかもしれないのである。

もちろん、すべての補助的因子がある時点において制限的因子となったとすると、その結果どれもが戦略的ではなくなるので、そうなると事態は手の打ちようがない。活動体は、破産または革命によって解体される。しかし、一般的にゴーイング・コンサーンにおいて、制限的因子は一時点において**累積していくものではない**。それらは、時間の流れのなかで**継続していくもの**である。世間の経済的な出来事の探求のなかで最も重要かつ最も困難なことは、われわれが見つけ出そうとしているように、戦略的ならびに寄与的な因子の探求である。本書はそれを見出そうと試みる。それこそが、人間の行動意志の普遍的原理にほかならない。この原理は、物理学のアナロジーとしての受動的な精神というジョン・ロックの概念からは生まれることがない原理であり、経済学が、すべての活動における人間意志の科学となったときにはじめて、本格的に明らかになる原理である。[130]

(11) 折衝心理学

したがって制度経済学が、自発的意志（ヴォリショナル）の経済学ならば、自発的意志の心理学の同伴を必要とする。これは取引の心理学であり、正確には取引心理学または折衝（ネゴシアショナル）心理学と名づけられるであろう。心理学のより古い学派のほとんどすべては、諸個人と自然との関係ないしほかの「自然的」諸個人との関係を扱っているため、個人主義的である。諸個人は、権利をもつ**市民**としてではなく、物理学的または生物学的自然**物**としてみなされている。

[91] この自然主義的個人主義が当てはまるのは、ロックの模写的心理学、バークレーの観念論的心理学、ヒュームの感覚的心理学、ベンサムの快楽と苦痛の心理学、快楽主義の限界効用心理学、ジェームズのプラグマティズム、ワトソンの行動主義、そして近年のゲシュタルト心理学である。これらすべてが個人主義的である。唯一、デューイの慣習についての社会心理学のみが折衝的になりうる。

取引の心理学は、折衝と所有権の移転に関する社会心理学である。取引における各参加者は、他の参加者に対して、履行、自制、または回避について影響を与えるよう努めている。各々は、程度の差はあるが他の参加者の行動を修正する。こうして各々は、移転される経済的価値の諸次元を変えようと努める。これがビジネス、慣習、議会、裁判所、事業者団体、労働組合の心理学である。慣習的な言葉において、それは、売買交渉取引における説得ないし強制、そして宣伝やプロパガンダ、管理取引における命令と服従、または割当取引における議論と弁明に分けられる。これらすべてが折衝心理学である。これらは、行動主義的心理学の特殊ケースであり、所有権の創造と移転を目指すものであるとみることができるかもしれない。

しかし、これらは単なる描写にすぎない。折衝心理学の科学的理解は、それをあらゆる交渉においてさまざまな度合で確認される最小限の数の一般原理、ないしは原因、結果、目的の類似性に分解する。

まずは、取引における参加者たちの人格である。参加者たちは、経済理論がよく仮定するような平等の恩恵を受けるのではなく、人間の間にあるあらゆる差異の恩恵を受けるか、あるいはこの差異に苦しめられる。この差異とは、誘引力の差異であり、誘引と制裁に対する彼らの反応の差異である。

次に、人格がおかれる状況には、類似性と相違性が存在する。まず、代替案の希少性ないしは豊富性である。

(130) 後述、*p.* 526「利潤マージン」、*p.* 867「ルーティン的取引」をみよ。

これは、効率性と切り離すことができないし、また事象を引き起こす力量とも切り離すことができない。すべての場合において、折衝は将来の時間に向けられるが、これは、将来性の普遍的原理である。ワーキング・ルールはつねに、明示的にまたは暗黙裡に考慮に入れられる。なぜなら、集団的行動によってコントロールされ、解放され、また拡張される者として、参加者たちが、何をなしうるか、しなければならないか、またはしてもよいかについての期待が、ワーキング・ルールであるからである。次に、各取引においては、戦略的な機会に、利口な交渉人、販売員、経営者、肉体労働者、または政治家によってコントロールされる制限的因子がつねに存在する。この制限的因子のコントロールが、直近ないし遠い将来における補助的因子からもたらされる結果を決定する。

このように、折衝心理学は取引心理学である。取引心理学は、折衝に従事するさまざまな人格、ならびに希少性、効率性、将来性、ワーキング・ルールおよび制限的因子の現在の状況に応じて、貨幣単位でさまざまに評価される経済的数量の所有権の移転に対して、誘引と制裁を提供する。

歴史的に、この取引心理学は変化してきたようにみえるかもしれないし、また実際に、持続的に変化している。したがって、資本主義、ファシズム、ナチズム、ないし共産主義についてのさまざまな哲学は、折衝心理学の可変性から生み出されたものである。コモン・ローの判決では、変化は、説得と強制ないし強迫との間の区別の変化として、明白に現われる。説得とは、機会の平等、公正な競争、交渉力の平等、適法手続のいずれかについての適正な状態から生み出されるものとして考えられてきた。しかし経済的強制と物理的強迫は、これらの経済的な理想的目標の否認であり、またほとんどすべての経済的対立についての訴訟は、その事件の状況下での説得、強制、ないし強迫の心理学についての想定または探求になる。管理上の折衝や割当上の折衝でさえも、こうした制度変化についてのルールに規定される。その理由は、命令と従属の心理学が、準拠、保障、自由、ないし無保護の状態が変わることにともなって変化させられるからである。現代の「人事管理」は、ヘンリー・S・デニソンからとった前述の公式で説明されるような、折衝心理学におけるこの種の変化の実例である[131]。

これらすべては、われわれが各取引に内在する三つの社会的諸関係として区別したものに基づいている。それらはつまり、**対立**、**依存**、および**秩序**という諸関係である。当事者たちは、希少性の普遍的原理ゆえの利害対立に巻き込まれている。とはいえ彼らは、他者が欲するが所有していないものの所有権を相互に譲渡しあうので、互いに依存している。ワーキング・ルールは、神権ないし自然権仮説において前提されるような、または古典派や快楽主義学派の機械的均衡において前提されるような、諸利害の予定された調和ではない。ワーキング・ルールは実際には、利害対立のなかから、財産と自由の実行可能な相互的かつ秩序ある期待を創り出す。こうして、対立、依存、秩序は、制度経済学の領域となる。制度経済学の諸領域は、希少性、効率性、将来性、ワーキング・ルールおよび戦略的因子という諸原理を基礎とする。しかし、これら諸領域は、個人の行動をコントロールし、解放し、そして拡張する集団的行動の現代的な考え方のもとで、相互に関連づけられる。

こうして、経済学者と法学者たちの「自然権」という考え方が、過去につくられたはずの枠組みで、現在の諸個人が活動すると仮定するアナロジーを生み出したのは、どうしてなのかと問われるかもしれない。その理由は、経済学者と法学者たちが集団的行動と折衝心理学を探求していなかったからである。彼らは、財産と自由につい[93]ての既存の諸権利が不変であると仮定した。しかし、もし保障、準拠、自由、そして無保護が、将来に関心を向けたあらゆる種類の集団的行動についての、実に変わりやすいワーキング・ルールであるならば、自然権の枠組みのアナロジーは、レトリックにすぎないものとなる。つまり、直近ないし遠い将来の富の生産、交換、そして消費における個人の行動をコントロールし、解放し、そして拡張する実際の集団的行動に関しては、自然権の枠

(131)　前述、*p.* 67「業務管理分析」をみよ。

組みのアナロジーはレトリックにすぎないのである[132]。

その結果、われわれが人間性とその目標に関する信念として定義し、制度経済学が目指す究極的な社会哲学は、神「権」ないし自然「権」、唯物論的均衡、または「自然法」によって運命づけられるものではない。究極的な社会哲学は、共産主義、ファシズム、ナチズム、資本主義であるかもしれない。もし管理取引ないし割当取引がその哲学の出発点ならば、結末は、共産主義、ファシズム、ナチズムの下での命令と服従となる。もし売買交渉取引が探求の単位ならば、趨勢は、機会の平等、公正な競争、交渉力の平等、適法手続、自由主義哲学および規制された資本主義の哲学といった諸々の理想に向かうものとなる。しかし、それらの組み合わせについては、あらゆる程度が存在するであろう。なぜなら、集団的行動と絶え間ない変化の世界において、三種の取引は相互依存的であり、かつ可変的だからである。そしてこの不確実な将来の世界が、制度経済学の世界である。

第三節　観念

ジョン・ロックの「観念」は物理的対象物（マテリアル・オブジェクト）の単純な模写として始まった。この物理的対象物は、経済学においては、商品と個人である。次いで、観念の受動的な結合によって、実体、関係、様式という、より複雑な観念は、観念の「集合」になった。これは、二百年間の経済理論の諸概念にも引き継がれている。

しかし、もし精神自体が活動の単位であるならば、その精神はそれ自体の観念を実際に創り出す。観念は、現実性の模写ではなく、有益な想像力である。それを用いてわれわれは自身の生計を立てたり、裕福になったりする。そして、生計を立てることはまた、活動の単位に還元されるので、観念のより複雑な分類が必要とされる。

先に行なった、ロックの「観念」と「意味づけ」の間の区別を、言葉のうえだけでなく、観念のうえでも、維持しよう。観念は、われわれが研究に用いる知的な道具である。観念をわれわれの主題に適合させるために、観念のなじみあるヒエラルキーを再構築しよう。この主題とは、協同、対立およびワーキング・ルールを通じた富の生産と取得するための人間の取引である。このワーキング・ルールは個々の取引をコントロールし、解放し、拡張する。これらの外的活動は、われわれにとって最初は単なる知覚（フィーリング）である。そして、われわれは、その知覚自体がわれわれの身体の外部で起きた変化によってもたらされたのか、あるいは、内部で生じた変化によってもたらされたのか、確信がもてない。内部の感覚が外部で生じたものに結び付くやいなや、それを、われわれは認知と名づける。認知（センセーション）とは、われわれが知覚に対して与える意味づけである。[94]

しかし、この時点までは、われわれは動物や赤ん坊と同じである。次の段階は、言語の取得である。言語を用いて、われわれは、自らの認知を「ディック」や「パパ」のように名づけ、類似、相違、数量に基づいてそれらの認知を分類する。

われわれの目的に照らすと、五つの種類の類似性と相違性がある。それらは、認知にほかならない、ロックのいう「単純な観念」から、彼の最も複雑な観念に至る、ヒエラルキーに対応している。しかし、「実体、関係、様式」という彼の複雑な観念にかえて、われわれは、単純な観念からより高度な複雑さをもつ観念に至る、研究のための五つの精神的用具を構築する。

最も単純な観念（または用具）は**概念**である。これは、人、馬、使用価値、希少性価値のように、仮定された、**属性の類似性**に由来する。

より複雑なのは、**原理**である。これによってわれわれは、仮定された、**活動の類似性**を意味する。概念はいか

(132) 後述、*p. 680*「自然権から適正価値へ」をみよ。

なる時間の要因も含まないが、原理という観念にとっては、時間の流れは本質的要素である。原理という観念から、法則、原因、結果、目的といった数多くの特殊な事例が派生する。いわゆる「需要と供給の法則」は、法則ではない。これは、希少性の原理の特殊な事例である。そして、原理が時間の継起を含むという理由から、「需要と供給の法則」は**原因、結果、または目的の類似性**である。この希少性の原理は、例えば、活動の原因、活動の結果、あるいは行為者によって意図される目的のいずれかかもしれない。同様に、われわれは、あらゆる経済活動の原因、結果、または目的として、政治経済学のいわゆる「諸法則」を、他の諸原理に還元できるであろう。他の諸原理とは、効率性、将来性、集団的行動のワーキング・ルール、制限的因子である。制限的因子のコントロールによって、補助的因子がコントロールされる[133]。

あらゆる科学は、その複雑な活動を、最も単純かつ最も普遍的な原理に還元することに努めている。政治経済学を、社会学の一部門として、物理科学と生物科学から区別しつつ、われわれが政治経済学のために同じ還元を行なうとすれば、原因、結果、または目的の最も単純な類似性は、したがって最も特殊的でない類似性は、自発的意志である。自発的意志は、「意志」ではなく、またロックの「実体」、「存在」、「力」でもない。それは、人間の行為にともなう経験に由来する、原因、結果、または目的の、仮定された類似性にすぎない。

しかしながら、自発的意志の意味づけに関しては、議論の余地が大いにあり、またおそらくは心理学と経済学の間での飛び越えられない隔たりを含むことをわれわれは知っているので、オグデンが生理学から心理学への飛び越えに用いた「二言語の仮説」からヒントをもらおう[134]。オグデンは同じ事象を描写するために二つの言語を使うことができた。例えば、「記憶」は、「保持」という生理学的言語で描写するものについての、心理学的言語である。この二言語使用という手段は、どのように無意識の生理学が意識の心理学になるのかという、ロックと現代の「行動主義者」が解決できなかった問題を解決はしない。しかし、この手段によって、オグデンは、自らをいずれかの側に取り返しのつかないほど縛り付けることなく、必要に応じて、一方から他方へと移行することができた。

自発的意志の経済学において、われわれは二言語仮説以上のものを必要とする。われわれは、心理学、法学、そして経済学という三言語仮説を必要とする。もしわれわれがオグデンが行なったように、生理学的な行動主義者に対応しようとするならば、実に四言語仮説が必要になる。[135] 疲労や販売術を研究するとき、われわれは生理学を必要とする。自発的意志についての、われわれの四言語仮説は、心理学、法学、経済学、そして生理学である。心理学の側面において、それは観念、意味づけ、価値づけである。経済学の側面において、それは価値づけ、選択、行動、予測であり、これらは取引とゴーイング・コンサーンの経済的な数量を構成する。法学の側面において、それは慣習、政治、コモン・ローおよび成文法という諸々の集団的行動であり、これらは、取引または事業体をコントロールし、解放し、あるいは拡張する。生理学の側面において、それは分泌腺、分泌物、神経であり、これらは、身体を作動させるか停止させる。

意志の、この四言語仮説は、二元論および懐疑主義を見分けるであろう。ロックは、外部世界を模写する、内部世界としての観念という彼の概念によって、あらゆる科学にそれらを注入した。しかし、この仮説は、次のよ

---

(133) *Oxford Dictionary of the English Language* のなかの「法則」と「原理」の項目をみよ。「ワーキング・ルール」というこの用語は、リチャード・T・イーリー教授がはじめてわたしに提案した。

(134) Ogden, C. K., *The Meaning of Psychology* (1926).

(135) Watson, J. B., *Behaviorism* (1925); *Behavior; an Introduction to Comparative Psychology* (1914). 彼の次の著作も参照のこと。"Behaviorism," *Encyclopaedia Britannica*, 14th edition.

うな方法によって、彼の二元論を超え出る。その方法とは、彼の用語である「観念」を、意味づけ、価値づけ、選択、そして慣習と法という社会的ルールに従うか、従わないかという四重の活動として解釈することである。

自発的意志についての、この四言語仮説の統一は、将来の時間の意味づけのなかに存在する。将来性は、期待という心理学的側面、現代経済学における計測可能な大きさ、将来における法的な実現、および誘引と制裁にともなって生じる分泌物の生理学的反応とを、同時に有する。

こうして自発的意志は、期待される出来事を見込んで言葉と事象に与えられる意味づけによって決定される動作の確定的様式に共通する、原因、結果、または目的の一般原理になる。例えば、その出来事を期待する人々の精神において喚起される相対的重要性の感覚によって決定される動作の様式が挙げられる。また、われわれが制度と名づける集団的行動によって抑制され、解放され、拡張される動作の様式が挙げられる。この動作自体は、これらの意味づけ、価値づけおよび制限を考慮した取引の反復である。こうして、自発的意志の意味は、意味づける、価値づける、取引する、および統治するという不可分な活動になる。そこでの「意味づける」とは半ば知的な言語である。「価値づける」とは、主に感情的言語である。「取引する」とは経済学的言語である。その一方で、倫理、法、財産は、集団的言語、または制度的言語のワーキング・ルールである。

この四言語仮説によって、われわれは形而上学の困難な問題に立脚することを回避できる。さらに、この仮説によって、われわれは、非物理的なものの場所、つまり取引とゴーイング・コンサーンと不可分な期待のための場所を見出すことができる。われわれは形而上学のかわりに将来性を用いる。

また、この四言語仮説によって、われわれは、以下で繰り返し行なうように、あらゆる思考に必然的に行きわたっているアナロジーの二つの意味づけを区別することができる。同時に、物理科学が使用を許可しているようななじみのない語や記号を持ち込むかわりとして、修辞的な類推を利用することも、あらゆる話し言葉に充満している。というのも、アナロジーは単に、類似性を発見する方法だからである。正しいアナロジーは真の類似性である。経済思想史において、誤ったアナロジーは、物理科学から導出される意味づけを経済学に移転させることによって行なわれてきた。例えば、われわれがすでにみてきたように、アイザック・ニュートン卿の天文学と光学からのロックによる導出や、また有機体のより近年の生物科学からの導出、さらには人間意志それ自体からの導出も行なわれた。これらの誤ったアナロジーは、しばしば「実体化」、「具体化」、「物体化」、「生命付与」、「擬人化」、「永遠化」、「精霊信仰（アニミズム）」、「唯物論」といった用語によって示される。(136)

誤ったアナロジーは、機械論、有機体論、擬人化という三つのアナロジーに凝縮されるかもしれない。なぜなら、これらの本質は、物理学、心理学、または個人的心理学において適切に使用されている観念を経済学に移転することにあるからである。これらの誤ったアナロジーは、われわれが考えるに、取引とゴーイング・コンサーンという二つの観念に置き換えることによって避けられうる。また、取引とゴーイング・コンサーンについて語る際、同じ行為の四つの側面を示すために心理学、法学、経済学、および生理学という四つの言語を自覚的に用いることによって避けられうる。経済学にとってゴーイング・コンサーンと取引は、物理学にとってホワイトヘッドのいう「有機的メカニズム」と「事象」に当たるものであり、(137) 生物学にとっては生理学者のいう「有機体」と「新陳代謝」に当たるものであり、意志の特定の行動にとってはゲシュタルト心理学の人格総体に当たるものである。(138) 機械論、有機体論、個人的心理学から移されたこれらの意味づけのうちどれかが忍び込んでいる場

---

(136) Frank, L. K., "The Principle of Disorder and Incongruity in Economic Affairs," *Pol. Sci. Quar.*, XLVII（1932）, pp. 515–525 を参照。

(137) Whitehead, A. N., *Science and Modern World*（1925）〔邦訳、上田泰治・村上至孝訳［1981］『ホワイトヘッド著作集　第6巻　科学と近代科学』松籟社〕.

合には、結果としてもたらされる知的道具は経済学的研究に適合しないとわれわれは考える。とはいえ、言語の不足という理由から、われわれはしばしば、許容しうる劇的なアナロジーというかたちで、やむをえずそれらを使用する。

原理よりもいっそう複雑なのが公式である。これは、部分と全体の間の関係を研究するために精神によって構築される。公式は、想像上の線と数字という純粋な数学のなかで、精神の見事な偉業に到達する。われわれが構築した他の精神的公式は、以下のとおりである。買い手と売り手の、彼らが参加する取引に対する関係、取引が部分を構成するゴーイング・コンサーンに対する取引それ自体の関係、個人の社会に対する関係、市民のコモンウェルスに対する関係、その他、尽きることがないさまざまなものがある。ただし、公式が単純であれ、複雑であれ、それはつねに部分と全体の関係の精神的図式である。

リッケルトが先んじ、ゾンバルトがあとを追った、マックス・ウェーバーは、公式に類似したものを構築し、それを「理念型」と名づけた。その意図は、主観的要因を排除すること、および、厳密に客観的な公式を提供することである。この客観的公式とは、相互の関係におかれる社会的諸事実のすべてを研究し、理解するための本質的要素となるものである。それゆえ、それらの理念型は、正しいか間違っているかについての含意をもたない。しかし、たとえそうであれ、クローナーとシェルティングによって指摘されたように、それぞれの研究者は、何を本質的要素と考えるかに関して異なっているし、あるいは、それぞれの本質的要素に与える**重み**に関して異なっている。こうしてウェーバーは「資本主義の精神」、「手工業の精神」という理念型を創り出した。この理念型は、研究者にとってつねに固定されており、もし諸事実が合致しないとしても、理念型が変えられることや、その事実に適合させられることはない。その諸事実はのちに「軋轢」として提示される。とはいえ、軋轢は、その型とまったく同じ重要性をもつ。しかし、取引と事業体の公式は、これらの困難を回避する。なぜなら、この

98

公式はいくつかの感覚や「精神」からではなく、現実の行為から出発するからである。行為の類似性を説明するために、「資本主義の精神」のような内部の原理を見つける必要はない。この原理は、事業体のワーキング・ルールから導出されるとき、それ自体が客観的である。[139]

ほとんどの複雑な観念は社会哲学である。それは、例えば個人主義、社会主義、共産主義、無政府主義、ファシズム、資本主義、農地改革主義、労働組合主義の哲学のように、たいていは**主義**という接尾辞をともなって記述される。ヨーロッパの経済学者たちは、われわれが「社会哲学」を用いるところで「イデオロギー」という用語を使用する。「イデオロギー」は、われわれの理解では、純粋に知的である。それは、いかなる感覚、活動、活気ももたない。しかし、社会哲学は、関係性の二つの支柱をもつ。つまりそれは、人間の本性についての倫理的感情に基づき、また、それは将来において望む目標を設定する。ここで、まさしく**目的**の類似性こそが、支配的なものとして際立っており、すべての概念、原理、公式の意味づけは、目的の類似性に従属している。この哲学は、つねに明確な観念であるとは限らない。哲学はたいていの場合、半意識的である。人がある事柄の証明を開始したとしよう。それを証明するための諸事実を、彼はどのようにして選び取ることができたのだろうか。ま

---

(138) Köhler, W., *The Mentality of Apes*（1917, tr. from 2d ed., 1925）; *Gestalt Psychology*（1929）〔邦訳、佐久間鼎訳［1938］『ゲシュタルト心理学』内田老鶴圃〕; Koffka, K., *Growth of the Mind: An Introduction to Child-Psychology*（tr. 1924）〔邦訳、平野直人・八田真穂訳［1943］『発達心理学入門』前田出版社〕; Petermann, Bruno, *The Gestalt Theory and the Problem of Configuration*（tr. 1932）.

(139) Kröner、前掲書、およびSchelting, Alexander von, "Die logische Theorie der historischen Kultur-Wissenschaft von Max Weber und im besonderen sein Begriff des Idealtypus," *Archiv f. Sozialwissenschaft und Sozialpolitik*, LXIX（1922）, pp. 623–752をみよ。後述、*p. 719*、「理念型」をみよ。

さしくわれわれのいう社会哲学こそが、われわれの事実と定義を、われわれのために無意識的に選び取ったのである。とはいえ、社会哲学は、研究の目的にとっては、複合的な観念にすぎない。この観念は、ロックが正義、法について、または神についていったような、「自然にある、固定された対象をまったくもたない」ものではなく、すべての他の諸観念から演繹できるものである。

　われわれの「観念」という意味づけは、E・W・ホブソンによる、「認知（パーセプト）に適合する概念スキーム」という科学の定義との類似性を有する(140)。しかしながら、ホブソンの見方は、われわれと以下の点で異なっている。それは、われわれの科学の主題が人間であるという点である。人間は、それ自身、自らの「概念スキーム」をもつ。経済科学者は、したがって、二つの「概念スキーム」をもつ。一つは、彼が自身の科学を構築する手段となる、彼自身の「概念スキーム」である。もう一つは、彼の主題である人間の「概念スキーム」である。人間は、自身の概念スキームを自らの目的のために構築する。

　こうしてわれわれは、理論化と呼ぶ過程を通じて、研究と理解のための、同時に用いられる五つの精神的道具を、自身の精神のなかで、構築し再構築する。われわれはこの五つの精神的道具をまとめて、観念とその意味づけと名づける。意味づけとして解釈される観念とは、認知、概念、原理、公式、社会哲学である。それらは不可分であり、それらの相互依存関係を考慮して、われわれは理論と名づける第六の観念を構築するのである。

　より正確には、理論は、理論化の能動的過程であり、理論化は思考の方法である。理論化のさまざまな方法が、経済理論に重要な影響を及ぼしてきた。哲学者のヘーゲルは、その方式を命題、反対命題、綜合と言い表わした。命題は第一の主張であり、反対命題は、その主張の反対物であり、そして綜合は、それら二つをより大きな規模で和解させることである。この公式は、ヘーゲルによって、ドイツ民族の政治的進化に体化されている「世界精神」の進化に適用された。この公式は、次いでマルクスによって、社会の唯物論的進化に適用され、プルードンによって、効率性と希少性の矛盾に適用された。精神の公式は、客体的存在を与えられた[141]。

次に、外的世界の**進化**が明白に公式の一部になったため、思考の過程は、分析、生成、綜合と言い表わされるようになった。分析は分類の過程である。それによって、われわれは類似性を比較し、相違性を区別し、また、主題を概念、原理、公式および哲学に解体することができる。生成は、変化の分析である。この変化は、諸要因すべてにおいて継続的に進行しており、ダーウィンによって自然的淘汰と名づけられた。綜合は、全体に対する諸々の部分の、変化する関係についての公式のなかに、分析と生成とを統合することである。こうして、分析によって、われわれは分類し、細分割し、価値のさまざまな概念や、効率性と希少性の原理に、意味づけを与える。生成によって、われわれは、価格の変化を、初期の慣習から現代の多数の慣習への展開を、および石器時代から無線へと至る発明の進化を表示する。綜合によって、われわれは変化する諸々の部分を、変化する全体に統合する。

十九世紀後半に現われた、世界の経済的事実についての思考の公式は、静学と動学の区別をもたらした。この区別は、初期の物理科学から引き継いだものである。「静的」として言い表わされるような思考方法をもつ経済学者の業績を検討するならば、その本質が以下の仮定にあることがわかる。それは、その変化が研究されている要因を除く、他のすべての要因が不変であるという仮定である。この方法は、実験科学において実用的であり、それらの諸科学での大発見をもたらしてきた。なぜなら、精巧な装置によって、研究されている要因を除く他の

(140) Hobson, E. W., *The Domain of Natural Science* (1923). 科学について、明らかに反対の見方は、Cohen, Morris R., *Reason and Nature, an Essay on the Meaning of Scientific Method* (1931)、および *Law and the Social Order, Essays in Legal Philosophy* (1933).

(141) 後述、*p*. 366「マルクスとプルードン」をみよ。

要因すべてを実際に不変に保つことが可能であり、また、研究の主題が、抗議を述べることはなく、個人的または集団的に抵抗することもないからである。しかし、経済科学において、主題は、**生きている人間**である。人間は、個人的かつ集団的に行動し、研究を遂行するための、研究室における実験を許さないであろう。それゆえ、静的分析は、他の諸要因が不変であるというまったくの前提に基づいた精神的仮説にすぎないものにならざるをえない。そこでは、それら各要因のどれかを、実際に不変に保つことによって理論を検証できる可能性などありえない。

初期の経済学者たちが論文を執筆していた当時、複合的変化の問題を研究するために必要な統計学または数学的理論は利用できなかった。実際、これらの統計学と理論は、とりわけアメリカにおいては、〔第一次世界大〕戦後の研究においてようやく、かなりうまく利用できるものになった。すべての要因は同時に変化しているし、部分要因に分解されてゆく。その部分要因もまた他のすべてに対して相対的に変化している。複合的変化の問題は全世界的である。多くの国における数理経済学者は、この問題を、変化する全体に対する変化する諸部分の計測可能な関係の綜合に引き入れようと努力しているところである。

しかし、ここで、「動学」という語の意味づけの区別が問題となる。われわれは、動学を「複合的変化」と「複合的因果連関」として区別する。物理科学において、主題はそれ自体の意志をもたないので、因果連関は、完全に取り除かれている。数理経済学者は、必然的に、同様のやり方で経済科学を扱い、因果連関を取り除こうとしている。原因、結果、目的という諸観念は、完全に人間による発明である。これらの諸観念は、個人的かつ大衆的な行動において、人間意志が、すべての他の人間的要因と非人間的要因とを、コントロールしようとすることによって、また、その意志自体に従属させようとすることによって、生じる。また、人間意志がそのようなコントロールや従属関係に抵抗しようとすることによって生じる。利害の調和を前提とすることによって、昔の経済学者たちは、数理経済学者たちが自らの複合的変化の理論のなかでしたように、これらの人間的な要因すべてを「軋轢」として取り除くことを考えた。活動する人間意志の理論が、これらの恣意的な、説明できない、情熱的な、そして好戦的な、人間の諸活動に適合するまでに発展してはじめて、政治経済学全体は実用に耐えうる経済科学に変換されたということができよう。

まさしくこのことが、われわれが戦略的取引とルーティン的取引の公式によって行なおうと努めていることである。人間は、その部分・全体関係の公式を構築しつつ、制限的因子が何であるかを探し求めている。制限的因子の戦略的コントロールは、制限的因子以外の、自らの力を通じて動いている他の諸因子の変化をもたらすであろう。ここで、原因、結果、目的の観念が考案される。物理学における複合的変化の理論は、経済学における複合的因果連関の理論になる。

「綜合」という用語がこの過程に適用されるかもしれないが、より正確な用語が必要である。マックス・ウェーバーは、これを「理解（アンダースタンディング）」と名づけた。ディーン・エークリーは、これを「洞察」と名づけた。われわれはエークリーの用語法にならい、思考の方法を、分析、生成、洞察に分解しよう。

洞察の意味は、われわれが経済学の五十年前の論争、つまり、研究の「演繹的」方法と「帰納的」方法をめぐる論争を研究すると、明らかになるだろう。この演繹的方法は三段論法のようであり、大前提と小前提をともなう。ここから不可避の結論が生じる。たとえば、人は死を免れない、というのが大前提であり、ソクラテスは人間である、というのが小前提であり、したがってソクラテスは死を免れない、これが、不可避的な結論になる。

しかし、われわれが知りたいことは、エークリーが述べたように[142]、いま手術台に乗せられて外科医の手にゆだねられている、この特定のソクラテスが死ぬかどうか、そして、あとどのくらいもつのか、ということである。ここで、われわれは、百もの大前提をもつ。そのうちいくつかの大前提はわれわれに、彼は生き長らえるであろうという希望を与え、また他の大前提は、彼は死ぬであろうという恐れを与える。ここでわれわれが必要するのは、洞察である。

だから、これは経済学のなかのことなのである。われわれは、大前提自体を研究しているのであり、また、いまここで、それらの前提がコントロール可能であるのかどうかを見出そうとしているのである。「需要と供給の法則」、あるいは、希少性の原理とわれわれが呼ぶべきものは、不可避的であり、十分に真であり、なおかつ、死や重力の法則のように、避けることができない。しかし、われわれが欲していることは、もし可能であれば、コントロールすることなのであり、あるいは、誰が、死、重力、および需要または供給をコントロールしているのかを発見することである。もし私が人を十階の窓の外に放り投げたとすれば、彼は私によって殺されるのか、あるいは重力の法則によって殺されるのか。もし大企業が顧客の一部に高い価格を課し、同じ商品またはサービスについて、その顧客の競争相手に低い価格を課すとすれば、高い価格を課された顧客は「需要と供給の法則」によって破産させられたのか、それとも、この企業が希少性の原理を不公正に利用したことによって破産させられたのか。これが、われわれが必要とする**洞察**である。

それゆえ、「帰納法」という用語には、あるいは、演繹法にも関わる研究の帰納的方法には、二つの意味づけがある。帰納法は、小前提としての実例を収集することであるかもしれない。それは、組み立てられたとき、大前提を単に説明し直すだけである。この場合、われわれは、循環論法を行なっているのである。あるいは帰納法は、エークリーがいったように、大前提と小前提の複雑性に関する新たな洞察であるかもしれない。それらすべての前提は、特定の状況と、それに続いた、または続くであろう帰結に照らして、重みを付けられ、また釣り合いをとられなければならない。

この種の帰納法は、エークリーが綜合のかわりにしたものである。綜合は、単なる演繹や帰納ではない。それ

102

は、変化と絶え間ない発見の世界における状況全体のなかの、制限的な部分と補助的な部分との関係性に関する洞察である。これは、事物の適合性に対する照射、理解、および感情的感覚である。それは、行動になったとき、戦略になる。偉大かつ新しい洞察が経済学的思考の進展を際立たせてきた。われわれの現在の理論が依拠する経済学者たち各々は、以前は考えられていなかった、または、明確には考えられていなかった、新たな洞察に貢献してきた。帰納と演繹についてのかつての論争は、洞察と理解を獲得するという大きな運動のなかに消失する。この過程は決して終わることがない。さらなる洞察のための余地は十分にある。かつての洞察は、その当時とその場所において素晴らしいものであり、重要であり、それらは決して忘れ去られたり、うち棄てられたりしない。新たな洞察は必要とされている。そして今度は、その新しい洞察が古い洞察の援助を必要とするのである。なぜなら、「世界の経済的ジレンマ」(143)は、従来にもまして難解になり、その一方で、似たようなジレンマが過去に生じたからである。

それゆえ、理論は、われわれの用語法によると、分析、生成、洞察という複雑な活動である。これらは、将来

(142) エークリーによる次の諸論文を参照のこと。Akeley, Lewis E., Dean of the College of Engineering, University of South Dakota, in *Journal of Philosophy*, XXII（Oct. 1925）, p. 561；XXIV（Oct. 1927）, p. 589；XXVII（Feb. 1930）, p. 85；*Journal of Engineering Education*, XVIII（Apr. 1928）, pp. 807–822. 後述、*p. 719*、「リッケルトとマックス・ウェーバー」も参照のこと。法学における方法論についての同様の論文は、Cook, W. W., "Scientific Method and the Law," *Johns Hopkins Alumni Magazine*, XV（1927）, 3. Encyclopaedia Britanica, 14th ed の「アナロジー」「因果律」「論理」「科学的方法」の項および以下の論文を参照のこと。Wolf, A., *Essentials of Scientific Method*（1930）. メンガーとシュモラーの方法については以下を参照。Commons, "Das Anglo-Amerikansche Recht und die Wirtschaftstheorie," in *Die Wirtschaftstheorie der Gegenwart*, III, pp. 313ff.

(143) E. M. Patterson（1930）による、この表題の重要な著書を参照のこと。

を理解し、予想し、そしてコントロールするために精神によって能動的に構築される。しばしば理論という語、または、理論的という語は、事実のみを取り扱うことを主張する実務家が批判を込める呼び名である。彼はたいてい、「哲学」という語に対しては似たような反発を起こさない。研究者は、彼の「理論」が何かを彼に問うのではなく、彼の「哲学」は何かを彼に問うべきである。この用語によって、彼は明らかに洞察と理解を意味しているのである。しかし、実務家は、株価が上昇するであろうと予想して、できるだけ多く買うときには、理論家である。もし、そのかわり、価格が下落し、彼が破産したならば、その理由は彼が実務的であったからではなく、彼の理論が間違っていたからである。例えば、彼は事実すべてを分析していなかった、進行中のあらゆる変化を考慮しなかった、分析と生成を、変化する複合的関係についての正しい洞察に結合させなかった、といった間違いが挙げられる。言い換えると、彼は、自身の実践を正しい理論によって導かなかったのである。彼はできの悪い理論家であった。それゆえ、理論という語は、制限的因子と補助的因子との間の正しい、または正しくない洞察を意味するのである。理論は事実ではなく、事実の予想である。もし正しければ、理論は、必要とされる将来の事実すべてに適合する洞察である。もし正しくなければ、理論は単なる大失敗であり、修正が必要とされる。

とはいえ、理論という語には別の意味づけがある。それは、純粋理論である。その一方で、たったいま与えられた意味づけは、プラグマティック理論であり、パースの**科学**の意味づけである。[144] 自身の演繹が、経験によって検証されるときに、働くか働かないかにかかわらず、自身がたまたま受け入れた任意の仮定に基づいて、自身の推論を保持し楽しむ限りにおいて、経済学者たちは、純粋理論家として特徴づけられるかもしれない。あるいは、理解、実験、冒険のための推論、および将来における彼ら自身と他の参加者たちの誘導のための推論の値打ちを見る目をもつ限りにおいて、経済学者たちは、プラグマティック理論家あるいは科学的理論家として特徴づけられるかもしれない。純粋理論家はいつも必ず、前提、つまり当然とみなされる一般原理から始める。これらの前提が与えられて、その理論はそれ自体、論理的に成り立つのである。

すべての科学には、この区別がある。数学がこれを説明する。純粋な数学は、科学ではなく、公式である。これは、数字という言語を用いることによって精神のなかで構築される。任意の仮定に基づいて、精神のなかで数字を組み合わせるいかなる一貫した方法もまた、いつのときか有用であるかもしれない正しい公式である。ユークリッドは、彼の前提または公理が自明であり、したがって、所与の一点を通過する二つの線を平行に引くことは決してできないというような演繹に導かれると考えた。彼は、前提と外的な現実性を混同していた。しかし、ロバチェフスキー（一八二九）は、新たな洞察によって、所与の点を通過し、所与の直線に対して平行な二つの線を引くことはできることを示す同じく一貫した公式を案出した。それは、いずれも純粋理論であるが、彼らは異なる前提から始めた。ユークリッドは、平面と動かない点という前提から始めた。ロバチェフスキー、または彼の後継者たちは、動く空間および相対的時間という前提から始めた。いずれの理論も一貫していた。いずれの理論も、それぞれがそこから始めたという前提に対して正しいという結果になったからである。なぜなら、ロバチェフスキーの七十五年後、数学者たちの介在によって成し遂げられた修正を用いて、アインシュタインは、それまでは役に立たなかった公式を、地球上の仮定された動かない点のかわりに、宇宙を横断する光という高速で動く点に適用した。あらゆる前提を問題として取り上げることによって自身の発見を成し遂げたと彼は述べたと報道された。次いで、実験が、諸事実の新たな秩序のための、この公式の有用性を立証した。これが、私が科学と名づけるプラグマティック理論の事例である。[145]

(144) 後述、*p.* 140「ヒュームとパース」をみよ。
(145) 後述、*p.* 140「ヒュームとパース」、*p.* 649「ヴェブレン」、*p.* 386「絶対主義と相対性」をみよ。

このことは、経済学においても同じである。経済思想のいずれの学派も純粋理論に何らかの寄与をしている。それは、限られた数の事実または公理というそれ自体の前提から引き出されたものであり、究極的にはこれらの前提から、概念、原理、公式、および社会哲学が、理論化、研究、発明、実験、計画および実行のための精神的道具として引き出されたのかもしれない。

とはいえ、経済学の純粋理論は物理科学の純粋理論と同一ではありえない。なぜなら、物理的な物は目的、意志、権利および利害をもたないからである。経済学者は、彼自身が彼の科学の意図的な主題の一部分である。このことは、危機によって、彼が対立する諸利害から選択することを強いられるときにはじめて明らかになるかもしれない。そのとき、彼の純粋理論は、おそらく、彼に選択を指示した前提を含むことがわかるだろう。

前述したことは、認知、概念、原理、公式、哲学、理論のような観念の**主観的**意味づけに応じた、純粋な諸観念の分類である。諸観念はまた、使用価値、希少性価値、および、人間的または倫理的な価値のような**客観的属性**の類似性に応じて分類されるかもしれない。あるいは、また、諸観念は**社会的関係**の類似性に応じて分類されるかもしれない。われわれが用いるべき主要な社会的関係は、売買交渉取引、管理取引、割当取引、慣習、ならびに主権である。

分類のこれら三つの原理を、われわれは**概念**の分類と名づけよう。これはかつて「静学」として知られていた。そこでは時間と因果連関という問題は生じない。しかし、かつての物理学からの類推では「動学」として知られている活動の単位として、これらの分類を観察すると、時間の継起に応じた因果や目的による、観念の分類が要請される。これは、原因、結果、目的、またはいわゆる「法則」の類似性に照らした分類である。ただしこの法則を、われわれは**原理**と名づける。これらの原理は、希少性、効率性、将来性、ワーキング・ルール、ならびに戦略的因子という五つの類似性に帰着する。参照しやすくするために、われわれはこの観念の分類を次のような表にした。これらの観念は、実際には切り分けることができないということに留意しなければならない。これらは、研究の目的のために何らかのかたちで組み合わされなければならない精神的道具にすぎない。

観念の分類

１　**精神的用具**の類似性による分類

ａ　認知（知覚の意味づけ）

ｂ　概念（観念、属性、関係の類似性）

ｃ　原理（原因、結果、目的の類似性）

ｄ　公式（部分と全体の関係）

ｅ　社会哲学（人間の本性と究極の目標）

ｆ　理論（洞察、実験）

２　**客観的属性**（概念）の類似性による分類

ａ　使用価値（文明価値）

ｂ　希少性価値（需要と供給）

ｃ　将来価値（割引現在価値）

ｄ　人間価値（美徳と悪徳）

３　**社会的関係**（概念）の類似性による分類

ａ　売買交渉取引

ｂ　管理取引

c　割当取引

d　慣習（法律によらないコントロール）

e　主権（法律によるコントロール）

4　**原因、結果、または目的**（原理）の類似性による分類

a　希少性（売買交渉）

b　効率性（管理）

c　将来性（予測、待機、リスクを負う計画）

d　ワーキング・ルール（割当、ゴーイング・コンサーン、慣習、主権）

e　戦略的およびルーティン的取引（自発的意志によるコントロール）

105

最後に、重要な観念は絶え間ない変化という観念である。二百年かけて、ロックの観念から二十世紀の観念へと、根源的な相違が生じた。それは、**客体**から**活動**への、主題の移行である。客体は諸属性と諸関係を有するが、人間活動は、原因、結果、目的、戦略的因子および補完的因子を有する。単に諸属性と諸関係だけを取り扱うかわりに、われわれは、諸活動も取り扱う。個人と物理的なモノを取り扱うかわりに、われわれは、取引とゴーイング・コンサーンを取り扱う。ロックの概念である、実体、関係、様式のかわりに、われわれは、望ましいまたは望ましくない期待についての、原理、公式、および哲学を構築する。

以降の諸頁において、われわれは前述した観念の分類の有用性を見出すことになるが、この観念の分類は、他の方式との比較によって次のように要約されるかもしれない。

第一に、外部世界を反映する受動的精神の観念は、ジョン・ロックから十八世紀と十九世紀の経済思想に伝

わった。観念そのものを研究と洞察という目的のために体系化するという能動的精神の観念が、この受動的精神の観念に取って代わるのは、かなりあとであり、ダーウィンによる生存競争の理論の体系化を待たねばならなかった。覇権争いにおいて、自然を克服し、他の人々を打倒するための、人間の諸発明のうちで、観念は最も偉大なものである。近年の心理学に導入された「意味づけ」と「価値づけ」という用語こそが、かつての、哲学と論理学の純粋に知的な諸観念を、利害対立のなかで生存と覇権を維持する諸感情および諸活動に結び付けたのである。

しかし、生存は単なる個人の生存ではなく、集団的生存である。この事実は、もちろんよく知られているが、経済理論のなかで位置づけられはじめたのは、社会学が形成されてからである。社会学は、オーギュスト・コントによって創始され、最近では、Ｅ・Ａ・ロスによって見直され、要約された[146]。しかし、この社会心理学は全人口に膾炙したが、他方、われわれの「社会哲学」は、市民の諸権利への関与を通じて「有給職業」に従事する四千八百万人に広がっただけである。社会心理学が意味することは、われわれの意味づけでは、あらゆる集団的行動にとって必要なさまざまなワーキング・ルールを使って個人的行動をコントロールする集団的行動である。

個人主義的心理学は、われわれの議論に関わる限りでは、三つの形態をとる。それは、二世紀にわたる経済的個人主義、近年の「行動主義的」心理学、そして「ゲシュタルト」心理学である。

経済的個人主義は、いつのときも「純収入」の経済学としてみなされるであろう。その個人は純収入を受け取る者として描かれる。純収入は、彼の労力または貨幣の支出と快楽または貨幣の収入との差によって決定される。このことこそ、個人を孤立させ、利害対立を覆い隠してしまうのである。しかし、われわれの取引経済学は、つ

(146) Ross, E. A. *Social Psychology, an Outline and Source Book* (1931).

ねに所有権という権利の移転の経済学である。この移転は、つねに二つの債務、つまり履行の債務と支払の債務を作り出す。これは、個人の純収入にかわる、総収入と総支出である。ある人の総支出は、単数または複数の取引相手の総収入に等しい。そして、まさしくこの支出と収入の大きさ（サイズ）こそが、利害対立を引き起こすのである。あらゆる取引において、二つの所有権移転がみられる。それは、物理的対象物またはサービスの所有権と、支払いの約束という別の「対象」の所有権である。この取引は二つの債務を作り出す。もし、われわれがこの債務を作り出す活動から出発しないとすれば、集団的行動によって強制される債務経済と名づけられるかもしれない。債務を作り出す活動から出発することは、取引心理学または折衝心理学を導入することを可能にする。この心理学それ自体が、所有権の二重の移転と債務の二重の創出につながる社会心理学である。

この折衝心理学は、取引の三つの種類に応じて、三つの形態をとる。それは、売買交渉取引における説得、強要および威圧の心理学、管理取引における命令と服従の心理学、割当取引における弁明と議論の心理学である。

このような心理学が行動主義的社会心理学であるという事実は、次のような人々の個人主義的行動心理学と区別することを要請する。この人々とは、心理学の基礎を、分泌腺、筋肉、神経、および血流などにおくことにより、すべての観念を、単に主観的かつ計測不可能なものであるとして完全に拒否する人々である。折衝心理学は厳密にいうと、観念、意味づけ、および計測の慣習的単位の心理学である。

折衝心理学は、「ゲシュタルト」心理学によりいっそう近接している。しかし、ゲシュタルト心理学は、乳幼児からの個人の精神的成長に関心をもつ、個人主義的心理学である。類似点は、ゲシュタルト心理学が部分・全体の心理学であるという事実にある。そこでは、それぞれの特定の行動は、その個人のすべての行動の全体構成に結び付けられている。しかし、われわれが、この部分と全体の関係を、その社会的含意に関して研究するための道具として使用する精神的概念は、「公式」である。まさしく公式を構築することによって、経済的または社

107

会的な研究者は研究の最も重要な方法を学ぶのである。それは、主に、インタビューという構成的な方法に帰着する[147]。

社会学の創始者であるオーギュスト・コントは、歴史的進化の三つの段階における理論化の方法を分類した。それを、彼は神学的、形而上学的、そして実証的段階と名づけた[148]。ロックから今日までの経済学者についてのわれわれの研究は、類似した三つの段階にわれわれを導く。われわれはそれを、擬人化、唯物論、プラグマティズムの段階と名づける。

擬人化の段階においては、コントの分類に対応させるために、実際には擬人化の二つの段階が必要となる。第一の段階は、迷信の段階である。ここでは、人間意志に対比される、気まぐれな意志が人間的事象を支配するということが前提とされる。これは、人類学者によって「精霊信仰」と名づけられる、コントの「神学的」段階である。第二の段階は、合理主義の段階、またはコントの「形而上学的」段階である。ここでは、人間的事象を支配する、気まぐれではなく、慈悲深く理性的な意志が前提される。この段階は、ロック、ケネー、スミス、ならびに十八世紀と十九世紀の経済学的および法学的推論の大部分によって描かれている。

それに続く、唯物論の段階、つまり慈悲深くない種類の形而上学の段階は、リカード、カール・マルクス、そして供給と需要の理論家たちによって描かれた。ここでは、原因は、再びアナロジーによって、運命づけられた

(147)　例えば、以下の著作を参照のこと。Bingham, W. V. D. and Moor, B. V., *How to Interview*（1931）; *Interviews, Interviewers, and Interviewing in Social Case Work*, Family Welfare Association of America, 130 E. 22d St., N. Y.（1931）; Lindeman, E. C., *Social Discovery; an Approach to the Study of Functional Groups*（1924）.

(148)　Comte, Auguste, *Cours de philosophie positive*（1830-42, 5th ed., 1892）〔邦訳、石川三四郎訳［1928］『実証哲学』春秋社〕.

108

「力」または「法則」、あるいは、物理的自然の自動的な「均衡」に見出される。それらは、仮定された確実性の世界において、人間意志とは無関係に作用する。しかしながら、形而上学的経済学者が慈悲深い合理主義者なのか、あるいは、慈悲深くない唯物論者なのかを断定することは、往々にして困難である。

コントの「実証的」段階は、擬人化、形而上学、そして宿命論を幾分か保持している。本書は、この主張を展開する余地をもたない。しかし、とくに世界大戦以降、当事者と経済学者とが思考し、行動しているときの対立的状況を観察することによって、われわれは、第三の段階が果てしない研究と実験の段階であることを見出す。パースに従って、われわれはこの段階をプラグマティズムと名づける。プラグマティズムの段階においては、慈悲深いか慈悲深くないかにかかわらず、宿命論や形而上学をともなわない、不確実な変化の世界への回帰がなされる。そこでは、われわれは観察し、またわれわれに関係する世界はつねに、変化する利害対立のただ中にある。そして、ロックのように、われわれは、人間の社会のなかで、自身の精神とわれわれに関係する世界が実際にはどのように振る舞うのかを研究する。その将来は、実のところ予想できないものとして認識されるが、洞察と集団的行動によって幾分かコントロールすることができる。

このことを、われわれは、制度経済学の問題であると考える。制度経済学は、新しい何かではない。それはつねに、あらゆる経済理論の明白な随伴物であった。それゆえ、制度経済学は、しばしば表面的であると思われるかもしれない。なぜなら、それはあまりにありふれたことであり、なじみ深いことだからである。しかし、このことがまさしく、研究を必要とする理由であり、研究することが最も難しいことの理由であろう。科学の進歩総体は、最も遠く離れた、例えば数千光年も離れた対象物から、最も近しいもの、つまり活動するわれわれ自身の意志へと発展してきた。これは、科学が単純なものから複雑なものへと発展してきたことを示すだけではなく、遠く離れたことからありふれたことへと発展してきたことも示す(149)。

第四節　利害対立

政治経済学は極端な個人主義と極端な集団主義との間を揺れ動いてきた。経済学者たちの各学派は利害対立から生じたにもかかわらず、各学派は、対立から、不自然で、人為的で、一時的なものが生じるとして、対立を受け入れようとしなかった。利害対立を一掃することを目指して集団主義的な独裁が計画されたことさえあった。個人主義的学派は私的所有に基づいた、将来における利害の調和を期待していたのに対し、集団主義的学派は集団的所有に基づいた将来の調和を期待していた。われわれはそれゆえ、すべての経済理論を、現にある対立や、対立からの秩序の生じ方の科学的な研究としてではなく、将来の調和の理想化としてみなすだろう。

十八世紀および十九世紀の個人主義的理想主義についてはいくつかの理由があった。最初の理由は、神の恩恵や大地の豊富性という仮定であった。そこでは神の法が地上の罪業によって妨げられなければ、いかなる利害対立も存在しないであろう。

もう一つの理由は総収入にかわる純収入の概念であった。純収入は、一個人の、総収入と総支出との差額である。しかしある個人の総収入は別の個人にとっての総支出であり、ある個人の総支出は別の個人の総収入である。純収入の概念には利害対立はいっさい存在していないのである。そして、対立は、ある人にとっての総収入から、および別の人にとっての同じ額の総支出から生じる。

この利害の調和と対立は、究極の研究単位に起因している。商品は有体財産、つまり物質の所有権と同一視さ

(149)　後述、*p.* 386「絶対主義から相対性へ」をみよ。

れており、それゆえ、所有権から利害対立が生じるのに、所有権は、研究から除外されていた。また無体財産ないし債務を考慮しなければならなかったときには、それらもまた商品と同様に取り扱われたのであり、その売買は単に純収入を獲得するための手段にすぎなかった。二つの所有権の移転およびその結果産み出される二つの債務を意味する、取引の概念が導入されてはじめて、総収入は純収入から明確に区別されえたのである。しかしわれわれは取引を、利害対立に還元するだけではなく、相互依存および対立から秩序を引き出そうとする集団的試みにも還元する。

政治経済学はそれゆえ利害対立から生じ、そして利害対立を理想主義的な利害の調和へ転換しようとする試みから生じた。経済的対立は政治的対立や戦争となり、また、経済的対立は希少性から生じるのであるが、経済的階級は、世界における限られた富の供給の分け前に関わる所有権を獲得したり、保持したりする際の利害の類似性から生じる。マルクスが述べたように、単に二つの階級しか存在しないのではなく、さまざまな利害の類似性の数と同じぐらい多くの経済的階級が存在する。最も大きな分類は、通常、富の生産者と消費者の違いに基づくものであったが、所有者としてみると、両者は、買い手、売り手、借り手、貸し手、農場主、労働者、資本家、地主といった多くの階級に分かれている。そしてこれらの諸階級はさらに、小麦の農場主、綿花の農場主、銀行家、製造業者、小売商人、熟練および不熟練労働者、鉱山の所有者、鉄道所有者等々、階級、下位階級、下位階級のなかの諸部分というように、無限に分かれている。

これらの経済的諸階級とそれらの利害を理想化するのではなく、研究することが重要な理由は、諸階級が自らの経済的利害の類似性に従って、協調（コンサーテッド）した行動を組織し、団結してきた事実にある。無数にあるこれらの諸組織は現われては消えていく。いくつかの組織は、国民的ないし国際的規模であり、ニューヨーク、ワシントン、ロンドン、パリといった、経済的ないし政治的な一大戦略拠点に本部をおく。またいくつかの組織は、利害が類

110

似する範囲に応じて、地方ないし地域の規模をもつ[150]。あらゆるところで、広い、あるいは狭い利害の類似性をともないつつ、集団的行動の盛衰が生じている。これらの対立から生じるのは、利害の実行可能な調和か、その行き詰まりか、または、崩壊である。調和ではなく秩序を対立からもたらすために、さらに別の集団的行動を、つまり実際的な政治や戦争という豪腕を、要請するのはこの崩壊である。

経済学の研究が哲学や、神学や、物理学から区別され始めたそのときから、研究者がとった観点は、その時代に最重要であるとみなされた利害の性質によって、また対立する利害に対する研究者の姿勢によって、決定された。経済学者たちの間でのこれらの違いこそが、経済思想の「学派」として知られているものである。われわれはここでそれらを要約するが、後の諸章においてより完全にそれらを展開することとなろう。

最初の学派は、十三世紀のスコラ哲学の経済学者たちによるそれであり、またその次には教父たちが、とりわけ聖トマス・アクィナス（一二二五―一二七四）が、その学派の主導者であった。彼らは封建主義および権力者による絶対的な暴力の時代を生きた。しかしながら、そこでは、商人階級が、貴族や教会の支配からの自由を得ようとする試みを始めていた。新たな経済的問題となったのは、買い手と売り手との対立、そして借り手と貸し手との対立であった。聖トマスは、ローマ法体系を受け継いだ市民法と、異教徒への貨幣の貸し付けに関わるヘブライ法の双方を攻撃した。ローマ法によれば、あるものを、その価値以上で売ったり、その価値以下で購入したりすることは合法であった。またローマ法とヘブライ法（後者では異教徒への貸し付けに限られている）の双方に従えば、貨幣を貸して高利をとることは合法であった。聖トマスは、教父による神の法をつくり、それによれば、すべての人間は同胞なので、何かを「価値」以上で売ること、あるいは「価値」以下で買うことは、詐欺の

（150）連邦商業委員会は数千にも及ぶ、これらの結社（アソシエーション）についての名録を発行している。

罪に当たる。また、貨幣利用の対価を請求することは、存在していないものを売るという罪に当たり、それゆえ正義に反する不平等をもたらすという罪に当たる。彼は経済理論の理念として、対立のかわりに、兄弟愛を掲げたのである。

利害対立のこうした解決法は、もし強要、秘密主義、不平等が経済生活から取り除かれたと仮定して、公平で適正なものは何であるのか、という問題を考察するというかたちで、今日でも繰り返し行なわれている。その問題の解決法において生み出されてきたのは、鉄道委員会、商取引（マーケット）委員会、商業調停、労働調停、法廷であり、それらは数限りない多様な形態で存在してきた。聖トマスは適正価値についての自身の観念を労働コストに基礎づけたので、彼の観念は労働価値説の最初のものとなった。

次いで、封建制の衰退にともなって、またかつては蔑まれていた商人階級が政治的権力のなかに台頭するにともなって、重商主義者たちが現われた。重商主義者たちの目的は、君主や議会がどのようにして国益を最大に高めることができるのかを示すことであった。重商主義者たちによれば、保護関税や、輸出報奨金や、合資会社に対する独占的特許状や、航海法規や、植民地および自国の農業家の双方からの搾取を通じて、商人の利益を高めることにより、他の国家を犠牲にして自国に金銀をもたらすような輸出超過が生み出される。重商主義者たちは十七世紀に繁栄し、ついにはジョン・ロックと一六八九年の名誉革命をもたらした。実際、この学派は今日も繁栄を続けているが、この学派の近代的な名前は、民族主義、保護主義、ファシズム、ナチズム、あるいは共和党である。

重商主義に対する最初の異議申し立ては、そのころ「エコノミスト」として知られていた、フランスの重農主義者たちによって行なわれた。この学派の主導者のフランソワ・ケネーは、一七五三年から、重商主義政策はフランスのような農業国に破滅をもたらす、と主張した。なぜなら、重商主義の政策は製造業者、商人、銀行家、および彼らの協同（コーペレーション）を特別に優遇しているが、これらの階級は不生産的であり、自然の力だけが生産的であるからである。さらに、金銀は、富ではなく、富の交換のために循環する媒体にすぎなかった。この富は、政府による介入がなければ、その富が商品交換のために必要とされるどこででも、血液の循環のように、自然に流通するであろう。

血液という生理学的アナロジーから、ケネーと彼の後継者たちは、政府をビジネスに関与させずに自然の流れに任せよ、という自由貿易の教義を引き出した。というのも自然は富にとって役立ち、生産的であるとみなされたからであり、商人や製造業者たちに利益をもたらす人為的希少性は不要であるからである。唯一農業において、生産者の消費以上に自然は生産する。そして、その剰余が非生産的階級の手にわたるのである。この農業を重商主義は冷遇した。重農主義の教義は、今日において、アメリカの農場主の次のような主張において、再現している。自分たちは世界に食糧と衣服を供給しているが、生計を維持できないし、地力も維持できない、なぜなら、「資本家」と呼ばれる、ビジネス階級が政府をコントロールし、農業を冷遇しているからである、と。重農主義はフランスで三十年間にわたって繁栄した。この学派もまた、今日、農業主義、農業経済学、単一課税論、進歩主義、あるいは最近では、民主党の名の下で繁栄している。

次いで現われたのは、古典派の経済学者たちであり、一七七六年からの七十年間にわたる、その主導者は、アダム・スミス、トーマス・マルサス、デイヴィッド・リカード、ジョン・スチュアート・ミルと、多岐にわたっている。

スミスは重農主義者から、自由貿易の教義と、重商主義への反対とを引き継いだが、彼は製造業において世界をリードしている国の一員であった。それゆえ、スミスおよび彼の後継者たちにとって、自由貿易は、原材料や食料の生産を他国にまかせつつ、イギリスの製造業のリーダーシップと海運業の利益を維持するためのものであった。重農学派が重商主義と農業主義との対立を代表していたように、スミスは重商主義と産業主義との対立を代表していた。それゆえスミスは、自然のみが富にとって生産的であるという重農主義教義の部分を受け入れずに、アクィナスやジョン・ロックに回帰した。つまり、スミスによれば、労働こそが生産的であった。農業において自然の恩恵が労働の働きを高めるという点で、スミスは重農主義者に譲歩したが、スミスによれば製造業、商業、海運業における労働もまた富を生み出す。

一方でマルサスは有名な『人口論』（一七九八年）において、人口が自然や労働の生産性よりも急速に増大することを示して、経済科学に根本的なものとして、希少性、情念、愚鈍、苦難を提唱した。これらはのちにダーウィンに引き継がれ、彼の『種の起源』（一八五九年）では、すべての生き物にまで拡大された。

抜け目のない資本家であった、リカードは、一八一七年に、マルサスの希少性理論を引き継ぎ、十八世紀の神と自然の恩恵を自然の貧弱性（ニガードリネス）に置き換えた。それは神学から唯物論への変化であった。つまり自然は人間を支援しない。自然は、農業においてさえ、人間に抵抗するのである。自然に関してこのように変化した観点から、リカードは地主の利害と資本家および労働者の利害との対立について展開した。人口圧力のせいで、労働と資本は外延性のより小さい限界耕作地へと、あるいは内包性のより低い限界生産へと、向かうことを強いられるので、賃金と利潤を最低限にまで引き下げる傾向がつねにある。この賃金と利潤の最低限は、これらの最低の限界地において獲得されうるであろう総額に等しい。そして競争がその国全体で利潤と賃金を均等化するので、その結果、自然の抵抗が小さな、よりましな土地においても、資本と労働は、実際の生産性が最低の土地で得られる以上の収入をまったく得られない。こうしたことから、リカードが地代（レント）と呼ぶ（J・S・ミルが不労増価と名づけた）剰余が残り、それはもっぱら、いかなる労働もビジネス上の冒険心も支出しない地主たちに帰属した。この地代は食糧への保護関税によってイングランドではさらに増大した。結果として、リカードが提供した根拠に基づいて、製造業者たちは、三十年後の議会において、保護関税廃止に反対する領主たちによる抵抗を打ち負かした。この保護関税は食糧価格を維持すべく領主たちが制定していたものであった。

過剰人口を原因とする賃金と利潤の逓減という、リカードとマルサスの悲観主義的理論が刺激となって、社会主義者、共産主義者、無政府主義者、土地国有論者、単一課税論者、サンディカリストたちの学派が生み出された。

無政府主義者であるプルードンとの論争において、一八四六年にカール・マルクスが展開したように、共産主義学派は、リカードの利害対立を保持していたが、リカードのように土地と資本を区別することを拒否した。リカードの分析は、関税に関して、地主に対抗すべく資本家と労働者とを結合した。しかしマルクスは、地主と資本家を、単なる財産所有者と定義することによって、彼らの利害は同一であるとした。地主と資本家による政府の共同管理は、労働者、つまり財産無所有者であるプロレタリアートを搾取するのに用いられた。しかしながら、その是正策は、すべての私的所有権（プライヴェート・オーナーシップ）を没収することから始まる利害の将来における調和であった。この没収によって、すべての資本家はプロレタリアートになる。このことは、レーニンとスターリンによって再び主張され、また彼らに導かれて、一九一七年のロシア革命において思わぬ成功を収めた。共産主義に対する反発はドイツにおいてナチズムとして発展した。

マルクスと共産主義者たちが賃金労働者たちの利害を代弁する一方で、プルードンと無政府主義者たちは大土地所有者に対抗する零細小作農の利害を代弁し、さらに小規模経営者（ビジネスマン）、小規模製造業者（ショップ・マニュファクチャラー）、請負業者、小売業者の利害を語った。これらの業者は、貨幣と信用をコントロールする銀行家と同盟関係にある大卸業者と仲買人に対抗していた。プルードンのいう搾取者とは、商人資本家であり、他方でマルクスのいう搾取者は雇用主資本家であった。プルードンのいう小規模有産者の相互扶助論から、また彼のいう労働力を表象する紙幣から、協同生産、協同販売、信用組合、グリーンバッキズム[f]、ポピュリズム[g]が派生した。それらはすべて中間商人や銀行家を、農民、労働者、ないし小規模経営者の協同的ないし政治的活動に置き換えようとした。

最終的にマルクスの共産主義とプルードンの無政府主義の結合は、二十世紀に入って、サンディカリズムの名のもとで、ソレルによって果たされた。これに対する反発はイタリアのファシズムへと進展した。

リカードの悲観主義からもたらされたもう一つの帰結は、十九世紀後半にジョン・スチュアート・ミルとヘンリー・ジョージが主導した土地国有論であった。ミルは、古典派経済学者のリストに含まれているけれども、彼がリカードの価値論を放棄して、それを価値尺度としての貨幣に置き換えたというとりわけ重大な点において、彼は古典派とは異なっていた。彼は、リカードの地代論を受け入れて、没収を回避するために、あらゆる**将来の**、地代という不労増価の国有を提唱した。ヘンリー・ジョージはより正確にリカードに従って、地代への単一課税を提唱し、資本と労働へのすべての課税の廃止を提唱した。経済理論の力も借りずに、アメリカの人々は、この不労増価の原理を特殊なかたちで利用した。それは、高速道路、道路、用水路の建設費用のために、土地所有者へ特別財産税を課すという法律において用いられた。その課税は、これらの改良が土地の価値を高める場合において、財産税がこの改良コストを超えない限りにおいて行なわれた。

リカードの悲観主義的結論は、一方で、共産主義や無政府主義を導き、そのあとにはサンディカリズム、ファシズム、ナチズムを導くこととなった。しかし、ヨーロッパの一八四八年革命で頂点に達した長きにわたる失業期においては、この悲観主義的結論は、楽観主義者として知られた利害調和学派によって、きっぱりと否定された。十九世紀半ばのこの学派の主導者は、アメリカ人のヘンリー・ケアリーと、フランス人のフレデリック・バスティアであった。ケアリーはアメリカの製造業者の利害に基づき保護関税を奨励したが、バスティアはフランスの財産所有者の利害に基づき自由競争を奨励した。バスティアは、無政府主義者のプルードンとの長きにわたる論争のなかで、自身の理論を形成した。

ケアリーとバスティアによれば、リカードや共産主義者や無政府主義者たちとは反対に、地主と資本家は、労働者と同じぐらい、共同体にサービスを提供していた。このサービスの価値とは、被雇用者ないし労働者が地主に地代を払わない場合に、あるいは資本家に利潤や利子を払わない場合に、彼らが支払いを強要される代替的価格である。労働者は、地代支払が不要な限界耕作地へと向かうよりも優良地に対して地代を払ったほうがましであり、利潤を生み出せない限界的資本家のために働くよりも資本家に利潤と利子を支払ったほうがましであった。楽観主義者たちの理論は、私有財産の正当化のなかで、アメリカの裁判所における価値の諸理論のなかで、および、機会選択理論のなかでなおも生き続けている。しかしながら、それらは、機会の平等と交渉力の平等という、より近代的な原則によって、修正されている。

楽観主義者たちは、古典派経済学者たちによって取るに足らないものとみなされていたけれども、のちにみるように、彼らの理論はアメリカの裁判所の理論である。しかし、経済学者たちは財産権を自明のこととみていたので、それを正当化し、研究する必要がなかった。それゆえ彼らは、自らの理論を、物質としての富、およびその物質の所有権としての富に関する矛盾した定義に基礎づけたのである。実のところケアリーとバスティアは**無形**財産という近代的観念の創作者である。しかし、経済学者たちは、**有体**財産の教義しかもっていなかった。それゆえ彼らは専有的側面を、物質的側面と同等のものであるとみなした。したがって彼らは、その研究を必要とせず、生産、消費、リスク、富の交換の物理的諸条件の研究に専心することによって自らの理論を物質的なモノ

（f）　訳者注：十九世紀アメリカのグリーンバック党が唱えた主義。
（g）　訳者注：十九世紀アメリカの人民党が唱えた主義。

の生産コストにおいた。

そのすぐあとに、マクラウドは、「商品」という言葉の、富およびその所有権という、対極的な二重の意味づけを検討した。彼は、物質をまったく排除して、債務やその他の財産権の譲渡可能性という概念にのみ基づいて政治経済学を構築しようとした。しかし、アングロ・サクソン法の誤謬を使いながら彼が挙げる次のような事例では、経済学者が反感をもつ財産権は取るに足らないものであり、同じものの二重計算を含んでいた。もしある農場が一万ドルと査定され、そのときその農場を抵当にして保証される五千ドルの債務が追加的な「財産」であるとして、一万五千ドルの総価値を生み出すとしても、農場は一万ドルでしかない。それゆえ、伝統的経済学者たちは、財産権を度外視して、物質的なモノおよび労働によるサービスの生産、交換、消費のみを分析することが必要だと考えていたのである。

こうした、財産権の明示的な排除は、一八四八年のヨーロッパの革命以後に現われた新学派つまり心理主義的経済学者たちの方法である。その学派を三十年間にわたって創設したのは、あまり知られていないゴッセン（一八五四）や、よく知られているジェヴォンズ（一八七一）、メンガー（一八七一）、ワルラス（一八七四）であった。その後、ベーム・バヴェルク（一八八四）と、J・B・クラークとフェッターは心理主義的経済学派をごく最近まで率いていた。この心理主義的学派の分析に基づいて、われわれはその学派が制度経済学派の直接的先駆者であることに気づくのである。

十九世紀の間、いわゆる歴史学派（ロッシャー、ヒルデブラント、クニース）がドイツにおいて生まれたが、この学派は他の学派のすべての推論方法を拒絶して、現在重要な方法となっているところの、歴史研究の方法を経済学に導入した。彼らは、生産と交渉の既存の体系を、過去の諸条件の変更によって現在に課せられる進化として説明した。この学派は、古典派や心理主義的学派が公然と排除してきた、慣習、財産、利害対立という概念を科学に導入した。歴史学派から、慣習、制定法、財産権、正義と不正義を経済科学における重要な要素として強調する倫理学派および制度学派（シュモラー、ヴェブレン）が生まれた。

これとまったく正反対の方向にある数理経済学者たちもまた心理主義的学派から生まれた。しかし数学および統計学は諸問題の解決ではなく、研究の道具となった。どのような学派でもこの道具を、数学上の計算のための前提にする仮定に応じて用いることができる。

二十世紀においては、われわれが銀行家資本主義と名づける、資本主義の第三段階が花開いている。われわれは先にマルクスとプルードンの衝突に言及した。つまりプルードンは、巨大な商人資本家や、信用と市場へのアクセスをコントロールする銀行家に対抗して、小規模有産者、職工、小作農を代弁したが、マルクスは、雇用主資本家の工場内での賃金労働者を代弁した。マルクスが扱っているのは、雇用主が資本家になる、資本主義の技術的段階である。それは、輸送機関の発展と商人たちのコントロールによって拡大された市場に適合する大量生産をともなっていた。

われわれは、認可された特許の記録を調べることで、アメリカにおける商人資本主義から雇用主資本主義への移行に要したおおよその期間を正確に定めることができる。それは一八五〇年から一八七〇年にかけての二十年である。これらの二十年の間に特許数は年間千件以下から一万二千件以上へと跳ね上がった。これは鉄道が国民的市場を生み出し、特許事務所が工場システムになった時期である。

第三段階の、銀行家資本主義の先駆けは、諸商品の販売に必要な短期信用をともなった商人資本主義時代における商業銀行業務のなかにある。しかし、商業銀行を傘下においた、二十世紀の銀行シンジケートないし投資銀行家は、諸産業の合併証券類の販売、および取締役会のコントロールを通じて支配的地位を得ている。つまり、法人の証券類を売ることで、彼らはその法人に対して責任をもつものになるのである。彼らは不況期に債務不履行に陥った諸会社を救済し、それらの会社を乗っ取り、次いで景気が好転したときにそれらの会社に融資を行なう。無数のばらばらな投資家たちは、〔株主としての判断に関して〕いまや自ら機械的に、自分たちの貯蓄管理を委託している信託銀行に従うと記載している。一つの会社はほぼ六十万の株主を有している。産業は主として、見えざる銀行家シンジケートによってコントロールされる、見えざる投資家の大群によって、所有されている。国際合併を通じてそのシンジケートは世界の銀行家のシンジケートである。それぞれの国家は**中央銀行**を創設している。直近のアメリカでは、それは連邦準備制度である。諸々の国、地方、産業、労働者は、この公的および準公的なコントロールに従うようになる。二十世紀の経済学は、商人、雇用主、被雇用者に対して、そして国家に対してさえも、世界的規模でコントロールしている銀行家による集団的行動についての制度経済学となるのである。

かくして〔第一次世界大〕戦後の政治経済学は、七百年にわたる経済的対立およびその対立がもたらした経済思想の十二の学派からの継承物である。それはトマス・アクィナスの適正価値に幾分か戻っている。しかし、それはなおも、世界大戦および大戦以前の歴史から表面化した、世界のいたるところで対立しているあらゆる利害と同じくらい複雑なテーマである。一七八九年のフランス革命に続く二十五年間の世界戦争は、経済思想の十九世紀学派をもたらした。次いで、一八四八年革命に先立つ長期不況は無政府主義、共産主義、社会主義、楽観主義という異端派経済学者をもたらした。いまや、ロシア革命、イタリアのファシズム、ドイツのナチズム、銀行家資本主義をともなう新たな世界大戦が、経済科学の土台についてのもう一つの修正に関わる多数の経済学者たちを、世界中でもたらしている。

それゆえ、繁栄と不況という変動および豊かさと貧困という不平等のただ中にいる無数の人々の今日的意見(オピニオン)の分類に適した方法を参考にして、前述の経済学者たちを再分類しても差し支えなかろう。まず自由放任説がある。それによれば、われわれは何もできないし、避けられない。次に搾取説がある。それによれば、万事が抜け目のない行ないであり、見返りに多くを与えずに他者から奪うことである。最後に、プラグマティックな説がある。それによれば、何をなすべきか、何がなされうるのかについて研究し、そのことについてのある理解へ至り、そして次に、適正な実践および適正価値の体制を確立すべく、できうる限り、共に行動しよう、というのである。

さらに、経済学者のこれらの学派を、理論の出発点となっている究極の研究単位という見地から、商品の理論家、心理の理論家、取引の理論家、といったように、分類しても差し支えなかろう。しかし心理の理論家は商品の理論家でもあったのであり、われわれは彼らを伝統的経済学者とも名づける。なぜなら商品についての彼らの観念では、物質的なモノという観念が、そのモノを所有することという矛盾した観念と同じであったからである。所有することという側面を無視すれば、ある商品（例えば一個のパン）は、客観と主観という、二つの見地から考えられるかもしれない。**客観的には**、それは、さもなければコントロールできない自然の力に対して、有益な性質（クオリティー）を付加する、**労働**の生産物である。これらの性質に対してわれわれは、**富**の厳密な意味づけである、使用価値という、リカードとマルクスが用いた名称を与える。しかし、**主観的には**、同じこの商品は、特定の時間と場所において特定の個人の**欲求**（ウォンツ）を充足する手段である。この個人は多すぎたり、少なすぎたりするのではなく、ちょうど十分なだけ欲する。供給と需要との、この個人主義的関係に対してわれわれは希少性価値、ないし**資産**、という名称を与える。なぜならそれは、商品の希少性ないし豊富性を示すからであり、また財産権に等しいものだからである。

しかし、取引の理論家たちにとっての、究極の単位は、将来の物質的なモノの所有権の処分および債務の創造に関わる経済活動である。これをわれわれは取引と名づけ、管理取引、売買交渉取引および割当取引とに区別する。これら三つの取引の型は、われわれの究極的な活動単位であり、すべての経済的関係がそれに還元できるの

118

である。

われわれの分類によれば、経済学者が用いる研究の究極的単位に応じて、次の経済学者の二つの型が区別される。第一の、**商品の**経済学者は、客観的学派と主観的学派からなるが、前者の学派は、研究の究極的単位として商品の有用性（使用価値、客観的なもの）を採用し、後者の学派は商品に依存する感情（逓減的効用、主観的なもの）を採用する。そして第二の、**取引の**経済学者は、さまざまな種類の取引を自分たちの研究単位とするのである。

しかし取引は専有的関係、つまり人と人との関係であるのに対して、所有権がその定義から省略されている場合の商品は、人と自然との関係である。つまり富の生産という物理的関係であったり、欲求の充足という心理主義的な関係であったりする。それゆえ、研究の専有的ないし制度的単位としての取引は、その内部に、経済学者たちによって類別された論点のすべてを包含している。これらの論点をわれわれは、対立、依存、秩序と名づける。

あらゆる経済的取引には利害対立が存在する。なぜなら各々の参加者はできるだけ多くを獲得しようとしたり、できるだけ少なく与えようとしたりするからである。だがいかなる人であっても、他者が管理取引、売買交渉取引、割当取引において行なっていることへの依存なしには、生存しえないし、栄えることもできない。それゆえ、彼らは実用的な同意（ワーキング・アグリーメント）に至らねばならない。またそのような同意がつねに自発的に可能であるわけではないので、争いに決着をつけるための、いくつかの集団的強制の形態がつねに存在してきた。もしこれらの決定が前例として受け入れられ、また次の取引において当然のこととしてそれに倣われるならば、その場合は、決定を行なう権威が介入する必要はない。また、対立が再び原告と被告との間の争いという危機に至らない限り、通常は権威は介入しない。この過程をわれわれは、争いを決着させることによって法を形成するコモン・ロー・方式と名づけ

119

る。その全過程をわれわれは、ゴーイング・コンサーンにおけるワーキング・ルールと名づける。その目的は対立から秩序を生み出すことである。

さらに学派をまたぐ第三の分類が、究極的単位として採用されている取引の種類に応じてなされてもよいであろう。各学派の社会哲学はこの究極的単位に基づいて構築されている。この分類によって、経済学者は、売買交渉学派、管理学派、集団学派に区別される。第一の学派は売買交渉取引をその単位としており、その極端な例は、管理と割当とをまったく拒否する無政府主義である。第二の学派は管理取引と割当取引を究極の単位としており、その極端な事例は共産主義の哲学である。第三の学派は集団的行動の階層性のなかで、割当、管理、売買交渉とを組み合わせている。この学派から生まれた近代的産物が、ギルド社会主義、国家社会主義、ファシズム、ナチズム（国家社会主義）、ならびにサンディカリズム、多元主義、労働組合運動、銀行家資本主義、といったさまざまな種類の（共産主義とは区別される）社会主義である。

これが、経済学者をまたぐ、もう一つの分類をもたらしている。その分類は、経済学者が社会および社会内部での集団的行動を、機構（メカニズム）とみなすのか、機械体（マシニズム）とみなすのか、有機体（オルガニズム）とみなすのか、という見方によっている。

もしそれが機構の理論、あるいはパレートの用語を用いれば[151]、「社会の分子理論」であるなら、その場合理論家たちは、物理学や化学のアナロジーに従うのであり、それによれば社会は、社会というよりもむしろ、単なる個体群にすぎない。そして大海の波や星や惑星のような、自然の盲目的諸力が、原因、結果ないし目的をともなわずに、作用する。これらの学派は自由放任説に向かう傾向がある。

機構のアナロジーとまったく異なっているのは機械（マシーン）のアナロジーである。機械は、人が創案したある**人為的な**

(151) 後述、p. 677「個人から制度へ」をみよ。

機構であるが、機構は、原子、波、渦巻きあるいは自然的であるとわかるすべての「自然的」運動である。しかし機械は「人為的」であり、それは、社会に対するアナロジーとして、機械体の哲学として作用してきた。そして、機械時代のビジネスと政治におけるエンジニアの支配によって前面に現われたのだった。機械として、蒸気船、有線通信、無線通信を考えると、機械は、国全体あるいは世界のゴーイング・プラントとわれわれが名づけるものになっている。それは自ら原動力を発生させる力をもち、力を伝達するバッテリーをもち、全体としての「社会的機械」に適合するような諸物質、労働、産出の編成をもつ。すべてを統治するのは、現代の科学者および科学技術者の技術的能力である。こうしたアナロジーから、経済学における管理学派が形成されており、この学派は、共産主義的、ファシズム的、ないし資本主義的といったさまざまな独裁に向かう傾向にある。あるいは国民経済計画会議や、ごく最近のテクノクラシーや、一般的にいうと、われわれが**工学的経済学**と名づけるものに向かう傾向にある。そのアナロジーは、決して、自由放任説には向かわない。それは反対方向に、すなわち科学と科学的管理によって何でもやろうという方向に向かう傾向にある。

次に、幾分似通ってはいるが、物理学よりもむしろ生物学から引き出されたのは、有機体のアナロジーである。ここでは、「社会的労働力」を通じて作用する「社会的意志」ないし「社会的価値」のような、中央権力によって社会が統治されるが、それはすべて人間意志と類似のものである。その評価と活動は、あらゆる個人と同様に、単一の意志の命令に従う特化した手、耳、目、胃のなかに消失する。この学派はトーマス・フィルマーの古い理論に向かう傾向があり、またさまざまな種類の（ファシズムやナチズムといった）独裁的社会主義に、あるいは銀行家資本主義の至上性にさえ、向かう傾向にある。

しかしこれらは他の科学から引き出されたアナロジーである。われわれはそれらを、すべての研究者たちが自身に固有の科学領域の内部で構築している科学的アナロジーと対比して、演劇的ないし詩的アナロジーと名づける。物理学における機構や機械体に、あるいは生物科学における有機体に類似したものとして、「社会」において現われているものが、イングランドやアメリカにおいてはゴーイング・コンサーンとして知られるものになっている。この用語は商取引の言語や慣習および裁判所の判断から直接引き継がれたものである。われわれは、これらのゴーイング・コンサーンを、他の科学から引き出されたアナロジーではなく、われわれが研究する現実の事柄とする。自らのワーキング・ルールをともなう集団的行動からなる、これらのゴーイング・コンサーンの各々は、究極的な多様性をもって、将来を見すえながら、個人の行動をコントロールする。彼ら〔他の経済学者たち〕は詩を語ったとすれば、われわれは散文を語っているのである。

これらの、機構、有機体、機械、ゴーイング・コンサーンという概念から生まれる、経済学説の学派は再び、原因、結果、ないし目的という観念に従って分類されるであろう。彼らがそれらの観念に対して求めるのは、何が起こっているのかについての説明であり、例えば均衡、過程、諸制度の諸理論である。これらの用語は、排他的に考察されるべきではない。というのもそれらはすべて、それぞれ異なった度合いであらゆる理論にみられるからである。

「均衡」の諸理論、ないしむしろ自然機構についての自動的均衡論や分子論は、擬人化を通じて一つの**目的**を注入する。それはあたかも、大海の波が「自身の水準を求める」ようであり、あるいは「宇宙の調和」が「天空の伴奏」をともなうようである。それらのモデルとなっているのは、『プリンキピア』（一六八七年）における、アイザック・ニュートン卿の「運動法則」である。それらの諸理論は利害調和の理論に向かう傾向にある。それらの諸理論は法律や、法律での利害対立を、経済学には属さない「病的なもの」とみなす。

「過程」の諸理論が注目するのは、きわめて小さなものではあるが**意図せざる**変化ないし**偶発的な**変化からもたらされる**諸変化**と進化である。それらのモデルとなっているのは、『種の起源』（一八五九年）における、チャールズ・ダーウィンの「自然淘汰」である。そこにおいてダーウィンは、形質遺伝、人口過剰、変異性、生存闘争、適者生存、という五重の過程を展開し、その全過程はマルサスの希少性原理から引き出された。

制度の諸理論ないしわれわれの用語を使うと、ゴーイング・コンサーンの諸理論は、均衡論と過程論の双方に基づいている。しかしながら、制度の諸理論が注目するのは、**意図された**変化ないし**目的のある**変化である。また**自動的**均衡ではなく**管理された**均衡に注目する。この目的のあるコントロールはダーウィンによって「人為的淘汰」と名づけられた。それが意味するのは、人間の精神が、個人的ないし集団的行動によって、自分自身がもつ適合性の観念に応じて、進化そのものをコントロールする、ということであった。これらの理論は新しい社会学から生まれたのであり、それを最初にアメリカにおいて述べたのはE・A・ロスの『社会的コントロール』（一九〇一年）という著作である。

121

かくして、われわれは経済思想の諸学派をまたぐ次のような複数の分類を有している。すなわち、第一に、諸学派の、階級対立からの歴史的起源による分類、第二に、自由放任か、搾取か、実行可能性かという、諸学派の社会哲学による分類、第三に、商品か、感情か、取引かといった、諸学派の究極的な研究の単位による分類、第四に、売買交渉か、管理か、割当かといった、諸学派の哲学が基礎においている取引の種類による分類、第五に、機構か、機械体か、有機体か、ゴーイング・コンサーンかといった、あるいは均衡か、過程か、集団的行動かといった諸学派の方法とアナロジーによる分類がある。

経済学の研究のなかで相異なる結論に到達した、対立しあう諸学派や諸学説の迷宮において、われわれは、あまねく受け入れられている諸仮説から出発することもできないし、さらに、われわれの前にある諸問題に対して、そのような諸仮説を実践的に適用せよと演繹的に説き伏せることもできない。むしろわれわれは、類似した迷宮のなかでジョン・ロックがそうしたように、まったくの最初から出発すべきである。ロックは、混乱、不寛容、内戦を導いた、十七世紀の神学的・政治的教条主義の迷宮のただ中にいた。われわれは、どの程度われわれが本当に知ることができるのか、またわれわれが研究と理解のために使えるかもしれない精神的道具とは何かを発見すべく、われわれ自身の精神を検討すべきである。われわれの主題は、協同（コーペレーション）、対立、ゲームのルールによって富を生産し、獲得し、割り当てる際の人間による取引である。これらの活動は最初単なる知覚としてわれわれの前に現われる。そのようなものであるから、われわれは、それらの知覚がわれわれ自身の内面にある諸性向や社会哲学だけによって引き起こされるかどうかを確信できない。われわれが習慣化した諸前提と名づける、これらの諸性向を注意深く検討することによってのみ、われわれは研究と理解に備えて自ら準備をすることができる。そしてわれわれがそれをなしうる最良の方法は、われわれがジョン・ロックについて検討を始めたように、さまざまな経済思想の学派が自分たち自身に固有な社会哲学を自らの理論に注入してきた方法を、あるいは注入していなかった方法を、引き続き検討することである。われわれは、すべての経済学者および哲学者たちについてではなく、われわれが新知見の先駆者と名づける人々について、この検討を続けることとなろう。最終的に、彼ら各人は、対立している、あるいは矛盾した他のすべての説と手を携えて、正当な重要さを与えられねばならない何かに貢献してきた。この正当な重要さこそ、われわれが適正価値と名づけるものである。

第五節　歴史の経済的バックボーン

近代史における集団的行動は、封建制から、一六八九年革命によりイングランドの商人資本主義へと進み、次

(152)　後述、*p.* 697「習慣化した諸前提」をみよ。

図1　アメリカとイングランドにおける卸売物価　1790～1932年（1860年＝100）

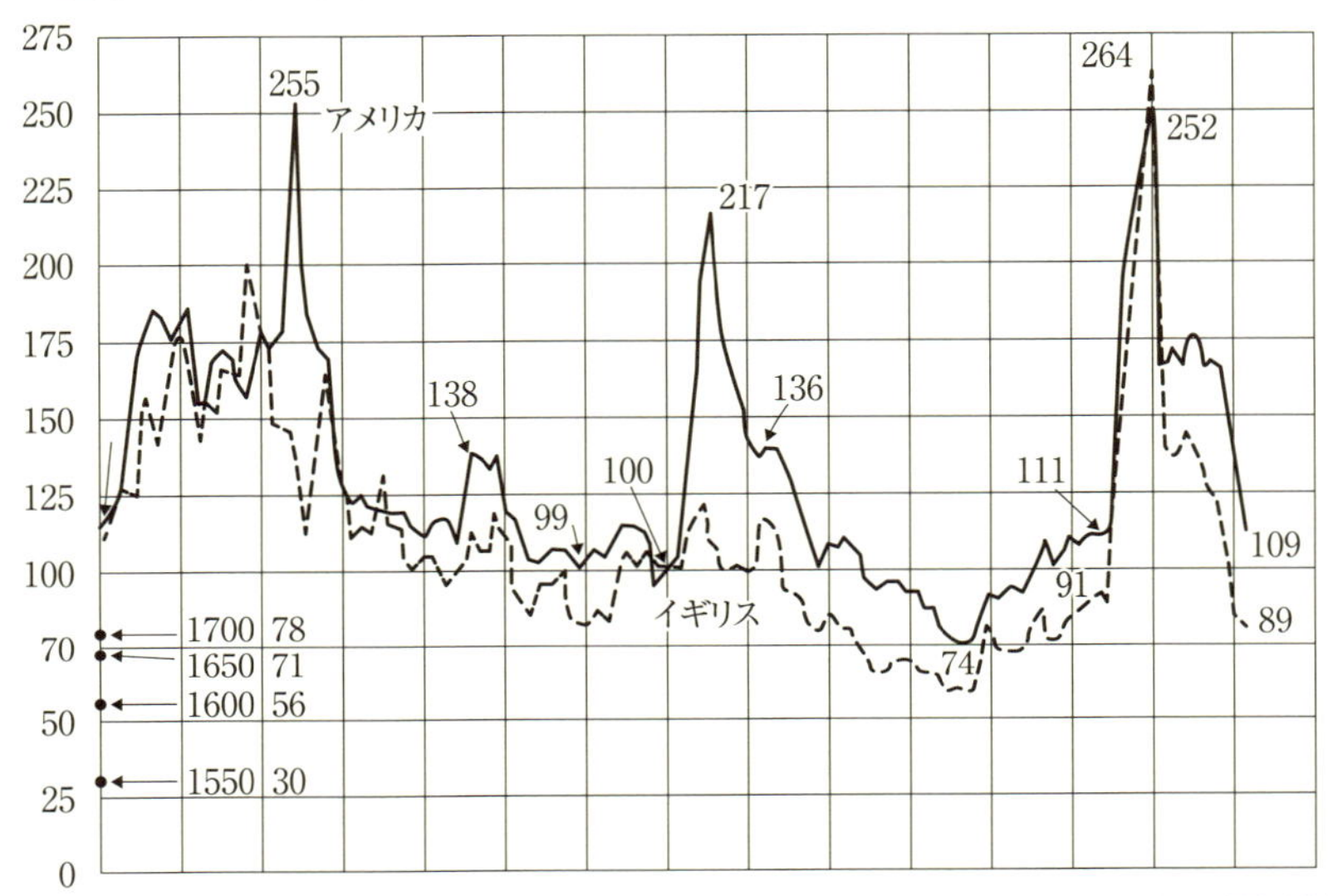

1500年から1790年にかけての卸売物価の相対的変化の算定値は縦軸に50年間隔の年値で表示されている。これらの先行する諸世紀の推計は、アボット・ペイソン・ユーシャーが収集したデータ、*Review of Economic Statistics*, XIII（Aug. 1931）、p.103 の「イングランドの小麦価格と商品物価指標、1259～1930年」に照らして、1860年の値を基準100とするものに変換されている。1792年から1933年にかけての算定は、イングランドについては、S. ジェヴォンズ（1791～1860年）、A. スターベック（1860～1920年）、貿易局（1920～1933年）によってなされている。アメリカの算定はH. V. ロルス（1791～1801年）. *Journal of American Statistics*. Assn., XV（Dec. 1917）、pp. 840-846を、アルヴィン. H. ハンセン（1801～1840年）、*Journal of American Statistics*. Assn., XIV（Dec. 1915）804-812、を、R. P. フォークナー（1840～1891年）, Aldrich Report, Vol. 3 of Senate Reports for 52nd Congress, second session and special session, Appendix A, を参照。また1891年以降の期間については、アメリカ労働統計局、年報284とその後の年報によってなされている。

122

いで十九世紀半ばに雇用主資本主義へと、また二十世紀の銀行家資本主義へと進んだ。この制度的発展は、金属貨幣から紙幣へ、次いで信用貨幣へという、貨幣的発展をともなっていた。債務、租税および売れるものすべての価格は、これらの貨幣タームで形成され、そのことは、必要とあらば、法によって強制された。

卸売物価の変動は多くの要因のうちの一つにすぎないが、歴史的には変動が際立っている（**図1**参照）。生物学的アナロジーによれば、歴史の経済的バックボーンと呼ばれるかもしれ

123

ない。その物価変動の諸理論が「貨幣的なもの」であるのかそれとも「非貨幣的なもの」[153]であるのかは重要ではない。それにもかかわらず、価格という手段によって、すべての個人と階級は貨幣と信用の世界における自らの成功ないし失敗を測定するのである。さらに、卸売物価は管理的（コントロール）な地位を占めている。というのもそれらは生産者に受け入れられた価格であり、その価格から、賃金、利子、利潤、地代の大半が支払われるからである。「社会」はこの「現金の連鎖（キャッシュ・ネクサス）」によって一つに束ねられるか、あるいは現金連鎖の切断によってばらばらに引き裂かれる。

経済学者たちの理論と利害対立は、変化する物価水準の歴史を参照することなしには容易に理解されえない。アメリカの発見と君主による通貨削減以降、エリザベス治世の中頃までの、三倍の物価高騰は、資本主義的農業経営者、商人階級および製造業階級の台頭と大いに関係があった。この台頭は、物価高騰によって彼らの地代、負債、税の負担が大いに引き下げられたことによる。だが、同時期に労働者階級の条件は、農奴制から現金賃金制へ制度的に変化したことによって大いに弱められた[154]。

十七世紀末のジョン・ロックの時代までに、持続的な物価の上昇にともない、衰退に向かっている封建領主階級に対抗する革命を計画するほどに、資本家階級は十分に裕福になったが、フランスにおいては、百年後までこのようなことは生じなかった。一七三二年にはじめてデイヴィッド・ヒュームが、商人資本主義の下で進行した変化の一解釈として、変動のない物価水準と上下動する物価水準との重要な区別を、経済学に導入した。世界的

(153) 後述、*p. 500*「世界支払共同体」をみよ。

(154) Jacob, William, *An Historical Inquiry into the Production and Consumption of the Precious Metals* (1832), p. 261 以下。管見の限りで、制度派の歴史家はJacobによる、資本家階級の台頭に関する貨幣的理由付けをあまり重視しなかった。

規模での物価変動の、新たに認識されたこの要因は、あまりに不穏なものであったので、アダム・スミスに始まる古典派および快楽主義派の経済学者は、物価の変動を単なる「名目価値」として自分たちの理論から葬り去った。そして、それを、彼らにとってはより現実的にみえた、労苦、快楽、労働力に置き換え、それらを「実質価値」の尺度とした。

ロックの理論は十七世紀末に生まれた。物価指数が三倍以上に上昇した二百年間のうちの、一七三二年にヒュームの理論が生まれ、一七五八年にケネーの理論が、一七七六年にスミスとベンサムの理論が生まれた。しかしマルサスとリカードの労働理論が生まれた一八一五年以後の十年間に、物価は真っ逆さまに下落していた。またマルクス、プルードン、バスティアの、そしてアメリカ人のケアリーの異端派諸理論が生まれたのは、一八四〇年代の長期の持続的な物価下落以降のことであった。彼らもまた表面的物価変動以上に根本的な何かを探し求めていた。心理主義的経済学者であるジェヴォンズ、メンガー、ワルラスもまた物価以上に根本的な何かを探して、一八七〇年代に現われたが、そのとき物価下落は再び不穏な要因であった。しかし、物価変動そのものに関心をもった、統計経済学者および制度経済学者たちは、二十世紀まで、とりわけ一九二〇年以降の物価の下落ののちまで、影響力をもたなかった。

こうして十八世紀および十九世紀を通じて、経済学者のさまざまな学派は、自然と人間に関するより根本的な理論に、物価の全般的動きの表面的かつ名目的な変化を組み入れることができなかった。貨幣、信用、全般的物価変動についての諸理論は異なった方向から、つまり、労働、苦痛、快楽とはいっさい関係をもたない統計学および数学から生まれた。そして二十世紀になってはじめて、とりわけ〔第一次〕世界大戦以降はじめて、統計学が理論的土台およびそれ自身の術語学（ターミノロジー）を獲得した。そのことは、もしその科学が完全であるなら、物価、好況と不況、雇用と失業、ゴーイング・コンサーンと破産、楽観主義と悲観主義、富の分配における諸変化といったような、そしてさらに封建制から資本主義の連続的諸段階への制度的な大変化といったような、きわめて重大な社会変化の過程を、測定し、相関させ、予測することを可能にするかもしれない。単なる「名目」価値にかわって、これらの、広汎な全般的物価変動は、それが卸売物価であれ、他の物価であれ、**制度経済学**のまさに実質価値となる。

第3章　ケネー

第一節　自然的秩序

「エコノミスト」としてフランスにおいて、またアダム・スミスに知られていた重農学派の創設者、フランソワ・ケネーは、ジョン・ロック以上に、理性によって導かれる物理学的アナロジーの発案者であった。ロックは労働、自然の豊穣性、および金属貨幣の蓄積に自分の経済学の基礎をおいた。一方、ケネーは労働を除外し、自然の豊穣性と貨幣のフローに自分の経済学の基礎をおいた。スミスはその後、分業に自分の経済学の基礎をおいた。現代経済学は、物理的な商品としての貨幣でも、フローとしての貨幣でもなく、取引の繰り返しとしての貨幣に戻った[1]。他の階級を富ませ、海外で外国人に安く売るために国民のうちの一階級の価格を低くすることによって得られ、絶えず国家に金属貨幣の蓄積ファンドをもたらすという、貿易差額の順調は、重商主義の貨幣的誤謬である。ディヴィッド・ヒュームは一七五二年に、ケネーは続く一七五八年に、貨幣を蓄積に還元するかわ

（1）後述、*p. 510*「貨幣と価値の取引理論」をみよ。

りに、循環へ還元することによって、重商主義の貨幣的誤謬を暴露した。

ロックは、一六九二年に個人から議論を始めたが、ケネーは、一七五八年に商品から始めた。そのとき個人は、商品にとっての一種の舵となり、神、自然、理性および豊富性という同じく恩恵に富んだ道に従って商品を導く。しかし、ケネーは、この定められた幸福を妨げるものに関して、ロックの結論とは異なったものを見出した。ケネーはロックの絶対的君主ではなく、ロックの重商主義を非難した。絶対的であるべき君主は、フィルマーにとってと同じくケネーにとっても自然なものであり神聖なものであった。しかし君主は、神によって人間の理性のなかに埋め込まれた自然的秩序によって自らを導くべきである。農業を犠牲にした商人や製造業者の利益のための関税、補助金、諸団体によって、君主は自らを導くべきではない。

ケネーの『経済表』が一七五八年以降、二十年間にわたってフランスの知的生活に与えた驚くばかりの影響は、一八五九年以降の科学界に対するダーウィンの『種の起源』の影響に匹敵する。大ミラボーは、ケネーの発見を、文明の二大発見である、文字と貨幣の水準にまで持ち上げた。[2] その独創性は、力学（メカニクス）を経済学へ導入した点にある。のちにダーウィンが神の意志を、遺伝、変異、闘争、自然選択および生存という目に見えないメカニズムに置き換えたが、ケネーは絶対的君主を、自然、理性および神という豊穣なメカニズムに従属させた。金属貨幣を蓄積するために、重商主義が価格を恣意的に操作しようとしたのに対し、ケネーは、ある方向での貨幣の自然的フローと、それと逆方向の商品のフローとを、貨幣の蓄積のかわりに用いた。そのうえで、価格を「自然」によって調整されるがままにまかせた。

ケネーは、地主であり、ルイ十五世の宮廷外科医でもあった。彼は、絶対的君主を信じており、彼の理論は、「自然の諸法則」[3]を注視できなかった無能な専制君主に向けて表明された管理に関する教訓であった。ケネーが研究の対象としなければならなかった唯一の科学は、生理学であった。生理学は、ハーヴェイが、血液の循環を論証した一六二八年に創造された。物理学の一分野としての富の生産と循環をまさにいま説明するのが、この血液の循環であった。というのは、動物という有機体の血液に当たるものが、社会という有機体における富である。社会という有機体、すなわち農業王国は、動物という有機体と同様、土から、空気から、太陽そして雨から、食物、織物、木材や鉱物を取り出す。それらをうまく処理し、消化し、そしてそれらを社会体のすべての部分へ循環させる。体の各部分は、維持のために必要なものを取り出し、そして、全体は、絶えず地球から補充される。ケネーの理論は、ベーム・バヴェルクによって果実理論と適切に名づけられた。(4) それは生命力の理論であった。そこでは、富の生産が、生命力の**量**（ボリューム）の増大であり、「循環」は、途中でその多くを消費しながら、そのシステム

（２） Smith, Adam, *Wealth of Nations*, Cannan ed.（1904）, II, 177〔邦訳、水田洋訳［2000］『国富論』岩波文庫、以下、『国富論』と表記〕.

（３） Quesnay, François, *Tableau économique*（1758）〔邦訳、平田清明・井上泰夫訳［2013］『経済表』岩波文庫〕, *Maximes générals du government économiques d'un royaume agricole*（1763）〔「農業王国の経済的統治の一般準則」邦訳、島津亮二・菱山泉訳［1952］『ケネー全集』第三巻、有斐閣、に所収〕. オーグスト・オンケンによるケネー全集版、*Oeuvre économique et philosophique de F. Quenay*（1888）〔邦訳、島津亮二・菱山泉訳［1951-2］『ケネー全集』有斐閣〕を参照、以後、「ケネー」と表記。Daire, E., *Phsiocrates*（1846）も参照せよ。N. J. Ware のフィジオクラートに関する重要な論文、*Amer. Econ. Rev.*, XXI（1931）, pp. 606-619 は、主にケネーの弟子を扱っており、創始者のケネー自身ではない。経済学者は一般的に、チュルゴーをフィジオクラートの代表者とみなすが、彼の理論は重要な点で決定的に異なっている。後述、*p. 487*「チュルゴー」をみよ。

（４） Bohm-Bawerk, E., *Capital and Interest*（tr. 1891）, p.63〔以下、『資本と利子』と表記〕〔ケネー理論のチュルゴーの使用に関する議論〕. チュルゴーは、地質学的プロセスによって鉱山の生産性を説明している。「土地は毎年果実を生み出すが、鉱山は何の果実も生み出さない。鉱山自体は、蓄積された果実である」。Gide and Rist, *Histrory of Economic Doctrine*（tr. of 2d 1913）p.14〔邦訳、古屋美貞訳［1935］『経済思想史』宝文館、以下、ジード＝リストと表記〕, p. 14. ケネーは、農業者ではなく、農業者の**生活の糧**を、循環的資本とみなし、生産的であると考えた。

のさまざまな成員たちにそうしたエネルギーの量を届けるにすぎないので、生産的ではない。商人も製造業者も、生産的ではない。なぜなら、彼らは、商品を完全に消費し、それらのうち何一つ循環に戻さない、あるいは、商人も製造業者も、製品というかたちで、彼らが消費したものと同等のものを戻すにすぎないからである。彼らは、それ以上を生み出すことはできず、それゆえ剰余を生産することができない。

ケネーは、以下のように主張した。生命力だけが、生産的であると。なぜなら、そのエネルギーによって、元と同じ量で何かが**再生産**されるだけでなく、その量が**増大する**からである。この増大が剰余、すなわち**純生産物**である。そして、この増大こそが、生産的であり、同じ量での**再生産**は、非生産的（アンプロダクティブ）である。人間の労働を含め、他の諸力は、異なった形態で、彼らが消費するものと同じ量を再生産するにすぎない。生命力もそうであるが、それは、それ自身のエネルギーで剰余を生産する。他の諸力は、再生産的である。生命力は生産的である。このように、再生産とは、不生産的（ステリリティ）なものであり、生産とは、活力である。それゆえ、土地の耕作者だけが、生産的である。すべての商人、職人、製造業者および知識人は、不生産的（ステリル）である。ただ耕作者だけが**使用価値**を生産するからではなく、ケネーは、耕作者以外も**使用価値**を生産するということを認めてはいたとはいえ、商人などが生産する使用価値は、モノ（シングズ）の**形態**における変化にすぎず、モノの多さ（バルク）の増大ではないからである。そして、多さの増大は、交換価値の増大である。

しかし、土地の耕作者自身は、儀礼的にのみ生産的であることがわかる。彼らは、唯一モノの量を増大させる力をもっている真に生産的な自然の生命力を助けるだけである。実際、耕作者は、不生産的である。なぜなら、彼らはモノの量を増加させないからである。彼らは単に、土地に種を撒き、動物を飼育し、家畜に餌を与えるだけである。自然が、残りのことをする。彼ら自身の食物や生計は、生産的であるが、彼らの**労働**は、生産的ではない。われわれが生命と呼ぶそうした力のみが、人間であろうが自然であろうが、生産的である。なぜなら、ただそれだけが、小麦の一粒を五十粒に増大させ、子牛を牛に、赤ん坊を農場労働者に変えることができるからである。ケネーの有名な農業の「純生産物」を構成するのは、この多さの増大である。

しかし、このケネーの純生産物は、不思議なことに使用価値の生産物ではない。それは交換価値の生産物である。

ここに富と財産との取り違え、モノとそれらの所有権との取り違えが生じる。それは、二世紀にわたって多くの経済理論がしてきたことである。およそ、次のようにいえるかもしれない。ケネーや初期の経済学者がもし、資産や負債の同等性や、負債に対する資産の純価値といった法人金融の制度的科学を知っていたならば、見解の取り違えや対立の多くは避けられただろう、と。われわれにとって富とは、使用価値である。それは、豊富性に応じて**増加する**。財産は、希少性価値の所有権である。それは、豊富性に応じて**減少する**。われわれは、理論化に関する百五十年にわたるこの取り違えを明らかにするだろう。ケネーは、われわれに、どのようにこの取り違えが生じたのかを理解する最初の機会を提供し、富と富の所有権という二つの正反対の概念が一つになる仕組みのいくつかを観察する機会を提供する。

情状酌量の事情として、次のことを記しておかねばならない。ケネーの時代だけではなく、原始の時代から今日までさえも、価値に関して流布している概念は、権力 Power、強さ Strength、勇敢さ Valor、活力 Vigor、重み Weight、影響力 Influence、威力 Force、効力 Validity という概念であった。それゆえ、交換価値という用語は、この意味づけを商業に拡張したものである。交換価値は、交換における力、すなわち購買力であり、他人の商品やサービスを支配する力である。ビジネスマンや一般の人々が、「自分の自動車の価値とは何か、その本当の価値とは何か」というとき、彼は、交換におけるそうした支配する力、とりわけ貨幣を思い浮かべる。商業化された国家のすべての人は、直感的な商人である。こうした常識、すなわち経験的で、直感的な思考を解明したことや、交換における実質的な価値の実体は、貨幣を支配する力ではなく、自身の商品やサービスとの交換において商品とサービスを支配する力であるということを示したことは、実際、ケネーや彼の弟子たち、重農主義的経済学者たちの偉大な貢献であった。実際、経済理論のなかで最も困難で、果てしない貢献である。ケネーより前に、交換価値の**物理的な**説明を提示することができた者は、誰もいなかった。教会や道徳家たちは、貨幣を激しく非難した。両替商や貨幣製造業者に対する偏見があった。そして、有用性、使用価値、厚生あるいはサービスという概念は、貨幣に対する倫理的対照物として主張された。しかし、誰も、物理的な量に換算（イン・タームズ）された、交換価値の隠された本質を見つけるために必要なメカニズムを示すことができなかった。それゆえの、ケネーの『経済表』に対する熱狂があった。

ケネーは、使用価値を、個人が循環から取り出した物理的なモノを使用する個人的使用にすぎないものとして排除した。彼は、交換において、貨幣を支配する力ではなく商品を支配する力としての交換価値に注目した。国民の「富」は、この交換における力を有する物理的なモノの量の増加によって増大する。

こうした力の増大はどこからくるのか。それは、自然の豊穣な力からくる、とケネーはいう。自然の豊穣な力とは、諸物質の量を増大させるものであり、そこから食料、衣服や住居がその後製造される。交換価値の量を増大させるのは、自然の力によるこの諸物質の増大である。こうして、国民の力が増大する。価値は、交換価値と同一である。それは、交換における力であり、誰もが同意する常識である。しかし、この力の源泉は、農業であり、製造業や商業によってではなかった。

この豊穣なエネルギーが、人間のための資源、食料、衣服、住居を生み出すことができるのは、農業を通してのみであるならば、それではなぜ、フランスの農業は、そんなにも停滞していたのだろうか。ケネーの答えはこうであった。価値の慈悲深い増大に交換価値を従わせることを認めなかった重商主義の政策によって、人為的な不足が押し付けられていたからだ、と。農業は、フランスの重商主義的政策によって停滞させられていた。販売に関する特権が、次のような誤った観念のもとで、政府によって商人や製造業者の独占企業やギルドに与えられていた。その誤った観念とは、農産物は、商人や製造業者が、製造品を海外に売り、それと交換に自国に銀をもたらすために、彼らに安く供給されるべきだ、というものである。自然は、国民の暮らしを拡大する恩恵に富んだ力である。自然は、自身の産物を増大させ、耕作者がすることは、ただ自然を自身の暮らしと結び付けることのみであり、彼が自然から取り出したものを回復させることのみである。それゆえ、物質（マテリアル）の多さを拡大させるのではなく、単にその物質を輸送し増大させるだけの商人や製造業者によって、耕作者から取り上げられて、消費されるすべてのものは、まったくの損失である。そのようにして彼らはその物質の種類や形態、場所を変えることによってその物質の使用に付加するとしても、それはまったくの損失である。実際、商人や製造業者もまた、耕作者に役立つ道具、肥料や食物を耕作者に供給する限り、生産的である。しかし、彼らは、彼らが消費するもの、もしくは彼らが他の人々に渡すものという範囲で「不生産的」である。

　耕作者、商人、製造業者すべては、最低限の生活の糧を得なければならなかった。この最低限の生活の糧は、実際、耕作者（農夫）が、ケネーの時代に得ていたすべてであった。しかし、不生産的階級の生活は、土地を回復させるのに何も貢献しないが、耕作者の生活は、それに貢献し、それゆえ生産的である。このように、生産的であるということは、循環する富と固定された富というかたちで農業に戻るということである。循環的富（サーキュレイティングウエルス）（*avance annuelles* 年前払い）とは、種子、肥料、機械の減耗分の補填、および農夫の生活の糧である。固定的富（フィックスドウエルス）とは、次の二つの種類からなり、機械や諸々の改良といった農夫的耕作者の原前払い *avance primitives* と、土地前払い *avance foncières*、すなわち、柵、排水口、建物、改善された肥沃度といった地主の固定的な諸改良である。

実のところ、これらの固定的生産物の所有者たちは、利子を受け取る権利を与えられたが、それは、彼らの固定的諸改良が、全体として、生産的であるからではなかった。純生産物を産み出す固定的諸改良の一部分のみが、減耗や減価や損耗として、区別される部分であったのであり、それゆえ定義により、それらの部分は、循環的富としての、種子、肥料、耕作人たちの生計手段と一緒に分類されるべきものであった。これらの循環的な対象物（オブジェクト）のみが、土壌の耕作に参加するという徳性によって、それら自身の量を上回る純生産物を生産するのであり、さらに、この純生産物からこそ領主や君主は自らの収入を獲得するのである。不生産的階級の人数の増加はまさしくそのことによってその後の初年度の純生産物を減らす。なぜなら不生産的階級の人数の増加は、循環的生産物として土壌へと戻されたかもしれないものを、その循環から取り出すからである[5]。要するに、ケネーの『経済表』は、次のような不平をいうアメリカの農場主の観点に立っている。すなわち仲買人、製造業者、都市の居住者たちは、農場主の生産物からあまりに多くのものを奪うので、彼ら農場主たちは土地の改良や肥沃度を保ち続けることができず、結局は自分たちの農場を放棄して都市に移動しなければならない、と。ケネーは最初の農業経済学者であった。

ケネーの難点は、彼が、商品の交換価値に関係する希少性の概念に等しいものとして、天然資源の保全に関係する、これらの物理的諸概念を用いたことにある。彼は「富」を、富の交換価値に、あるいは交換において商品を支配（コマンド）する力にした。つまりは、富にかわる資産にした。そのために彼は相対的な希少性という考えを排除し、こうして、希少性を測る手段である貨幣を排除するという考え方によって、経済理論を確立した。彼は物理的な物々交換経済に戻ったのであり、そこでは、彼によれば、諸国民の富は、他の財との関係で高い交換価値をもつ財の豊富性である。諸国民の富は、重商主義者たちのいうような、貨幣の高い希少性価値と諸商品の低い希少性価値によるのではない。重農主義者たちは諸商品を求め、これらの諸商品は、ある者が所有する諸商品が豊富さ

131

と高い交換価値とを同時にもつ場合にのみ、大量に獲得されることになる。貨幣は単なる名目的な価値である。それは交換の手段であり、尺度であり、それによってわれわれは、われわれが所有する諸商品が高い交換価値を有しているか否かを語ることができる。留意されるべきは、ケネーが「諸価格」について述べるとき、彼が意味するのは貨幣で測られた交換価値ではなく、他の諸商品で測られた交換価値である、ということである。

そして、貨幣は諸商品の交換価値の尺度である。しかしケネーにとって貨幣尺度と貨幣流通は富を生み出さない。それらは単に、商品で測られた既決の交換価値での諸商品の還流に、順応するにすぎない。かくして彼が主張する富（*richesses*）とは、財の豊富性ではなく、良価（グッド・プライス）（*bon prix*）での財の豊富性である。すなわち、使用価値の豊富性ではなく、交換価値の豊富性である。ルイジアナの野蛮人は、水、森、猟の獲物、大地からもたらされる果実等々といった財（*biens*）の豊富性を有していたが、これらの財は、それらがフランス、イングランド、スペイン等々との交換価値を獲得するまでは、つまりはそれらが流通し、他の諸商品となって戻るまでは、富（*richesses*）にならなかった。(6)

国家が必要とするのは、他国からの他の諸商品を支配する、単位当たりでの高い交換価値をもった大量の諸商品である。国民の純生産物は諸商品の使用価値ではない。それは諸商品の交換価値の豊富性である。重商主義者たちは大量の現金（レディー・マネー）のなかに国家の権力が存在していると信じていたのであり、その権力は、製造物の輸出を促進し、外国貿易を通じて貨幣を入手するために、原材料の低い交換価値を要求した。そのことが意味したのは、

（5）Haney, L. H., *History of Economic Thought* (1911), pp. 175–176〔邦訳、大野信三訳［1923］『経済思想史』而立社、以下、ヘネー『経済思想史』と表記〕.

（6）ケネー、p. 353。〔邦訳、島津亮二・菱山泉訳「自然権」『ケネー全集』第三巻、有斐閣、一九五二年、四一頁〕。

貨幣の高い交換価値であり、農業にとっての低い交換価値であった。しかしケネーがみたのは、国内外の貿易において高い交換価値をもつ大量の原材料のなかに国家の権力が存在しているということであり、それによって純生産物が増大するであろうし、この増大から租税が支払われるだろうということであった。

これらの交換価値が、流通過程にある間において、製造業者や商人たちのために農産物価格を押し下げる、政府による恣意的な制限や諸特権による介入を受けずに、（豊穣な秩序である）「自然的秩序」にますます従うほど、国民の諸農業生産物は、外国貿易、国内交易の双方において、ますます利益を生み、それらの生産物のおかげで農場主はますます地力を回復させることができ、賃金と同様に、すべての階級の人々が依存している農業をますます成功させることができるのである。

しかしフランスの政策はこれとは逆のものであった。商人や製造業者たちは農業生産物を低価格で購入することで自らの権力を強化し、次いで、その結果もたらされる輸出品の低価格によって、金や銀を獲得した。ケネーは、農業生産物を高価格で販売することで国家の権力を高めようとした。商人階級は低価格で農場主から買い付け、高価格で売り付けるが、彼らの利害は農業に従事する国民のそれと対立しており、その農業経営者たちは、農業を拡大するために、それによって、まさしく生産物のフローを拡大するために、高価格で売りたいと思っていたのだった。そして商業の永続的な利得そのものは、生産物のフローの拡大に依存している。[7] 輸出用の安価な原材料を供給するために、王国内部での食料の交換価値を低めるべきではない。なぜならそれは外国との貿易において究極的には不利になるからである。もし交換価値が高ければ、それは収入になる。そしてこうしたことが次のようなケネーの逆説を導く。すなわち「交換価値を持たない豊富性は富ではない。高価格をともなう希少性は貧困である。高価格をともなう豊富性は富裕である[8]」。これは、自然が豊穣であるならば、そして希少性が政府によって強制される人為的な希少性であるならば、逆説ではない。

自然、あるいはむしろ慈悲心の豊穣な秩序である「自然的秩序」は、もしそれがあるがままであれば、高い交換価値（*bon prix*）を生み出すだろう。なぜなら、「自然的秩序」は、各人の利害が、農業を導いているのと同様の、慈悲深い秩序によって導かれることを意味しているからである。これはつまり*自然*がかねてより高い交換価値と豊富性を付与している行動の道筋を各人が選択するということを意味する。

結局、ケネーは苦境に陥った。彼は、国民による貴金属の輸入を増やすように設計された外国貿易収支という、重商主義者の誤謬を取り除いたが、農業諸商品の交換価値を低めることなくそれらの諸商品の供給を増大させるという誤謬に陥っていた。この苦境のせいで、彼は、『経済表』の七年後の、一七六五年に、生産的諸階級と不生産的階級との間の、彼の初期の区別を事実上放棄することとなった(9)。

というのも、明らかに、資源の保全という観点からすれば、農業生産物の**絶対的**豊富性が高まれば高まるほど、国民の富はますます増えるが、ビジネスと販売という観点からすれば、農業生産物の**相対的**豊富性が高まれば高まるほど、それらの生産物の交換価値はますます低くなり、それゆえ国民の富はますます少なくなるからである。だから、一七六五年にケネーがこの苦境に直面したとき、彼は不生産的階級と生産的階級の区別を修正したのである。いまや彼曰く、「不生産的」諸階級は、農業家たちが自分たちに有利な価格（*bon prix*）を受け取る**以上に多くの**生産物を生産しない限り、不生産的ではない。しかし彼らは、農場主たちが交換で受け取る**以上に多く**生産する限りにおいて不生産的である。この事例において超過生産物は「架空の富」（架空の富の増大（オグモンタシオン イリュゾワール デリッシュ））で

（7）同書、pp. 323–324, 344〔島津・菱山訳、二五―二六頁〕。
（8）同書、p. 335〔島津・菱山訳、一〇頁。前掲書、ジード＝リスト、一四頁以下〕。
（9）ケネーの「自然権」、前掲書、p. 359 以下〔島津・菱山訳、五二頁以下〕。

である。換言すれば、諸商品の使用価値としてではなく、それらの交換価値として、富を定義するならば、それは当然、不生産的諸階級が、自ら富を過度に生み出さない場合に富をまさしく生産する、ということである。彼の**「架空の富」**とは資産であって、富ではない。

農夫についても同様であると、ケネーは新たな分析を続けた。もし農夫たちが、自分たちにとって有利な交換価値で購入するために、他の国民に対して、あまりに多すぎる農産物を生産するならば、彼らもまた、富ではなく、「架空の富」を生産していることになる。それゆえ、ケネーは一七六五年に次のように述べた。不生産的階級は、絶対的なものではなく、ただ**相対的に**不生産的なのであり、生産的階級は、各々が他の人々と交換するために生産する相対的な量に依存して、ただ相対的に生産的であるだけである。それぞれの階級が国全体の適正な比率以上に生産しなければ、それらはいずれも生産的である。ケネーは次のことを強調した。「わたしは、国富に比例して、と述べているのである[10]」。

それゆえ、ケネーはまず、自然の豊穣さを通じて、商品の流通全体に物理的量の純剰余を付加する人々として生産的階級を定義した。次に、不生産的階級を、モノを付加しない人々として定義した。ケネーは、われわれが「使用価値」または富と呼ぶ物質的なモノと、われわれが資産と呼ぶ、私有財産権の「希少性価値」との間の違いに直面したとき、自分が本当にいいたかったことは次のことであると気づいた。それは、すべての階級は、自分たちの使用価値の量がその相対的希少性に応じて、お互いに適切に釣り合う限りにおいて生産的である、ということである。適切に釣り合ったならば、使用価値をもつ彼らの商品は現実的な富である。なぜなら、それらは好ましい交換価値をもつからである。しかし、もし、ある商品が過剰に供給されると、それは「架空の富」になる。なぜなら、それは交換価値がほとんどないか、まったくないからである。ケネーは、使用価値を拡大することによる物理的な財または富のフローの拡大という物理的概念を、次のような希少性の概念に移行させた。つま

134

り、希少性価値を安定化させるために、いくつかの諸生産物の豊富性が価格低下をもたらすのを防ぎ、またいくつかの諸生産物の希少性が価格上昇をもたらすのを防ぐことによって、使用価値のさまざまな量を秩序よく最もよく釣り合わせること、という希少性概念へと、ケネーは移行させたのである。彼のいう「架空の富」とは資産である。

しかし、ケネーは不生産的階級に関する彼の最初の定義に固執し、彼の弟子たちもそれをかたくなに信奉したため、一七六五年における彼の議論の修正には、のちの彼の批評家たちはまったく注目しなかった。農業の豊富性という物理的概念を、農業生産物の高い交換価値という概念と和解させようという彼の試みは次のような主張によって成り立つものであった。不生産的階級によって担われる「自然な」部分は、非常に小さいので、政府が不生産的階級を支援することがない宇宙の自然な豊穣な秩序において、この階級は、交換価値にさして影響を与えることがなく、無視してもよいだろう、と。まるで、悪徳が非常に小さいものであれば、あたかもそれは悪徳ではないかのようである！

ケネーによると、仮に重商主義の人為的ないしは集団的な希少性が取り除かれるならば、自然の肥沃さという自然的希少性は、当然のこととして受け取られるかもしれないし、他の諸価値を決定するいかなる機能的な重要性もないものとして無視されるかもしれない。そして、これは以下の事実に由来する。「自然的秩序」によれば、財産を獲得する自由をもっている人は、何としても、農業より製造業に従事することを好む。なぜなら、製造業の苦労は農業の苦労よりも小さく、また都市での生活は田舎での生活より好ましいからである。したがって、諸個人は、もし農業を犠牲にした政府の妨害や特権がなければ、農産物が豊富であったとしても、その交換価値が

(10) 同書、p. 391〔島津・菱山訳、一〇一頁〕。

高くなるような、適切な比率に基づいて、「自然に」自分たち自身を配置するだろう。[11] 一七六五年に、彼は次のように述べることによって、和解を完成させた。彼が不生産的階級によって意味したことは、単に、そのような階級の一部分が奢侈品に囲まれている、ということにすぎない、と。

それでも、物理的概念と希少性概念は矛盾している。一方は富であり、他方は資産である。使用価値の物理的概念は次のような含意をもつ。商品一単位に体化された有価エネルギーの量は、商品の供給量の増加にともなって減少することはない。水は渇きを解消する。千ガロンの水は、水一ガロンが解消することができる渇きの千倍を解消するであろう。これが使用価値である。単位当たりの使用価値は、量の増加にともなって減少することはない。ケネーの考える交換価値もまた同様である。彼にとって、交換価値というのは、人為的な、または政府がもたらす希少性によって阻害されない限り、商品に体化された、あらかじめ定められた物理的な自然力の物理的な循環であった。ただし、交換価値は、他の商品を支配する力をもつ。なぜなら、百万ブッシェルの小麦は、一ブッシェルの小麦の百万倍の交換価値をもつはずだからである。このような極端な事例は論議をばかげたものにするが、ケネーの「自然的秩序」はこのようなばかばかしさを容認しなかった。

ケネーの哲学は、「不生産的階級」という彼の用語によって信用を落とした。その用語は、部分的に自然を労働に置き換えたアダム・スミスによって幾分か修正された。しかしながら、ケネーの「循環」と交換価値の物理的概念は、のちに、アダム・スミスの分業のかわりとして、カール・マルクスによって引き継がれた。循環の体系には、貨幣の循環と商品の循環という二つがある。後者は、自然から生み出された商品を、全体のすべての部分に伝えるというものである。前者は、ある人が他の人々に、過去に譲渡した交換価値を、彼に引き戻すというものである。循環は何も加えることなく、自然によって前もって創り出されたものを他の人々に移転する。この前もって創り出されたものというのは、力という意味での価値であり、豊穣な、しかし隠された、自然の力である。

循環は、もしその自然的過程のなすがままにまかされるならば、自然の豊穣さとして前もって体化された交換価値として現われるであろう。

チュルゴー、アダム・スミス、リカード、マルクスは、ケネーの**年前払い**と**土地前払い**の概念に「資本」という名称を与えた。資本は、商品の循環的財の形態および、固定的財の形態での**貯蓄**であった。それらは、すなわち、売却可能な商品であった。それらの商品の流通および販売可能性は、リカードとマルクスの理論において、135 物理的概念、すなわち交換価値をふたたび生み出した。とはいえそれは、ケネーのいう自然の力ではなく、労働の力という、商品に体化された異なるエネルギーに対応していた。

第二節　道徳的秩序

物理的概念と希少性概念との乖離を認識したケネーは、われわれがすでにみたように、乖離が起きるのを妨げる「自然的秩序」の概念を使って、乖離を橋渡しした。ケネーによれば、地主と領主の所得を正当化するのは、この自然的秩序のもう一つの側面である。アダム・スミスは、ケネーの自然的秩序のこの側面をまるごと引き継いだが、地主と領主の正当化ではなく、資本家の正当化に使った。というのは、ケネーが議論したように、剰余を生産するのが、彼らの固定資本（土地前貸し *avances foncières*）[12] 全体ではなく、その「循環する」一部分にすぎず、すなわち耕作者の生活の糧をも含む、その固定資本の減耗や減価や損耗に等しい部分にすぎない場合、はた

(11) 同書、pp. 391-392〔島津・菱山訳、一〇〇―一〇三頁〕。

(12) 後述、*p*. 267「平均」をみよ。

して、地主と領主が自身の固定資本の利子を受け取ったり、純生産物のすべてを受け取ったりすることは正当化できるだろうか。現在の耕作者や不生産的階級と同様に、地主と領主は、彼らが投入したもの、すなわち、先に定義したような自身の循環する商品と等しい部分を受け取る資格はある。しかし、固定資本の一部分が使用されずに地主と領主の手中にとどまり、拡大のために自然へと引き渡されず、また再生産のために循環に投じられないとした場合、なぜ、彼らは、利子や純生産物を受け取る資格があるのだろうか。また、純生産物は耕作者の活動が生み出したものであり、地主の土地所有が生み出したものではないのだから、なぜ、耕作者は純生産物のすべてを受け取り、地主を排除してはいけないのだろうか。実際、小農が土地を奪い取ったフランス革命では、耕作者はそのようにした。

ケネーは「自然的秩序」と「自然権」によって、耕作者と不生産的階級を正当化した。耕作者と不生産的階級は、自身の生存に必要な生活の糧を地主と領主から得る。彼らが投入したものに等しいものを得ること、それは物理学のあらゆる法則と同じく自然である。[13]

しかし自然的秩序のもう一つの側面がある。それは「道徳的秩序(モラル・オーダー)」である。それは物理的秩序と同様に、本性的に、人間を結び付ける。地主と領主が、地代、利子、税といった純生産物を受け取ることを正当化するのはまさしくこれである。

しかし、この道徳的秩序は、一七五八年のフランスの地主と領主の支配的慣習にほかならない。重農主義的な国の見方は、領主から得た特権を享受する大土地所有者の見方である。大土地所有者は領主のように荘園裁判所をもち、それによって大土地所有者は、臣下に対する主権者となった。ケネーは主権を私的所有権から区別しなかった。彼の頭のなかにあったのは、主権でもあった封土、荘園裁判所、武装した役人が存在する一七五八年のフランスとドイツである。所有権者は主権者であり、彼の権力を行使する役人を通じて活動した。[14] 彼の臣下の十分の九は、農業労働者や小農であった。その他は、農業労働者から転じた、羊毛、皮、豚肉を扱う小さな店の職人、あるいは、召使、および地主によって提供される諸製品を扱う、文字通りの「手工」業者であった。彼らは共和国（コモン・ウェルス）の市民ではなかった。主権をもつ所有権者は、彼らが生産するゆえに、分け前を得たのではなく、ケネーが精通する道徳的秩序における彼らの地位のゆえに、分け前を得た。彼らは貴族階級であり、単に高貴の生まれというだけで、彼らは道徳的権利によって至高とされた。道徳的権利なしには、何もなしえない。というのは彼らの先祖は、土地を新たに切り開き、この先祖自らが、耕作者と不生産的階級に安全と生活の糧を提供していたのである。

ケネーが望んでいたことは、地主と領主は追放されるべきであるということでもなく、立憲的、所有権的な制限によって制約されるべきであるということでもなかった。彼が望んでいたことは、地主と領主は、彼らの主権の行使において、彼らの無知な命令を富の生産や循環に対して課すのではなく、「自然的秩序」に従うべきであるということだけである。彼らはその地位を道徳的秩序から得ていたが、自然的秩序に従っていなかったのである。

ジョン・ロックの自然のように、自然は知的であり、慈悲深く、豊穣である。したがって、ケネーによれば、物理的法則は、「明らかに**人類にとって最も有利な**自然的秩序から生じたすべての物理的事象に関する規則的運行」である。そして道徳的法則は、同様の慈悲深い起源をもち、「明らかに**人類にとって最も有利な**物理的秩序

(13)　奢侈階級とは区別される不生産的階級の所得に関するケネーの正当化については、ケネー、前掲書、pp. 390–391 を参照〔島津・菱山訳、九九―一〇二頁〕。
(14)　ジード＝リスト、前掲書、p. 19。

に適合した道徳的秩序から生じるすべての人間行動のルール」である。これらの自然法から自然権が生じる。ケネーによれば自然権は「ものごとを自身の幸福に適合させるために、人が持っている権利」である。そして正義は、自然権を決定する自然法のルールであり、「理性の光によって認識される自然的、主権的ルールであり、それは自分に属するものと他人に属するものとを**明確に**決定する」[15]。

*道徳的*秩序を含む*自然的*秩序のこのような定義によって、ケネーは、自然法、自然権および自然的正義に関する諸哲学者の対立する概念を調和させることができた。というのは、彼の自然権概念はフレキシブルなものであり、あらゆる時や場所の環境に適合した。しかし、それゆえ、彼の概念は「自然権」を自然的不合理に引き下げるものでもあった。こうして、明らかに矛盾する諸哲学者の自然権概念は、それらが**明らかに**正しい時や環境に**応じて**、すべて正しい。もし動物に関して**であれば**、自然権は自然が動物に対して啓示したものであるという考えをもっていたユスティニアヌス一世は正しい。もし、孤立した人に関して**であれば**、孤立状態では個人の自然権は、彼自身の力と知識で得るすべてのものである。もし無政府状態**であれば**、ホッブズの「万人に対する万人」の無制限の権利でさえ、正しい。もし、すべての人をコントロールする主権的権威をもつ国家について語るの**であれば**、自然権は一般的で主権的な権利であるという人は正しい。同様に、もし、そのような合意が慣習的である**とすれば**自然権は絶対的ではなく、暗黙的あるいは明示的合意によって制限されると主張する人は正しい。また、自然権について何の知識ももっていない人々について語るの**であれば**、自然権を完全に否定する人は正しい。知識は「光」であり、それなしでは理性はみることができない。自然的秩序は、フランスのような国では、理性と知識をもつ者にとってのみ存在する。

したがって、ケネーと*重農主義者たち*にとって、領主が制定する基本的な実定法は、「理性にとっての光」である自然的秩序の諸法則の公的、私的な使用説明書である。最大の罪は、人々を無知のままにすることである。

というのは、自然法の知識こそが、地主とブルボン王朝の権威、財産、豊富性および安全の維持に向けて、理性を導くからである。

要するに、自然法、自然権および自然的秩序に関するケネーのとらえ方は、主権の命令とは異なる、時と場所に応じた慣習、というものである。慣習が自然であり、主権は重商主義である。しかし、ケネーにとって、慣習は、適合性の啓蒙的意味、教養のある常識、および明確な直感になった。これらは、慣習的であれば、ものごとを自然にみえるようにするし、国家が介入すれば、不自然にみえるようにする。慣習とは、利害の調和であり、労働と諸資源とを調和的に釣り合いをとることである。この調和的に釣り合いをとることとは、自然の豊穣性という事実に基づくものであり、それは、もし主権によって妨害されなければ、諸個人を、自然が最も豊穣な方向に導くだろう。そして、自然自身が自然の豊穣性を釣り合わせている状態を超えて、諸個人が循環から搾り取る方向には諸個人を導かない。つまり、諸個人がこの自然的秩序に従うならば、自然が豊穣な場所での、ある生産物の過少生産を犠牲にして、自然が貧弱な場所での、他の生産物の過剰生産を政府が推奨するようなことはない。要するに、自然的秩序は、ケネーが考えたような、良い経済であり、人為的秩序は重商主義者やルイ十五世が支持した悪い経済である。

ケネーによれば、これらの自然法は、このように理性の光によって認識されると、豊富性を作り出すのに必要な二つの性質、つまり知性と慈悲深さをもつ。というのは、自然法は人間の幸福のために、知的存在によって制定されるからである。したがって、それは「不変、不滅、かつ可能な最良の法である」[16]。ケネーが、対照的なも

(15) ケネー、「自然権」、p. 359〔訳者注：p. 375が正しい〕, p. 365。強調は引用者による〔島津・菱山訳、七七、六二頁〕。

(16) 同書、p. 375〔島津・菱山訳、七七頁〕。

のとして念頭においていたのは、ヨーロッパの裁量的支配者の実定法つまり人為的な法である。これらの実定法は、希少性を作り出し、他方、自然は豊富性を作り出す点で、自然法と異なる。この違いは次のような環境に起因する。実定法は、誤り、腐敗、強制、気まぐれをともない、したがって自然法を侵害する可能性がある。他方、自然法は不変で、知的で、慈悲深く、豊穣である。その結果、一七五八年のルイ裁判所でのケネーのように知的で慈悲深い地主が理解したように、自然的秩序と道徳的秩序のこれらの自然法は実定法にとっての秘訣（マジック・フォーミュラ）となるべきものである。

ロックは、自然法を、国王や地主に対峙する製造業者や商人を正当化するものとみたのに対し、ケネーはこのように、製造業者や商人に対峙する国王や地主を正当化するものとみた。両者とも、自然法を、神、自然、理性および豊富性と同一視した。両者の違いは、重視する受益者にある。

ケネーが、自然的秩序や道徳的秩序によって地主の地代を正当化する一方で、税は地主の地代に課すべきであり、その他の税は廃止すべきであるという実践的結論に達したのはパラドックスにみえる。その説明は二つある。

彼の課税する「純生産物」には地主による肥沃度の**維持**や肥沃度の**改良**は含まれていない。これらは地主の「前払い」であり、もし地主がもとの肥沃度を復元すると期待されるならば、これらに課税してはならない。課税すべきなのは、**もとの**肥沃度から生じた純生産物だけである。[17]

もう一つの説明とは、彼が念頭においていたのは、農業地代と、また主に、売上税、輸入税、道路税だけであったという説明である。当時のフランスの税は、外国からの輸入に対する税だけでなく、農場から都市への国内移動にも税（*octrois*）が課されたし、道路上の強制的労働（*corvées*）もあった。これらの税は、商品の流通を妨げたし、小農を抑圧した。これらの税は農業生産コストを高め、農産物の売上から得られる純収入を低下させた。これらの税を廃止することで、農業地代は大いに増えるだろうし、この地代増加は、税収増加にも利用できる。ケネーが提案したのは、しばしば現実に起きたことであるが、地主や独占的製造業者や商人のギルドは、その特権の行使を自発的に控えるべきであるということである。なぜなら、国全体の生産性の増加は、彼らの利益にもなると期待できるからである。のちに、チュルゴーが、一つの県で、商業のこれらの障害物を取り除くことにより、ケネーの理論の正しさを示し、その県に豊かさの増加をもたらした。しかし、国という規模で、チュルゴーが同様の改革を試みたとき、貴族は彼を官邸から追放することができた（一七七六年）。なぜなら、貴族は彼ら自身の自然的秩序の考えをもっていたからである。[18] チュルゴーの重農主義的改革はフランス革命を防止できたかもしれないとよくいわれるが、貴族のような受益者は、先を読めないのである。革命は貴族の不動産を農民に分け与え、製造業者や商人のギルドを廃止した。

ケネーの四十年後、マルサスは自然の豊富性を自然の希少性に置き換えた。ケネーの六十年後、リカードは、自然の諸資源の自然的希少性を克服する労働の力に、価値の理念を基礎づけた。ケネーの九十年後、カール・マルクスは、ケネーの循環と、リカードの労働と自然的希少性とを引き継ぎ、地主、領主および資本家を除去した。ケネーの百二十年後、ヘンリー・ジョージは、彼の土地単一税の提案を展開するために、ケネーの自然権、自然の豊穣性、およびリカードの地代を引き継いだ。また、ケネーの十八年後に、アダム・スミスは、ケネーの自然の生産性を部分的に否定し、ジョン・ロックの労働論に回帰した。しかし、スミスとケネーに先立って、二人に知られずに、ディヴィット・ヒュームは、経済学の基礎としてだけではなく、所有権の源泉としても、豊富性を希少性で置き換えた。

（17）　後述、*p. 348*「リカード」、*p. 805*「課税の権限 police power」をみよ。

（18）　後述、*p. 487*「チュルゴー」をみよ。

第4章　ヒュームとパース

第一節　希少性

ロックとケネーが豊富性の原理に基づいて法、経済、そして倫理を関連づけたとき、デイビッド・ヒュームは*希少性*の原理に基づきそれらを関連づけた。アダム・スミスはヒュームについて、「現代において最も傑出した哲学者であり歴史家」であると語っている。けれどもスミスはヒュームの思想的基盤を拒絶し、ヒュームが拒絶したロックの思想へと回帰した。ヒュームは一七三九年に次のように語っている。

> 対象とされたあらゆる状況のなかで、人間のおかれている状態を逆にしてみよ。すなわち極端にものが豊富にあるか、逆に極端に困窮していることにしてみよ。人間の胸中に完全な……人間性と富に対する欲望、あるいは敵意を植え付けてみよ。そうすれば正義は完全に**無用なもの**へと変じ、諸君はそれによって完全に正義の真髄を破壊して、人類にあるそうした義務を執行停止にするであろう。……自然の開かれた、惜しみない手のうちからわれわれが享受するものなどほんのわずかである。けれども芸術や労働、産業によってわれ

われは、そのわずかな享楽を巨大な豊富性のなかで引き出すのである。したがって所有権の観念はあらゆる市民社会に必要不可欠となろう。そのことから正義の公共におけるその有用性が演繹される。そしてこのことからのみ、正義の美点と正義の道徳的責務は生じるのである。(1)

141

「功利(ユティリティ)」という用語によってヒュームは、公的功利性(パブリック・ユティリティ)、すなわち現代における「社会的功利性」、あるいは公共の福祉や社会的善と同義のことを意味している。のちにベンサムは［それに］私的な功利性(プライヴェト・ユティリティ)、あるいは個人の快楽や苦痛という意味づけを与えた。(2) ヒュームの公的功利性は、利己的動機にそれを優先させることによって個人に作用する。ベンサムの私的功利性は利己心であり、彼によって公的功利性と同一とされた。

もしもヒュームにとって公的あるいは社会的功利性が正義の唯一の起源であり、その価値の唯一の基盤であるとするならば、のちのベンサムが個人の快楽と苦痛のみが作用するとみなした正義は、いかなる仕方で、また誰のために、個人に作用するだろうか。これに対するヒュームの回答は希少性、および人々の品性の度合いである。

ヒューム曰く、「想像してみよ」。

事象にいっさいの不確実性がなく、いかなる気遣いや努力もわれわれに課されず、諸個人は彼の最もあくなき食欲や華麗な想像力が欲し、希求するあらゆるものが与えられた状態の下、自己を見出す。自然がそのようなすべての**外的な**便宜の**豊富性**を人類に与えるならば……次のことは明白であろう。このような幸福な状態のもとでは、正義以外のことごとくの社会的美徳が栄え、十倍増加することとなろう。だが注意深く、用心深い正義という徳が、一度も夢想されることはなかろう。すべての人がすでに十分以上の物をもっているところで、いかなる目的によって財の分配が行なわれるだろうか。なぜ所有権が、いかなるその権利の侵害もないところで生み出されるのか。他者によってそれが奪い取られても、私が手を伸ばして等価のものを所有できるという場合にどうして、この対象は**私のもの**であるというだろうか。こうした場合に正義は、完全に無用であるのだから、退屈な儀式となり、決して美徳の目録におかれることはなかろう。こうした豊富性の状態とは、「**黄金時代**という**詩的な**創作」であり、そして「**自然状態**という**哲学的な**創作」なのであった。(3)

それゆえ正義と私有財産は**相対的希少性**から生じる。しかし共産主義は、**全体的希少性**から生じる、と彼は続ける。

最大限の倹約あるいは勤勉も多くの人を死から救うことができず、すべての人を極度の貧困から救うことができない、このようなすべての人に共通の欠乏状態へと陥った社会について考察しよう。私が容易に信じ認めうることは、このような差し迫った緊急事態では、厳格な正義の諸法は執行停止され、より強力な必要性と自己保存の動機に取って代わられるということである。船が沈没したあとに、かつての所有制限を考慮せず、安全を確保するために手に入れることができるあらゆる手段や道具をつかみ取ったからといって、それは犯罪だろうか。……当該の徳〔正義〕の用途およびその特質は、社会秩序を維持することによって、幸

(1)　T・H・グリーン／T・H・グロース編〔出版一八七五年、再版一八九八年〕『デイウィッド・ヒューム哲学著作集』第４巻、p. 183 からの引用。引用頁は一八九八年再版のもの。
(2)　*p. 218*「ベンサム対ブラックストン」で後述。
(3)　ヒューム、前掲書、第４巻、pp. 179, 180, 184。

福と安全をもたらすことである。しかし社会が極度の困窮によって崩壊寸前にあるのなら、暴力と不正義以上の悪が恐れられるということはあるまい。……公共とは、緊急性がより少ない困窮であっても、所有者の同意なしに穀倉を開くということなのだ。……飢饉時のパンの平等な分配が、権力や、さらに暴力による結果だとしても、犯罪や有害であるとみなされるであろうか。(4)

142

ヒュームは次いで、スパルタとローマの土地利用法から歴史的な事例を示すが、個人生産物の所有、同意による譲渡、契約の施行、相続、といった彼の時代の英国人の所有慣習は、一般に公共にとってより有益であり、それゆえ共同所有または平等所有よりも公正であると結論づけている。

しかしながら議論は、ロックの**豊富性**が存在する状態での**自然の諸法**と**神聖な理性**から、ヒュームの**希少性**の状態の下での必要性と便宜へと転換される。

ヒューム曰く、「自然法の著者たちを吟味してみよ」、

> そうすれば諸君は、どのような原理を持ち出そうとも、彼らが結局最後には必ず、自分たちが定めるあらゆる規則の究極の根拠を人類の便宜と必要性に割り当てて終わることを見出すであろう。このように無理に引き出された譲歩は、彼らの理論諸体系に反するものであるのだが、それが実行された場合よりも、より多くの権威をもつのである。(5)

同様に人間の品性の極端さは、公的功利性と正義を変化と相対性の問題にする。

……考えてみよ、人類が必要とするものはいまも同じであり続けるにもかかわらず、精神が拡大し友愛と寛大さが満ち満ちているために、あらゆる人があらゆる人への究極の愛情をもち、彼の仲間以上には自分の利益に関心をもたない、という事態を。確実なのはこの場合、正義の用途が拡大した慈愛によって中断されることもなく、また所有や義務の分割や境界について想像されることもないであろうことである。……なぜわたしの精神がわれわれの諸利害の間にいかなる分断も作り出さないときに、わたしの隣人の牧草地とわたしの牧草地の間に目印を立てるのであろうか。……全人類は一つの家族を構成し、そこでは所有権を考慮することなく、すべてが共有で自由に利用されるだろう[6]。

ヒュームは名誉、寛大さ、勇敢さ、良心的であること、誠実さといった、のちにアダム・スミスが同感という名の下に包括したさまざまな徳について言及し、人格と希少性という二つの原理の上に彼の倫理学と経済学を基礎づけた。これらの原理に基づいてヒュームは、「諸道徳の利己的な体系を維持した[7]」ロックとホッブズ同様、アダム・スミス、ベンサム、および百年の間利己心によって彼らの経済学を基礎づけた経済学者たちから引き継いだ、経済学および倫理学理論の誤りを証明しようと試みたのであった。

ヒュームいわく「われわれは次の事例を発見した」。

(4)　同書、第4巻、p. 182。
(5)　同書、第4巻、p. 189。
(6)　同書、第4巻、pp. 180, 181。
(7)　同書、第4巻、p. 267。

すなわち、私的な利害が公的な利害と隔てられ、これが正反対であったという事例である。なおかつ、われわれは、諸利害のこのような分離にもかかわらず、道徳感情が継続していることを観察した。そしてこれらの分離した諸利害がうまく一致するかどうかにかかわらず、われわれは、感情の顕著な高まり、美徳に対する温かい感情、不道徳に対する嫌悪をつねに発見してきた。……これらの事実によってわれわれは、あらゆる道徳感情を自己愛の原理によって説明する理論を放棄しなければならない。われわれは、より公的な感情を採用しなければならず、また社会の諸利害が、それら自体の利益のためでさえも、われわれにまったく無関心であることを許容しなければならない。有用性は、ある目的へ向かう傾向にすぎない。そしてそれは、目的自体がわれわれに決して影響を与えないところでは、あらゆるものが目的の手段であることを満たす点において矛盾している。もし有用性〔公的ないし社会的功利性〕が、それゆえ、道徳感情の源泉であるならば、そしてもしこの有用性が必ずしも自己との関係を考慮するとは限らないならば、当然、社会的幸福に寄与するすべてのことが直接われわれの同意と善意に託されるということになる。[8]

のちにアダム・スミスはこのことを否定した。しかし、もしわれわれが現代の労働組合の「倫理」、ならびに産業、商業、銀行のビジネス「倫理」に慣れ親しんでいるならば、われわれは当然のごとく、これはまさにヒュームのいう機会の希少性であることを発見するであろう。なぜならそれらはその帰結として諸利害の対立をともない、対立の外部において、誠実、公正な取引、公正な競争、経済的力の適正な行使、機会の均等、互いに干渉しないこと、営業権（グッド・ウィル）、適正価値などのすべての経済的美徳を生じさせるからである。これらは自己の直接的な利害よりも、制限された機会を他者と共有することを優先させ、取引とゴーイング・コンサーンの平和的な運営を可能にする。ヒュームが述べるように、希少性は、自己利益と自己犠牲の両方として機能するのであり、ヒュームの希少性に基づく経済学は、経済学、倫理学、法学の結合を可能にする。その一方で、アダム・スミスやジョン・ロックの豊富性と聖なる恩寵の仮定に従う自己利益の経済学は、倫理学と法学から経済学を引き離す。これに基づいてわれわれは、需要と供給の「法則」、もしくは自己利益の「法則」ではなく、経済学と法学にとっての一般原則として、希少性を提示する。

ヒュームは再び、自身の極端な仮定を反転させる。

> さらに以下のように仮定しよう。高潔な人の運命が無法な社会へと陥ってしまうほかないとしよう。……彼は……剣を握り、盾をもつ者には誰であれ、あらゆる手段をもって防衛と安全に備え、自身が武装するほかないであろう。そして正義という彼の特定の関心について、いまやそれが彼自身の安全にも、他者への安全にも使用できないとなれば、もはや彼の配慮と注意に値しない人々を気遣うことなく、彼はただ自己保存の命ずるところのみを考慮せねばなるまい[9]。

そしてヒュームはこれらの極端なケースを離れて、歴史的社会の実際の複雑さに議論を進める。「社会における共通の状況は」、ヒューム曰く、「これらすべての極端なものの真ん中にある中間物である」。これらの極端なものは、極端な事例として作用することはない。これらは特徴と状況に応じて、極端な複雑性と極端な可変性とともに作用するのである。公的功利性と正義における歴史的相違を発見するために、ヒュームによれば、われわ

(8) 同書、第4巻、p. 207。
(9) 同書、第4巻、pp. 182–183。

れは「法規、慣習、先例、アナロジーの非常に多くの異なった状況[10]」に注目しなければならない。「これらのいくつかは不変かつ不動のものであり、またいくつかは変わりやすく偶然のものである[11]」。

別の観点からみれば、これらはすべて反復、可変性、将来性というヒュームの三つの観念に還元されうる。彼はこれらを慣習の名によって説明する。

第二節　習慣から慣習へ

ヒュームは、あらゆる観念が知的な模像と合理的な内省として存在するとみなすかわりに、それらを単なる主観的な感覚（フィーリング）に還元した点でロックとは異なる。バークレー司教がこの見方の下地をつくった。ヒュームは彼の考えを、「最も偉大かつ価値のある発見の一つ」とみなし、のちにそれを採用した[12]。

バークレーは、ロックの理論における「観念」の二重の意味を指摘した。すなわち、**感覚と感じられたもの**（フェルト・ボディ）である。そして彼は、感覚は単なる知覚（センセーション）であり、宇宙における秩序、一貫性、単一性の諸関係をもたらさないことを示した。ロックの「事物（シング）の観念」は、「観念」でしかなく、そして観念は感覚にすぎない。しかし、バークレーにとって観念とは、諸々の感覚の間の秩序ある、一貫した諸関係の感覚でなければならない。それゆえバークレーにとって、感じられたものの実在は完全に消え失せ、秩序ある、一貫した、慈悲深いものとしてわれわれが直感し、われわれと世界を導く神の実在だけが残るのである。

しかしヒュームは議論を進め、精神自体はロックのそれでも自らの感覚を認知するバークレーの「魂」でもなく、自らを認知することができない感覚の連続自体にすぎない、とする[13]。「精神は実体ではなく」、諸々の観念をもつ連続する器である。精神は、観念の連続を抽象的に名づけたものにすぎない。「知覚、記憶、感覚が**まさに**

145

精神である。思考過程の背後にある観察可能な「魂」などない[14]」。それゆえヒュームは、世界は感覚の連続にすぎず、知性としての精神はこれらの感覚の間の実際の結び付きを決して知覚することはできないとする、究極的な懐疑論へと至ったのである。

ヒュームは実際に、観念を「模像」として議論を続けるが、ここでの模像は、ロックのいう外的対象の模写そのものではない。それらは、より鮮明な感覚を再現するおぼろげな感覚である。「同一の対象の二つの観念は、それらの異なる感覚によってのみ、相違することができる[15]」。「われわれの観念は、印象から写し取られたもの」であり、「これらは力と活気の程度の相違においてのみ、互いに異なるのである[16]」。

それゆえヒュームによれば、あらゆる印象と知覚は、それが外的であれ、内的であれ、その体積や動きや堅さがどうであれ、色や味、におい、音、温度がどうであれ、そこから生起する苦痛と快楽がいかなるものであれ、もともとの足場を同じくする。つまり、それらはすべて印象である。それらの印象は内的なものであり、薄らい

---

(10) 同書、第4巻、p. 183。
(11) 同書、第4巻、p. 191、ヒュームのいう「功利性」は、「公益事業（パブリック・ユーティリティー・コーポレーション）」といった、現代のより限定的な用語法と混同されるべきではない。
(12) 同書、第1巻、p. 325。
(13) 同書、第1巻、p. 326。グリーンの「バークレーとヒューム」（第1巻、p. 149以下）の要約についても参照。
(14) W・デュラン『哲学物語』（一九二六年）、p. 281。
(15) ヒューム、前掲同書、第1巻、p. 560（付録）。
(16) 同書、第1巻、p. 396。この付録のp. 560において、彼はこの言明を「だけである」という語を取り除くという修正を行なった。それにもかかわらず、彼は、観念についての諸々の差異としてのみ、感覚についての諸々の差異を認識し続けた。

でゆく存在である。それゆえわれわれは、それらの印象を、外的な実体に関連づけられるものとしても、自己同一性を保ち続ける内的な魂に関連づけられるものとしても、理解することはないのである。魂それ自体は、これらの印象を感じることを観察しえないのである。魂は、薄らいでゆく感覚の連続それ自体にすぎない。

それゆえ、哲学的にみて、ヒュームは、徹底的な懐疑主義に到達したのである。しかし、実際的にみて、ヒュームの懐疑主義の徹底は、それほどでもない。ヒュームの説明は、活動と慣習である。[17] われわれは、活動することによって経験を得る。そして経験は、類似性、隣接性、因果関係をもつ諸々の観念の連合である。因果関係は、最も広範囲に及び、運動と力の二つの関係に現われる。運動はある物体によってもう一方の物体のうちに生み出されるが、力はそのような運動を生み出す能力である。運動は実在的なものであり、力は潜在するものである。それゆえ原因と結果、実在性と潜在性は、

> 人々がそれによって社会において互いに影響しあい、支配と服従の絆で結ばれるところの、すべての利害と義務の関係の源である。「主人」とは、強制または同意から生じるその立場によって、われわれが下僕と呼ぶ他者の行為を、特定の点で指図する力をもつ者である。「裁判官」とは、係争中のすべての事件において、何らかの物の占有または所有を社会のどの成員に許すかを、自分の意見によって決定することができる者である。人が何らかの力をもつとき、それを行使するのに必要なのは、意志の実行のみである。[18]

それゆえ、意志（ウィル）は活動である。力（パワー）は、意志の行為によって動きうる能力である。しかしヒュームはロックの物理科学の類推を再び用い、選択の分析に失敗する。[19]

これらと同様の経験は観念としては慣れ親しんではいるが、もとの経験のあとに残るか繰り返される、あまり

鮮明ではない感覚である。したがってこれらは、われわれが記憶と想像によって理解する印象の「反復」である。観念とは外部から来る印象の内的な反復であり、新たな種類の印象、つまり反復の印象を生み出すことができるが、それらもまた欲望、嫌悪、希望、恐怖といった未来に向けられた感覚である。

意見と信念というヒュームの概念を構成するのは、これら反復の感覚であり、われわれはこれに、意味づけという語を当てることとする。信念は、現前する知覚からは生じえないが、現前する知覚がなければまた生じえない。感覚は、ヒュームが習慣ないしは慣習と名づけた反復とは不可分である。[20]

……現前する印象は、それ自身の適度の力と効力によってはこの〔信念を生み出す〕効果をもたず、単一の知覚として単独で考察される限りでは、現在の瞬間に限定されている。しかし最初の出現においてはそこから何の結論も引き出すことができない印象が、それに引き続いてつねに生じるものを経験したときに、信念の基礎となりうることをわたしは見出す。われわれはいかなる場合でも、過去の事例において同じ印象を観察していたのでなければならず、その印象にある他の印象が恒常的に随伴していることを見出していたのでなければならない……現前する印象に随伴し、過去の多数の印象およびそれらとの結合によって生み出される信念は……理性または想像力の新たな働きなしに直ちに生じる。わたしはこれらのことを確信しているが、

(17) ヒュームは習慣と慣習を同一視していた。われわれはそれらを区別する。
(18) ヒューム、前掲同書、第1巻、pp. 320–321。
(19) 後述、*p. 301*、「選択と機会」をみよ。
(20) Boucke, O. F.『経済学批判』(一九二二年)、pp. 151–152を参照のこと。

なぜならわたしはそのような働きをまったく意識しないからであり、そのような働きの基礎となりうるようなものを、主題のうちにまったく見出さないからである。ところでわれわれは、過去の反復から何の新たな推論もなしに生じるすべてのものを「慣習」と呼ぶのであるから、[21]現前する印象にともなって生じるすべての信念は、ただこの起源からのみ生じるということを、確実な真理として確立することができる。われわれが二つの印象が互いに随伴しているのを見慣れている場合には、一方の印象の出現あるいはその観念は、われわれを直ちに他方の観念へと導くのである。[22]

次いで彼は、自身の実験を反転させ、次のことを見出した。もしも観念が現前する印象なしに存在するならば、相関する観念への習慣的な移行はもとのままであるが、実際にはいかなる信念も信条も存在しない。現前する印象はそれゆえ、この〔信念を生み出す〕働き全体に、絶対的に必要である。そして印象を観念と比較し、それらの唯一の相違が力と生気の度合いの相違にすぎないことを見出し、これらすべてに基づいて、わたしは次のように結論する。すなわち信念とは、ある観念の現前する印象に対する関係から生じる、より生気のある強い思念である。[23]

それゆえ意見ないし信念は、「現前する印象に関係するか結び付いている、生き生きとした観念」である。[24]これは、われわれがいうところの、印象の意味である。

それゆえヒュームは、「自然法」の観念を、ロックとケネーの過去に下された神聖な命令、および自然の調和した法の観念から転換しただけではなく、原因と結果の必然的な結び付きの観念とあらゆる種類の「議論」からも転換した。ヒュームは、自然法を単なる期待にしたのである。期待は「まったくの習慣から生じている。習慣によって、われわれは、見慣れているのと同じ対象の連鎖を未来にも期待するよう、決定づけられているのである。過去を未来に投影しようとするこの習慣すなわち決定は、完全無欠である。したがってこの種の推論における想像力の最初の衝動も」期待という「同じ性質を付与されている」。もし過去の諸々の実験に矛盾があるならば、この「最初の衝動は……ここで分割され」、「それらが起こるときは、過去と同じ比で混在しているであろう」とわれわれは判断する。ここでの結果は、蓋然性の度合いの小ささではあるが、どんな場合であれ、「**未来が過去に類似する**という想定は……まったくの習慣から生じている[25]」。

「それゆえすべての蓋然的推論は、一種の知覚にほかならない。われわれが自分の好みや感情に従うほかないのは、単に詩や音楽においてばかりでなく、哲学においても同様なのである。わたしがある原理について納得するとき、それはわたしをより強く打つ観念であることにほかならない。わたしがある一連の議論を他のもの以上に良いとするとき、わたしは、自身の精神に対する議論の影響の優劣についての自身の感覚から、そう決めているにすぎない。対象自身は互いに、発見できるいかなる結合ももたない。われわれが一つの対

(21) もしくは習慣。
(22) ヒューム、前掲同書、第1巻、pp. 402–403。
(23) 同書、第1巻、p. 403。
(24) 同書、第1巻、p. 396。
(25) 同書、第1巻、pp. 431, 432。

象の出現から他の対象の存在を推理できるのは、想像力に働きかける慣習という原理のみによるのである」。このバイアスは無意識的なものである。「原因と結果についてのわれわれのすべての判断の基礎である過去の経験は、まったく気づかれないほど目立たない仕方で精神に働きかけることができ、ある意味ではわれわれにまったく知られないことがありうる(26)」。

ときおり、ヒュームが認めるところでは、内省は慣習をともなわずに信念を生み出すようにみえる。われわれは、「ある特定の原因の知識を、ただ一度の実験によって獲得する」ことさえできる。そして精神は、原因もしくは結果に関する「推論を引き出す」。しかしこの見た目の困難さは、「**類似の対象は類似の状況におかれると、つねに類似の結果を生み出す**」という原理を確信させる何百万もの実験をわれわれが有していることを顧慮するならば、解消されるであろう。それゆえわれわれの経験は、明示的、直接的、暗示的、間接的であれ、われわれが経験したことのない事例に投影されるのである(27)。

それゆえヒュームを解釈すると、それ〔経験〕は、生活、科学、哲学のいずれにかかわらず、われわれの関心事において、ロックが主張したようにわれわれの知性ではなく、「現在の印象と関係するかあるいはそれと結び付いた生き生きとした」過去に感じたことの繰り返しである。それゆえ〔経験は〕知的な知識ではなく個人的な偏見であり、外部の印象に由来する個人の意味づけである。

同じことが、ヒュームの道徳の観念に適用される。マルブランシュ、カドワース、クラークが純粋な知的構築物として道徳的関係を打ち立てた一方で、ヒュームはそのような知的関係は数学的関係のような単なる同語反復の主張であり、感知されえないと断言した。次いで彼は、われわれがすでにみてきたように、彼の倫理学を社会的功利性と希少性の感覚においた(28)。

ヒュームの編集者であり、ヘーゲル主義者のT・H・グリーンは、一八七五年の著作のなかで、この自然法における逆転と、普遍的知性に基礎づけられた彼らの旧来の道徳から、個人の感覚と期待に基礎づけられたヒュームの道徳への逆転に抵抗している。

> 自然の秩序を期待の強さに還元し、科学の実際的な手続きにおいて信念と実在に与えられる位置を完全に逆転させる教義は、科学的者たちによって、表面上は彼ら自身の教義として採用されてはこなかった。……このことは、もしその教義がそのまま据え置かれるか、かたくなに主張されてきたならば、説明できなかったであろう。……期待は「内省の印象」であり、原因と結果の関係がただの期待にすぎないならば、感覚に還元することに最も強く抵抗すると思われたが、それにもかかわらず還元されてきた。……そのような諸期待から構成される期待において、自然の斉一性の概念が帰納科学において実際に役立つということは何の意味ももたないであろう。われわれが見出すことができるのはただ自然の斉一性のみであるという信念における、「自然への疑問」によって、われわれは、それ〔自然〕が自発的に提供したものではない法の告白をそれ〔自然〕から奪い取るのである。現象間の斉一的関係は印象でも観念でもなく、思考のためにのみ存在しうる。[29]

---

(26) 同書、第1巻、pp. 403–404。
(27) 同書、第1巻、p. 405。
(28) 同書、第4巻、p. 190。
(29) 同書、第1巻、pp. 275, 276–277, 286。

この引用から、グリーンは以下のように結論づける。「もし原因と結果の関係が単なる慣習であるならば、それによる知識の拡張は依然として説明されない。慣れ親しんだ感覚が反復されることの期待と帰納科学との溝は埋まらないままである。「自然科学は不可能である」というロックの「疑念」は乗り越えられるかわりに、体系へと練り上げられる[30]」。

デュランはグリーンと同様に、抵抗を表明した。

……ヒュームは、魂の概念を消し去ることによって、正統派の宗教を破壊することで満足しなかった。彼は、法則の概念を分解することによって、科学を破壊することをも目論んだ。科学と哲学は同様に、ブルーノとガリレオ以降、原因から結果へ連続する「必然性」という多くの自然法を作り上げてきた。スピノザはこの立派な概念に基づいて壮大な形而上学を建立した。しかし、観察せよ、とヒュームは述べた。われわれは、諸々の原因と法則とを決して知覚することはできない。われわれは出来事と連続性を知覚し、そこから因果関係と必然性を**推論する**。法則は、諸々の出来事を支配する永続的で必然的な命令ではなく、精神において要約されたものであり、われわれの万華鏡のような経験を縮約した表現にすぎない。これまでに観察された連続性が、将来の経験において変わらず再び出現するという保証はない。「法則」は、出来事の連続性において観察される**慣習**である。しかし慣習には、いかなる「必然性」も存在しないのである。

ただ数学的公式だけが必然性をもつ。公式は、本質的かつ不変的に真である。これはこのような公式が同義反復であり、術語がすでに主語に含まれているからである。「3×3＝9」は永続的かつ必然的に真であるが、それは「3×3と9」が一つであり、異なる仕方で表現された同じものであるという理由による[31]。

しかしながら現代科学は、まさにヒュームが習慣と慣習の名で解き明かしたものである。ヒュームは、精神の二つの概念を区別していた。グリーンとロックによって採用された受動的な概念と、探求と行為のために精神自体の道具を構築するという精神の能動的な概念である。探求と行為には、法、原因、結果、必然性などの精神の道具が含まれる。もしも精神が受動的ならば、精神はその「薄れゆく知覚」の間にあるいかなる関係をも知覚することはない。しかし精神が能動的ならば、薄れゆく感覚の部分と全体の間にある関係を推量することによって、精神は活発に創造し、感じ、行動する。ヒュームの懐疑論が打ち破ったものは、受動的精神の概念であった。彼が予告したものは、能動的精神の概念である。

第三節　プラグマティズム

一八七八年に、能動的精神の概念を創設することによってヒュームの懐疑主義を解決した、C・S・パースこそ、アメリカ・プラグマティズムの創始者であった。連邦政府の測量部に勤務していた物理科学者であるパースは、ヒュームが実際的な事柄を考察する際に回避していた*習慣と慣習*を深く探求した。パースは実際、知性や知覚にかえて、*習慣と慣習*をすべての科学の基礎に据えた。彼は自らの体系に*プラグマティズム*の名を与えたが、この言葉によって彼が意味したのは単なる科学的探求の**方法**であった。このようにして彼は、ヒュームの心理学における受動的精神という根本的懐疑主義と、ヒュームの批判者たちの予定された「自然秩序」の両者を回避し

(30)　同書、第1巻、p. 285。
(31)　デュラン、前掲同書、p. 281。

た。われわれがパースに従い、本書で経済学に適用しようとしている探求方法の名称として、プラグマティズムという用語を受け入れようとしているのは、まさしく物理科学者である彼が、あらゆる科学的研究の心理学を明確に説いているからである。

　われわれは、ヒュームからパースに至る[32]、ドゥガルド・スチュワートやウィリアム・ホジソンといった、プラグマティズムの哲学的先駆者たちをも含めた、百四十年を忘れているわけではない。われわれは自分たちの目的にとってパースの方法がより有益であることを見出しているにすぎない。またわれわれは、ウィリアム・ジェームズ、ジョン・デューイ、シラーといった後継者たちを含む、パース以降の五十年を忘れているわけでもなければ、ケーラーやコフカのゲシュタルト心理学を忘れているわけでもない[33]。のちにパースは、ジェームズとシラーが、彼の用語である「プラグマティズム」から作り上げた使用法に対して異議を申し立て、自らのプラグマティズムは知識についての理論と真実のテストであり、彼らのそれは生命、価値、ないし欲求の哲学である、と述べた。ジェームズはある思考が真実であるか否かのテストを考案したが、それは単にそのテストが期待された諸結果をもたらすか否かだけでなく、個々人の幸福のような**望ましい**諸結果や、デューイのいう**望ましい社会的**諸帰結をもたらすか否かに関するテストでもあった、とパースは述べた[34]。

　それゆえ、われわれはあえてプラグマティズムを、以下のような二つの意味に区分して使用する。まず、純粋に科学的な探求の方法というパースの意味づけであり、それは彼によって物理科学から引き出され、われわれ経済的取引とコンサーンにもまた適用可能なものである。次いで、これらの諸取引に参加する当事者たち自身が仮定しているさまざまな社会哲学という意味づけである。かくしてわれわれは、後者の意味づけにおいてはデューイの社会的プラグマティズムに密接に寄り従うが、他方でわれわれの探求方法においては、パースのプラグマティズムに従う。一方は科学的プラグマティズム、すなわち探求（インヴィスティゲーション）の方法であり、他方は人間のプラグマティズム、すなわち経済科学の主題である。

パースは諸々の知覚の間の**関係**を明確に区別し、感覚自体に組み込むことによって自身の科学的プラグマティズムを開始したが、その知覚は感覚として説明できなかったためにヒュームが拒絶したものである[35]。パースは、意識的な感覚の二種類の要素に言及し、その方法を解説した。「曲には個々別々の音があり、またそこには旋律がある」。ヒュームの印象と観念は「音」であり、個々別々の時点において分離した感覚である。だが「旋律」は、時間の流れを通じた感覚の連続体であるために、分離してはいないのである。

「一つの音は」、パース曰く、

> 一時間でも一日でも引き延ばされるかもしれないし、そのときの一秒一秒にも、また統合されたすべての音のなかにも、完全に実在する。それゆえ、音が聴こえている間には、未来と同様過去にも絶対に存在しなかったすべてのものが、ある知覚に感受されているのかもしれない。しかし全体の部分にすぎない一部が演奏される間に、その演奏が一定の時間を占める旋律においては、事情は異なる。旋律は、異なる時点におい

（32）とりわけ、Voegelin, Erich, *Über die Form des amerikanischen Geistes*（1928）, p. 19 以下をみよ。

（33）James, William, *Pragmatism*（1906）, *Essays in Radical Empiricism*（1912）；Dewey, John, とりわけ、*The Quest for Certainty : a Study of the Relation of Knowledge and Action*（1929）；Schiller, F. C. S., *Humanism*（1903）；Köhler と Koffka については、前述の *p. 97* をみよ。

（34）パースの論考については、*The Monist*, XV（1905）, pp. 161–182, 481–499；XVI（1906）, pp. 147–151, 492–546 をみよ。

（35）*Popular Science Monthly*（1877–1878）, XII, pp. 1–15, 286–302, 604–615, 705–718；XIII, pp. 203–217, 407–482 に彼が発表した、六つの論文のうちの一つである、Piece, Charles, S., "How to make Our Ideas Clear" をみよ。それは *Chance, Love, and Logic*（1923）に再版されている。引用は再版されたものによる。

て聴覚に訴える、音の連続である秩序から構成されている。そして旋律を知覚するためには、時間の経過という事象をわれわれに現前させる、意識の何らかの連続性が存在しなければならない。われわれはたしかに、個々別々の音を聴くことで旋律を知覚する。しかしわれわれは、旋律を直接聴いているとはいえない。なぜならわれわれはその瞬間に存在しているものだけを聴くことができるのであり、連続する秩序は、ある瞬間には存在しえないからである。われわれが**直接的に**意識するものと、**間接的に**意識するものとからなる、これら二つの種類の対象は、すべての意識にみられるものである。いくつかの要素（知覚）は、それらが継続する限り、あらゆる瞬間において完全に存在する。他方（思考のような）そのほかの要素は、始まり、中間、終わりを有する諸活動であり、精神を通じて流れる知覚の連続性の調和のなかに存在する。これらの要素はわれわれにとって直接的には存在しえないが、過去ないし未来のいくつかの部分を包含しなければならない。思考とは、われわれの知覚の連続性によって流れるメロディーをつなぎ合わせるものである。(36)

それゆえパースにとって、思考自体は純粋に知的な抽象ではなかったし、またバークレーやヒュームにとってのように連続した知覚でもなく、われわれが「意味づけ」と呼ぶものであった。思考は知覚の反復によって機能する、記憶や期待を通じた感覚の含意であった。パース曰く、思考は「その唯一の主題、観念、機能が生み出されうる」点で、音楽のような他の諸関係の体系とは異なっており、知的な知識ではなく、「信念」の感覚である。信念は四つの属性を有している。

……それはわれわれがよく知っている何物かであり……疑念から生じる苛立ちを鎮める。……それはわれわれの行動ルールの本質における秩序、あるいは略していえば、**習慣**に関連している。……思考することの**最**

終的な結末は意志（ヴォリション）を行使することである。……信念の本質は習慣の確立である……思考の全機能は行動の習慣を生み出すことにあり、また……ある思考と結び付いて存在するものはどのようなものでも、その目的とはまったく無関係ではあり、思考への付着物ではあるが、思考の一部ではまったくない。……それゆえ、その意味づけを展開するためには、われわれは、思考がどのような習慣と関連するかを、単に確認しなければならない。というのも、ある事物が何を意味するかとは単に、思考がどのような習慣をともなうのかということだからである。……ある習慣が何であるかは、その習慣が**いつ**、**いかにして**われわれを活動させるかに依存する。**いつ**に関していうならば、活動に対するあらゆる刺激は知覚から引き出される。それに対して**いかにして**に関していうならば、あらゆる活動の目的は何らかの知覚可能な結果を生み出すことにある。したがってわれわれは、可視的で実践的なものに帰着する。

このような理由からパースは、信念にプラグマティズムの名前を与えている。

それがいかに名状し難いものであったとしても、すべての現実的な思考の区別を行なうための道具として……あらゆることに関するわれわれの観念は、その知覚可能な結果に関するわれわれの観念**である**。[37]

そして彼は、われわれの観念における科学的明晰性を獲得するためのルールをもって、その議論を締めくくっ

（36）同書、pp. 39-40。
（37）同書、pp. 41, 43, 44, 45。

ている。「考えられるところでは実践的な意義をもつであろう諸効果とは何かを考察するならば、われわれは自らもつべき概念化の対象について考えているのである。そしてこれら諸効果の概念化は、対象の概念化のすべてである」[a]。別言すれば、プラグマティズムとは将来性にほかならない。

しかしながら、ここでの暫定的な結末は、相異なる人々の相異なる感覚によって異なる、ヒュームの個人主義的な偏見に限定されている。パースは偏見のない科学的信念を獲得するために、さらに議論を進める。これは実在の問題であり、われわれが何をもって習慣と慣習の違いを区別しているのかということである。

というのも、究極の根本的実在という形而上学的な問題についてのパースの解決方法は、個々人の偏見ではなく、社会的な意見の一致となっているからである。実在は、その特徴がこうであると誰かが考えるかもしれないことから独立している。「研究するすべての人々が同意することが究極的に運命づけられている意見は、われわれが真理という語で意味していることにほかならないのであり[38]、この意見に表われている対象こそが実在である。これこそわたしが実在性を説明してきたやり方である[39]」。

このようにして、形而上学の意味づけは変更されている。それはもはや、ロック、バークレー、ヒュームにとってそうであったような、究極的実在についての個々人の知的理解の問題ではない。それは研究能力のある人々が、世界の事象に関する予測において合意する期待の問題であり、彼らが合意し続ける限り、彼らが未来に向けて一様に行動することへの信頼を感じるようなものである。これは単なるヒュームの偏った信念ではなく、科学的信念であり、意味づけに関する偏りなき意味づけである。ヒュームが「疑いや探求の余地を超えた」何かを得るために、彼が見たり覚えたりすることのできた自らの個人的経験に立ち戻られねばならなかった一方で[40]、パースは実験によって見、覚え、確証したすべての人々による社会的確証のみを要求するが、これは疑いや探求の余地をまったくなくしてしまうためである。これは偏見と科学、そして習慣と慣習の間に、われわれが設ける

153

べき相違である。偏見とは個々人の意見である。科学とは意見の一致である。習慣とは個々人による反復である。慣習とは、同じように感じ活動する人々の集団的意見によって諸個人に課される、ある種の社会的強制である。

　このようにしてパースはヒュームの諸々の欠陥を明らかにしている。それらは第一に、ヒュームの精神についての概念であり、ロックと同様に、ある時点にのみ存在する、外部からの印象の単なる受動的な入れ物としてとらえている[41]。これに対してパースの観念は、能動的なそれであり、印象の継続的な組織者であり再編者である。第二に、〔パースの〕印象はヒュームの数学上の時点よりも長く実在する。なぜなら印象は記憶という過去の印象を保持し、進行中の現在において繰り返し現われ変化し、つねに現在となりつつある直近の未来における感覚を予測しているからである。ヒュームにとって時間とは、連続する数学上の時間の点であり、それぞれの時点は継続していない。パースにとって時間とは、過去、現在、未来それ自身を含む、ある時間の**瞬間**である。それゆえヒュームは知覚主義者であったが、パースはプラグマティストであった。

　パースの精神の概念は能動的な印象の組織者のそれであったために、ヒュームの「印象」それ自体はいまや、類似性、近接性、連続性によってのみ関連づけられる個々別々の印象として精神にやってくるかわりに、すべて

（a）訳者注：この一文がいわゆる「プラグマティズムの格率」と呼ばれるものである。

（38）パースは、科学者として、究極的な真理を語らなかった。彼がいわんとしたのは、さらなる真理にともなって変化する、現存する知識の状態であった。

（39）パース、前掲同書、p. 57。

（40）ヒューム、前掲同書、第1巻、p. 348。

（41）Durant, W., 前掲同書、p. 259。

の活動と過去と未来に関連する部分の外的関係において把握される。精神は印象を待っているのではなく、継続的に探し続けているのであり、諸部分に分解し、新しい感覚へと再編しているのである。これらの新しい感覚はヒュームにおける受動的印象ではなく、未来の活動へと向かう、パースの能動的信念である。われわれの取引とゴーイング・コンサーンの心理学となるのは、この全体に対する部分の関係であり、未来の期待に対する過去の経験の関係である。

154

またパースのおかげでわれわれは、ヒュームの懐疑主義が、彼の個人主義と彼の時代の偉大な哲学者たちの孤立した、科学研究者の協同と批判の助けを借りずに行なわれた思索から引き出されたことを知ることができる。ヒュームの懐疑主義は、事物の形而上学的な究極の実在を発見するための道具としての単なる個人的知性への疑念であり、これはロックや彼自身に先立ったたいていの哲学者たちが依拠してきたものであった。それゆえ、彼は、感覚と社会の双方から抽象された何かとしての知性を拒否した。彼による知性の意味づけは諸々の感覚の間の隔たりを欠いており、したがってそこには何も存在していない。ヒュームはこの懐疑主義をまったく包み隠そうとしなかった。

> わたしは何よりも寄る辺ない孤独をもって恐れおののき狼狽しており、そのようななかでわたしは自身の哲学に身を寄せている。……わたしが踏み出すすべての歩みにはためらいがあり、いかなる新しい省察も、わたしが自身の推論において誤っており不合理であることを恐れさせる……。わたしは、すべての確立された意見をそのままにしておいて、真実に従っていると確信できるだろうか?……存在しているのは二つの原理であるが、わたしはそれを首尾一貫したものたらしめることができないし、それらのうちのどちらかを捨て去る力もない。すなわちすべてのわれわれの**まぎれもない知覚はまぎれもない存在であり、精神はまぎれも**

155

ない諸存在の間のいかなる現実のつながりをも決して知覚しないのだ……まったく幸運なことに起こりうるのは、理性がこれらの曇りを消し去ることができないがゆえに、自然そのものでその目的に十分事足りる、ということである……わたしは晩餐を食べ、バックギャモンのゲームに興じ、友人と会話を楽しみ、陽気に過ごす……[42]。

こうしてヒュームは自らがプラグマティストとなっているとき、自らの懐疑主義を忘れているのである。

グリーンによるヒューム批判はある面で正しく、他の面では正しくない。ヒュームの個人的経験という観念は、偏見であって科学ではない、個々人のてんでばらばらの経験でしかないがゆえに、それは科学の土台では決してありえないという結論においてまさしく正しい。しかし、科学は自然の「法則」を有するべく予定された斉一性を必要とすると強調している点で、グリーンは誤っている。すべからく科学が必要とするのは、パースのいう、研究能力のある人々の側における期待の斉一性であり、それゆえ個々の研究者たちに対して慣習という拘束力のある効果を及ぼすのである。

ヒュームの断固たる懐疑主義は彼の世紀の個人主義であり、先駆者の孤立であった。パースの実存性は科学研究者たちの世界における合意である。これはヒュームの教育の観念によって実証される。彼はあらゆる信念と推論を慣習のたまものであると考えているが、彼は習慣と慣習を区別していない。それゆえ彼が教育について論じるとき、教育は「知覚、記憶、あるいは理性と同じような仕方で精神を操作する」けれども、「自然的ではなく人為的な要因」であるとされる[43]。

(42)　ヒューム、前掲同書、第1巻、pp. 544, 545, 548, 549。

だが、もしわれわれが習慣と慣習を区別するならば、慣習は教育にほかならない。というのもそれは幼いときからの仲間たちによって繰り返し与えられた印象だからであり、この印象は個々人に対して、習慣化された諸前提の順守を強要するからである。これに対して、ヒュームの慣習は個々人の習慣と同一視されており、個人はそれを物理的な自然や他の人間の反復から獲得したかもしれず、集合的意見の道徳的強制による影響を受けないものである。実際のところ習慣は、ある個人の経験や感覚、期待に限定されている点において、個人主義的な用語である。しかし慣習は、集団的に等しく活動する他の人々から引き出される、経験、感覚、期待の一部であり、広義の意味における教育である。習慣とはある人による反復である。慣習とは変わりつつある人々からなる継続的な集団による反復である。それは個々人に対して強制的効果をもち、ヒュームが主張したように、教育が「人間を説き伏せるこれらの意見の二分の一以上」を占めているどころか、実際的にはそれらの意見のすべてを占めている。それゆえ教育は人為的なものではない。それは、生涯にわたる他者との取引の反復を通じて習慣を獲得する通常の社会的過程であり、集団的行動が強いる準拠性（コンフォーミング）から必然的に生じるものである。教育とは、慣習に準拠することによって習慣を獲得するということである。したがって教育は、パースのいう意見の合意と同じである。それは、個人にとっての新しい習慣を作り出す慣習の力を有する科学者たちによる、信念の合意である。

かくしてわれわれは、一七三九年のヒュームと一八七八年のパースの著作を通じて、意味の意味づけに取り掛かる。しかしながらこの意味づけは、ヒュームが個人主義者であり知覚主義者であったのに対して、パースの研究領域が物理科学であったために、われわれの経済学的目的にとって未だ完全ではない。われわれはジョン・デューイへ至ってはじめて倫理へ拡張されたパースを見出し、制度経済学へ至ってはじめて取引、ゴーイング・コンサーン、適正価値に拡張された経済学を見出す。しかしパースの解釈によれば、ヒュームの「信念」は、われわれが意味づけによって意味するものである。

信念ないし意味づけは何よりもまず、偏見である。ヒューム曰く、「最も正確で厳密なわたしの推論のあとに、わたしがそれに同意するべき理由は何も見当たらないし、諸対象がわたしの前に現われているという見解においては、感覚とは対象について**熱心に**考察するという**強い**性向以外の何物でもない」。「わたしの感覚は」、ヒューム曰く、「つねに偏っており、それゆえわたしは理知的に懐疑主義的であるが、それでもなお偏ったわたしの感覚は、現われているものに対してわたしが与える意味づけである」。

156

これらの意味づけは経験から生じる。「経験とは、いくつかの諸対象の結び付きを過去からわたしに教える原理である」。彼によると、これらの結び付きとは、類似性、近接性、因果律である。

反復される経験は習慣になる。「習慣とは、未来に同じことを期待することをわたしに決心させる、もう一つの原理である」。

経験と習慣は想像力となる。「それらは協働して想像力に働きかけるのであり、同様の長所をもたない他のものよりもより確実で生き生きとしたやり方で、正確な概念をわたしに形成させる……それゆえ、記憶、知覚、理解とは、想像力ないしわれわれの観念の活発さに根ざしたもの〔経験と習慣〕すべてである」。

しかしこれらの感覚はすべて、外部からの印象によって刺激され、その印象からの感覚的推論が信念であるときにのみ、生み出される。「ある意見ないし信念はそれゆえ、最も正確に定義するならば、現在の印象と関連するか結び付けられた生き生きとした観念であろう」。これらの信念を、われわれは習慣化された諸前提と名づけよう(44)。

(43) 同書、第1巻、p. 416。

(44) 後述 *p. 607*「慣習化された諸前提」、を参照。

この信念とは、「ある観念をより鮮明かつ強烈に概念化したものであ」り、付随する情念、苦痛、快楽と比較した相対的な強さに応じて、「意志を作動させる」。

かくしてヒュームに従えば、信念とは諸個人が諸事象について行なう偏った意味づけである。偏見を除去し期待についての科学的信頼を得るためには、パースがいうところの、研究能力をもつすべての人々の信念についての合意がさらに必要である。

したがってパースのプラグマティズムとは科学的な研究方法にほかならない。いわゆるプラグマティズムの「哲学」はしばしば、「機能するものは何でも」真実であり正しいという誤謬に基づいている、と非難される。もし商売人が成功したならば、彼は正しい。もし銀行強盗が商品をもって逃げ去ってしまったならば、それは正当化される。しかしパースの意味づけはそのようなものではなかった。彼がいわんとしているのは、経験によってテストされ他者によって検証されるときにある**理論**が「機能している」ならば、現存の知識が関連しあらゆる既知の事実が含まれる範囲において、その**理論**は真実であり正しい、ということである。(45)

第四節　自然からゴーイング・コンサーンへ

157

経済科学においてパースが物理科学に見出したものと類似する何かとはテストである。しかしそこには本質的な違いがある。すなわち物理科学は自然対象としての人間を含む、宇宙体内部の諸活動に関する知識を扱う。一方経済学は、さまざまなコンサーンによって程度の異なる諸々の権利、義務、自由および無保護を付与された市民としての諸個人を扱う。折衝心理学を必要とするのはまさしくこの区別であり、それは歴史上の諸々の心理学とも、さらには現在社会心理学として知られているものとも異なっている。その対象領域は、集団的活動のワーキング・ルールの枠内における売買交渉、管理および割当である。歴史上の諸々の心理学は個人主義的なものであり、実際そうであるに相違ない。なぜならこれらの心理学の主題は自然的対象としての人間存在であり、市民ないしゴーイング・コンサーンの構成員としての人間存在ではないからである。制度経済学に適用されたパースのプラグマティズムは、これらの市民に対する市民の経済的関係についての科学的研究である。その主題は諸個人が構成員であるすべてのコンサーンであり、研究される諸活動はまったく異なる法則によって統治されるが、それは自然法ではなくして、当面の集団的行動のためのワーキング・ルールである。

（45）プラグマティズムのさらなる展開については、Geyer, D. L., *The Pragmatic Theory of Truth as Developed by Peirce, James and Dewey*（1914）をみよ。ヴェブレンについては、後述 *p.* 649 をみよ。

第5章　アダム・スミス

第一節　利己心と共感

デイヴィッド・ヒュームは、ロックの豊富性と公共の富（コモン・ウェルス）にかえて希少性と公的功利性を用いた。またアダム・スミスがヒュームの功利性（ユティリティ）を理解していたのは、この公共財と社会的効用（ユティリティ）の意味においてであった。しかし、哲学者として、ヒュームの功利性の観念に賛同する一方で、スミスは一七五九年で出版した『道徳感情論』において、功利性が人間に共通の「情緒的感情（センティメント）」として、諸個人に影響を及ぼすことを否定した。彼曰く、この観念は「哲学者の内省」に由来するものであり、個人が正義を支持する直接の動機ではない。「心がもつ何らかの気質の性質の有用性が」、われわれ自身ないし共同体のいずれかにとっての「われわれの是認における最初の根拠になることはごくまれである」。むしろわれわれは、自己と他者の双方において、例えば理性、良き悟性、自己の統御（ジェネロスティ）、人間性、正義、寛容、公共の精神といった、有徳な人間本性を内省せずに、直感的に識別するが、それは、「共同体へのそれらの効用を全く考えることなく」行なわれる。そしてわれわれは、全体としての共同体にこれらが与える影響に何ら言及することなく、貪欲、利己主義、悪徳という反対の本性を直接否認し、それらを嫌悪する。公共性がこの類いのあらゆる本性にとって有用性であるという観念は、「明らかに後知恵であって、私たちに是認を促す第一要因ではない(1)」。

このようにして、スミスは、ロックの生得的な観念にかえて生得的な情感を用いた。彼は、ロックの、内省に由来する「複合的な観念」を、内省に由来するものではない同感や反感という複合的な感情に変換していた。これらの複合的な感覚を、彼は「内省」ではなく、「情緒的感情」と名づけた。これらの内省は「哲学者の事後的な後知恵」であった。

すべての情感の最も高度な複合物が「適切さの感覚」であり、それはおそらくわれわれの「適合性の感覚」や「洞察」に等しいものである。この適切さの感覚は、われわれが生まれながらに備えているものであり、それは、あらゆる情緒的感情の総和であった。その特殊事例が、同感、反感、良心といった感情であり、それらが義務であるという感覚であった。スミスはヒュームの「生々しい観念」を見習って、ロックの冷静な推論にかえて「活発な想像」を用いた。スミス曰く、もちろん、われわれは実際には他人と同一の情感を感じない。むしろ他人の立場にわれわれの身をおくという「活発な想像」を通じてこれに着手する。そして、こうすることで、われわれは、他人のふるまいと自身のそれが適切であるか適切でないかについての判断を下す。そのときこの適切さの感覚は、「公平な第三者」、「胸中の人」、「われわれのふるまいについての偉大な裁判官と仲裁官」、「聖なる神の意思」の「代理人」として擬人化されるだろう。これらの者たちは、われわれのふるまいを美徳に従属させ、その美徳にわれわれは同感し、われわれが反感をもっている悪徳に対して反対する傾向をもつ。

このように、スミスは、一七五九年に諸国民の美徳を擁護して、一七七六年には諸国民の富を擁護することに着手した。ここでもまた、神の摂理の代理人は、教会、国家ないしいかなる集団的活動の助けも必要としなかった。それは「交易、物々交換、あるものから他のものへの交換という人間の本性におけるある性向である」。この生得的な性向は、**原因**となるべくそこに埋め込まれた。それは想定されていたような、分業の**結果**ではなかった。

労働の生産力の最大の改良と、労働がどこにむけられたり、適用されたりするさいの熟練、技術、判断力の大部分は、分業の結果であったように思われる。……よく統治された社会では、分業の結果生ずるさまざまな技芸全体の生産物の大幅な増加が、最下層の民衆にまで広がる普遍的な富裕をつくりだす。……これほど多くの利益を生みだすこの分業は、もともとは、それが生みだす全般的富裕を予見し意図する人間の英知の結果ではな［い。しかし分業は］、人間のある性向、すなわち、ある物を他の物と取引し、交易し、交換する性向、考えたり話したりする能力の必然的な結果……[2]。

スミスは、結果のいかんにかかわらず利己心を称揚していると時に非難されてきたが、彼の利己心という観念は、ロックやケネーのそれと同様に、彼のいう神の恩恵という観念に従属していた。これこそが、人間の胸中に利害の共感（ミューチュアリティー）という本能を植え付けたのであり、その本能を彼は「適切さの感覚」と名づけ、次いでこの感覚

（1）Smith, Adam, *The Theory of Moral Sentiments*（一七五九年版、出所は一八二二年版より）、p. 205, pp. 216, 217の各所〔邦訳、高哲男訳［二〇一三］『道徳感情論』、講談社学術文庫、三四六頁、五一頁。なお、二カ所目の引用箇所については該当箇所不明。コモンズの引用間違いか〕。

（2）Smith, Adam, *An Inquiry into the Nature and Causes of the Wealth of Nations*（一七七六年版、一九〇四年にキャナンによる編集）〔邦訳、水田洋［二〇〇〇］『国富論』、岩波文庫、以下、『国富論』と表記〕、引用文はキャナン版による。第1巻、p. 5, p. 12, p. 15〔邦訳、第一編、二三頁、三三頁、三七頁〕。

[160] が、分業、交換、地上の豊富性をもたらしたのである。目に見えない神の意図のなかで、利己心は自己犠牲に従属させられた。個人は無意識のうちに自らの利己心だけを高めようとする一方で、意識的に、この神の本能に導かれて、巣箱のなかの蜂のように、福利（ウエルフェア）一般を高める。もし彼がのちにそれについて考えるのであれば、それは、哲学者の後知恵と同様に、彼の意識的なわがままが自らの行ないを導いているという見せかけの偽善的正当化にすぎない。

スミス曰く、

どの個人もできるだけ、自分の資本を国内の勤労を支えることとともに、そうすることでその生産物が最大の価値をもつようにこの勤労を方向づけることにも、つとめるのであるから、どの個人も必然的に、その社会の年々の収入をできるだけ大きくしようと、骨を折ることになるのである。たしかに彼は、一般に公共の利益を推進しようと意図してもいないし、どれほど推進しているかを知っているわけでもない。国外の勤労よりは国内の勤労を支えることを選ぶことによって、彼はただ彼自身の安全だけを意図しているのであり、またその勤労を、その生産物が最大の価値をもつようなしかたで方向づけることによって、彼はただ彼自身の儲けだけを意図しているのである。そして彼はこの場合にも、他の多くの場合と同様に、みえない手に導かれて、彼の意図のなかにまったくなかった目的を推進するようになるのである。またそれが彼の意図のなかにまったくなかったということは、かならずしもつねに社会にとってそれだけ悪いわけではない。自分自身の利益を追求することによって、彼はしばしば、実際に社会の利益を推進しようとするばあいよりも効果的に、それを推進する。公共の利益のために仕事をするなどと気どっている人びとによって、あまり大きな利益が実現された例を私はまったく知らない。たしかにそういう気どりは、商人たちのあいだであまりよくあることではなく、彼らを説得してそれをやめさせるには、ごくわずかな言葉しかつかう必要はないのである。[3]

このような意識的利己主義は、無意識の本能によってのみ行動する動物たちにはみられない。しかし、人間においては「理性と言語という能力」が、私有財産の本能と、交易、物々交換、交換の性向をともに創り出す。これらは、

> すべての人間に共通で他のどんな動物にもみられないものであって、彼らはこの種類の契約も、他のどんな種類の契約も知らないように思われる。……これは自分のだ、それはおまえのだ、それとひきかえにこれをあげようと、ある動物が身ぶりや叫び声で別の動物に伝えるのをみた人などいない。……しかし人は仲間の助力をほとんどつねに必要としており、しかもそれを彼らの慈善心だけから期待しても無駄である。自分の有利になるように彼らの自愛心に働きかけ、自分が彼らに求めることを自分のためにしてくれることが、彼ら自身の利益になるのだということを、彼らに示すことのほうが、有効だろう。他人になんらかの種類の取引をもちかける者はだれでも、そうしようとする。私のほしいそれをください、そうすればあなたのほしいこれをあげましょう、というのがすべてのそのような申し出の意味であり、われわれが自分たちの必要とする好意の圧倒的大部分をたがいに手にいれるのは、このようにしてなのである。われわれが食事を期待するのは、肉屋や酒屋やパン屋の慈悲心からではなく、彼ら自身の利害関心からである。乞食以外はだれも主と

（3）同書、第1編、p. 421〔邦訳、第四編、三〇三―三〇四頁〕。

して同胞市民の慈悲心にたよろうとはしない[4]。

このようにして、それが同感であろうと利己心であろうと、いずれの場合でもそれは共感であった。それは神の摂理によってそこに埋め込まれた適切さの感覚から生じる。『国富論』におけるスミスと『道徳感情論』における彼には矛盾があると主張した人々は、神の恩恵というスミスの神学理論を看過していた。その理論は、ロックとケネーの理論においてそうであったように、地上の豊富性に等しいものであった。ヒュームは利己心と公正をともに希少性から引き出した。しかしスミス、ロック、ケネーは、それらを豊富性から引き出した。もし天然資源の豊富性が存在するならば、何人たりとも、他人が手にすることのできるあらゆるものをその人から奪うことによってその人たちに害を与えることなどできないし、彼がそのようなことをするのは、自分自身の労働を他人の労働と交換することによってである。他者は選択肢(オルタナティヴ)の豊富性を有しており、もし自身が提案された交換条件に満足しないのであれば、彼はその選択肢の豊富性に訴えることができる。またその交換を申し出る人は、その申し出が受け入れられなくても損害を受けない。なぜなら彼もまた選択肢の豊富性を有しているからである。同様の方法でもって他の人々は自身が獲得できるすべてのものを十分自らに残すことができるだろう。利己心は、ロックが示したように、豊富性の世界においてはいかなる人に対しても害を与えることはないが、ヒュームが示したように、希少性の世界においては、利己心は他人に害を与える。しかし、スミスの世界は、希少性の世界ではなかった。

現代の経済社会は、われわれにヒュームとスミスの両方を検証する手段を与えている。繁栄の循環期はスミスのいう豊富性の世界であるが、停滞の循環期はヒュームのいう希少性の世界である。

それゆえ、スミスは『国富論』と『道徳感情論』において一貫していた。『国富論』において、彼は、他者の美徳**を理由とする**彼らの欲求に対する自己犠牲を、豊富性の世界のなかで論じていた。『道徳感情論』においては、彼は他者の美徳や悪徳**を無視して**他人の欲求に対する自己の犠牲を、またもや豊富性の世界において論じていた。というのも、同感および取引(バーゲイン)性向という二つの感情は、いずれもより高次の代理的・支配的感情に、つまり「適切さの感覚」に従属するからである。その適切さの感覚は、豊富性の世界における適合性、良心、調和という神の感覚である。同感は、自己犠牲を通じて、その自己犠牲を美徳として是認する人々の福祉を増進する。しかし、交換(エクスチェンジ)性向は、反感という情緒的感情によってその自己犠牲を悪徳として否認する人々にさえ、利益を与える。同感は、交換性向を補うものであり、交換性向と矛盾してはいない。これらはいずれも自己犠牲を必要とするのであるが、自己犠牲はいずれの事例でも豊富性があらかじめ運命づけられている世界においては重要ではない(5)。

162

しかし、このあらかじめ運命づけられている豊富性は、歴史の事実に適合していない。仮にスミスはコーラとブラックストンが解釈したようにイギリスのコモン・ローの発展を調査していたとしよう。また彼がその説明としてヒュームの希少性を、慈愛と豊富性という当時の理神論にかえて採用していたとしよう。もしそうであったならば、彼は「理性と言語という能力」についての自身の結論とは異なる結論を見出していたかもしれないであろう。もしかすると、個々人の胸中に埋め込まれている共感という神聖なる本能にかえて、彼は、まさにこの共感そのものが、諸利害の対立から利害の共感を実際に創り出す際の集団的行動の歴史的産物であることを見出していたかもしれないであろう。また個々人の利己心を福利一般に向けて導く見えざる手にかえて、彼はコモン・ロー裁判所という見える手を見出したかもしれないのであって、その見える手は、時と場所による慣習を、それ

(4) 同書、第1巻、p. 15, p. 16〔邦訳、第一編、三八頁、三九頁〕。

が善であるとみなされる限りにおいて引き継ぐのであり、またこれらの良き慣習を、ヒュームのいう「公的功利性」に準拠して、御しがたい個々人に強要するのである。もしかすると彼は、個々人の行動をコントロールし、また同時に解放し、拡張させる、この集団的行動の制度史のなかに、十八世紀のイギリスにおいては人間という動物が、彼のいうところの「これは私の物で、それはあなたの物である。私はあなたのものに対して私のものを売ってもよい」という段階に達していたことの理由を見出していたのかもしれない。

しかし、スミスはコモン・ローを頼みとすることはなかった。彼は無意識のうちに、適切さの感覚として、また社会生活のなかに存在するものへの適合性として、彼の時代のコモン・ローを擬人化し、永遠に続くものとした。彼の意識的注意は制定法に向けられていた。彼は重商主義の制定法のかわりに**神の摂理**という制定法を用いていたのだった。ジョン・ロックの場合と同じく、彼はコモン・ローというその時代の慣習に慣れ親しんでいたので、それらの慣習を神の法に相等しいものとしたのであった。

第二節 自由、安全、平等、財産

スミスが理解していたように、重商主義の政策は、直接的にはその政策が行なったことを通じて、また間接的にはその政策が許可したものを通じて、作用した。直接的にはその政策は、保護関税、奨励金、植民地法および航海法、法人団体設立許可書によって民間のビジネスを助けるための政府の政策であった。間接的にはその政策は、民間の集団的協定に対する許認可であった。その許認可を通じて個々人はルールを取り入れたり、慣習に従ったりしたのであり、それらのルールや慣行は諸個人の完全な自由による際限のない競争に従事することを抑制していた。また、彼によれば、自然的自由の体系を維持する際の政府の唯一の義務は、「社会を他の独立諸社会の暴力と侵略から守る」ことであった。それは「社会のそれぞれの成員を他のそれぞれの成員の不正や抑圧から」保護することであり、「あるいは」集団的契約ではないが個々人の強制を含む、「厳正な司法制度を確立する義務」であった。それは「特定の公共事業と特定の公共機関を設立し維持するという義務」である。「なぜなら……どの個人あるいは少数の個人にとっても利潤が費用を償うことはけっしてありえないからである」[6]。こうしたことは、あらゆる奨励金、保護関税、企業特権、貿易規制、労働立法、児童労働法などを排除する。

だが、彼の政府に関する観念は、その後無政府主義者たちによって主張されたような、完全な自由放任主義で

（5）ジェームズ・ボナーは、スミスの観念をマンデヴィルの *Private Vice, Public Virtues*〔邦訳、泉谷治訳［一九八五］『私悪すなわち公益』法政大学出版局〕にまでさかのぼった。ボナーの *Philosopy and Political Economy in Some of Their Historical Relations*（一八九三年版、p. 154）〔邦訳、東晋太郎訳［一九二一］『経済哲学史』大鐙閣、以下、ボナー『経済哲学史』と表記〕を参照。このいうところの起源はもっともらしいものである。しかしそれは次のような理由による。すなわちスミスの交換性向は、まさしく豊富性の世界のなかで、他人の美徳をともなう同感を無視するので、他人の悪徳に対する反感を克服するからである。ジェイコブ・ヴァイナーは、スミスが『道徳感情論』において、「慈愛」に対して、経済問題においては「それほど重要ではない役割」を与えた、と考えた。ヴァイナーの "Adam Smith and Laissez Faire" *Jour. of Pol, Econ.*, XXXV（1927）, pp. 198, 206を参照。しかし、先に述べたように、実際に、スミスは自身の価値論において慈愛を嘲笑し、経済問題において慈愛に対して偽善的な役割すら与えた。彼はつねにこのように慈愛を取り扱うことができた。なぜなら、いずれの場合も、「公的効用」を増進するのは、個々人の慈愛でもなければ彼らの利己心でもなかったからである。神の慈悲心およびそれに相等しい地上の豊富性によってはじめて、ケネー同様、道徳的秩序とそれに正確に対置される経済的秩序が、公共の福祉の増進においては同一のものであるとみなされるのである。以下でみるように、彼はすべての集団的行動を拒否して、公共の福祉に必要とされる地上の豊富性を与えるべく神学に復帰した。

（6）スミス『国富論』第2巻、p. 185〔邦訳、第四編、三四〇頁〕。

はなかった。すべての個人を他のすべての個人から切り離して能動的に支配するのは政府である。各々の個人は、人類学用語でいう**触れてはならないもの**（タブー）であるが、場合によってはそれら各々の個人は、短期間のうちにそのタブー[7]を自由意思に基づいて強めるかもしれないし、他人の利益のために自らの約束事を自らに強要すべく政府を自由意思に基づいて承認するかもしれない。もしこのようなことがなされるならば、その場合すべての個人は「完全な自由」をもつ。この完全な自由とは、その個人がお気に入りのいかなる方法においても自らの利己心を自由に求めることができるということである。彼は、自らの肉体を用いてであろうと、自らが所有する自然の事物（オブジェクト）を用いてであろうと、自らの労働の生産物を用いてであろうとも、また彼が交換において受け取った他人の労働の生産物を用いてであろうとも、自らが行なうであろうことを自由に選択することができる。そして次に国家は、彼の個人的意志を強要するための物理的権力を彼に与えるであろう。生得的な「適切さの感覚」は自由の乱用を防ぐのに十分であったが、しかしそうした自由にはそれを強要する国家の助けが必要であった。

法律によって裏打ちされたこの自由な利己心という概念は、**安全**という概念と不可分である。というのも、もし自分とは別の人々が直近においてだけでなく将来においても他人からの攻撃を受けないであろうという確かな期待が、もしくは彼らが自ら行なうと約束していたことを行なうであろうという確かな期待がいっさいないならば、期待によって生きる人間のような生き物は、生産、貯蓄もしくは交換する誘因をほとんどもちえないからである。

それはまた、*機会の平等*をも意味する。というのも、ある個人は他の個人からの攻撃を受けているが、後者が前者からの攻撃を受けていないのであれば、前者は自由ではなく、後者が自由であるからである。もしこれが論理的帰結だとすれば、そこから得られるのはまさしく彼が非難する重商主義ないし地主制度である。なぜならその論理的帰結によって、特権階級は、スミスが生産性、倹約、交換のために期待を寄せていた、勤勉で倹約的な商人、製造業者、農場経営者の自由を侵害する権限を与えられるか、あるいはそれを許可されるからである。

要約すれば、個々人の利己心は、他人からの攻撃を受けないことおよび諸契約によって彼らをともに結び付けることの両方によって達成されるので、各々の個人は自分自身にとって最も有利だと思われるあらゆる方向へと動くかもしれない。スミスによる利己心の意味づけは、完全には自由放任主義的政府のそれではなかった。その意味づけは、自由、安全、平等、財産という意味づけでのコモン・ローであったのであり、それはジョン・ロックのいう独立した裁判官によって強要された。実際、それはつまるところ、司法的な主権であって、立法的な主権ではなかった。

しかし、立法府は自由と平等に干渉する唯一の集団的行動ではない。同様に禁じられるべきは、スミスによれば、談合、ルール、もしくは紳士の思慮分別を形成する、すべての慣習およびすべての民間団体であったのであり、それらは個人の競争を制限するものであった。「同業者たち」は、彼曰く、「楽しみや気ばらしのためにさえ、まれにしか集まらないが、会話は社会に対する陰謀、すなわち価格を引き上げるためのある種の計略に帰省する」。こうして彼は、職業団体や近代のビジネス倫理における共存共栄という思慮分別を非難する。これらは「完全な自由」の状態に反する主張である。これらの会合は、「自由と正義」によってつねに妨げられていないにもかかわらず、法律は「そうした集金を助長したり、ましてや必要なものとしたりすべきではない」。場合によっては、彼は、近代的な生活における、あらゆる住所氏名録や電話帳が不適切なものであると宣言したかもしれない。というのもそれらは、「さもなければ相互にしりあうことがないかのような諸個人を結びつけ」、彼らの名前を記した「公共登記簿」としてさえいっさい存在すべきではないからである。住所氏名録や電話帳の助けを

（7）Frank Lawrence K., "The Emancipation of Economics", *Amer. Econ. Rev.*, XIV（1924）, pp. 17-38を参照せよ。

借りてしまえば、彼ら個々人は自身の完全な自由をあきらめることに同意し、規則によって拘束されるに違いないであろう。同様に、「貧者、病人、寡婦、孤児を扶養するために自分たち自身に資金を課しうるようにする規制は、彼らを処理すべき共通の利害関心を与えることによって、そのような集金を必要なものにする」[8]。そのため、慈善的組織や相互保険でさえ、自由を侵害する。

雇主と彼らの下で働く人にとってもことは同じである。「親方たちは数が少ないから、はるか容易に団結できる……たしかに、われわれはこのような団結をめったに耳にしないが、それというのも、だれもが耳にしないほどそれが通常の、ものごとの自然の状態といっていいものだからである」。これらの団結は、「労働の賃金をこの〔自然〕率よりもさらに引き下げる」のであり[9]、もし雇主たちが、自らが作り上げた規則に服従することによって、自らの完全な自由をあきらめなかったとしたら、そうしたことは生じなかったであろう。

しかし、利己心の完全な自由におけるあらゆる抑制のうち最も不快なものは、「全体を拘束している多数派の活動を形成する」規定である。自由な商売における効果的な団結は、すべての結束した商人が満場一致で同意する以外には確立されえないのであって、その団結はすべての結束した商人が同様の精神をもち続けない限り決して長続きしない。しかし、ある同業組合（コーポレーション）の多数派は適切な罰則をともなう定款を設けることができるのであって、その定款は、どのような自発的な団結よりも効率的かつ永続的に競争を制限できるだろう。「同業組合はその職業をよりよく管理するために必要だという主張には、何の根拠もない。職人たちに対して実質的かつ効果的に規律を課するのは同業組合ではなく、顧客である[10]」。

このようにスミスは、すべての個人の完全な自由と平等という、自然で神聖な権利を復活させるなかで、慣習の性質、あるいは企業の定款、あるいはゴーイング・コンサーンのワーキング・ルール、あるいはわれわれが近年において「ビジネス倫理」として理解しているものがもつ強制力、あるいはビジネスを安定化する習わし（プラクティス）、公正な競争における共存共栄政策、現代の価格形成における「価格を主導するものに従え」という習わし、あるいは労働組合のショップ・ルールに関して何ら誤解していなかった。これらすべては、諸個人が好きなように行動するための彼らの自由を集団的にコントロールすることを通じて、個人の産出量に制限を加える。スミスによる自由の意味づけは、それゆえ立法によって課される法令による強制力を単に欠いているだけではなく、慣習ないし職業上の習わし、ビジネス倫理、集団的圧力、団体交渉によって課されるあらゆる道徳的ないし経済的強制力をも欠いていたのだった。そうした道徳的ないし経済的強制力は、今日では値下げ競争をする業者、労働組合不参加者、労働組合に反対する労働者を非難しており、彼らは、自分たちの限られた資源における自分たちの分け前以上のものを、ないし消費者の限定的購買力の分け前以上のものを得ているのである。スミスの労働は、地球上で知られているいかなる労働よりもはるかに自由な労働であった。

それを説明するのは、彼によれば、神の恩恵、普遍的豊富性、理性の時代、適切さの感覚という理想主義であった。それゆえそこには、不均整な過剰生産も、同業組合（コーポレーション）ないしその他の集団的活動に起因する人為的希少性も存在しない。こうした豊富性や恩恵、適切さという理論を用いて、彼はケネーと同様に、政府によるすべての法令による規制やすべての関税、慣習によるあらゆる拘束を非難し、税による無償教育への支援や政治に対する当然の服従にさえ異議を唱えている。(11) 彼は、個人を拘束する慣習やワーキング・ルールの撤廃を通じて、純粋に

(8) スミス『国富論』第1巻、p. 130〔邦訳、第一編、二二六—二二七頁〕。
(9) 同書、第1巻、pp. 68, 69〔邦訳、第一編、一二一頁、一二二頁〕。
(10) 同書、第1巻、pp. 130, 131〔邦訳、第一編、二二六—二二七頁〕。彼は法人に株式会社だけでなく、ギルドやそれに類似した同業組合ならびに株式社団（ジョイント・ストック・カンパニー）も含めた。

個人主義的な利己心および完全な自由という神の法則を提起している。また彼は、首尾一貫したヨーロッパの調整政策のかわりに、惜しみなく与える神の手による導きを、また適切さの感覚という神に次ぐ支配者を用いているのであり、貧困者、病人、未亡人、孤児の面倒をみるべく人々を結社（アソシエーション）の下で団結させる、同感という共通の情緒的感情に反対することを言明すらしているのである。このなかで彼が描き出したのは、時代の情緒的感情であり、教会、地主、結社、組合を廃止することによって彼の理念を実行したフランス革命であった(12)。スミスは、ナポレオン独裁が認めていたような、無政府主義の時代をほとんど作り出すまでになっていた。

スミスの理想主義は、彼が経済的事柄におけるすべての集団的行動を廃止していたとしても、何ら変わりはなかったであろう。集団的行動が廃止されるならば、そのとき理論家は社会を動かし続ける一組の本能を個人の胸中に見出すに違いない。そこではこれらの本能は、人類の福利を意図する何らかの外的な力に取って代わられるに違いない。この外的な力とは神であった。三つの本能だけが、彼の目的にとって不可欠のものであった。すなわちそれらは、同感、交易と交換、および適切さの感覚である。これらは、経済的事柄におけるすべての集団的行動に取って代わる。

ロックにとってそうであったように、スミスにとっても、財産は、労働者が自らの労働による物質的生産物を自らが排他的に利用すべく保有する際には、全世界を敵に回してでも、労働者の法律によって保護されるものであった。これは、**有体**（コーポリアル）財産についての、物質的、群体的、ないし農業的な概念である。これは、ロックとケネーにおいてもみられたものであるが、いかなる希少性の原理にも基づいておらず、使用価値を有する事物の物理的保有に基づいていたのだった。スミスは、ヒュームが提案したように、希少性の原理を財産の基礎におくことができなかった。なぜならそれは、神の否認や重商主義の独占主義的ないし特恵的実践（プラクティス）を導くことになるであろうからであり、また供給を制限することが公衆のためになるという口実をともなっていたからである。しかし、彼の自由の定義は、個人の財産の意味づけに含まれているものすべてを包含していた。自由には、誰もが自らで利用するために、物質的事物を排他的に保有することが含まれていたのであり、その事物を人は自らの好きなように利用したり、酷使したりできる。それは、そうした財産を売る自由や売らない自由、自分が設定した価格を請求する自由、将来のための安全、そして法の前で他のすべての諸個人がもつ平等を含んでいる。

167

しかし、この私有財産は、厳密には個人の財産であり、またスミスのこの意味づけは、法人財産ないし共同財産についてのあらゆる考えとも、また何らかの慣習、商売における習わしないし定款に対する所有者の意志の何らかの従属とも、慎重に区別されている。それゆえ、もしわれわれが「個人の財産」という用語を使うのであれば、われわれは「労働」、「個人」、「利己心」、「交換」、「生産性」、「倹約」、「商品」、さらに「諸国民の富」といったような、表面上は異なっているようにみえる用語によってスミスがいわんとしたことを本質的に考えることができる。彼のいう労働者とは、つねに有体財産を個人的に所有する者のことである。彼のいう商品とは、つねに個人的に所有されているもののことである。彼のいう諸国民の富とは、個人の富の合計のことである。こうして、彼は、物質としての富およびそれらの所有権（オーナーシップ）としての富という二重の意味づけを行なった。彼のいう利己心とは、統制されていない個々の所有者の自由な意志（ウィル）である。要するに、「個人の有体財産」という用語は、ことによれば法人財産かもしれない、単なる私有財産ではなく、富を生産し、それを他者と交換する自発的意志（ウィリングネス）を個々人がもつというスミスの観念である。

---

(11)　同書、第1巻、pp. 131-136, pp.437-462、第2巻、pp. 249-299〔邦訳、第一編、二一七―二三二頁、第四編、三二四―三八〇頁、第五編、二三―二四頁〕。

(12)　一七九一年の「ル・シャプリエ法」とその他の制定法。

財産のこの意味づけは、連邦最高裁判所が合衆国憲法修正第十四条を解釈した際に引き継がれたが、そこではスミスによる個人の財産に対する限定や法人財産についての彼の排除は引き継がれなかった[13]。のちに最高裁判所は、立法府から保護される財産と自由の意味づけの枠内で、近代的ビジネスの習わしをとらえたいという自らの欲求に基づいてさらに前進し、取引の自由および財産の価格を固定する自由を、財産の意味づけに与えた。裁判所は、ジョン・ロックとアダム・スミスの神、自然、理性という観念については彼らに従った。しかし、裁判所は、財産の意味づけを拡張して、取引において固定価格で売買する権利だけでなく、法人、取引、そして法人化されていない諸団体さえも、その意味づけに包含した。この意味づけの拡張は、ゴーイング・コンサーンという観念の基礎である無形（インタンジブル）財産の基礎であり、ゴーイング・コンサーンを生かすも殺すも、利益をもたらす取引が期待されるかどうかにかかっている。以上は、アメリカにおける現在の憲法上の財産の意味づけであるといえるが、それは一八九〇年まで達成されなかった。それは、スミスの個人の利己心を含んでいるだけでなく、スミスが排除した結社の権利をも含んでいる。それによって、財産の意味づけは、希少であるすべての事物の排他的使用において株式所有者と債券所有者の双方が擬人化されている結社における法人の利己心となった。このように財産の意味づけは、他者に供給を留保する法人の自由を、他者に〔財産を〕譲渡する法人の自由を、他者から〔財産を〕獲得する法人の自由を、また他者と合同する法人の自由を含んでいる。これらの権利と自由それぞれは、物質的なモノに対してではなく、それらのモノの所有権（オーナーシップ）に対して適用されており、財産の意味づけは諸個人と諸々のコンサーンとの間での取引における期待となっている。

それゆえ財産の意味づけは物質的なモノから、取引および取引の反復が期待されることへと拡張され、使用価値から、価格として表わされる希少性価値へと拡張された。スミスは、自らの財産と自由の意味づけのなかに、財産の取引もその財産の希少性価値も含めなかった。後者は重商主義の悪であった。前者はすでに自由のなかに含まれていた。スミスの前には重商主義の諸理論と諸々の実践が立ちはだかっていたのであり、それらは希少性という事実および公益という口実にもっぱら基づいていた。個人的取引に対する共同的コントロールの正当化として用いられる、この口実は、偽善的なものであったが、それとは反対に、彼曰く、自らの利己心にそって労働し、蓄財するという完全な個人の自由は、公共の福利を管理する最も偽りのない方法である。彼にとって、希少性の原理は、経済理論を、物質的自然の恣意性、ないし政府による政治的コントロール、ギルドや法人の独占主義的実践にゆだねることにつながる。これらはすべて、「重商主義」に関する彼の意味づけに含まれているのである。

集団的希少性ないし連動による希少性とわれわれが呼ぶ、この誤った考えに基づく教義に対抗して、彼は、個人の財産における個人の生産性という教義を提起する。その教義は、制度ではなく自然法を通じて作用し、政府、法人、慣習ないしその他のいかなる協調行動（コンサーティド・アクション）によってもコントロールされない。だから、個人的意志という彼の観念において作動している三つの主題、つまり生産性、節倹および有効需要は、豊富性の世界において、生産し、蓄財し、交換する完全な自由によってもたらされることとなる。これが個人の有体財産となったのであり、これに相対していたのが、あらゆる形態での法人、集団および政府の財産であり、あるいは人為的希少性の世界での重商主義や法人主義の政策が押し付けていたそれらの政策によるコントロールであった。

こうして、法人財産や集団的コントロールを個人の財産に置き換えたとき、スミスは、ヒュームの、希少性に基づく財産についての現実主義的基盤を否定したが、彼はロックと同様に、その基盤を、自然的秩序、神の恩恵および豊富性においていた。したがって、スミスが実際に行なったのは、実定法によって権威づけられ許可され

(13)　コモンズ『資本主義の法律的基礎』p. 11頁以下。

た主権者ないし結社、法人による規制や制限から生じる集団的希少性を、財産に関するコモン・ローから生じる個人の希少性に置き換えたことである。スミスは、財産を、希少性という**事実**にも慣習という**事実**にも基づくものではなく、ある人自身の労働生産物の所有権についての**正当化**に基づくものである、と考えた。ロックと同様に、スミスも事実をその正当化のなかに埋没させてしまったのである。

しかしわれわれは、財産という事物、所有の権利、財産の正当化の間に、ある区別を、すなわちスミスは設けていないが、避けて通ることのできない区別を設ける。なぜなら、彼の社会哲学は、慣習とその正当化が不可分であるところの宇宙の道徳的秩序のそれだったからである。要するに、彼の理性についての観念は、ジョン・ロックのそれと同様に、幸福と正当化が結合したものであった。

われわれがこれらを区別するならば、そのとき有体的事実としての財産とは、それらが希少であるがゆえに物質的なモノを排他的に保有することであり、そこでの所有の権利とは集団的な諸々の保障、強制、自由であり、またこのような排他的保有にともなう無保護（エクスポージャー）である。これらの所有の権利は労働を基礎としてスミスによって正当化された。しかし、所有そのものは、あるいはむしろ有体、無形、無体の財産を含みながらも、権利と理性から区別される資産は、単に個人を取り巻いている希少性にすぎず、その希少性が、支配的なルールに従って、ある個人と他の個人との取引を決定しているのである。スミスは、個人の自由と個人の財産がコンサーンの集団的ルールに従属している法人ないし連動（コンサーテッド）した運動という形態のいずれにおいてものちに発展する集団的財産を、じっくりと考えることができなかった。希少性とは、結局のところ、ヒュームが理解していたような、衣食住や土地の希少性であるが、ビジネスマン、工員、債権者、債務者、地主、借地人にとっては、希少性とは、専有者の希少性である。これらの専有者は買い手、売り手、貸し手、借り手、地主、小作農であり、彼らは衣食住ないし土地をわが物にするという見込みを権利としてもっているし、また実際にそうした見込みをもっている。まさにこの専有的希少性に対して価格が支払われるのであって、その価格は衣食住ないし土地の価格ではない。つまりマクラウド（一八五六）[14]がのちに主張したように、それは、上述の衣食住ないし土地から他のいかなる人々をも政府に排除してもらうために、権利に対して支払われる価格である。ビジネスにおける現下の事実および経済学の主題としての希少性とは、法的コントロールを有する人々のそれであって、商品のそれではない。希少性が食料の希少性であるのは、野生動物の欲求にとってだけである。人間の希少性欲求にとっての希少性とは、実際にも潜在的にも食料を所有する者の希少性であり、その希少性は、所有権（オーナーシップ）移転のために代理人へ、また使用価値の生産のために労働者へ、指図することを厭わないのである。

この区別は、アダム・スミスの時代に常識（コモンセンス）であったこととは反対の方向に向かっている。しかし、現代の不在所有者、法人、企業連合（シンジケート）、組合、大型金融機関、大規模な市場取引は、スミスにとって常識であったものを変化させた。商品は、労働者が扱う、物質的次元をもつが、所有権（オーナーシップ）はビジネスマンが交渉する希少性の次元をもつ。ビジネスマンは希少性における専門家である。その区別は、自ら労働し、蓄財し、交換していた、小規模製造業者、商人、農場経営者の時代においては明らかではなかったし、またそれが非常に重要なことでもなかったのである。

第三節　労働の苦痛、労働力、労働の節約

スミスは、労働が重要であると考えていた点で、ジョン・ロックよりもさらに進んでいた。彼は財産権（プロパティー・ライト）を、

(14) 後述、*p.* 397「マクラウド」をみよ。

自由な労働者における彼ら自身の生産物に対する権利から引き出しただけでなく、ロックがそうであったように、労働に対して三つの意味づけをも与えた。この三つの意味づけを、彼は同じ価値をもつものと考えたが、これらはのちに、経済学者たちを、労働力によるリカード・マルクス学派、労働の節約によるケアリー・バスティア学派、労働の苦痛による新古典派という、三つの学派に分裂させることに役立った。これら三つの意味づけは、商品の実質価格と名目価格に関する彼の有名な著作に見出される。

あらゆるものの実質価格、すなわち、あらゆるものがそれを獲得したいと思う人に真に負担させるのは、それを獲得する上での労苦と骨折りである。それをすでに獲得していて、それを処分しあるいは何かほかのものと交換したいと思う人にとって、すべてのものがもっている真の値うちは、それによって彼自身が節約でき、またそれによって他人に課することができる労苦と骨折りである。貨幣または品物で買われるものは、われわれがわれわれ自身の身体の労苦によって獲得するものと同じく、労働によって購買されるのである。事実、その貨幣またはその品物がこの労苦をわれわれから省いてくれる。それらのものは一定量の労働を含んでおり、それをわれわれは、そのときに等量の労働を含んでいると考えられるものと交換するのである。労働こそ最初の価格、すなわちあらゆるものにたいして支払われた本源的な購買貨幣であった。世界のすべての富がもともと購買されたのは、金によってでも銀によってでもなく、労働によってだったのであり、富を所有していてそれを何か新しい生産物と交換したいと思う人びとにとって、その富の価値はそれによって彼らが購買または支配しうる労働の量に正確に等しいのである。[15]

労働の苦痛（骨折りと労苦）、労働力、労働の節約というこれら三つの意味づけは、スミスにとって、その重

171

要性において同等であったので、これらのうちのどれもが彼のいう価値尺度として利用されえた。たとえスミスが希少性をよりどころとするヒュームの所有についての説明を受け入れなかったとしても、彼は供給に対するあらゆる形態での集団的コントロールを重商主義の人為的価値として拒絶していたので、彼は、労働の苦痛における産出制限という自動的な原理をそこに見出したのである。苦痛は彼のいう希少性の擬人化であった。

　エリー・アレヴィは、スミスが価値を、希少性の関数にかえて労働の関数として定義したことの倫理的な理由を示唆している[16]。また彼曰く、ピュフェンドルフはモノの価値を、欲求を充足するための合目的性の関数であるとし、モノの価格を、その希少性の関数であるとした。スミスの師であるハチソンは、価値を、快楽を生み出すための合目的性の関数および獲得の困難性の関数であるとしたのであり、後者は、彼によって希少性と同一のものとみなされた。ベンサムに従ったのちの経済学者たちの簡潔な用語法では、これら二つの意味づけは、それぞれ効用と希少性で表現されるものであることに留意しよう。しかし、スミスが従ったのはロックであるということにも留意しよう。ロックが念頭においていたのは、一六八九年の革命以前のイギリス君主の専制的要求に抗するものとしての、所有に関する権利と自由についての法理論であった。ロックは、その権利を、生産性という労働力の理論と、原罪に対する罰という労働の苦痛の理論とによって正当化した。

　スミスは、この「当然にして不可侵な」所有権（ライト・オブ・プロパティー）に同意したが、注目すべきは、彼が価値を、希少性の関

(15) スミス『国富論』第1巻、pp. 32-33〔邦訳、第一編、六三―六四頁〕。ゲルオグ・ジメル（*Philosophie des Geldes*〔1900〕〔邦訳、居安正訳『貨幣の哲学』白水社〕が自然と「取り交わす」というよく似た考えに基づいているのは重要な点である。この考えは十七世紀のウィリアム・ペティまでさかのぼる。パルグレイブの *Dictionary of Political Economy* を参照。

(16) Halevy, Elie, *La formation du radicalism Philosophique*, 3 vols.（1901）, I, p. 172 以下。

数にかえて労働の苦痛の関数として定義したとき、彼はすでに、希少性をこの労働の苦痛でもって、つまりハチソンのいう「達成の困難さ」と同じものでもって、擬人化していたことである。労働の苦痛とは、その感じ方そのものが、それを感じる労働者に直接ゆだねられている何かである。というのも労働者は希少性を感じないし、自らの労働力を感じないからである。彼が感じるのは、天然資源の希少性に応じて増加し、その豊富性に応じて減少する労働の苦痛である。希少性が哲学者のいう後知恵であるならば、苦痛はスミスのいう人間的な感情である。

苦痛および力としての労働というスミスによる二つの意味づけ[17]は、のちにマルサスとリカードを区別する根拠となった。マルサスはスミスの労働の苦痛を用い、リカードはスミスの労働力を用いた[18]。それらは、希少性についての同一の擬人化に関する主観的かつ唯物論的な意味づけである。しかしその違いは、マルサスとリカードに続く百年のなかでさらに大きなものとなった。力の唯物論的意味づけとは自然に対する力となり、それは、マルクスに引き継がれたとき、ロシア革命を導いた。他方で、われわれは、それが単に効率性という擬人化されない原理を導くにすぎないことを知っている。苦痛の主観的意味づけは、スミスとマルサスのそれぞれからすれば、価格の擬人化であった。そして、貨幣、つまりスミスのいう「名目的」価値がのちの経済学者たちによって労働に置き換えられたとき、貨幣は自然に対して支払われる価格ではなく、他人のサービスを自由に利用でき、希少性という尺度についての制度的原理に終わる、非人格化された購買力になった。

スミスは、自らの労働の擬人化のなかに、彼のあとに続く諸学派が分類したほぼすべての概念や原理を含めたので、スミスによる労働の意味づけを分析する場合、われわれは当然のごとく彼のあとに続く諸学派の諸理論を予想する。ホワイテイカーは、初期の労働経済学者たちは、価値の原因、価値の調整因子、価値の尺度という三つの観念を混同したと指摘しているが、ホワイトテーカーが自らの区別の根拠としていたのは一つには、アダム・スミスが互いに矛盾する哲学的理論と経験的理論とひとまとめにしているというヴィーザーの示唆である。[19]しかしながら、スミスの「哲学的」見方は、哲学ではなく、擬人化である。それは労働と自然の擬人化からなる。彼の経験的見方をコントロールしているのはまさしくこの擬人化であり、この擬人化のせいで、彼は、ヨーロッパの経済政策の現実の歴史的展開は「自然的秩序」とはまったく逆のものであるという逆説に行き着いてしまったのである。擬人化された自然的秩序とは、財の豊富性と人間の幸福を意図する神の理性の原理に沿って、歴史のなかで作用することとなるものであった。またスミスのいわゆる経験的、歴史的な諸章は、人間が集団的行動によって、いかに自然的秩序を覆してきたかについて示そうとしたものであった。スミスのいわゆる「帰納的」方法は、帰納的ではない。それは、人間が、事象の自然的順序を逆転させたことを示すために書かれた実例を収集したものである。「自然」は、自由、安全、平等、財産とともに始まった。しかし、人間は、隷属、不安、不平等、集団的行動への個人の従属とともに始まった。

だから、スミスは労働の擬人化から始めた。労働は、人間と一緒に作用する慈悲深い自然との交換を進めるものとして考えられた。そのとき労働者は互いに生産物を交換するのであるが、それは自然的秩序に応じてではなく、自然的秩序を侵害する集団的行動の規制の下でなされる。こうした理由からすれば、彼の労働と自然との擬

(17)　スミスの第三の意味づけである「労働節約」は一八三七年にケアリーによる希少性の人格化をもたらした。後述、*p. 310*「サービスの価値」をみよ。

(18)　後述、*p. 348*「リカードとマルサス」をみよ。

(19)　Whitaker, A. C., "History and Criticism of the Labor Theory of Value in English Political Economy," *Columbia University Studies in History, Economics, and Public Law*, XIX, No. 2（1904）; Wieser, Friedrich von, *Natural Value*（tr. 1893）, p. xxvii.

人化は、われわれがすでに述べたすべての売買交渉取引、管理取引、割当取引の擬人化であるが、その擬人化には、どんなものであれいかなる集団的行動も存在していない。集団的行動を、スミスは人為的で、自然に反するものと考えたのである。彼の理論を、同胞に対する人間関係の経済学にかえて、自然に対する人間関係の経済学にしたのはまさしくこれらの擬人化である。

このように、スミスのいう価値の原因とは、寛大な神の意志によって供される物質を個々の人間の意思が取り扱うということであった。次にスミスのいう価値の調整因子とは、神聖な政府が自然と人間を取り扱うべく法を規定するという観念であり、こうした観念は、集団的行動が神の秩序にかえて自らのワーキング・ルールを用いていなければ、達成されていたはずのものであった。最後に価値の尺度として用いられる、彼のいう労働とは、もし貨幣や集団的行動が邪魔をしていなければ安定的な尺度であったはずのものの擬人化であった。

原因、調整因子、尺度という三つの観念を分離することは不可能である。なぜなら、もし原因ないし調整因子 173 が数量的に記述されるものであるならば、その記述は測定という見地からしか行なわれえないからである。現代物理学は原因と調整因子という観念をともに放棄して、反復と測定だけで満足している。数学の影響を受けて、こうしたことは経済学の姿勢にもなりつつあるが、われわれはそれが間違いであると考えている。

というのも、経済学が人間の自発的意志（ヴォリション）の科学とみなされるべきであるとすれば、原因と調整を経済学から取り除けないことは明白だからである。原因、調整は、そして測定でさえ、人間の目的から引き出される観念であり、その目的を、物理学はまさしく取り除こうとしているのである。しかし、もし経済学が人間の諸取引を扱うのであれば、その場合、将来へと方向づけられるこれらの諸目的が、経済学研究の主題である。ロック、ケネー、スミスは原因の探求において誤ってはいなかった。彼らが誤っていたのは、自然と労働を、原因、調整因子、度量器として人格化したことであった。彼らは、それを、集団的行動における取引、慣習、ワーキング・ルールのなかに求めるべきであった。彼らは、**因果関係**を、神の摂理の意図のうちに位置づけた。だがその因果関係は、ヒュームやパースがしたように、人間の意図のうちに位置づけられるべきであった。彼らは、究極的ないし根本的原因を自分たちのいう**調整因子**に求めたが、それは、ロックでも、ケネーでも、スミスでも、慈悲深い宇宙の自然法であった。そして彼らは、神の恩恵によって導かれるこの究極的で自然な原因、すなわち労働と自然に換算される**尺度**（デヴァイス）を追い求めた。だが測定（メジャーメント）は、任意の諸単位を案出している慣習と法による純粋に人為的で集団的な考案物である。この任意の単位によって、宇宙と人間の活動は数の言語に還元されうるのである。

1. 価値の原因

スミス曰く、「価値という言葉は、次のように観察されるべきである」。それには、二つのことなる意味があり、ときにはある特定の物の効用を表わし、ときにはその物の所有がもたらす他の品物を購買する力を表わすということである。一方は「使用価値」、他方は「交換価値」と呼んでいいだろう。最大の使用価値をもつ物が交換価値をほとんど、あるいはまったくもたないことがしばしばあり、逆に、最大の交換価値をもつものが使用価値をほとんど、あるいはまったくもたないことがしばしばある。水ほど有用なものはないが、水はほとんど何も購買しないだろうし、水と交換に手にいれられるものはほとんど何もない。逆に、ダイアモンドはほとんど何の使用価値ももたないが、しばしばそれと交換に他の物をきわめて多量に手にいれることができる。[20]

(20) スミス『国富論』第一巻、p. 30〔邦訳、六〇―六一頁〕。

これらの理由から、スミスは、彼の後継者たちと同様に、経済理論から使用価値を排除して、経済科学は交換価値だけを扱わねばならないと考えた。しかし、現代の科学的管理法は経済学のなかに、使用価値を復活させた。だからスミスは、自らが使用価値を排除するに至った意味づけとは異なる、使用価値の意味づけを行なうべきであった。実のところ、スミスが実際には自らのすべての推論において使用価値の観念を保持していたことを、われわれは知っている。実際、彼の全哲学は使用価値の理論に基づいていた。その理論を、われわれはスミスがそれを定式化したさまざまなやり方を用いて分析してゆこう。

このような分析を行なうためには、すでに暗示したように、彼の価値という用語の分析を、使用価値と希少性価値という二つの構成要素に分けることが必要である。[21] というのも価値とは、現代の統計的必要条件からもわかるように、それ自身の物理的単位で測られた使用価値の量に、貨幣で測られた単位当たりの希少性価値を**乗じた**ものだからである。例えば、よく知られている小麦の**使用価値**の量がもつ**価値**は、そのブッシェル数に価格を、あるいは一ブッシェル当たりの希少性価値を**乗じた**値である。[22] スミスは、神の豊富性と人間の罪深さという諸前提をもって、自身の分析に取り組んだのであるから、われわれは、これらの諸前提のなかに、使用価値と希少性価値の意味づけを見出すべきである。

(1) 使用価値の原因

われわれは、労働の苦痛という用語を、スミスのいう「骨折りと労苦」と同じものとみなし、それを労働力から区別した。スミスは、労働力の理論も、使用価値の理論も、別々には展開しなかった。なぜなら、彼のいう自然の恩恵から生じる豊富性に関する理論も、ロックのいう原罪に対する罰に等しいものとしての労働の苦痛という理論も、のちにリカードが自然の貧弱性（ニガードリネス）を熟考したときに必要であるとしたような、自然の抵抗を克服するための力の理論を必要としなかったからである。だが、生産と交換に関するスミスの理論を検討することを通じて、彼が使用価値の原因としての労働力によっていわんとしたことを推論しても差し支えないであろう。このような推測からすれば、スミスの使用価値という観念は、外部世界を内部精神に模写（コピー）するという、ジョン・ロックの精神についての二元論的観念である。〔それによれば〕外部の物理的世界が使用価値であり、内部の心理学的世界が幸福である。

しかし、スミスのいう労働の苦痛の量は、彼にとって、労働力の量に等しい。その結果として、労働力によって生み出される生産物の量は、それに等しい内部的苦痛の量をともなう。われわれは、ロックの模写理論である、この同等性を心理主義的並行論と名づけて、「関数的心理学」や「折衝心理学」と名づけるものと区別する。心理主義的並行論は、外部世界を模写した内部精神という観念に従うものである。

四つの図表（図表2、3、4、5）を描いて、アダム・スミスによる独自な価値の公式および後代の経済学の諸派における公式と考えられるものを図示しよう。

それらの公式各々は学派固有の立場からより詳細な説明がなされうるが、それらの公式はすべて希少性と豊富性という同一の経済学的概念に依拠している。図表の意図からすれば、この図表の基準線は、ブッシェルで測った、商品小麦の希少性ないし豊富性であるといってよい。矢印で示された、基準線上の点が右側に移動するにつれて小麦の総量は豊富性のほうへ増大していく。点が左方向へと移動するにつれて、小麦の総量は希少性のほうへ移動する。右方向に向かうと豊富性は増大し、左方向に向かうと希少性は「増大」する。それゆえ豊富性とは

（21）第三の要素については、後述、*p. 300*「将来性」をみよ。

（22）Fisher, Irving, *Nature of Capital and Income*（1906）, p. 13 以下〔邦訳、大日本文明協会訳［一九一三］『資本及収入論』大日本文明協会〕。

希少性逓減のことであり、希少性とは豊富性逓減のことである。

スミスやリカードによれば(**図表2**)、生産物の量の増大は使用価値の量の増大であり、これは人類の幸福の増大と対応している。そのことの背後にある想定は、人間の欲求は総じて無限大であるということである。またスミスは使用価値を拒絶した。なぜなら、彼にとって、それは無限の**主観的**幸福を意味したからであって、それに対応した**客観的な**使用価値を意味するのではなかったからであった。

しかしこの**客観的な**使用価値は生産物の量と同一である。というのも生産物は使用価値の量にほかならないからである。したがって、スミスにとって、生産物の量の増大は、労働の苦痛ないし生産力の量における増大に等しいものであり、幸福の**主観的な**意味づけでの使用価値における増大に等しいものでもあった。この心理主義的並行論は実のところ正確には並行論ではなかった。というのも神の恩恵によって幸福もまた無償で増大させられたからである。

図2は、スミスより四十年後に、スミスのいう労働の苦痛という概念を放棄し、スミスのいう労働力のみを利用することによって、その並行論がリカードによっていかに単純化されたのかを示そうとするものである。実のところ、この変更は、自然という究極の哲学における重大な変更、つまり自然による神の豊富性から、一七九八年のマルサスの著作で導入された、自然による人口過剰と貧弱性への変更をともなっていた。しかしこの変更は使用価値と幸福との心理学的並行論におけるいかなる変更もともなっていなかった。豊富性における増大は、使用価値と幸福を生産するのに必要とされる労働力の量における増大である。とすればこの増大は、物理的生産物の量における増大と同じであり、その物理的生産物の属性、つまり小麦の使用価値は同じ割合で増加するし、その割合は人々の幸福が増加する割合でもある。

こうした並行論の根拠は、**図3**との比較によって図解されているように、明白である。スミスもリカードも**単**

図表2　心理主義的平行論
（スミス、リカード）

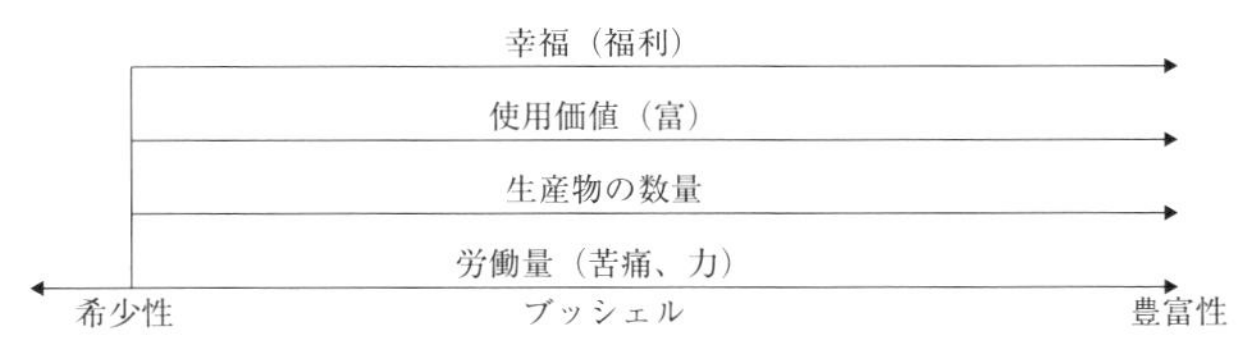

幸福（福利）
使用価値（富）
生産物の数量
労働量（苦痛、力）
希少性
ブッシェル
豊富性

図表3　関数的心理学
（快楽）

無限
使用価値（幸福）
代替的効用
効用逓減
価値
希少性
ブッシェル
不快
豊富性

図表4　関数的心理学
（快楽、苦痛）

無限
無限
（苦痛）
効用逓減
限界効用
効用逓増
価値
（快楽）
希少性
ブッシェル
不快
豊富性

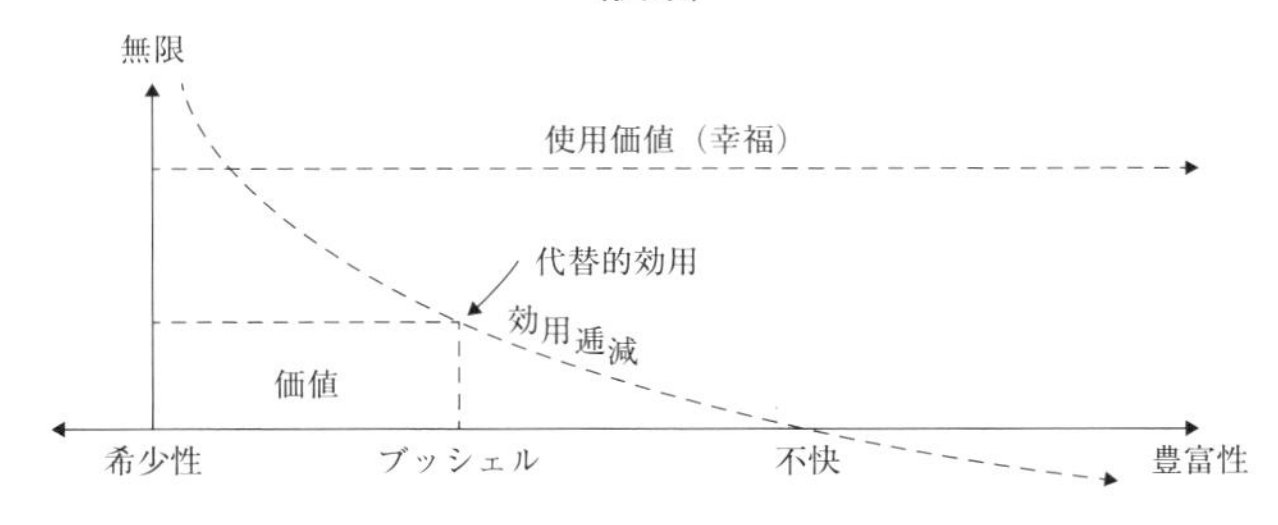

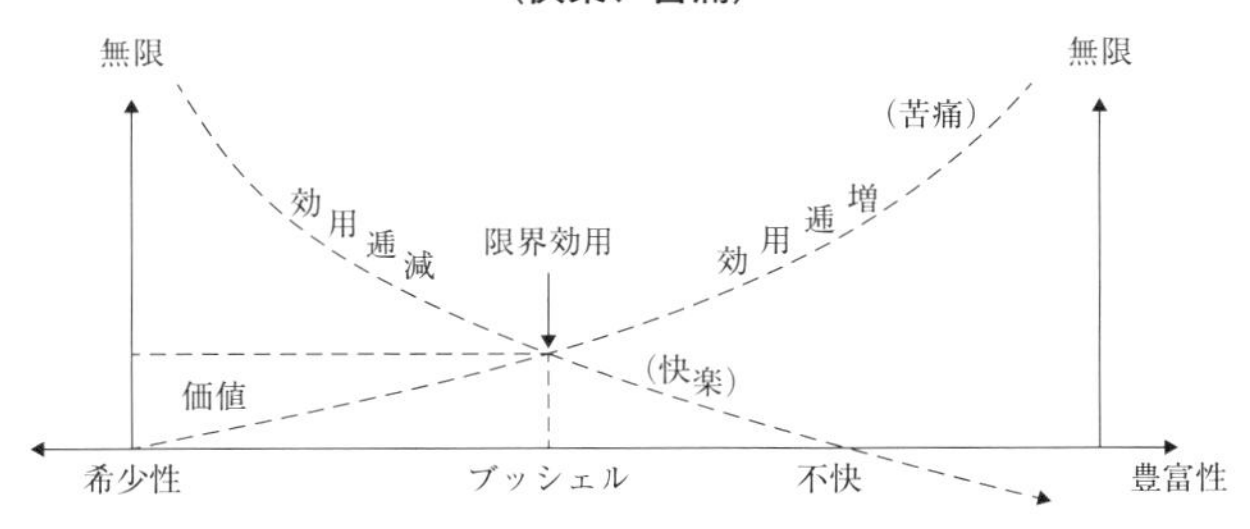

図表5　マルクスによる価値の公式

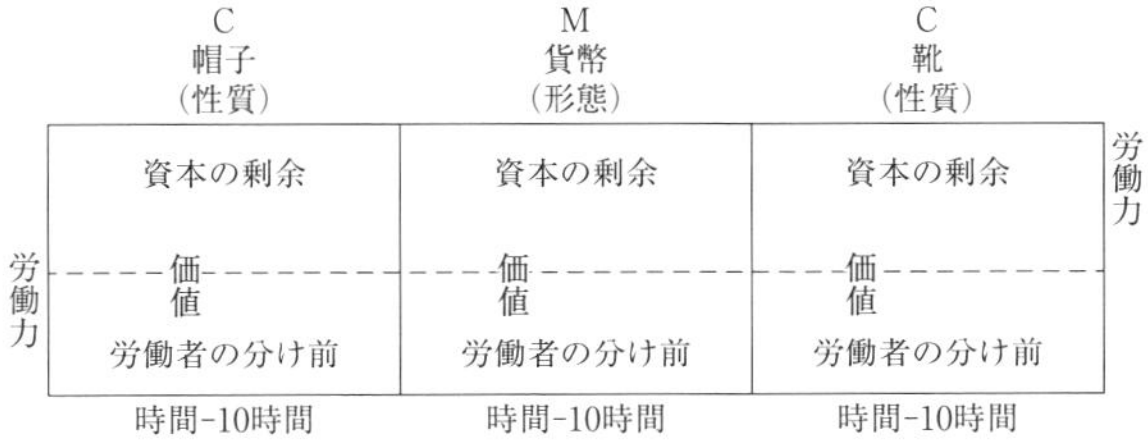

C
帽子
（性質）
M
貨幣
（形態）
C
靴
（性質）
資本の剰余
資本の剰余
資本の剰余
労働力
労働力
価値
価値
価値
労働者の分け前
労働者の分け前
労働者の分け前
時間-10時間
時間-10時間
時間-10時間

位当たりでの効用逓減という概念をもたなかった。この概念をわれわれは関数的心理学と名づける。というのもそれは希少性と豊富性に依存しているからである。こうした心理学的側面は、ゴッセン、ジェボンズ、ワルラス、メンガーらによって十九世紀の中頃以降にそれぞれ別個に発見された。いまや、主観的幸福（快楽）は（所与の生産物に対して）無限大ではなく、豊富性における増大にともなって**単位当たり**で逓減し、希少性の「増大」にともなって**単位当たり**で逓増することがわかる。豊富性という方向性においては、その幸福は、受益者を溺死させるあふれんばかりの水のように、「不快なもの」となるかもしれない。希少性という方向性においては、水は、水のない砂漠における生死についての「無限の」効用となるかもしれない。

　このような関数的心理学をスミスやリカードは知らなかった。だから一般的な幸福という意味づけを除いて使用価値の意味づけはまったく与えられなかったのである。だがそれにもかかわらずスミスは、使用価値およびそれに並行する幸福に対して、彼のいうまさしく「諸国民の富」という意味づけを行なった。使用価値についてのこのような意味づけの確認として、エドウィン・キャナンを引用しよう。

　キャナンが指摘したのは、富（ウェルス）という語が語源学上では「福利（ウィール）」の語形が長くなったものであり(23)、より古い語義での富は、次のようなある種の福祉（ウェルフェア）を意味していたということであった。すなわちそれは「小麦、肉、衣服や貨幣といった、いくつかの外在的な対象物の占有や定期的な受領に大きく依存していたために、その語は、それらの対象そのものに適用されるようになり、また同様にこれらの対象物を入手することによって生み出される身体および精神の状態にもこの用語が適用されるようになった」。アダム・スミスが富という語を用いた際、その意味づけは、主観的な福利にかわって、こうした外的な対象物になってしまっていた。その意味づけが「あまりに当たり前のことになっていたために、辞書編集者はより古い語義に言及するのを忘れてしまった(24)」。

　こうしたことは、われわれが十六世紀および十七世紀にジョン・ロックにおいて最高潮に達したとみなしている事柄と一致している。当時公共の福利（コモン・ウィール）と公共の富（コモン・ウエルス）は経済的数量のように相互に置き換え可能なものとして用いられていたのであり、またそれぞれの語は統治という政治的意味づけをも有していたのだった。[25] アダム・スミスに至っては、彼が拒否した「使用における価値（ヴァリュー・イン・ユース）」という用語は、類似した意味づけ、つまり福利と富という意味づけをもった。したがって、われわれの**図表2**で示されたとおり、福利は、幸福ないし福祉という主観的使用価値であり、それに対応するのは客観的使用価値ないし富であった。

178

　だがキャナンは、ローダーデールを除く、アダム・スミス、リカード、すべての自然科学的経済学者に至っては、富は交換価値[26]をも意味するようになった、とも指摘している。それは致命的な意味づけの拡張であった。なぜなら、福利、富、交換としての価値というこの三重の意味づけこそが、プルードン、マルクス、アメリカのグリーンバック党員によって理解されたような逆説的意味づけとなり、また貨幣供給が、生産されたないし所有されている、価値（使用価値）の豊富性に等しいことを要求する、すべての紙幣の理論家たちによって実際に理解されたような逆説的な意味づけとなったからである。[27]

---

(23) 図表2を参照。

(24) Cannan, Edwin, *A History of the Theories of Production and Distribution in English Political Economy from 1776 to 1848*（1894）〔邦訳、渡邊一郎訳［一九二六］『分配論』聚芳閣、以下、『分配論』と表記〕, I, p. 2.

(25) これらの意味づけが相互に置き換え可能であったことは、以下の書籍において明白である。*A Discourse of the Common Weal of This Realm of England*（おそらく一五四九年に著述されたもの。初版一五八一年。Elizabeth Lamond によって一八九三年に社会福祉事業団（マスター・オブ・ソーシャル・サーヴィス）から再版と編纂がなされた）。通例著者による認印があると考えられるが、不明である。

(26) キャナン『分配論』p. 5 以下。Lauderdale, Earl of, *An inquiry into the Nature and Origin of Public Wealth*（1804）.

(27) 後述、*p. 591*「世界的支払共同体」のケロッグ長官に関する部分をみよ。

以上のことからわれわれは、スミスやリカードの心理主義的使用価値に対応しているのは、ブッシェル、ガロンその他の物理的諸単位で測定された、物理的使用価値であり、それは彼らのいう社会的富ないし諸国民の富の意味づけに相等しいと結論づける。その意味づけの特殊性とは、その価値が豊富性に応じて**単位当たり**で低減せず、また希少性に応じて**単位当たりで**増大もしないことであり、それは、豊富性に応じて単位当たりで低減し、希少性に応じて単位当たりで増大する、効用逓減というのちの意味づけとは対照的である。使用価値とは、豊富性価値であるが、関数的価値は希少性価値なのである。要するに、使用価値とは、スミスが財や富によって客観的に意味づけたものについての彼の主観的意味づけであったのであり、それは豊富性に応じて増大したのである。この使用価値とは、豊富性に応じて増大するものであった。

もしそうであるならば、使用価値ないし財は、物理的および文化的相違にともなって変化するが、需要や供給にともなって変化しない種類の価値として記述されてもよいであろう。物理的な違いとは靴や小麦のような種類の違いであり、春小麦と冬小麦、第一級、第二級のような品質の違いであり、減耗、劣化ないし枯渇、損耗における違いである。その文化的諸変数を、われわれは文明価値として区別しよう。なぜなら、それらは、需要や供給において変化するのではなく、スタイルや流行、宗教や道徳において、また文明化による発明ないし発見においても変化するからである。その発明や発見は、欲求の対象を弓矢からダイナマイトへ、馬から自動車へ、絵画から映画へと変える。これらの文明価値（シヴィリゼーション・ヴァリュー）が逓減する使用価値であることは、陳腐化として区別されるべきであるし、それが逓増する使用価値であることは、発明として区別されるべきである。

別言すれば、使用価値とは物理的で文化的な属性であって、事物ないし人々についての希少性の属性ではない。しかし、希少性同様、その価値は心理学的言語をも有している[28]。その心理主義的価値はその物理的質に依存しているが、それらの量には依存していない。またその価値は幸福に依存しているが、希少性には依存していない。

さらに、それは現存する文明に依存するが、供給や需要には依存していない。それゆえ、使用価値は、諸々の対象物の色、形、重量、容積、体積と同様の方法で定義されるべきである。使用価値は実のところ数量的側面を有しているが、これらの側面は布であればヤード、木材であればコード、電力であればキロワット／時のような、それらの物質自身の物理的測定の諸単位をともなう物理的量である(29)。

物理的な使用価値というこの意味づけにおいて、それは客観的で心理学的な言語であり、それゆえ人間の欲求を満足させる事物と欲求そのものとの間の関係についての観念であるが、ここには個人の現実的依存関係についての観念は存在しておらず、いまやそれは多少なりとも特定の使用価値の量を有していることに依存している、と考えられるであろう。それはわれわれが心理主義的並行論と呼んでいるジョン・ロックの二元論的観念であるが、それは、福利と富についてのよく似た二つの言語の仮説でもある。つまり福利は幸福についての心理学的言語であり、富の豊富性はそれについての経済学的言語である。

スミスが取り扱っていたのは、**異なった**諸商品での交換価値における違いであって、異なった条件ないし異なった量の下で**同一の**商品を製造するのに必要とされる苦痛の増大ではない。一ブッシェルの小麦の生産に必要とされる苦痛（あるいはそれと同等の力）の総量は、一ブッシェルのじゃがいもの生産に必要なそれらの総量よ

---

(28)　快楽主義経済学者たちの影響を受けた近代経済学者たちは、たいてい使用価値の初期の意味づけにまでさかのぼって、自分たちの効用逓減の意味づけを読み込む。そのようにすることで彼らは効用に対して次のような二重の意味づけを与える。すなわち効用が、豊富性の増大に応じて**単位当たりで**逓減**しない**という初期の意味づけと、豊富性の増大に応じて**単位当たり**で逓減**する**という後期の意味づけがそれである。後者の意味づけは、古典派経済学者にも、その後継者であるカール・マルクスにも知られていなかった、と思われる。

(29)　オイゲン・フォン・ベーム＝バヴェルクは、『資本の積極理論』（翻訳、一八〇一年）のなかで、これらの「技術的」関係を政治経済学から除去している。それに対して、われわれはそれらの関係に、効率性および管理取引についての概念を見出している。

りも大きい。それゆえ、二ないし三ブッシェルのじゃがいもが一ブッシェルの小麦と交換される。リカードは、労働の苦痛からスミスのいう等価労働へと変化したとき、同じような交換価値を考えていた。小麦はじゃがいもの、二ないし三倍の労働力を含んでおり、このことが小麦とじゃがいもの間の交換比率を説明する。

快楽主義経済学者が**同一の**商品数量の増大における**単位当たり**の効用逓減に気づいたあとで、ある違った問題が生じた（**図表3**）。もし**単位当たり**の効用が、供給が増大するにつれ逓減するのであれば、供給の増大を生み出すのに必要な労苦の増大とともに、不効用ないし**単位当たり**の苦痛もまた、増大しないのではないだろうか。この見落としは、オーストリアの快楽主義学派の欠点であった。彼らは、労働が機械に置き換えられるにつれて、われわれは、スミスが記述したような原始時代における「苦痛の経済」から卒業して、「快楽の経済」へと向かうと主張した。しかし、同じ商品における産出量の増大を生み出すのに必要な努力が増えたことにともなって、苦痛は依然として残り続け増大する。だから、古典派経済学は新古典派主義として返り咲いたのであり、その主義の図式的公式を**図4**のように示しても差し支えないであろう。もし供給がまったく存在しないのなら、その場合、水のようないくつかの事例においては、（使用価値ではなく）効用は無限大にまで上昇するかもしれないし、それを生産するに際していかなる労働の苦痛も存在しないことは明白である。しかしもし労働が増大するならば、その場合**単位当たり**の快楽が逓減するにつれて、**単位当たり**の労働における苦痛の強度は増大する。

しかし、その樹は天まで伸び続けない。いくつかの点、つまり限界効用の点において、逓減する快楽と逓増する苦痛が等しくなるので、その供給は増大するのをやめる。

それゆえ、限界効用には、オーストリアの快楽主義のそれと新古典派のそれによる、二つの説明の型がある。前者の苦痛のない経済学においては、ある商品の快楽逓減は、代替商品の快楽がその逓減を上回るところの下降点に達する。その結果、すべての商品におけるすべての効用逓減のなかから選択することによって均衡は達成される（**図表3**）。代替商品間での選択点は、あらゆる商品にとって等価なマージンを規定し、その点が均衡点となる。この型の説明は、一九八〇年にベーム・バヴェルクによって、「効用費用」の教義として、あるいは最適な代替商品のなかからより良いものを選択することによって得られる限界収益として登場した[30]。

しかし、新古典派型の説明における限界効用の平衡点（バランス）は、継続的な生産における苦痛が同じ商品の継続的消費における快楽と平衡する点である（**図表4**）。

このように、スミスの並行論は十九世紀末の時点で、使用価値の意味づけを効用逓減に変更し、なおかつ苦痛の意味づけを不効用逓増に変更することによって、関数的心理学となっていた。価値の概念は、それまでと同じく、依然として二つの特質からなる概念であり、今度は、それは、限界効用ないし希少性価値×生産量ないし使用価値であり、かつてそれは労働の苦痛×使用価値の量であった。

スミスが、自らの経済学の理論化のなかで使用における価値のための、つまり諸々の個人サービスのための場所を見出すことができなかったことには、別の理由がある。これらのサービスは、見かけ上無形のものであり、実行された途端に消滅する。しかしそれらはたしかに有用なものであり、またそれらの有用性は、サービスが実行されたあとも持続する。スミスと彼の信奉者たちは、「生産的」労働を「非生産的」労働と区別することで満足していた。内科医や外科医、法律家、政治家や政治屋、牧師や司祭、教師、音楽家や役者、科学者、家事使用人、主婦は、「非生産的」であった。なぜなら、彼らの労働の有用性は、市場で蓄えられ、売却される商品のなかに、あるいは他の商品や他人の労働力と直接交換されうる商品のなかに現われていないからである。そのようなサービスの**価値**が測定されうる唯一の手段は、賃金もしくは給与のように、貨幣に換算するか、それらのサー

(30) 後述、*p. 307*「サービスの費用と生産の費用」をみよ。

ビスと直接交換される商品に換算するかである。このような理由から、労働そのものは、商品としてのみ扱われうるのであり、その商品の価値が、交換価値なのである。個人サービスは交換価値をもつ。しかし、その使用価値は他の人々の幸福のうちに現われるしかなかったのであって、トン、ヤードのような、幸福を測定することができるいかなる測定法も存在しなかったのである。

181

その価値は商品のなかに「体化された」労働とは異なったものであった。労働はその商品に付加価値を与えたが、その「使用価値」は心理的なものとみなされたので、付加価値は、付加された交換の価値としてしか測定されなかった。

経済学理論化の百五十年は、これらの個人サービスにまっとうな地位を与えるという問題の解決に知恵を絞ってきた歳月である。もしそれらが使用価値であるならば、ドルによって計測する以外にどのようにしてそれらを測定できるのだろうか。しかしドルは自らの希少性価値を測定するのであって、使用価値を測定するのではない。ドルは自らの需要と供給、ないし自らがもつ交渉力、ないし慣習の力を測定するが、自らの有用性を測定しない。理論化が試みられてきたこの一世紀半にさまざまな概念と装置が導入されてきたが、それらの概念と装置によって個人サービスの有用性は使用価値の一般的概念における「生産的」労働の有用性に吸収されたといっても差し支えないであろう。それらの概念のうちの一つが、マルクスによって導入され、科学的管理の諸理論において精緻化された「平均マンアワー」[a]である。もう一つの概念は、マンアワーによって測定される、「間接的（オーバーヘッド）」労働の概念である。それは、いかなる特定の商品に対しても使用価値を付加しないが、ゴーイング・コンサーンによって生産されるすべての商品に対して使用価値を付加する。この間接的という概念は、部分・全体関係についての現代の公式における特殊事例である。もう一つは、科学者、発明家、技術者の精神的労働の概念である。それは特定の権力組織にとっての「間接的」労働としてみなされ、結果的にあらゆる種類の労働のなかで最も生産的なものとなった。なぜなら、その労働は、他のすべての人間の才能を結合したものよりもいっそう多くの、使用価値の産出を生み出す能力を高めるからである。このほかにあるのは、教師、牧師、司祭、政治家、政治屋、警察官等々の国家単位の間接的労働として識別される何かである。彼らの仕事は全体として、租税からであれ、他のいかなる源泉からであれ、彼らが受け取る報酬にかかわらず、使用価値の産出を増大するという国家の能力を全体として高める。

もう一つの概念は、使用価値という用語そのものの意味づけに関する分析である。それは、自然の諸力（フォース）の効用、形態の効用、時間の効用、場所の効用という「効用」の四重の意味づけである[31]。自然の諸力の効用とは、どのようなときでも利用される自然の諸力のことである。それらの力の利用状態は、それらがもつ交換価値、価格、支払われた賃金にかかわらず、形態、時間、ないし場所において、つまりどのように、いつ、どこで必要とされるかによって、変化する。内科医、外科医、家事使用人、主婦、そして音楽家と役者さえも含まれる、いわゆる個人サービスとは、形態、時間、場所という付加物が、役に立たない自然の要素を、別のやり方で利用しているということである。それらは、モノの物理的な使用価値を直接的に高めるが、これらのサービスに対して認められている報酬は、交渉力、慣習、希少性、機会、その他のものというまったく別の領域のなかに存在しており、またそのサービスが提供される時と場所に経済的に依存しているのか、それとも依存していないのかというあらゆる事情のなかに存在している。

他者へのサービスと他者に対する力との、生産と取得との、そして使用価値と希少性価値との間にある、こう

（a）人時のこと。一人一時間当たりの平均を表わす単位。
（31）すなわち、使用価値である。

した不一致こそがまさしく、経済学者をさまざまな学派に分裂させた。その不一致を、スミスは個人主義対重商主義という一つの争点を自らの最大の関心事としていたために棚上げしていた。

スミスの時代に続く世紀の間に導入されたこれらの改善に向けての工夫をアダム・スミスの概念が欠いていたとするならば、使用価値の原因についての彼の概念とはいったい何であったのか。それは豊富性を増大する何かであった。スミスには、この豊富性を増大する五つの要因が存在していた。それらは豊富性を制限する労働の苦痛とは区別されていた。すなわち、労働力、分業、交換、貯蓄、そして農業における自然の恩恵がそれである。

カール・マルクスはのちに、ロックとスミスによって暗に示された種類の労働力を、肉体的、精神的、管理的力(パワー)として精巧に作り上げた。われわれがそれらにさらなる正確さを与えようとするならば、われわれはそれらを動力機構(モーション)という用語にまとめるべきである。その場合、肉体的力は、神経、筋肉、骨の使用によって自分の体をあるいは他人の物理的身体を動かす力を意味することになる。それは正しくは「肉体的」力というよりも物理的力である。それは、直接的な強い衝撃力をもってモノを、あるいは自分自身を、あるいは他の人々を動かす物理的力である。これは、物理的な力であり、暴力であろう。

しかし、精神的力とは、別の肉体を直接動かすことによって、自分たち自身の物理的諸力を動かすように、空間ないし未来の時間という隔たりをもって、間接的にモノを動かす力である。道具、機械、原動機、飛行機は、精神的力に起因しているのである。

管理的力とは、同じく動力機構という用語においては、人々の物理的、精神的、人格的力によってモノや人々を動かす力である。

まとめると、力についてのこれら三つの側面は、より正確にはマンパワーと名づけられる。実のところ、ロック、スミス、マルクスが用いたのはそうした労働の意味づけであった。というのも、彼らのいう労働者は明らかに、物理的、精神的、管理的な労働者だったからである。使用価値の豊富性と諸国民の富を増大するのは、まさしくマンパワーである。

しかし、このマンパワーによる最高の生産性は、分業から生じる。それによって特化が可能になり、それが交換を必要とするのである。スミスのすべての労作は、多くの多様な分業を通じた生産性増大についての評釈であり、それは、工場の分業から始まり、次いで産業的、地域的、国際的な分業へと進んでおり、その分業のすべてが生産物の交換を必要としている。

183

その結果、交換価値は、スミスによって、労働力が特化を介して最大の使用価値量を生産する場合に、その労働力がとらねばならない「形態」であるとみなされた。もし労働力が使用価値の原因であるならば、それは文明という環境の枠内でのみ作用しうるのであり、その環境が使用価値から産み出される物がとる種類と形態を決定するのである。

スミスの使用価値の観念に含まれていた原因、種類、形態というこれらの含意をのちに公式化したのは、カール・マルクスである〔**図5**、〔原著〕p. 175をみよ〕。ロックとマルクスの用語における、**原因**ないし「実体」とは、労働力である。使用価値の**種類**は、帽子や靴のように、物理的条件および文明の条件によって決定される。その価値の**形態**は、スミスによれば、生産的労働と非生産的労働という二つの形態をとる。前者は交換を予定された生産物の原因であり、後者は即時的消費のための生産物の原因である。両方とも有用ではあるが、生産的労働は、交換価値の形態で使用価値を作り出す一方で、非生産的労働は、即時的消費に向けた形態で使用価値を作り出す。

それゆえ、労働が生産的であった形態とは、マルクスに立ち戻って読めば、分業が強いる交換価値の形態のことであり、また労働が非生産的であった形態とは、交換価値をまったくもたない消費財の形態のことであった。前者は、「商品」によって意味されるものである。一つの商品は、交換価値の形態において一つの使用価値である。[32] 交換価値を促すものは、それが何であっても、費用をともなうことなく、生産を高める。このような理由から、費用のかかる金(ゴールド)にかえて費用のかからない媒介物を使用する、銀行システムと紙幣が、それゆえ生産を高めるのである。[33]

この点でスミスはケネーと異なっていた。ケネーは、農業共同体に属していた。この共同体の繁栄は、彼にとって、高い交換価値での農産物の豊富性いかんにかかっていた。しかしスミスは、ロック同様、農業国と製造業国の両方に属していたのであり、その繁栄は、農産物と製造業の生産物との交換いかんにかかっていた。ケネーは、その状況を、商品のフローとして描いた。他方、スミスは、それを、ある領土における分業および職業的分業として描いた。

スミス曰く、あらゆる国の歳入は「彼らが勤労によって入手する生活資料の量」に存しているとはいうものの、

> ある個別の国は、商工業によって、その国自身の土地が耕作の現状で提供しうるよりも多くの生活資料を、年々輸入することができる。町の住民は、しばしば自分の土地をもたないとはいえ、自分たちの勤労で、他の人びとの土地の原生産物が、自分たちの仕事の原料ばかりでなく、生活資料の原資をも、自分たちに供給するだけの量を、自分たちのところへ引きよせる。一つの独立の国家または国は、しばしば、他の独立の国家または国ぐににたいして、町がつねに近隣の農村にたいしてもつのと同じ関係をもつことがありうる。……少量の製造品は多量の原生産物を購入する。……反対に、商工業のない国は、一般に、自国の多量の原生産物を投じて、諸外国のごく少量の製造品を購入しなければならない。[34]

これらの、農業生産物の低い交換価値、および製造業の高い交換価値はまだ農場主にとって過酷なものではな

かったのであり、ケネーが主張し規定したように、そこでは諸々の人為的希少性の介在はまったくなかった。それらの希少性は必然的で、それゆえ自然な交換価値であり、その価値は特化と交換を通じた分業および労働生産性の拡大に従っていた。もし農場主が自分たちだけで製造しなければならないのであれば、その場合彼らの収穫物は量に還元されることとなろう。領土における分業を通じた、彼らの生産性の増大こそが、彼らの生産物の低い交換価値を農場主自身にとって有益なものにしていたのである。彼らは自分たちが低価格で失う以上のものを生産性の拡大で埋め合わせていた。都市と農村との、国家間での、国家とそれらの国家の植民地との間での貿易を重んじる、スミスの洗練された歴史研究は、交換価値が労働生産性における格差に従うと認められる場合に獲得される、代償として受け取る利益を論証することを目論んでいた。

しかしこれは生産性の意味づけにおける変更であった。ケネーは、生産性が、交換価値をもつ諸商品の〔物質的な〕多さ（バルク）いかんにかかっているとしたのであり、また自然の生命力のみがその数量を増大することができるとした。しかしスミスは、生産性の意味づけが、交換価値をもつ諸商品の**使用価値**いかんにかかっているとし、また労働力が、その諸商品の数量を拡大することなく、自然から生み出される原材料に使用価値を付加するとした。それゆえ、富が交換価値をもつ諸商品の数量に存しているのか、それともその数量における増価物に存しているのかについて彼らの間に意見の相違があったために、スミスとケネーは実際には自分たちの生産的労働と不生産

（32）　Marx Karl, *Capital*（翻訳は Kerr 版、第3巻、一九〇九年。原著は一八六七年）（邦訳、資本論翻訳委員会訳〔一九八二〕『資本論』新日本出版社）、第1巻、第1章。後述、*p. 251*「効率性と希少性」みよ。

（33）　アダム・スミス『国富論』第1巻、pp. 279–283〔邦訳、第二編、四八―七二頁〕。

（34）　同書、第2巻、p. 175〔邦訳、第四編、三二二―三二三頁〕。

185

的労働における意味づけにおいて部分的には意見を同じくしていたけれども、かなり食い違っていたのである。生産的労働者とは、スミスにとっては、他者との交換のために生産する人々である。そしてケネーのいう自然の生産性もまた交換のための生産である。不生産的労働者は、自らがあるいは他者が**消費する**ために生産する人々であり、このことから、ケネーにとっては、自然もまた不生産的なものとなった。ケネーにとって生産的であるためには、自然が、**交換価値**を有する事物の数量を増大しなければならない。しかし、スミスにとっては、労働力が、交換価値を有する事物の**有用性**を増大しなければならない[35]。

このように、スミスにとっての生産的労働とは、交換価値の形態で使用価値を生み出す労働のことであった。彼によれば、交換価値のみが諸国民の富を生み出す。なぜならこれらの価値は、交換価値をもつ使用価値の豊富性を分業が拡大しているところにのみ存在するからである。

しかし交換価値の**形態**は、それが使用価値の豊富性を増大する形態だからという以外に、何ら重要ではない。スミスのいう交換価値の観念は、重商主義と戦ううえでの最も重要な自らの発見、つまり有効需要（エフェクティヴ・ディマンド）と貨幣需要とを区別するという発見を彼に与えた。有効需要は交換のための財の生産に存しているのであって、貨幣の占有（ポゼッション）に存しているのではない。そしてこの生産は、交換価値の形態にあることを除いては、需要として有効ではない。重商主義者は、需要の増大は貨幣供給を増大することによってもたらされうる、と論じていた。しかしスミスは、交換のための財（使用価値）の生産に比例してのみ貨幣そのものが国家と諸部門に割り当てられることを示した。労働と諸商品のために有効需要を創出するのは貨幣ではなく、諸商品である。そして諸商品は、貨幣によってではなく、労働によって作り出される。そのとき、交換価値の形態で使用価値を生み出す生産的労働こそが、他の生産的労働にとって有効な需要（エフェクチュアル・ディマンド）である。それゆえ交換価値は単なる物理的なモノの形態以上のものである。それはすべての生産的労働者階級が自らの生産性を高めるべく互いに与えあうことの誘因である。しかしわれわれはこの誘因の意味づけに取り組むとき、その意味づけを、貨幣価格へと変化させるのであり、それをスミスは除外したのである[36]。

スミスの有効需要の考えは彼の分業論いかんにかかっており、その分業論は貨幣と効用逓減の双方を排除していた。分業こそが、ケネーの循環の考えを「有効な需要」の関係に転化したのであった。ケネーはそうした考えを、自然という点から構築することができなかった。彼は二つの循環を、すなわちある方向では貨幣の循環を、それとは逆の方向では財の循環を考えた。しかしスミスは自らの交換価値の意味づけから貨幣を除外した。ケネーによれば、商人と製造業者は、重商主義の特権を通じてことを進めてゆくうちに財の循環から、恣意的に多くの財を抜き出しているにすぎなかった。しかしスミスによれば、諸商品を消費するかわりにそれらの使用価値を蓄積する、製造業者は、その行為によって有効需要を、つまり交換に際して他の商品のみならず労働をも支配する力を作り出す。交換価値の形態を有している使用価値の労働による増大は、労働そのものにとっての、また労働によって生み出される他の使用価値にとっての需要となる。そして、大量の原料に取って代わる使用価値こそ消費者が望むものであるから、当然の結果として全体としての労働需要は、資本家によって蓄積され、また労働者によって生み出される、将来の使用価値との交換において生計の資となるものおよびその生活を維持するものとして労働者に与えられる、全体としての使用価値の増大となる。労働の有効需要と、他の生産物の、もちろん外国からの輸入品を含む、有効需要はともに、資本家によって蓄積され、また交換に利用可能な、使用価値の量によって制限される。生産されるやいなや消費される使用価値は、スミスも口にしていたような、支配する力

(35)　同書、第1巻、p. 30以下、および第2巻、p. 161以下〔邦訳、第一編、六〇頁以下および二八一頁以下〕。

(36)　後述、*p*. 555「需要と供給の商業法」をみよ。

にも、有効需要にもいっさい残されていない。この使用価値はその存在から消えてしまったのであり、もちろんその交換価値や、諸商品が他人によって生産されるように誘導する力も、使用価値とともに消滅したのである。しかし移転可能で累積的な使用価値の形態で生み出される使用価値は、労働および他の商品に対する有効需要になる。そうしたことは現実の市場において生じているし、ある需要の結実にみられることもある。ところが、消費はされるが、市場において現われるそれと同等の複製（リプロダクション）をいっさい残さない使用価値は、不生産的である。

このように、スミスが用いたような「生産的」という用語は有効需要と同義であり、「不生産的」という用語は有効需要の創出に失敗したことを意味している。それゆえ貨幣ではなく商品が、希少性ではなく豊富性が、分配ではなく生産が、諸商品と労働に対する有効需要を創出し、また交換価値の形態でしかそのような有効需要を創出しない[37]。

のちにジェームス・ミルによって完成される、スミスの有効需要の観念から引き出された結論とは、「過剰生産」といったものはいっさい存在しえないということであった[38]。それは、使用価値が豊富性の増大にともなって単位当たりで逓減しない、という概念から論理的に引き出された結論であった。スミスにとって、調和と豊富性が支配的な世界において過剰生産がありうるのであれば、それはまた神の恩恵へのけしからぬ非難が存在したことにもなったであろう。効用逓減が発見されてはじめて、貨幣は経済理論に復帰したのだった。事実、マルサスが効用逓減の発見以前に新しい神の考えを創造してはじめて、豊富性のただなかにおける失業による飢餓に合理的な説明を与えることが可能になるのである。

交換価値、分業、生産的労働を通じた、この有効需要の観念こそが、スミスに、使用価値の豊富性についての、彼のいうその他の大きな原因、すなわち倹約、吝嗇、貯蓄を与えたのだった。ここでスミスはチュルゴーに従ったのであり[39]、また経済学百五十年にわたる、貯蓄過程についての物理的・法的等価物を確立したのである[40]。

貯蓄の法的等価物は私有財産である。その物理的等価物は、スミスに従えば、たとえ数日であったとしても、労働と農耕からの産出物を保蔵することにある。その貯蓄とは貨幣の貯蓄ではなく、使用価値の貯蓄である。商人は諸商品の形態で貯蓄する。農場主は野菜、穀物、家畜の形態で貯蓄する。製造業者は機械と諸商品の形態で貯蓄する。その法的等価物は所有権であるが、その物理的等価物は貨幣ではなく、農場施設であり、機械設備である。そしてこれらが貯蓄されるのは、それらの貯蓄が、あるいはそれらの貯蓄から期待される生産物が、交換価値をもち、それゆえ財・サービスの形態で他の使用価値に対して有効な需要をもつからである。

リカード以降、経済学者は、生産を、自然の抵抗を克服し、必要を満たすあらゆるサービスを産出するための努力とみなした。しかしスミスはその生産についての観念を、財産に対して生じる自発的意志という自らの概念のなかで、論じた。それゆえ、彼の「生産的」労働とは、販売可能な商品を創り出す労働のことであり、その商品は蓄積されうるものであり、また蓄積されたあとにはその使用価値の範囲で有効需要を構成することができるものであった。それとは別の労働力は、それが直ちに消滅するサービスのみを創り出すという点で「不生産的」である。あるいは仮にそれが物理的生産物であったとしても、それは市場において有効なものとなりうるところ

(37)　スミス『国富論』第1巻、p. 333 以下〔邦訳、第二編、一〇九頁〕。
(38)　後述、*p.* 348「リカードとマルサス」をみよ。
(39)　後述、*p.* 487「資本と諸々の資本」をみよ。
(40)　この推論は貨幣の排除に基づいていた。それは物理的貯蓄の概念であったのであり、金銭上の投資や負債ではなかった。のちになされた物理的貯蓄と金銭的投資を同一視する、諸々の仮定は、ヴィクセルの門弟たちによって疑問を呈された。これについては、後述、*p.* 508「限界生産性から資本の産出へ」をみよ。

に姿を現わすことなく、周囲に溶け込んで消滅するだろう。彼の使用価値は、貨幣を介在させない、将来の交換のための在庫品目録であった。それゆえ生産とは、彼にとっては、単なる使用価値の生産ではなかった。彼にとっての使用価値とは、物理的に存在する属性であり、それは交換のなかで蓄積されうるものであり、次々と（持ち手を変えて）移動することができるものである。生産とは交換価値の生産であった。これは矛盾しているように思われるかもしれないが、スミスが最も関心を抱いていたのは、希少性でも貨幣でもないということを考慮するなら、それは矛盾していない。彼の関心事は、他の国々の諸商品やサービスに対する使用価値の有効需要のために、それらの豊富性を創り出す自発的意志にあった。[41] これは、単なる願望という無効な需要や単なる貨幣の購買力にかわって、生産性、倹約、交換という手段によって達成されるべきことであった。スミスにとっては、諸商品は諸商品によって購買されるのであって、貨幣によって購買されるのではない。

このように生産的労働とは有効需要の生産であったが、不生産的労働は、資本家がその有効需要のために貯蓄することができる、いかなるものも残すことなく消え去るものだった。それゆえ、スミスにとって、生産、効率性、労働力という技術的問題は、収穫逓減および収穫逓増、生産要素の均等、労働管理というのちのいくつかの意味づけのなかには、またインフレーションやデフレーションという信用および貨幣の問題のなかには、現われていなかった。生産と蓄積はともに、彼にとっては、無色透明な媒介としての貨幣をもって、労働し、貯蓄し、交換し、そのようなことから使用価値の豊富性を増大するという自発的意志からもたらされる単なる結果であった。

ケネーとスミスの間にある主な違いを特徴づけていたのはこの倹約の学説であった。ケネーにとっての蓄積とは自然によって生み出された物理的な量の蓄積であったが、スミスにとっての蓄積とは労働によってこれらの物理的な量に付加された使用価値の蓄積であった。一方のそれは天然資源の保存であったが、他方のそれは倹約であった。それゆえ、スミスは、一般には有用で交換価値があると認められている、すべての召使、政府におけるすべての役人、すべての君主、知的職業階級、音楽家、軍隊、海軍等々の労働が不生産的であるということに関して、ケネーに同意しているが、それらを不生産的であるとスミスが考える理由が、ケネーとは異なっている。スミスにとって、これらの階級の仕事は「その行為が為されたまさにその瞬間に消え去ってしまう」ので、「それゆえ蓄えられない」。ケネーにとって、それらの仕事は物質的なモノの多さを増加させたのではなく、実際にはそれらの仕事の交換価値量をその多さから差し引いていたのである。ケネーは、同じ論法を「技術家、製造業者、商人」にも適用した。彼らの労働は不生産的である。なぜなら彼らの労働は物質的多さを増大したのではなく、その物質的多さを減じていたからである。しかしスミスにとって彼らの労働は生産的である。なぜならそれは実行された瞬間に消え去っていなかったからであり、またそれは、彼らが消費した使用価値に等しい追加的な交換価値を有する追加的な使用価値を生み出していたからである。蓄積とはこの追加的な使用価値を交換可能な諸商品の形態で蓄えて、等価な使用価値へと回復することにある。(42)

例えば、自然は一ブッシェルの種子から五十ブッシェルの小麦を生み出すが、その小麦が小麦粉の形で製粉業者から戻ってきたとき、農夫は一ブッシェルの小麦からつくられた小麦粉との交換において数ブッシェルの小麦を自らが手放したことを知る。ケネーは、こうした農夫の小麦からの控除を、製粉業者の不生産的労働における交換価値の拭いがたい特徴とした。スミスはより掘り下げて、それを製粉業者の生産的労働によって与えられた、

(41)　この矛盾こそがプルードンとマルクスの論争を引き起こした。後述、*p.* 366 をみよ。

(42)　スミス『国富論』第1巻、p. 314、第2巻、pp. 173-175〔邦訳、第二編、一一〇頁、第四編、三一九―三二二頁〕。先述したように、われわれは使用価値という用語をスミスの「富」に相等しいものとして使っている。

追加的使用価値をもつ交換価値であるとした。ケネーにとって、製粉業者は非生産的であった。なぜなら彼による小麦の消費は市場における小麦の多さを減じたからである。スミスにとって、製粉業者は生産的であった。なぜなら製粉業者の小麦との交換において農夫に対して与えられる小麦粉において増大した使用価値は、農夫によって製粉業者に与えられる小麦において減少した使用価値に等しいからである。製粉業者は、小麦粉を自ら消費するかわりに、自らがそれを農夫に売る限りにおいて、小麦の使用価値以上の小麦粉の追加的な使用価値を蓄えたのである。このように彼の労働は、もしそれが農夫と交換されるべき使用価値を生み出すのであれば、生産的である。

このように、スミスの節約（セーヴィング）学説は彼の労働力、分業、交換価値および使用価値の諸学説と不可分である。ケネーの循環過程は、スミスにとって、財の多さを減じる過程であるどころか、節約の過程そのものである。というのもその循環過程は増加した交換価値という形態で使用価値が増加しつつある過程であったからである。交換価値は、このようにして増大したときに、「貯め込まれ、貯蔵され、必要とあらば何か別のときに用いられる」こととなった。蓄えられているのは、モノの多さではなく、交換価値を有する使用価値の増加額である。

このように、生産的労働と不生産的労働を区別するだけでなく、生産的消費と不生産的消費を、蓄積と消費を、豊かさと貧困を、有効需要と願望ないし貨幣をも区別するのは、交換価値を有する使用価値の節約である。生産的労働とは、節約を通じて、交換価値を有する使用価値を蓄積する労働のことである。使用価値の生産的消費とは、生産的労働から、少なくとも等価な使用価値の蓄積に置き換えられた、消費のことである。この蓄積は単なる貯蓄にすぎないが、富とは、単なる使用価値の豊富性ではなく、蓄えられている諸商品、諸改良、諸機械の豊富性という形態で交換価値を有する使用価値の豊富性である。有効需要が生じるのは、諸々の願望が交換価値を有する諸商品によって裏打ちされるときだけであり、これがスミスの「生産的労働」の意味づけである。

最終的にはこれらの商品の蓄積そのものが消費可能な使用価値を生み出すだろうし、またこれらの〔商品の〕改良や機械が使用価値の量を、したがってまた交換価値の量を大きくするだろうということが当たり前のことのように思われている。しかし、使用価値の豊富性が幸福をもたらす、これら最終的な使用価値はそれらが現われるときには心理学的なものになっているであろうし、またその価値は消費者の嗜好と同じぐらい多種多様なものとなっているであろう。それゆえスミスは使用価値を経済学から排除したのである。その一方で、重要となる価値とは、交換価値の形態を有する貯蔵された使用価値、すなわち、永続的な有効需要の力である。交換価値の形態での使用価値の数量を増大させよ、そうすれば、最終的な消費者の使用価値は個人の心理にゆだねられてもよいだろう、と。

この概念は未だに優勢な常識的観念とまったく同じである。国民の「生産的」労働とは、今日でさえ、市場において交換価値を有する諸商品を生み出す労働であり、他方で本国ないし農場用に〔諸商品を〕生み出す労働は不生産的であるとみなされている。

しかし、これはスミスの交換についての考えとは異なっている。スミスは、ケネー同様、貨幣を交換価値の意味づけから排除した。貨幣は単なる不安定な価値尺度にすぎない。だが現代の生活と負債は貨幣の売れ行き（セール）いかんにかかっている。それは資産と債務におけるインフレーションとデフレーションである。その気まぐれ〔な変動〕は、使用価値、労働の苦痛ないし労働力に対していっさい注意を払わない。貨幣を取るに足らない何かとして排除したことによって正統派経済学は近代経済を扱うことができないままとなった。

スミスはさらにケネーからの一風変わった残存物を保持していた。その残存物は現代の常識にも、また「農業経済学者たち」によっても保持されており、それはジョン・ロックの洞察の奥底への退歩であった。ロックは、労働が、農業において、総価値のうち九十九パーセントほどを生み出し、自然は一パーセントしか生み出さないと考えた。ケネーは、自然が、農業において、国民によって生み出される総価値のうち百パーセントを生み出し、労働は何も生産しないと考えた。スミスは、まさしく彼が、のちにリカードが含めて考えたような使用価値を、自らの経済学理論から排除していたがゆえに、労働こそが、あるいはむしろマンパワーこそが使用価値を生み出していることを理解できなかった(43)。同様に、スミスは自然の恩恵と豊富性という仮定を支持していたので、マルサスやリカードとは反対に、マンパワーが生み出す使用価値と自然が生み出す物質的多さを完全には区別しなかった。

スミス曰く、

> 農業でも自然が人間とともに労働する。そして自然の労働には費用がかからないけれども、その生産物は、もっとも費用のかかる職人の生産物と同様に、価値をもっている。……地代は、地主が農業者に使用権を貸しつけている自然の諸力の生産物だとも考えられている。……製造業に使用されるこれと等量の生産的労働が、これほど大きな再生産を引き起こすことはけっしてありえない。製造業では自然は何もせず、人間がすべてをする。……したがって農業に使用される資本は、製造業に使用される等額のどの資本よりも多量の生産的労働を活動させるばかりでなく、それが雇用する生産的労働の量にたいする割合においても、その国の土地と労働の生産物に、つまりその国の住民の真の富と収入に、はるかに大きな価値をつけ加える(44)。

このように、農業のより大きな生産性を重んずるケネーに対するスミスの譲歩とは、ジョン・ロックの豊富性であった。ロックは、労働が総価値のうちの九十九パーセントを生み出すものであるとした。スミスは、農業労働が製造業労働よりも生産的であることは認めたが、ケネーが述べたように、前者はもっぱら「生産的」で後者はもっぱら「不生産的」であるとはいわなかった。スミス曰く、「二人の子どもを産む結婚のほうが、二人の子しか生まない結婚よりも確かに生産的であるように、農業者と農村労働者の労働のほうが、商人や工匠、製造業者の労働よりも確かに生産的である。だが、一方の階級のほうが多く生産するということが、他方の階級を不妊とか不生産的にするわけではない」[45]。

しかし、ケネーとスミスの双方に反して、われわれは次のような結論を下す。労働が生み出すのは〔物質的〕多さではない。それは〔物質的〕多さがもつ有用性であると。自然は多さをいくらでも増やすが、それは食料ではなく、雑草をいくらでも増やすことを好むかもしれない。自然が小麦という作物を栽培するのだろうか、それとも人間が何らかの自然の諸力を用いたり、雑草を取り除いたりすることで、小麦という作物を栽培するのだろうか。小麦を栽培するときの自然の諸力は、海洋定期客船を時速三十マイルで移動させたり、飛行機を時速二百マイルで移動させたりするときの自然の諸力よりも生産的なのだろうか。あるいは、生産は、自然には思いもよらない何かを、自然を使って行なう人間の創意工夫なのだろうか。自然は製造業においてよりも農業においてより生産的であるというスミスの誤謬を論破し、したがってジョン・ロックへ戻るためには、農業においてさえも、リカードによる自然の豊富性から自然の抵抗への変化が必要とされた。その誤謬は、自然が多さを高めることと、人間が天然資源を使用価値の増加に振り向けることを〔スミスが〕混同したことにある。

スミスの四分の三世紀後、カール・マルクスは、リカードに続いて、労働力と使用価値の両方に関する自らの

---

(43) McCulloch, *The Works of Ricardo*（一八八八年版）, p. 169. 後述、*p. 257*「効率性と希少性」をみよ。

(44) スミス『国富論』第1巻、pp. 343, 344〔邦訳、第二編、一六三頁、一六四頁〕。

(45) 同書、第2巻、p. 173〔邦訳、第四編、三一八―三一九頁〕。

唯物論的分析を構築した。しかしいまでも、多さと使用価値の混同は、効率性の社会的意味づけが自然の諸力の生産性概念に取って代わっているように、解決途上のものでしかない(46)。

分業とそのための生産物の交換を通して、スミスは財産についてのさらに進んだ倫理的正当化を獲得した。ロックの正当化は、労働者が個人的に生産したものについての自らの所有権を正当化するものでしかなく、またロックは、貨幣を介在として交換のなかで獲得される、**他人の**生産物の所有権を正当化するのに苦労していた。スミスは、貨幣を介在させることなく、分業によってその正当化を与えた。もし生産物の交換において完全な自由が存在するならば、その場合労働者は、自分たちが手放した労働の量が交換において受け取る労働の量にまったく等しいはずであるとか、「等しいと思われる」とか、みなすであろう。それゆえ何人たりとも、他の人々を等しく豊かにすることなく豊かになることはできないだろう。というのも、ある人の労働の蓄積は、それが交換に向けられるのであれば、交換のなかで受け取る他の人々の労働の蓄積に等しいはずだからである。この点でもまたスミスの理論は誤っている。なぜなら彼は貨幣、信用、交渉力を除外し、その除外をもって一部の人が他人から富を引き出すことで豊かになるとしたからである。しかし、貨幣を排除することによって、スミスの分業および完全な自由は、ロックの豊富性および神の恩恵とともに、ある人が所有する生産物における私有財産のみならず、交換によって得られた他の人々の生産物における私有財産をも正当化した。

ヒュームのいう希少性と公的功利性の概念も同様である。豊富性を希少性に置き換えることで、ヒュームのいう「公的功利性」ないし「公共の福祉」は、個人的活動の動機としては完全に消滅した。また集団的行動を排除したことで、諸個人の完全な自由は結局他人を等しく豊かにすることでしか豊かさをもたらさないということになってしまい、その場合国家の干渉は最も例外的で緊急の場合しか認められるべきではなかった(47)。こうした、完全な自由と自然の豊富性という自然状態におかれるならば、各個人は自分自身の骨折りと労苦だけを、自分自身の生産物およびそれに等しい他人の生産物の双方における、自らの尺度としてもてばよいだろう。これらの場合には、公的功利性ないし公共の福祉という概念は必要ではなかった。というのも、豊富性や交易と物々交換の本能を通して作用する神の見えざる手は、公共の利害にとって適任であったからである。スミスの哲学は、豊富性の哲学であって、ヒュームの希少性の哲学ではなかった。

（2）希少性価値の原因

（a）心理主義的かつ専有的な希少性

われわれは、苦心して労働を苦痛および力として二重に意味づけたが、のちにその意味づけは、リカードおよび彼の継承者であるマルクスを、スミスとマルサスから引き離した。リカード派のグループは、たいていの場合唯物論的経済学者として知られているが、スミスとマルサスは、総じて心理主義的経済学者のグループに属する。しかし、われわれは彼らに心理主義的かつ専有的な経済学者という名前を与えることで、二つのグループの間により適切な区分を設ける。「実質価格」を労働の苦痛とみなせば、それは犠牲にされた骨折りと労苦の量である。「実質価格」を労働力とみなせば、それは労働者が**所有し**、雇用者に**売る**その力の量である。前者は心理主義的なものであり、後者は専有的なものである。

スミスのいう労働者は、「安楽、自由、幸福」という有限のストックを引き受けるものとして描かれており、それらのストックの一部を、彼は自然との擬人化された交換のなかで「貯蔵する」。これが、「実質価格」であり、

（46）後述、*p. 251*「効率性と希少性」をみよ。
（47）スミス『国富論』第2巻、pp. 32, 43, 83, 184–185〔邦訳、第四編、五九頁、七七―七八頁、一五八頁〕。戦争、公道などがそれである。

「原価」であり、自然に対して支払われねばならない「実質費用」であった。そしてこれがあらゆるものに対してその価値を与えたのである。スミスにとって、これは擬人化ではない。それは「実質的なもの」であった。

しかし、のちのリカードとマルクスは、コモン・ローが労働者を自由な労働者とみなすようになるにつれて、労働者を、自らの肉体を所有する、あるいはむしろ自らの物理的、精神的、管理的な能力を所有する自由な労働者とみなしたのであり、彼が一般市場で売ることができるのはその能力の利用権である。この労働力もまた有限のストックであるが、それは、苦痛であるということを犠牲にした、幸福というストックではなく、所有権(オーナーシップ)を割譲するということを犠牲にした、財やサービスを生産するための力(パワー)というストックである。これもまた、ジョン・ロックの観念であり、彼はこの観念をコモン・ローから引き出した。ロックのいう労働者は、自らの労働力を所有する自由な労働者であり、労働者が労働力を天然資源と「混合させた」とき、結果として生じる産出物は、お望みとあらば他人に売ることができる、労働者の私有財産であった。

スミスからリカード、マルクスへの意味づけの移行は、スミスやロックの自然哲学とは異なった自然哲学から生じた。それは、慈悲深いものとしての自然から貧弱なものとしての自然への移行であり、その移行はマルサスの過剰人口の理論によってもたらされた[48]。リカードとマルクスの側からすれば、これは神学から唯物論への移行であり、オーギュスト・コントが神学から形而上学への移行として描いた移行であった[49]。それは希少性価値の自然的原因の意味づけにおける変化をともなっていた。リカードは、この自然的原因を客観的に、労働力に対する自然の抵抗のなかに見出した。しかし、スミスにとって自然は豊富性を意味したので、彼は、希少性価値の原因を主観的に骨折りと労苦に対する人間本性の抵抗のなかに見出した。

ことマルクスに至って、リカードがいわんとしていたことが明白になった。すなわち労働者は自由であり、それゆえ自らの労働力を所有している、と。しかし、労働者は、その労働力を、スミスが擬人化したように、自然に対して売るのではなく、リカードが理解したように、雇用者に対して売る。

このことから、〔リカードやマルクスには〕財産についてのコモン・ロー的概念が存在していたことがわかる。コモン・ローは、所有権の移転についてのその法による取り扱いにおいて、苦痛ないし幸福に対して注意を払わない。それは、意志にのみ注意を払う。労働者は自身の労働力を雇用者に売る**つもりだった**のだろうか、また彼は交換でどれくらいを受け取ると予想したのだろうか。意図の論理は、苦痛や幸福から生じたのではなく、慣習および時間や場所についての現行の習わしから生じたのであって、その使用法は無印章契約（assumpsit）や提供役務相当金額の請求（quantum meruit）の初期の教義に従ったのである。

われわれが専有的希少性と名づけるのはこの希少性価値であり、[50] 希少性の意味づけには三つの歴史的段階がある。まず労働の苦痛に対する労働者の抵抗というスミスの心理主義的段階、次いでスミスの労働力に対するリカードのいう自然の唯物論的抵抗、自らが所有する労働力を低賃金で売ることに対するマルクスの自由な労働者の専有的抵抗、である。

それぞれの〔段階の〕背後にあったのは、つまり実際にそれぞれの起源となったのは、自由な賃金労働者に関する十八世紀のコモン・ローの概念であり、その労働者は、まったく財産をもたない労働者ではなく、自らの労働力を所有し、時間と場所をもつ市場において彼が得ることができる価格がどのようなものであろうとも、自ら

（48）後述、*p. 244*「マルサス」をみよ。

（49）前述、*p. 107*「コント」をみよ。

（50）Llewellyn, K. N., "The Effect of Legal Institutions upon Economics", *Amer. Econ. Rev.*, XV (1925), pp. 665–683. Llewellynは、ヒュームと同様に、専有的希少性を自身の法と経済学との相互関連の基礎にした。クニースとイーリーは、これより前に類似のアイディアを展開している。

の労働力を販売する。そのさらに背後にあるのは、観念そのものが段階を通じて進化する、オーギュスト・コントの歴史的段階像であり、その像を修正してわれわれはスミスのいう擬人化の段階、リカード、マルクスの唯物論的段階、制度が実際に作用する仕方に関わる取引的段階に当てたのである。

アダム・スミスは、検討もせずに、次のような常識的な見解をとった。すなわち人間の欲求は際限がなく、それゆえ人間の幸福は、彼らの欲求を充足するために生産されたすべての使用価値の総量によってのみ制限される、と。しかし、スミスは使用価値を「特定の事物がもつ効用」に等しいものとする一方で、彼はすべての有用な事物の豊富性と一つの有用な事物の豊富性を区別しなかったし、また使用価値の主観的意味づけと客観的意味づけをも区別しなかった。

しかしながら、スミスの見解はもう一つの常識的見解であり、それは当然すべての物理学的経済学者たちに知られているものであった。その見解は、物理学的経済学者たちが全体を構成する部分と全体とを区別していなかったからという理由だけで、彼らの分析に組み入れられなかった。スミスのあと百年近く経ってようやく、この区別がのちの心理主義的経済学者のうちの比較的遅い世代によってなされた。特定の事物に対する欲求は無限ではなく、その欲求は時間と場所で利用可能な量の増加にともない減少していくが、その欲求は、しばしば効用ではなく迷惑に、幸福ではなく苦痛になるところまで行き着くということは〔いまや〕誰でも知っていることである。また、この特定の事物に対する主観的な欲求度は、お望みの時間と場所で利用可能な量の**減少**にともない増加していくが、それは、生と死の問題にまで行き着くということも誰もが知っていることである。われわれが**希少性価値**と呼ぶ、特定の事物に対する個人のこうした依存は、内的精神と外部世界というロックにおいて支配的な二元論に注意を払わない関数的心理学とは厳密に区別される。それゆえ、物理学的経済学者は、この関数的事実を無視したり、ケネーが「架空の富」を用いて行なったように、その事実を最小限にしか評価しなかったり、あるいは擬人化ないし唯物論をそのかわりに用いたりした。

しかし、スミスの見解は常識にも訴える。労働力は使用価値の原因であり、豊富性や低価格へと向かう傾向にあったが、労働の苦痛は使用価値の供給を制限する原因であり、希少性や高価格へと向かう傾向にあった。労働力と労働の苦痛の違いは、豊富性とともに増加するある種の価値の原因と、希少性とともに増加するある種の価値の原因との違いである。つまり労働力は使用価値の原因であり、労働の苦痛は希少性価値の原因である。もし豊富性を増大する何かが使用価値の原因であるならば、その場合豊富性を制限する何かが、希少性価値の原因である。

それゆえスミスのいう希少性価値はある部分では明言されていたが、ある部分では言外にしか述べられていなかった。彼が**明言した**希少性価値とは、産出を制限する人為的な諸独占のことであり、それらの独占の原因は個人が特権的な職業につくことを妨げる集団的行動であった。彼が**言外に述べた**希少性価値とは、集団的行動がまったく存在しない自然状態において個人が行なう産出制限のことであり、この自然的希少性価値の原因が労働の苦痛であった。

彼は、自らが明言した希少性価値を独占と同一視し、独占を、それが国家であろうが民間団体であろうが、集団的行動と同一視した。これが彼の重商主義についての意味づけであった。「どの種類のものであれ、独占はまさしく重商主義の唯一の動力なのである[51]」。それゆえスミスは、ヒュームと同様に、私有財産を希少性のたまものであるとすることができなかった。なぜなら、彼は希少性を重商主義の集団的行動と同一視したからである。集団的行動は、希少性の人為的な原因であった。なぜならそれは、個人による産出を制限するからであった。し

(51)　スミス『国富論』第2巻、p. 129〔邦訳、第四編、二四二頁〕。

かしながら、希少性は明白な事実であるため、彼は、その原因を神によって各個人の胸中に埋め込まれていることに見出さねばならなかった。

この点で、スミスはただただ常識に従っただけである。希少性は、一般的で経験的な熟慮ではいかなる原因からも到達することが難しいものに相当する。それゆえ、希少性の度合いが高まれば高まるほど、さらなる〔労働〕努力の強化や、さらなる労働期間の延長という点で、労働の苦痛はますます高まってゆく。このことは交換価値についても当てはまる。交換において希少な何かを手に入れるために豊富な何かを生産するうえでの苦痛は、獲得されるべき希少な事物の苦痛の量に等しい苦痛の量を必要とする。それゆえ、苦痛、努力、骨折り、労苦、達成の困難さとして解釈される労働は、自然の希少性とともに増加し、自然の豊富性とともに減少する。もし生産物が空気や水のように豊富であれば、その獲得に関わる苦痛はほとんどもしくはまったく存在せず、それゆえその価値は小さい。もしそれが靴や帽子のように希少であれば、その場合〔労働努力の〕強化や〔労働期間の〕延長においてそれに対応する苦痛の量が要求され、その価値は大きい。したがって、もしわれわれが、民間のものであれ政府のものであれ、集団的行動を排除するときに行なうように、すべての人為的希少性を排除することができるのであれば、その場合、欲求される事物の自然的希少性の度合いは、交換によって直接、間接にその事物を獲得するために要求される労働の苦痛の量に等しい。希少性が高まれば高まるほど、労働の苦痛は強まっていく。そして豊富性が高まれば高まるほど、労働の苦痛は弱まっていく。労働の苦痛は、希少性の常識的擬人化であり、希少性価値の原因である。各の個人に直接「ゆだねられている」のはまさしくこれである。そしてこうしたことからスミスは、ヒュームの希少性についての「後知恵」にかえて希少性の擬人化を用いたのである。

しかし、ヒュームの「後知恵」は、心理主義的希少性ではなかった。それは専有的希少性であった。支出に対する所得という明らかに類似した希少性比率が、専有的観点から、また心理主義的観点から引き出されるかもしれないであろう。もし労働者が肉体的、精神的、管理的能力（アビリティ）を含む、自らの肉体を所有する自由な労働者とみなされるならば、その場合彼が所有するものは非常に有限で、限定されており、労働力という希少な蓄え（ファンド）である。いまや彼の支出は、彼がこうむっている労働の苦痛の支出ではなく、彼が譲渡する労働力の支出であり、その労働力の支出は、彼がマンパワーを限定的に供給したことからの控除である。マンパワーは希少であるために、他者の排除が信じられているすべての希少な事物に与えられる名称が、つまり財産という名称が、そのマンパワーに対して、与えられる。これはジョン・ロックの観念であった。ロックのいう労働者とは、自らの労働力を所有する自由な労働者であった。労働者が自らの労働力を自然の豊富な資源と混合したとき、その結果生じる使用価値という所得は、彼がもつ財産の等価な支出に対する補償として自分の財産を増加するものとなった。しかしながらロックは、より現実主義的なヒュームがそうしたように、希少性の観念を自らの財産の意味づけに導入しなかった。なぜなら彼は、神の豊富性と人間の原罪に没頭していたからである。しかし、スミスがそうしたように、彼もまた心理主義的根本に戻ることはなかった。

　ヒュームの解釈は、より正確なものであった。彼は、希少性という単純な観念の下で、財産、法、倫理として区別されるかもしれないものすべてを結びつけた。スミスは、それらを次の三つの観念に区分した。（1）使用価値をもった物理的事物、（2）ロックのような慈悲および豊富性としての自然の擬人化、（3）ロックの倫理的正当化。

　しかし、もしわれわれが、私有財産であれ法人財産であれ、財産を取引の期待される反復としてみるならば、その場合財産は、ヒュームが主張したように、もっぱら希少性の関数となる。希少なもの、あるいは希少であると期待されるものに関してのみ、財産権は存在する。[52] 財産の価値はつねに希少性価値である。個人的であれ集団的であれ、希少性によって後押しされる、所有権を獲得するための人間の努力は、生命そのものと同様に本能的である。そしてその三つの意味づけは次のように区別されるだろう。すなわち財産の対象、財産についての本能、および財産についてのコモン・ローである。本能は自己に対して保存的であるのと同じほど、他者に対して破壊的である。この「本能」という言葉は次の理由により十分に適切である。というのも、それは、動物であれ人間であれ、諸資源の希少性によって突き動かされる限りにおいて、すべての生き物の行動を表わすと解釈されるかもしれないからである。財産の本能とは希少性の本能であるが、財産の対象とは希少であるモノである。

それゆえ、持続性をもつすべての人間共同体は、希少なものの排他的所有のこのような追求において、諸個人を支配する諸ルールを設定する。そして、反復される諸々の習わしや係争の判決から直接的に生まれるこれらの諸ルールは、こうして権威的に判定されるときに、財産についてのコモン・ローとなる。ロックやケネーと同様に、スミスは、労働に対して神聖な財産権を付与することを主体的に意図した慈悲深い神の摂理と、その財産権を付与した慣習や法の歴史的事実との間の区別をまったくしていない。ヒュームは、事実と事実の正当化とを区別した。つまり、事実とは希少性の諸効果であり、正当化とは、公益、公共の福祉あるいは公共の必要性に関する人間自身の観念である。しかし、科学が神学から区別されるまで、事実とその正当化との区別はなされなかった。ロック、ケネーおよびスミスの時代においては、科学と神学との区別は、現代における区別とはほど遠い状態であった。正当化は事実であると主張されたのであり、アダム・スミスは、それがどのようになされたのかをわれわれに示している。

結局、ロックが主張したように、事実とは、言葉で表現されて、起きたことに関する情報を他の人々に伝えようとする心的な構築物にすぎない。しかしながら、そのようなものとしての、説得という要素は、事実の構成部分である。その説得力は、他者の受容を誘発する能力にある。したがって、事実とは、諸経験の膨大な複雑性からいくつかの性質を選択することによってもたらされた心的な構築物であるので、事実がもつこの説得力は、説得する諸性質を選択することによって作り上げられる。スミスは、獲得と蓄積に関する自らの説得的意味づけとして、労働の苦痛を選択した。労働の苦痛は、経済的、法的および倫理的意味のすべてを含めるには、大いにあいまいであり、また同意を得るには、大いに魅力的である。それは、すべての行動の基礎をなす人間本性の基本的事実として、すべての人に認識可能である。労働の苦痛は多くの物理的、希少的、専有的意味づけから不可分な倫理的魅力を有している。要するに、労働の苦痛とは一つの事実であり、希少性の擬人化であり、なおかつ重商主義の協調的行為（コンサーテッド・アクト）を個人的労働に置き換えるというスミスの考え方の正当化である。

われわれが交渉力と名づけるものは、先述したコモン・ローの専有的希少性である。スミス自身も、それに関して次のように記している。

> ホッブズ氏がいうように、富は力である。しかし大きな財産を獲得したり相続したりする人が、かならずしも文民または軍人としての政治権力を獲得したりするわけではない。おそらく彼の財産はその両方を獲得する手段を彼に与えるだろうが、その財産をたんに所有しているだけでは、かならずしもそのどちらをも彼にもたらすとはかぎらない。その所有がただちに、かつ直接に彼にもたらす力は購買力、すなわち、そのとき市場にあるすべての労働、あるいは労働の全生産物にたいする一定の支配力である。[53]

スミスが上記のように言及した、この専有的希少性は、つねに終生の問題であり続けた。スミスや本来の「古

---

(52) この区別は、スミスから八十年後にマクラウドによってはじめて明らかにされた。後述、*p*. 307「マクラウド」をみよ。

(53) スミス、前掲同書、第1巻、*p*. 33〔邦訳、第一編、六四頁〕。

典派」経済学者から現代の新古典派に至るまで百年以上にわたり、なぜ、スミスによる、苦痛としての希少性の人格化が経済理論の基礎であり続けたのかという問いは、自然に生まれる。その解答は、重商主義という論点および個人主義**対**集団主義という論点のなかに見出さねばならない。集団的取引は人為的希少性をもたらした。労働の苦痛は自然的希少性をもたらした。分業と完全な個人的自由を通じて作用するスミスのいう労働の苦痛は、重商主義の諸理論や諸々の商慣行およびあらゆる集団的行動にかわるものとして彼が用いたものであった。政治的にであれ、民間の諸団体を通じてであれ、重商主義は供給を人為的に制限した。他方、労働の苦痛は供給を自然に制限する。

しかし、実際に起きたことは、スミスのいう重商主義が、政党、関税、民間の職業団体、企業連合、労働組合といったあらゆる形態で、スミスが想像しえたよりもはるかに支配的なものになったということである。希少性は、スミスが重商主義の人為的独占として非難したものと同様に、政治的かつ専有的な集団的行動によってもたらされるものであり、スミスが正義の神聖なルールとして披露した労働の苦痛という擬人化によってもたらされたものではない。今日の経済学は、相対的希少性の世界における、専有的希少性の重商主義の改訂版である。今日の経済学は、豊富性の世界において、労働の苦痛として希少性を擬人化するという説得力を欠く考え方に基づくものではない。

199

(b) 自由と豊富性

スミスの弱点は、倫理的意味づけと経済的意味づけという彼の二重の言葉の意味づけにあった。彼の倫理的意味づけとは、もし集団的行動がなければ得られるであろう**公正**であり、集団的行動のために実際に得られる**不公正**であった。彼の経済的意味づけは、集団的行動がなければ得られるであろう**自然的豊富性**であり、集団的行動によって実際に押し付けられる**人為的希少性**であった。

このように「自由」という彼の用語は、経済的意味づけと倫理的意味づけの両方をもっていた。経済的自由とは豊富性であり、倫理的自由とは集団的強制からの自由であった。自然状態は自由の状態であった。なぜならそれは豊富性の状態ではあったが、集団的行動ではなかったからである。スミスによる希少性の意味づけも同様であった。彼の希少性の倫理的意味づけは、適正価値（リーズナブル・バリュー）の調整因子としての労働の苦痛であった。彼の経済的意味づけは集団的行動の人為的希少性であった。

それゆえ、スミスにとって、苦痛の対語は快楽ではなく自由である。自由は、苦痛が減少するにつれて、**増加する**。というのも自由とは、選択肢の豊富性を意味するからである。自由は、苦痛が増大するにつれて**減少する**。というのも自由は選択肢の希少性を意味するからである。これは、まさしく十分な自由の経済的意味づけである。しかし、スミスにとって、同じ自由は、集団的行動の対語であった。つまり集団的行動が増加するにつれて、自由は減少する、あるいは集団的行動が減少するにつれて自由は増加するのである。というのも、自由は、集団的強制からの自由だからである。これがスミスによる自由の倫理的意味づけである。

スミスの究極的弱点は専有的希少性を心理的希少性として擬人化したことにある。専有的希少性とは、財産所有者の安全と自由を規制するコモン・ローと実定法である。この財産所有者には、自らの労働力しかもたない解放された所有者も含まれる。諸個人は、自然によって提供される選択肢のなかから選ぶのではない。彼らは所有者によって提供される選択肢のなかから選ぶ。人は町を歩きながら、その限界効用に比例するかたちで、欲しい何かを専有することはできない。［そこには］専有者と警察官が立ちはだかるだろう。労働者は、苦痛の量に応じて、仕事をしたり、しなかったりすることはできない。彼らは、慣習と法のおかげで専有者が提供したり留保したりできる選択肢に応じて、仕事をしたり、しなかったりすることができる。財産の価値は、その希少性価値にある。したがって、自由競争（これは集団的行動からの自由を意味する）の諸条件下にある専有者は、商品の生産を拒否するのも自由であるし、それが生産されたときに、その使用を他者に対して留保するのも自由である。交換過程において、彼が商品の希少性価値を維持できる唯一の方法はこれである。

このように、すべての集団的強要が除去されたときですら、またそれゆえにコモン・ローによる専有的自由が完全であったとしても、その状態は相変わらず専有的希少性であり、生産性を通じて豊富性を創り出すための誘因と過度な豊富性を抑えるための誘因の両方を提供し承認する、自由の状態となっている。しかし、買い手にとっての専有的自由を形成しているのは選択肢をもつ**売り手**の豊富性であり、売り手にとっての専有的自由を形成しているのは選択肢をもつ**買い手**の豊富性である。働く人と仕事を提供する人はそれぞれ、働いたり働かなかったりすることについて等しく自由であり、また雇用したり雇用しなかったりすることについて等しく自由であるという点で、等しく専有的自由をもっている。そして政府の職員には、彼らに干渉したり、その他の人々に干渉したりすることが求められる。しかし、〔売り手と買い手の〕それぞれは等しい経済的自由をもっていないかもしれない。なぜなら、働く人にとっての〔自由な〕別の選択肢は、彼が支払うべき価格としての彼の全体的な労働の苦痛を拡大する、わずらわしい別の選択肢になるかもしれないからであり、仕事を提供する人にとっての別の選択肢は、その人の事業体（コンサーン）に仕事が満ちあふれているとき数百あるいは数千の労働者のなかから先に述べた働く人を選ぶという、取るに足らない選択肢にすぎないかもしれないからである。[54]

別のよく似た実例は、売り手と買い手の、地主と小作農の、金融業者とビジネスマンの取引すべてにおいて与えられるかもしれない。「完全な自由」が存在するためには、法的義務が欠如していなければならないだけでなく、経済的機会の豊富性もまた存在しなければならない。

専有的自由とは逆に幾分異なる、このような専有的希少性についての多くの事例は、アダム・スミスの私有財産の概念から排除された。なぜなら、彼は次のように決めてかかっていたからである。すなわち重商主義の立法府による強制に依存するすべての希少性が排除されたとき、そしてその経済的強制と結びついたすべての財産が排除されたとき、またすべての不平等が除去されたとき、平等な個人の間での分業は、生産性、倹約、交換を通じてそのような豊富性を創造するだろうし、何人に対してもわずらわしい選択肢などいっさい残っていないだろう、と。この観念はスミスから七十五年後、楽観主義者である、ケアリー、バスティアに引き継がれた(55)。

このように、スミスはケネーと同様に、集団的行動による希少性の重商主義的立法政策を念頭においていた。そしてこの点で、スミスは自然（オートマティック）な希少性という対照的な考えをもっていたので、自由の剥奪という立法的意味づけをコモン・ローの意味づけと区別することに彼は失敗したのである。ひょっとしたら商売敵になるかもしれない人の選択というこの自由は、立法による希少性という事例においては、競争を押さえるための法的義務によって制限され、消費者ないし生産者になるかもしれない人の選択の自由は、前述の生産者が供給する財ないし原材料に結果として生じる希少性によって制限される。スミスは次にように決めてかかっていた。すなわちこの立法的希少性が排除されたとき、すべての希少性はそれが労働の苦痛の量と同一のものとになることによって排除され、それに続いて立法的自由が達成されたとき、経済的自由が達成されるであろう、と。

だが私有財産そのものについてのコモン・ローは資源の希少性に基づいているのに対して、スミスは、私有財産が自分の労働生産物に対する当然の権利に基づくべきであると考えた。そして、財産を意味づけている希少性は、他の人々の欲求に比例して希少であるものが留保されるので、依然として残存している。豊富に存在してい

(54) コモンズ『資本主義の法律的基礎』p. 58。Coppage v. Kansas, p. 236、U. S, 第1巻（一九一五）。後述 *p. 331*、「強制の限界」をみよ。

(55) 後述、*p. 330*「サービスの価値と商品の価値」をみよ。

て簡単に入手できる選択肢を選ぶという経済的意味づけが、もし自由に対して与えられるならば、自由と希少性は、上位者が押し付ける強要の不在から豊富性が生じるのか、それとも自然（オートマティック）な分業から生じるのかによって、逆に変化する。もし完全な選択の自由があるならば、希少性はまったく存在しない。というのも、望ましい事物は空気のように豊富なので、選択に関するあらゆる意識は供給の豊富性のなかで消滅するからである。もし、供給をまったく意味していない、完全な希少性があるならば、その場合いかなる自由も存在しない。これがヒュームの「後知恵」であった。

しかしながら、スミスの見解はその問題についての、常識的で経験的な見解である。やっかいな条件でしか仕事はいっさい与えられないことに気づいている働く人々は、仕事の希少性と自由の喪失とをまったく区別しない。それどころか、彼は労働を拒否するという専有的自由を有している。というのも彼は自らの労働力を所有しているからである。そして、〔雇用〕機会の専有者たちは、彼の雇用を拒否するという対等な専有的自由を有している。これらはいずれも、自由についての倫理的意味づけを有している。逆にいえば、この区別に基づいて社会主義者と共産主義者は「賃金奴隷」という用語を作り出したのである。

しかし、専有的自由の背後には自由についての経済的意味づけがある。働く人々の選択の自由は仕事の豊富性とともに増加し、仕事の希少性とともに減少する。逆に、その結果彼に生じる労働の苦痛は、豊富性とともに減少し、仕事の希少性とともに増加する。だが、規則をつくるのは、財産についてのコモン・ローであり、自然の慈悲深さにおける豊富性ではない。その規制（レギュレーション）は良いものであったり、悪いものであったりするかもしれないし、賢明なものであったり、無知蒙昧なものであったり、公正であったり不公正であったりするかもしれない。その規制は自由を抑制する以上にさらに自由を拡張するかもしれない。しかし、それは苦痛ではなく、ゴーイング・コンサーンの集団的行動なのである。

2．価値の調整因子

重商主義として知られている、さまざまな経験的政策は、王政の台頭および封建制度という障害に抵抗する市場の台頭にともなって展開され、また製造業者や商人たちにとっての生活の糧としての交換価値が需要と供給のコントロールに依存するという経験を随伴しながら、展開された。イングランドに集権化された政府は、外国市場および植民地市場に対して、また国内市場における製造業者と商人たちによる特定のギルドの双方に対してこのコントロールを与えた。この規制は公共の福祉（ウエルフェア）を根拠につねに正当化された。スミスによれば、それは偽善的正当化であった。なぜなら、それは特権的な少数者につねに便宜を与えていたからであり、彼らは、自分たちの私的福利（ウエルフェア）は公共の福祉に一致していると述べていたからである。ジョン・ロックはこの集団的コントロールの行使において、王政にかえて議会を用いたが、アダム・スミスは、実のところ哲学においてではなかったけれども、王政と議会にかえて判事を用いた。

202

彼らはそれぞれ、神の慈悲心による自然法へ回帰することに基礎をおいたが、それは、ロックにおいては、王による恣意的な需給の調整（レギュレーション）にかわるものであり、スミスにとっては、議会とギルドによる調整にかわるものであった。それゆえ、スミスは集団的調整にかわる自然による需給の調整因子を求めた。そして、彼はそれを、コモン・ロー裁判所ではなく、すべての勤勉で節約的な製造業者や商人の胸中に見出したのである。

……個人の私的な利害関心と情念が自然に彼らを動かして、通常のばあい社会にとってもっとも有利な事業へと彼らの貯えをふりむけたいという気持ちにさせる。しかし、もしこの自然的な選好によって彼らがあまりに多くをこういう事業にふりむけるならば、それらの事業では利潤が低下し、他のすべての事業で利潤が上昇するために、彼らはただちにこのまちがった配分を変更したいという気持にさせられる。だから、法律の干渉がまったくなくても、人びとの私的な利害関心と情念が自然に彼らを導いて、それぞれの社会の貯えを、そのなかで営まれるさまざまな事業のすべてのあいだに、できるかぎり社会全体の利益にもっともよく合致するような割合で、分割し配分させるのである(56)。

このように、スミスは架空の富の問題に関してケネーに同意した。架空の富そのもの自体は正しいであろう。なぜなら、個人は、必要とあらば自らの自然な選好に反して、価格が下落する生産物から価格が上昇する生産物へと、自らの労働を変えることを余儀なくされるかもしれないからである。しかし、ケネーが、自然は富を生み出すという理由からその問題を不合理であると退けたのに対して、スミスは労働が富を生産するところではその問題がどのようにして生じるのかを示した。

第一に、スミス曰く、この自然状態とは完璧な自由、安全、平等、財産、流動性が存在している状態であり、そこには貨幣と負債を介したいかなる干渉も存在していない。各々の個人は自分の職業をあるものから他のものへと敏速に変化させることができる。そこでは、彼は慣習、習慣、〔神への〕畏怖ないしいかなる集団的抑止力にも束縛されない。それは、パレートがのちに述べたように、〔個人を〕社会における「分子」としてとらえる概念である。

第二に、社会の欲求は全体として無限である。この仮定は、需要側ないし供給側の二通りで使うことができる。スミスはそれを需要と供給の両方で用いた。需要側での根拠となるのは、彼の有効(エフェクテュアル)な需要の観念であり、供給側では、労働の苦痛の観念である。その二つはともに結果として均衡に向かう傾向にあるが、それに、集団的行動は必要ではない。

203

需要と供給の等値関係(エキヴァランス)は、のちに、ジェームズ・ミル(57)と、彼に続くリカードによって定式化されたが、ミルは、スミスの説明をわかりやすくしたにすぎなかった。われわれ自身の用語の意味づけを使って言い換えると、次のようになる。もし、人間の欲求が無制限ならば、使用価値の豊富性をよりいっそう高めることによって、彼の幸福は、想像もできないほどの規模にまで至るであろう。それゆえ、異なった種類の使用価値が自体の進行につれて新たな欲求に比例して増大するのであれば、交換価値の低下はいっさい存在しないであろう。各々の新しい使用価値は、他のすべての産出に対する需要を高めるので、最大限度までその生産を拡大することができれば、過剰生産はいっさい存在しえないだろう。例えば〔完全な〔労働の〕流動性を仮定し、時間を無視して〕、分業によって、労働生産性を二倍にすることですべての物理的生産物が二倍になるのであれば、その場合量において倍加したすべてのものは、量において二倍になったすべての他のモノに対する有効な需要をも倍加するであろうし、単位当たりでのそれらのモノの交換価値にはいかなる変更もないであろう。

しかし、この無制限需要の理論でさえ、次のような要因を必要とする。すなわち特定の諸生産物が過度に豊富になった場合にそれらの供給を制限したり、不足している供給を高めたりするのに効果を発揮するであろう要因がそれである。その要因のおかげで、各生産物に含まれているこの調整的要因の大きさに比例して、すべての価格が調整されることになるだろう。のちに、リカードはこの要因を、限界的労働者に見出した。スミスは、この

(56)　スミス『国富論』第2巻、p. 129〔邦訳、第四編、二四一―二四二頁〕。

(57)　それは、Mill, James, *Commerce Defended*（1807）〔邦訳、岡茂男訳［一九六五］『商業擁護論』未來社〕. または *Elements of Political Economy*（1821）〔邦訳、渡邊輝雄訳［一九四八］『経済学綱要』春秋社〕, pp. 186–195において再述されている。それ以前には、ジャン・バティスト・セイが、*Traité d'économie politique*（1803）〔邦訳、増井幸雄訳［一九二六］『ジャン・バティスト・セイ経済学』岩波書店〕英訳、第4版、p. 76以下でそれを述べている。

要因をすべての労働者の骨折りと労苦に見出した。希少性価値の**原因**としてのスミスの労働の苦痛は、産出制限を通じて作用する。つまり、希少性価値の**調整因子**（レギュレーター）としての彼の労働の苦痛は、全体として労働の苦痛を均等化するようにさまざまな職業の間で産出を割り振ることを通じて作用する。希少性価値を**原因**として、産出は、苦痛の量と比べて所得があまりに低いと考えられるとき、制限される。希少性価値を**調整因子**として、産出は、苦痛と比べて所得が高い仕事においては拡大され、また苦痛と比べて所得が低い他の仕事においては、制限されるので、所得一単位当たりの苦痛は均等化される。このようにして、希少性の**原因**としての苦痛は特定の仕事において作用し、**調整因子**としての苦痛はすべての仕事において作用する。

リカードによれば、価値を調整する限界的労働者とは、最も生産性が低い労働者であり、この考え方は彼の自然の貧弱性の理論に適していた。限界的労働者とは、自然における最大の抵抗に逆らって働く者である。自由な市場のなかにあり、また流動的な労働のなかにあるこの労働者は、競争を通じて、自然がもっと肥沃な場所で働く他の労働者の生産物の交換価値を調整し、また、すべての労働者が低賃金の仕事から高賃金の仕事に移るので、すべての生産物の交換価値をも調整する。最も効率性が低い労働者の生産性が、すべての労働者の産出の交換価値を調整する。

しかし、スミスのいう価値の調整は最も効率の低い労働によるものではなく、最も苦痛の多い労働によるものであった。人間は労働を運命づけられたのであり、それは原罪を理由とすれば正当であった。財が生産されるためには、人間はどうしても、安楽、自由、幸福の一部を放棄しなければならなかった。しかし、この放棄は公平に行なわれるべきである。いかなる個人であっても、同胞たちの財のための使用価値を生産し、蓄積し、交換するという活動において、他の個人よりもいっそう多く苦しまざるをえないというようなことがあってはならない。現行の重商主義という状態は、集団的行動によって諸個人を恣意的に調整しているという点で、非効率であるだけでなく、公正にもとるものであった。むしろ諸個人は、苦痛に応じた公正な分配という原理を各々の個人の胸中におく、見えざる手によって自動的に調整されるよう放任されるべきであった。

この原理とは、使用価値の収入と労働の苦痛の支出との比率、つまり使用価値に対して支払われる「実質価格」であった。人々の私益や占有のおかげで、その人々は自らの労働を、この収入と苦痛との比率が事実上すべての人にとって等しくなるような比率で、さまざまな仕事に割り当てるようになるのであり、そこでは、集団的行動による助けはいっさいいらない。

しかしながら、このような調整目的を達成すべく、スミスは、自らが出発点とした、孤立した個人を排除して、それをあらゆる時間と場所におけるすべての個人についての**平均的**な労働の苦痛に置き換えた。このような置き換えによって、スミスのいう平均的な労働の苦痛は、次のように、価値の調整因子にも価値の尺度にもなった。

等しい量の労働は、いつどこでも、労働者にとっては等しい価値であるといっていいだろう。[58] 健康と体力と気力がふつうの状態であり、熟練と技術がふつうの程度であれば、彼はつねに同じ分量の安楽と自由と幸福を放棄しなければならない。彼が支払う価格は、それとひきかえに彼が受けとる品物の量がどれほどだろうとも、つねに同一であるにちがいない。なるほど、この価格が購買するこれらの品物の量は時によって多かったり少なかったりするだろうが、しかし変動するのは品物の価値であって、品物を購買する労働の価値ではない。いつどこでも、手にいれにくいもの、つまり獲得するのに多くの労働を要するものは高価［希

(58) キャナンによれば、スミスの初版では、これが「等しい労働の量は、いつどこでも〔労働者にとって等しい価値〕であるに違いない」と書かれている。

少〕であり、手にいれやすいもの、つまりわずかな労働で手にいれられるものは安価〔豊富〕である。だから、労働だけが、それ自身の価値に変動がないために、いつどこでもすべての商品の価値を評価し比較することができる。究極的で真実の基準である。労働はそれらの商品の実質価格であり、貨幣はたんにその名目価格にすぎない(59)。

このように考えれば、価値の調整因子と価値の尺度はともに、集団的行動が排除された自然状態においては、平均的な労働の苦痛になる。スミスは、人格の違いから生じる個体差（パーソナル・ディファレンシャル）を排除し、疲労をきたす労役の違いから生じる反復〔能力〕の格差（ディファレンシャル）も排除している。歴史的な時間の推移も、スミスの平均的苦痛を妨げはしない。それは十八世紀のものでも中世のものと同じである。あらゆる時と場所において、平均的労働者は、似通った時間単位のなかで、自らの安楽、自由、幸福を同分に放棄する。それは、個人、労働時間、疲労をきたす労役、時、場所ないし人種にかかわらず、平均的な苦痛である。それゆえ、その平均的な苦痛は自然状態における価値の調整因子であり、またいかなる社会状態においても価値を測定するうえでの安定した単位でもある。労働の苦痛は一部の特別な人の特別な苦痛ではまったくなかった。それは骨折りと労苦に授けられた数学的公式であった。

留意すべきは、スミスが、リカードのような差分（ディファレンシャル）を考えていたのではなく、このような平均で満足していたことである。だが、スミスがリカードのいう差分を考えていたならば、彼は〔リカードと〕よく似た結論に到達していたかもしれない。価値の原因であり、それを調整し、測定するリカードの労働力とは、最も効率性の低い労働力、つまり限界的労働者であった。おそらく、これは最も骨の折れる労働の苦痛に等しいものであったであろう。しかし、スミスは差分をもって論を進めずに、平均をもって論を進め、これらの平均を労働の苦痛にも労働力にも適用した。もしそうなら、その場合労働の苦痛という個々の単位は、平均して、労働力という個々の単位に、平均して等しくなるとみなされるかもしれない。そしてこれこそが、彼の見解であり続けたと思われる。すなわち、労働力という個々の平均的単位は、労働の苦痛という等価な平均的単位をともなう、と。言い換えれば、使用価値の量を増大する個々の力の単位は、この力の行使に抵抗する苦痛という等価な単位をともなう。それは擬人化でもあり、唯物論でもある。

もちろん、問題がこの点にとどまっていたならば、こと〔スミスの論〕は行き詰まっていただろうし、何〔の理論〕も生み出されなかっただろう。しかし、怠惰な労働者、高齢者や若者の事例を除けば、問題はそこにとどまらなかった。スミスのいう典型的な労働者は、私有財産の保全に誘われて、働き、蓄積し、交換することを熱望していたのであり、これが苦痛と抵抗の平衡を失わせるのである。それゆえ、スミスは、自らの体系を破綻させることなく、労働力から労働の苦痛へと移行できたのだった。なぜなら、私有財産が、仕事の苦痛を弱める、進んで働こうとする気持ちを作り出したからである。だが、この気持ちには限度があった。最終的には、苦痛が勝って、安楽、自由、幸福のさらなる支出に抵抗するのである。

スミスは労働の苦痛を平均化する過程に全力を尽くしており、これは実際に必要なことである。なぜなら、その苦痛は、適正価値の調整因子としても、実質価値の安定的尺度としても役立つはずだからである。この平均的な労働の苦痛こそが、平均的労働者を「健康と体力と、気力が普通の状態で」ある仕事から他の仕事へすばやく移動させ、こうして、これらの仕事における違いが押し付ける苦痛における違いを小さくすることに貢献するのである。このことがさまざまな職業における不平等を平等化するのに貢献し、その結果「いくつかの仕事での小さな金銭的利得は埋め合わされ、他の仕事での大きな金銭的利得が相殺される」。スミスが言及した職業による

(59) スミス『国富論』第1巻、p. 35〔邦訳、第一編、六八頁〕。

違いとは、苦難の違いであり、それは、清潔な仕事なのかそれとも不潔な仕事なのか、立派な仕事かそれともそうではない仕事なのか、業務の習得が容易なのかそれとも困難なのか、正規の仕事なのかそれとも非正規なのか、働いている人々におかれている信頼が小さいのかそれとも大きいのか、立身出世の見込みがあるのかそうでないのか、の違いである[60]。これらすべては、賃金あるいは利潤としての収入における金銭上の違いをともなうが、これらの金銭上の違いをスミスは排除した。なぜなら、彼は貨幣を排除して、〔それを〕商品同士の直接的な交換価値にかえたからである。しかしながら、これらの交換価値は、それらが平均的な労働の苦痛における違いと暗合するならば、正当化できる。そして、より骨の折れる職業での労働供給を制限し、さほど骨の折れない職業での労働供給を拡大することによって、それらの職業の違いが苦痛の違いに暗合するよう交換価値の違いを調整するのは、この平均的な労働の苦痛である。

だから、スミスのいう価値の調整とは、集団的行動を規定する「実質価値」の調整因子のことであり、そこに貨幣が介入することは許されていない。この集団的行動が排除されるならば、その場合、交換価値がそれらの実質価値に応じて調整されるように、神の慈悲心、豊富性、完全な自由、完全な平等、安全性が出現するだろう。

このスミスのいう「実質価値」とは「適正価値」のことであるが、それは、適正価値の主要な構成要素を、すなわち集団的行動、希少性、貨幣、慣習、集団的意見を含んでいない。適正価値は、裁判所、陪審員、委員会、仲裁機関による取り決めなどの実践（プラクティス）のなかで形成されるのであるから、それは貨幣に換算された集団的行動の一概念であり、その価値には適正な人たちにおける意見の一致を通じて到達する。ここで「適正」な人というのは、彼らがその時代の支配的な習わし（プラクティス）に従う人たちであるからである。適正価値は、諸情況と集団的コントロールの新たな結び付きとともに変化する。また、適正価値は、効率性、希少性、慣習、政治および支配的利害の変化を通じた進化の途上にある。しかし、労働の苦痛に換算されたスミスの実質価値は、すべての時代にとっての自動的な原理であり、それは財に対する人間の行動を調整するが、集団的行動をまったくともなわない。それは、トマス・アクィナスのいう「公正価格」の擬人化された等価物であり、裁判所や仲裁機関における集団的行動の擬人化された等価物である。

適正価値に関する二つの意味づけの区別は、自発的意志についての二つの概念、つまりゴーイング・コンサーンにおける集団的意思および私有財産における個人の意思いかんにかかっている。個人の財産が暴力に対して完全に保護される豊富性の世界においては、希少性をめぐる争いはまったく起こりえないということを、スミスは正確に考えていた。したがって、そのような世界で必要なのは、諸個人の自発性と、その豊富性の分配において適正価格をはじき出す神の慈悲心だけである。

希少性価値の自動的調整因子を労働の苦痛の量と同一のものとみなしたあと、スミスは次のような問いに進む。すなわち労働市場において、労働の価格（交換価値）が、現行の諸条件の下では、その成果の代償として生じた労働の苦痛の量と暗合しないのはなぜか、と。これらの相違すべてから、労働の苦痛の量によって自動的に調整されるかわりに、慣習、主権、あるいは他の集団的行動によってコントロールされる人為的な希少性がさまざまな側面をもっていることがわかるであろう。すでに言及したように、それらは主権が押し付ける人為的で集団的な希少性であったのであり、その主権は、集団主義の諸原理から生まれ、完全な自由の原理とは対立していた。これらの諸制約とは、職業団体（ギルド）の排他的特権、長期の年季奉公、競争者間での申し合わせ、公共支出での無償教育、国家による賃金規制、価格固定、関税、好ましい貿易収支を維持するために割り当てられる奨励金、救貧法による労働やストック（資本）の自由な流通の妨害であった[61]。

（60）同書、第1巻、p. 102以下〔邦訳、第一編、一七七頁〕。

しかし、たとえ自由に対するこれらの重商主義的干渉が排除されたとしても、そこにはなおも、地主と資本家的雇用主という、〔重商主義者とは〕別の二人の専有的要求者がいた。彼らは、完全な自由という諸条件の下においてさえ、労働の苦痛と賃金との正確な調和を妨害した。専有的希少性という要因を導入したこれらの要求者は、私有財産についてのコモン・ローの典型である。「いったんある国の土地がすべて私有財産になってしまうと、地主は、他のすべての人びとと同じように、自分が種をまきもしなかったところで収穫することを好み、土地の自然の生産物に対してさえ地代を要求する」。「土地の使用にたいして支払われる価格と考えられる地代は、当然に、独占価格である[62]」。またしたがって、地代が支払われるところではどこでも、それは、労働の苦痛を無視した専有的希少性によって価格が調整されることの証拠であった。

同じことが、スミスの利潤概念についても当てはまる。利潤は、所有者の間での、資本に対する供給と需要だけで決定された。ここには、労働の苦痛や労働力の問題は存在せず、いわゆるいかなる「監督および指揮」労働の問題さえも存在していなかった。利潤は「監督および指揮というこの想定された労働の量やはげしさや創意には少しも比例しない[63]」。利潤は、つまるところ専有的希少性の特殊事例となる、次の二つの方法で調整される。第一は、使用されるストックの価値によってであり、第二は、賃金を下げるための雇い主たちの団結によってである[64]。

ストックの価値とは、原材料と労働者の生活必需品の量、すなわち従業員数に比例して必要とされる「流通商品」であり、スミスの挙げた例では、それは従業員一人当たり三十五ポンドから三百六十ポンドの範囲に及んだ[65]。明らかに**従業員一人当たりの**利潤は、スミスが挙げた後者の事例では、利潤率が同じであると規定すると、前者の事例の十倍以上である。

利潤を決定する希少性の第二の要因は、集団的希少性である。利潤率は、雇用主が自分たちの財産を共同でコントロールするための団結力やその自発的意志によっても異なる。そして通常、その意志と能力は、労働者の意志や能力よりも大きい(66)。

しかしながら賃金に関しては、第三の原理が存在しており、それが場合によっては賃金を継続的に自然価格よりも高く保持する。これは、中国のようなほぼ停滞している国と比較して顕著な「人手不足」が北アメリカで存在していたように、人口と比べて豊富な自然諸資源の下で、富がますます増加するために労働への需要が増大する、ということである(67)。

それゆえ、たとえ完全な自由の状態にあってさえも、以下のような事実のために交換価値は労働の苦痛に比例しないであろう。つまり、労働によらない私有財産から生じる、地代と利潤は自らの交換価値からの分け前を要求することができたが、賃金そのものは、人口圧力における違いのために、そのような要求はできなかったのであって、またそれは労働の苦痛における違いのためにそのようにできなかったのではない、という事実がそれである。

しかし、これらの例でさえ、〔交換価値をとりまく〕諸情況のすべてではなかった。そうしたすべての情況下で

---

(61) 同書、第1巻、p. 120 以下、p. 437 以下、第2巻、p. 141 以下〔邦訳、第一編、二〇九頁以下、第四編、三三四頁以下、二六三頁以下〕。
(62) 同書、第1巻、pp. 51, 146〔邦訳、第一編、九五頁、一五〇頁〕。
(63) 同書、第1巻、p. 50〔邦訳、第一編、九三頁〕。
(64) 同書、第1巻、pp. 68, 69〔邦訳、第一編、一二〇―一二四頁〕。
(65) 同書、第1巻、p. 50 以下〔邦訳、第一編、九二頁以下〕。
(66) 同書、第1巻、pp. 68, 69〔邦訳、第一編、一二〇―一二四頁〕。
(67) 同書、第1巻、p. 73〔邦訳、第一編、一三〇頁〕。

は、完全な自由の状態にあってさえも、交換価値は労働の苦痛の量よりもむしろ専有的希少性によって決定された。諸商品の価格がそれぞれの仕事における労働の苦痛の量と等しくなるかもしれないためには、より一般的な、三つの情況が必要であった。「第一に、これらの職業は近隣でよく知られており、また確立されて久しいものでなければならないこと、第二に、これらの職業はその通常の状態、すなわち自然の状態と呼んでいい状態になければならないこと、そして第三に、これらの職業はそれにたずさわる人びとにとって唯一の、または主たる職業でなければならないことである」(68)。つまり、専有的地代や利潤の〔差し引かれた〕あとでさえ、ならびに人口圧力が排除されたあとでさえ、賃金が骨折りや労苦と等しくなるためには、評判、普通さ、自立が存在しなければならないのであって、これらにはそれぞれ、慣習ないし商売上の習わしという姿でもって、希少性の集団的調整という要素が導入されているのである。

評判の欠如とは、スミス曰く、つまりは希少性であるが、そのせいで、たとえ競争者が完全な移動の自由を有していたとしても、彼らは賃金ないし利潤が高い領域へと移動することができないのである。普通さ、あるいは「当たり前の状態」とは、自然の諸力から生じる生物学的希少性における変化を排除することである。なぜなら、スミスによれば、「普通さ」とは、農業において豊作や凶作といった変化があることであると同時に季節的な需要の変動が存在しないことでもあるからである。

「自立」という要件は、あらゆる補完的生産物や一貫生産の産業を排除する。だが労働者はそれらのおかげで、自分が専門とする生産物だけに労働を費やして自活できる。例えば、その生産物とは内職者、作男のそれであり、下宿人をおいている家族が請求する家賃から生み出されるものであり、外働き使用人の地主に対する労働から生み出されるものである。換言すれば、たとえ、コモン・ローによって保証される、個人の完全な自由が存在するとしても、それでも賃金は、それを秘密にしておこうという傾向、季節変動、および一貫生産の産業による補完

210

財というあらゆる事例において、苦痛のいかんにかかわらず、希少性によって決定される(69)。

さらにまた、もし、このずらりと並べ立てられたすべての例外をスミスが認めていたとしても、次のような問題が残る。すなわち、結局のところ、労働そのものならびに諸商品の価値を決定するのは、慣習をも含む、集団的行動ではないのか、と。スミスは「想定」だけで集団的行動を排除している。スミスのいう完全な自由の条件が「想定している」のは、あたかも各々の労働者が苦痛の増分によって導かれる物理的単位であるかのように、いかなる干渉も、例外も、義務も、商売上の習わしも、習慣も、慣習も、秘密主義も、季節変動も、補完財ないし一貫生産の産業も、貨幣ないし諸契約の集団的履行も存在しない、ということである。こうした労働という原子からなる集合は、水の流れと同じほどの正確さをもって敏速にそれらの労働力を、苦痛に比例して価格が低い生産物から、苦痛に比例して価格が高い生産物へと移動するであろう。こうしたことが、前者の価格を引き上げたり、後者の価格を引き下げたりすることに貢献するだろうし、また各々の労働から供給される量がうまく調整されるので、ある生産物に当てられた平均的な労働の苦痛という単位は別の生産物に当てられた労働の苦痛という単位と同様の保証を受け取るであろうといったように、均衡をもたらすであろう。

こうした擬人化は、人間の本性を物理的分子へと分解したのであり、またこうしたことが無政府主義者および

---

(68) 同書、第1巻、pp. 116–118〔邦訳、第一編、二〇一―二〇六頁〕。

(69) 同書、第1巻、pp. 116–120〔邦訳、第一編、二〇一―二〇九頁〕。ヴァイナーは、すでに言及した論文で（〔原著〕p. 162）、スミスがこれらの例外の多くを「自然状態」のうちに含んでいると解釈したが、わたしは、これらの例外を彼が「自然状態」から**排除した**と解釈している。わたしはスミスが、慣習、あらゆる集合的行動を排除したのであり、すべての例外は労働の苦痛では説明されていない、と考えている。これらの例外は「人為的なもの」であり「自然なもの」ではない。

ベンサム、リカード、十九世紀の快楽主義的経済学者たちに対する準備となったのである。

3. 価値の尺度

だがスミスはきわめて現実的な何かをもくろんでいた。それは集団的行動が排除されねばならない場合での安定的な価値の尺度であった。「彼が支払う価格は、それとひきかえに彼が受け取る品物の量がどれほどだろうとも、つねに同一であるにちがいない。なるほど、この価値が購買するこれらの品物の量は時によって多かったり少なかったりするだろうが、しかし変動するのは品物の価値であって、品物を購買する労働の価値ではない(70)」。

このように、労働の苦痛とは、スミスのいう、自然状態に適用された価値の**調整因子**であったが、いまや、価値の**尺度**として、彼はそれを種々の集団的行動や現行の貨幣価格という現実の状態に適用した。彼は、この安定した平均的な労働の苦痛を通じて、現実の社会における不平等、不正、不測の事態のみならず、貨幣価格の背後に隠されている地代、利潤をも測定しようとする。

> 価格に関する、あらゆる異なった構成部分の実体価値は、次のように観察されなければなるまい。すなわち、労働量に基づいて計られるべきであり、それによってそれぞれ**購入し、あるいは自由にすること**が可能になる労働の量から実体価値は計測されるべきなのである。労働は価値を計測する。価値は単に労働の過程のなかでそれ自体が変化するところの、価格の構成部分のみならず、加えてそれ自体が地代、或いは利潤に基づいて変化する。労働はこうした価値の尺度となるのである(71)。

あらゆる労働がより効率的になるか、あるいは貨幣が希少になるならば、すべての貨幣価格は断続的に低落するかもしれない。逆にあらゆる貨幣価格は、もし労働がより非効率的になるか、貨幣がより豊富になるか、あるいはそれが紙幣に代替されれば高騰するかもしれない。一部の価格は高騰し、その他の価格は低落するかもしれない。高価格は独占によって達成されるかもしれないし、低価格は競争を通じて達成されるかもしれない。価格は法外なものであるかもしれないし、適正であるかもしれない。労働の苦痛は、それらの価格が適正価値から逸脱しているのかあるいは一致しているのかを測定するであろう。まさしく、分岐しているのは**それらの価格の**価値であって、労働の苦痛に基づく価値ではない。また、その分岐はそれらの財を購入するのに必要とされる、苦痛の量の大小によって測定される。

このようにして、スミスのいう価値の尺度は、彼のいう実質価格と名目価格の区別いかんにかかっている。実質価格とは苦痛の支出のことであり、名目価格とは貨幣の支出のことである。その違いは、諸個人の感情と、人々が集合的に同意している人為的な測定単位との間にある。

これらの人為的諸単位を検討するならば、次のことがわかる。すなわち、これらの人為的諸単位は、慣習や法によって標準化されてきたということであり、それは経済科学において用いられるさまざまな次元を、例えば使用価値の諸量、希少性の程度、産出率、時間の経過、などといった、諸々の数値へ還元することを目的としていた、ということである。これらの数値はすべて、実際のところ、幸福、悲惨、快楽、苦痛、希望、恐れ、公正さや不公正さなどの、激しい人間の感情をその背後にもっており、またこれらは、人類にとっての実質的な諸価値である。しかし、これらの感情についての、慣習や法によって標準化された、測定単位はいっさい存在していな

(70)　スミス、『国富論』、第1巻、p. 35〔邦訳、第一編、六八頁〕。

(71)　同書、第1巻、p. 52および脚注〔邦訳、第一編、九五頁〕。イタリック体〔本訳書ではゴシック〕は筆者による。

い。

したがって、あらゆる測定は、まさしくあらゆる測定単位が人為的なものであるがゆえに、貨幣と同様に名目的なものである。測定単位とは、言語の一形態、つまり数値という言語なのである。これらの単位は、実際のところ、激しい感情が生じていることのしるしなのかもしれない。けれども、これらの単位は諸々の感情を測定しない。それらは表面的な行為を測定するのである。アダム・スミスは、経済的生活における公正さや不公正さを測定する、情感の単位を創り出すことを望んでいた。スミスは、自らが現実の生活における諸問題に至ったとき、諸々の取引を、その期間、範囲、影響力、希少性、生産性、時間という諸単位で測定することに気づいた。これらはすべて名目的なものであって、何ら実質的なものではなかった。

しかし、このことは、対立や協同という経済的行為が名目的なものであり、個人の感情だけが実質的であるという場合にのみ当てはまる。経済学における測定単位とは、確度（アキュラシー）、安全、公正という三つの重要な社会的理由から取引を測定するのに使用される、集合的な考案物（デヴァイス）である。これらの単位は、もし社会や諸取引が実質的なものであるなら、実質的なものである。

あらゆる取引は、測定についての三つの性質、つまり物理的測定、希少性による測定、時間による測定を用いる。物理的測定は、財の数量および産出率ないし利潤率の二種類からなる。希少性による測定は、時の経過のなかでのいまこのときおよび将来という時間についての二つの次元からなる。カール・マルクスや科学的管理法に至ってはじめて産出率が測定可能な次元に分類され、またベーム・バヴェルクによってはじめて時間の経過のなかでの将来が測定可能な次元としてより分けられた。

あらゆる測定単位は、測定されるべき次元と同様の特性をもつものでなければならない。使用価値とは、「財」を期待に基づいて利用することであり、これはトン、ヤード、ブッシェルといった物理的諸単位で測定される。

希少性価値とは諸々の財の価格のことであり、ドルといった希少性の単位で測定される。これら二つは、あらゆる取引においてつねに同時に見出される。例えば小麦は一ブッシェル**につき**二ドルである。綿は一ヤード**につき**十セントである。鋳鉄は一トン**につき**三十ドルである。ブッシェル、ヤード、トンは使用価値の量を測定する。ドルやセントは、それらの希少性価値を測定する。小麦の希少性は、物理的次元の諸単位では測定されない。小麦の価格は、希少性という価値標準、つまりドルに換算された、単なる小麦の希少性の次元である。それに対して小麦の有用な属性は多さ、つまりブッシェルという標準に、また品質、つまり小麦における一定の品質に換算されて測定される。

それぞれの単位は、確度、安全、公正という第一の必要条件として、法や慣習によって標準化される。紛争が生じ、裁判所が判決する場合、裁判所は、適法であると思われる物理的単位や、また法が創り出した希少性の単位に基づいて判決する。法貨および法律の遂行を測定するのは、まさにこれらの法的諸単位である。小麦の引き渡しを法的に遂行することとは、同数の適法なブッシェルの引き渡しを遂行することである。法貨で支払うこととは、同数の適法なドルで支払うこと、あるいは裁判所が等価であるとみなしたものを支払うことである。アダム・スミスのいう自然状態には法貨も、測法的な測定単位もいっさい存在していなかった。なぜならそれらは人為的な単位だからである。

金（ゴールド）といった、一定の商品は、金の物理的次元において法や慣習によって標準化されたのであって、その希少性の次元において標準化されたのではなかった。その物理的次元とは、アメリカドルでは、二十三・二二グレインの純金であった。その希少性の次元とは、市場においてそれがもつ一般的購買力であった。その二つの次元は分離可能であり、また法貨を布告する法律によってときに分離されてきた。法定の紙幣は、相対的な希少性の尺度としての金の物理的数量に取って代わった。だが、紙幣の単位名称も、金のグレインも、個人の感情というスミ

213

スの意味では、実質価値の尺度でもなければ名目価値の尺度でもなかった。それらは、経済的取引における法的尺度であり、そこで求められるのは確度、安全、公正である。それらは、自然の諸力を扱う孤立した個人という意味において実質価値を測定しない。それらは、慣習、法、裁判所からなる集団的行動が押し付ける、物理的かつ希少性の次元についての人為的単位である。スミスが適正価値を労働の苦痛で測定したとき、彼は心理主義的希少性を測定していたのだった。しかし、貨幣は専有的希少性を測定する。苦痛の諸単位はおそらく、自然状態での主観的感情を測定するのであろうが、貨幣は、政治や法が存在する状態での、あるいは集団的行動の別の形態が存在する状態での、経済的力、機会の平等さ、公正ないし不公正な競争、適正なあるいは不適正な価値を測定する。適正価値とは、貨幣で換算された適正な希少性価値のことである。

スミスの誤りとは、モノの起こりないし時間や根本法則の起こりから出発したことであり、彼は、ある時点においてあらゆる複雑性を横断しているゴーイング・コンサーンに手をつけなかった。このゴーイング・コンサーンは、いかなるものであれ、過去から相続され積み重ねられてきたものによって、すでに構築されているのであり、いまなお完成されずに移ろいやすい将来に向けてどんどん進んでいるのである。

ロックやケネーの努力と同様に、スミスの努力とは、モノの性質や神の理性のなかに、あらゆる時代において不変性と安定性をすでに有していた、究極的な何かを見出そうとする努力であった。しかしわれわれの知る限り、人間のための、そのような安定性はまったく存在しない。人々の安全、期待にもかかわらず万事が乱暴に過ぎ去っていく。われわれが知っている唯一の安定性とは、人々が集団的行動によって創り出す安定性である。測定の諸単位は、安全性に関する諸道具の一つであるが、これらの単位は自然には存在しない。これらの単位は、確度と、安全のために人が考案した、人為的構造物である。スミスが、自らの苦痛の単位を見つけることができなかったのは、人はそのような単位を人為的に構築しなかったと考えたからである。しかしながら、人は、やがて集合的行動を通じて希少性という単位を構築した。つまり法貨や、裁判所がそれらに相当するとみなしたものがそれである。スミス以降百年以上にわたって経済学者たちが重要であると考え、次いでその安定化の方法を考案するよう求められたのはまさしく、純粋に人為的で、集団的で「名目的」な測定単位、つまり貨幣の希少性価値である。そして、このような安定化が必要となるのは、より〔その単位の〕確度を上げ、より強固なものにするということが社会的に必要となるからであり、まさしくそれこそが現在の取引と期待される取引に必要となるからである。金という物理的次元は、ジョン・ロックやアイザック・ニュートンにより重量に換算されて、安定的な測定単位に分類されたが、購買力に換算した金の希少性の次元を安定化するという試みに至るまでにほとんど二百年を要した。実際に起きていたのは、スミスのいうきわめて表面的な名目価値という尺度が、個人からなる世界ではなく、個人の活動を調整する集団的活動からなる世界において、変化しつつある諸々の希少性というきわめて重要な尺度である、という発見である。

そのことから学ばれるべきは、取引において用いられるこれらの希少性価値が、すでにあるゴーイング・コンサーンのために、百年にわたって存在してきた慣習、財産、主権のために、構築されるとみなされねばならない、ということである。こうした構築は、幸か不幸かすでに実験を試みられてきたが、それは人為的に測定されるものであり、そうであるならばおそらく集団的調整によって安定化されるものであろう。

それゆえ、スミスのいう平均的な労働の苦痛が間違いであったとはいえない。それは平均的購買力の擬人化であった。それ自体がまさしく平均化の過程であり、この過程に従って、現代では、諸商品、賃金、ストック、債権等々いずれかの、価格の平均的変動という「諸々の指数」の構築に首尾よく成功しているのである。これらの指数における単位は、労働の苦痛にかわるドルという脱擬人化された購買力である。諸々の平均を受け入れるならば、物価指数に対する平均とは、現代の事例では、商品、賃金、ないし有価証券に関するさまざまな希少性の平均に比例した貨幣の希少性である。スミスの用い方では、それは、生産における平均的苦痛に換算された諸商品の平均的希少性であった。平均原理そのもの自体は、単なるワーキング・ルールとして充分に有効なものである。スミスの誤りは、彼が貨幣を平均的な労働の苦痛として擬人化したことであった。

この誤りは、貨幣換算での安定的な希少性の尺度にかえて、人々の骨折りと労苦に換算された安定的な実質価値の尺度を得ようとした、彼の努力に由来していた。スミスは、「自然」ないし「福利」の経済にかわる「金銭的(ペキュニアリー)」経済を避けたかったのである。この意図は十分適切であるが、それはあまりに根本的にすぎた。より表面的ではあるが、プラグマティックな過程とは、金銭的経済における希少性の尺度を安定化することで適正価値を得るという方法に基づいて、歴史的に実験を試み続けるという過程である。というのも、結局のところ、まさしく適正価値とは「福祉(ウエルフェア)の経済」だからである。

いま一度、原因、調整因子、価値の尺度に関する、ヴィーザーとホワイテイカーによる分析（〔原著〕p. 171で既述）と比較するならば、それらがいかに分離できないものであるのかがわかるであろう。測定することは、調整することと不可分である。なぜなら、まさに測定することによって、調整することが達成されるからである。そして、原因はあらかじめ決定されていない。それは測定することや調整することの影響を受ける人々の目的である。スミスが描き出したのは、人や自然の運動を支配している、慈悲心や正しい目的から引き出される価値の原因であったが、彼のいう諸々の原因とは、実際には彼自身のいう正しい目的であり、それは自然に転嫁された。彼のいう調整因子とは、集団的行動をともなわないが、自由、安全、平等、財産をともなう、真なる価値の調整因子についての彼の理想であった。彼のいう価値の尺度とは、彼のいう適正価値の尺度であり、それは重商主義に現存していた人為的で裁量的な価値への批判に、また金、銀、紙幣がもつ気まぐれへの批判に適用された。

第四節　社会的効用

スミスは、公的功利性というヒュームの観念が哲学者の後知恵であり、それが正義を支持しようとする個人の直接的な動機ではないと主張した。したがって個人は、次のものを自らの胸中に見出さねばならない。それは、公共の福祉を自動的に増進する何かであり、またそれに並ぶ、いかなる集団的行動にもそこでは置き換えられない何かである。なぜなら、実践的にあらゆる種類の集団的行動は、道徳と経済学についての彼のもくろみから除去されねばならないからである。

したがって、この何かは、人類の調和と幸福を意図した外在的な神の摂理によって個人の胸中におかれねばならない。しかし、それは、無意識のうちに、そのような目的のためにその何かが存在していることを個人自身にしられないようなやり方で置き換えられねばならない。その結果彼は意識的に、あたかも愛ないし嫌悪の傾向を、あるいは自分自身の利己心を探求する傾向を感じるかのごとく、先に進むことができるのであり、それは、彼が他人に提案する取引が、他人が彼の利己心を増進するよりもはるかに彼らの利己心を増進するだろうと説得することによって可能になる。

アダム・スミスが神の力によって人類の胸中に埋め込んだこれらの動機を、探し求めるに至ってわかったのは、彼によればそれらの動機が次の六つ以下には分類されえない、ということである。すなわち、それらは、同感、利己心、適切さの感覚、物々交換の性向、過剰生産を防止することで産出を調整することにそこでは置き換えられた労働の苦痛であり、詐欺と暴力に対する、または国家の自己防衛のための刑罰を除いた、ほとんどすべての類いの集団的行動から自由であるべき神授権ないし自然権である。

これらの埋め込まれた本能ないし動機は、個人が似通った想定をもつ別の個人と関わりあうまさにそのとき、各々の個人の胸中における多少なりとも明快な意見ないし想定という形態をとった。労働の苦痛に関するスミスの想定をみてみよう。

「貨幣と財は」、彼曰く、

一定量の労働を含んでおり、それをわれわれは、そのときに等量の労働を含んでいると考えられるものと交換するのである。……しかし、労働がすべての商品の交換価値の真の尺度であるとはいえ、それらの商品の価値がふつうに評価されるのは、労働によってではない。二つのことなる労働量の割合をたしかめることは、しばしば困難である。二つのことなる種類の仕事に費やされた時間だけが、かならずしもつねに、この割合を決定するわけではない。耐えしのばれたつらさ、行使された創意の程度の差も同様に考慮にいれなければならない。一時間のつらい作業のなかには、二時間の楽な仕事よりも多くの労働があるかもしれないし、取得するのに十年の労働が必要な職業での一時間の執務のなかには、ありきたりのわかりきった仕事での一ヶ月の勤労よりも、多くの労働が含まれるかもしれない。しかし、つらさにせよ、創意にせよ、それについてなにか正確な尺度を見いだすことは容易ではない。たしかにさまざまな種類の労働のさまざまな生産物を相互に交換するにさいしては、その両方について、なんらかの斟酌がなされるのがふつうである。ただし、それは何か正確な尺度によってなされるのではなく、市場のかけひきや交渉によって、正確ではないが日常生活の仕事を継続するには十分であるような種類の、おおまかな等式によって調整されるのである。[72]

結局この場合、交換における価値を決定するのは労働の苦痛ではないように思われる。それは、場合によっては説得であったり強制であったりする、取引である。それは、ある当事者が他の当事者よりも、困窮しているのかそれとも知性がないのか、より効率的なのかそれともさほど効率的ではないのか、ある者が提示する選択肢よりも良い選択肢はないのかどうか、他の当事者よりも深刻な競争にさらされているのかどうか、といったことについての意見にも依存する。しかしながら、これらの不平等は、各々の当事者が別の当事者に対し完全に自由で完全に平等であるという、自然状態から除外された。スミスは、その一文のなかで自らの労働の苦痛という基準を放棄したのである。労働の苦痛は、個人的意見にすぎなかった。ヒュームの主観的な公的功利性、スミスの同感、利己心、適切さの感覚、物々交換と取引（トラック・アンド・バーゲイン）の性向、自然権が調査可能な場所でしか、売買交渉の、管理の、また割当の取引は存在しない。またそれらの場所でしか、制定法、コモン・ロー、慣習、諸政党、ビジネス・コンサーン、労働組合、農業協同組合、銀行という集団的活動は存在しない。そして実のところあらゆる法人はその社会的条件を提供し、その枠内で諸個人が商品の生産、価格の決定、消費を行なうのであるが、そのような法人による集団的行動もそれらの場所でしか存在しないのである。

スミスの理論と百五十年間にわたる彼の模倣者たちに与えられるのは、「原理主義（ファンダメンタリズム）」という名称であろう。彼らは、自分たちの事例の基礎を人間と神の感情においていた。取引と慣習は、あまりに表面的であり、あまりに行動主義的であり、あまりになじみ深く、あまりにありきたりである。経済学は、彼らによれば、何とかしてより原理主義的な何かに立ち戻らねばならない。それは、神、自然、理性、本能、物理学、生物学という究極の本質である。最もなじみ深いものは、最後に調査されるのである。

だがいまも、賃金、利潤、利害、地代、雇用、失業、福祉、窮乏、国民と個人に関わっているのは、集団的行

(72)　同書、第1巻、pp. 32, 33〔邦訳、第一編、六四頁、六五頁、六六頁〕。先に取り上げた引用文の続き、前述、p. 210をみよ。

217
動によってコントロールされる、これらのなじみ深い取引である。
これらの種類の集団的行動が個人の行動をコントロールする限りにおいてのみ、ヒュームのいう公的功利性が観察可能で測定可能な行動主義的形態で立ち現われることもあれば、スミスによるいくつかの公的効用の代用物が原理主義から立ち現われて取引主義へと向かうということもあるのである。
それの一方で、スミスの『国富論』と同年に、ベンサムは、次の百年かそれ以上を見据えて、一つの方法論を確立した。その方法論によって経済学者は法と慣習を排除し、またスミスによる集団的活動の代用物を、単一の代用物に統合できたのである。それは、快楽である。

第6章　ベンサム対ブラックストン

経済学を法と慣習から分離した人こそブラックストンであった。一七七六年は、「素晴らしい年」であった。その年にベンサムの『統治論断片』、スミスの『国富論』、ワットの蒸気機関、ジェファーソンの〔アメリカ〕独立宣言が生み出されたからである。最初に挙げた『統治論断片』は幸福の哲学、二番目の『国富論』は富裕の哲学、三番目の蒸気機関は富裕の技術、四番目の独立宣言は、幸福を政府に当てはめるという革命的なものであった。その十一年前にウィリアム・ブラックストン卿は『イギリス法釈義』を出版した。ブラックストンはそのなかで、スミスが論じる神聖なる起源には賛同したが、現実世界が完全無欠であることをイギリスのコモン・ロー[a]のなかに見い出した。ジェレミー・ベンサムの『統治断論片』は、ブラックストンを批判し、神聖なる起源とコモン・ローを、最大幸福と立法府の法典とに置き換えた[1]。それに続いたのが一七八〇年に出版された『道徳および立法の諸原理序説』であり、一七八九年に改訂版が刊行された。そのなかでベンサムは**義務**を排除して倫理を

（a）　訳者注：common law は、英米で発達した法制であり、「慣習法」ないし「普通法」と訳されている。これまでの裁判で下された判決を判例とし、それが法的効力をもつという判例法である。成文法とは区別されている。ベンサムは、コモン・ローを批判して制定法の完備を主張した。

幸福から引き出した。これ以降、百年以上にわたって政治経済学は、法学から切り離され、そして法学は幸福から切り離された[2]。法学は過去の慣習と神聖なる正義に基づく。そして経済学は、現在の幸福と個人の願望に基づく。ベンサムはジェームズ・ミルを教え、その〔父〕ミルはリカードを教えた。そのためにベンサムは、リカードが自分の精神的な孫であるといった[3]。ベンサムの曾孫（ひまご）は、百年後の快楽主義の経済学者たちであった。ベンサムが十九世紀の経済学の創立者である、というのが本当のところである。というのもベンサムがこの時代の経済学を法と慣習、それに倫理学から切り離したからである。

ベンサムによれば、ブラックストンが自ら明らかにし、そのうえに言明さえしたのは、「最大幸福」という公理によって要請されるイギリス法改革に対して、「断固として信念を曲げない」論敵になる、というものであった。法について詳しく解説するかわりに、ブラックストンはそうした法を「正当化した」。というのも法は、慣習に裏づけられた「権威」に由来するのであり、主権に従う人民の側での「原契約（オリジナル・コントラクト）」に由来するとしたからだった。ブラックストンが正当化したのは、自分の「良識（リーズンズ）」をもとにしていた。ベンサム曰く、ブラックストンは、「その役目を良識に負わせた。……まさしく良識という考え方こそが、賛同の知らせである」。ブラックストンが他人の良識に言及するときでさえも、「それは自分の良識についてのことである」。ブラックストンがイギリス法を、人々の幸福を促進するのか、あるいは妨害するのかという、その傾向によって検証していたら、ブラックストンの「良識」は、「……あたかも、**法**が生き物であるかのような」「一種の**擬人化**」を導き出すこともなかったであろう。そして「古くからなされていることならば自動的に尊重すること」もなかったであろう。こうすることで、「法が正しければ正当化するということが、法が誤っているならばそれを非難するということよりも、大きな利点があると考えられたのだろう[4]」。

それゆえベンサムは、慣習を権威によって支持された伝統と同一視し、こう考えたから慣習を退けた。例えば裁判官ならば誰でも、古くからの慣習に従うという方法ではなく、それがもつ幸福全般への効果によって判決を下している。ベンサムが主張したのは、『統治論断片』が「この書物によって一般の人を、法の領域における権威と祖先の知恵という足かせから脱却できるようにさせる、というまさに最初の書物である」[5]ということであった。

慣習が退けられるならば、ベンサムは法の正当化をどこに見出すことになったのか。ベンサムは自分の**願望**のなかに法の正当化を見出すことになった。ベンサムによればこれは、ブラックストンも正当化するために見出した場所であった。ブラックストンは無邪気にも、法がそのままであるようにと**願った**。

ベンサム曰く、ブラックストンの国内法の定義は、権利と義務にはどのようなものがあるかを説明するものではなく、何が正しく何が誤りであるかに関する〔裁判所の〕意見であった。ブラックストンによれば、「国内法は、国家の最高位の権力によって規定された市民の行為についての規則（ルール）であり、正しいことを命令し、誤ってい

（1）ベンサムが最初幸福原理を最初に考案したのではない。最初にプリーストリーからこの原理を得た。バウリングの「最大幸福原則の歴史」（ベンサム『義務論』バウリング編集一九三四年、第1巻、p. 298に所収）をみよ。

（2）ジェームズ・ボナー『哲学と政治経済学　その歴史的関係』一八九三年、p. 218）。ジョン・C・カーター『法　その起源、発展、機能』一九〇七年、pp. 233-240）を参照。その時代におけるアメリカの有力な法律家がベンサムの幸福原則を拒否した根拠が示されている。カーターは、従来の反トラスト法に対して、大企業の合併という新たな慣習を主張した。

（3）『ジェレミー・ベンサム著作集』（*The Works of Jeremy Bentham*, ed. by Bowring, 1843, I, p. 498）。これ以降の引用では、ベンサムの『著作集 *Works*』とする。

（4）前掲書、第1巻、p. 239, 230（『統治論断片』第1版への「はしがき」）。

（5）前掲書、第1巻、p. 230の脚注、（『統治論断片』序論）。

ることを禁止するものである」[6]。ベンサムによれば、ブラックストンはこの見解を自然法に見出した。自然法は、無限の力をはじめとして英知や善良を備えた存在〔である神〕によって発せられたものである。しかしこれは実のところ、ブラックストンの願望であった。「大勢の人が」、ベンサム曰く、「しょっちゅう自然法について語っている。そうなると、何が正しくて何が間違っているかについてその人たちの感情(センチメンツ)を読者に与えることになっていく。だから人々が理解することになるこうした感情は、自然法についてのあまりにも多くの章と節が必要になる」[7]。

それゆえブラックストンが祖先伝来の知恵に従うことを願うとすれば、ベンサムは社会全体の幸福総量が増大することを願う。

わたしが、法の各項目において追求すべき目標や目的にすべき社会(コミュニティー)全体の最大幸福[8]について言及するとき、……わたしがいわんとするものは何であろうか。それは、つまるところ、わたしが望むものであり、わたしの願いにほかならない。つまり、当該社会で政治権力(ガバメント)を現に所有している人々がわたしと同じ望みと願いを抱いているのをみることである。それがわたしの願い、わたしが欲するものである。……この主張をなすに当たって、わたしが事実に照らして述べるのは、はっきりいえば、当該時点で、わたしの心を過(よぎ)っているものである。つまりどの程度この言明が正しいかは、読者に属する問題である。もし読者にとって価値があるならば、読者の判断を形づくりもしよう[9]。

ブラックストンの願望は、ベンサム曰く、「誤り」という言葉に含まれる二重の意味が隠されていた。その一つは、倫理的な誤りであり、倫理的に正しいことの**反対**である。もう一つは法的義務であり、これを同義の法的に正しいことと**関連**させている。しかしベンサムが主張するように、法的に正しいとしても、倫理的には間違っているかもしれず、また法的には誤っているとしても、倫理的には正しいかもしれない。正義とは、良心が罪を厳しく責めることから生じる。正義とは、法が強制するものである。奴隷制度の歴史は、この矛盾を示す。実のところブラックストンには、コモン・ローの本質的特徴として、変化をはじめ、過程や新奇性、それに歴史という現場で役立つ考え方がなかった。法は、神から与えられた〔神聖な〕理性のうちにあった。だから〔法は〕ブラックストンにとって自然法を意味していた。それゆえに裁判官の機能は、その理性を見つけ出し、それを審理中の具体的な事件に当てはめることであった。裁判官は争議に判決を下すとしても、新たな法はつくらない。しかし判決が下されるとたちまち法自体も変わる。裁判官は単に自然法に則した正義を発見したにすぎない。自然法に則した正義はつねにそこにあるにもかかわらず、争議の当事者も裁判官もそれに気がつかない。ブラックストンの概念は、ロックの受動的精神という概念を模倣したものである。

しかしベンサムもまた、コモン・ローの本質的特徴としての歴史的過程や変化について何も知らなかった。ベンサムは、万人の幸福という自分の原則に基づいて〔成文化された〕**法典**を延々と築き上げていた。それゆえ歴

（6）ウィリアム・ブラックストン卿『イギリス法釈義』序論、第2章、p. 44（クーリーによる編集、一八八四年、初版は一七六五年）(ed. by Cooley, 1884 : original edition 1765)。ブラックストンのコモン・ローの理論は、拙著『資本主義の法律的基礎』にて扱われている。そしてこの章は主に、十九世紀経済学の創設者であるベンサムに向けられたものである。

（7）前述、「ケネー」*p. 125*。

（8）ベンサムは「最大多数」の最大幸福が多数派の専制を招くかもしれないことを予見し、そのために全員の最大幸福に置き換えた。

（9）ベンサム『著作集』第9巻、p. 4（『憲法典』への序論）。

史を顧みることがなかったので、ベンサムは、ブラックストンと自分自身を根本から分析する際には、論理に即して行なった。〔成文化されている〕法典と〔成文化されていない〕コモン・ローは、どちらも願望の上に成り立っていた。ブラックストンが願ったのは、自分が法はこうであると考えるものであった。つまり神聖かつ自然であると自分がみなした法である。ベンサムは法制度が違うものになるようにと願っていたし、そのように述べていた。だからこれが、変化と実地で試してみる理論にかわる唯一の理論である。慣習が変化すれば、これまでとは違う目新しいものができる。こうした理論に基づいて歴史を研究し、それを他の変化に試すとなれば、変化それ自体が探究と実験の対象となる。しかしそうはしなかったので、法学と経済学に残されたただ一つの基盤は、願望となる。ブラックストンとベンサムは、願いをかける者であって、科学者ではない。

〔成文化されている〕法典と〔成文化されていない〕コモン・ローの違いは、法学と経済学の双方での演繹的方法と実験的方法の違いである。法典の方法は演繹的方法と似ている。そこではどちらも社会組織を固定した枠組みであるとし、どのような個々の事例でもそこから変化（ヴァリエーション）したものという観点から出発するからである。一方、実験的方法は、安定性という総則の枠内での変化と目新しさから始める。法典の方法では、個々の具体的な事件は、それ自体が独立変数である。だから判決は法典に何らの変化ももたらさない。具体的な事件はその固有性を切り捨てられるので、その事件に判例としての効力は何もない。裁判官の考え（マインド）は、次の事件では、法典が世塵にまみれることもなくまぎれもなく有効であるという立場に舞い戻る。

しかし実験を重視するやり方では、裁判官が法をつくるというコモン・ロー方式になる。この場合、個々の事件で判決が下されると、その判決自体が法典をはじめ憲法、成文法に変化をもたらす。なぜならばその判決は、判例として有効性が持続するからである。だから新たに事件が起きると、不動の法典や判断のもととなっている原則に立ち戻り、事前にはわからない神の意図を見つけ出すという問題にとどまるだけではない。ちなみにそのような法典や原則ならば、法学や経済学のなかにはいつでもあると思われており、知られざる神の意図も当該事件に適用されることになったであろう。しかしそうではない。相反する多くの先例や経験から判断するという問題である。そうした先例や経験のなかには、判決を当該事件の一方の側へと導くものもあれば、その反対の側へと導くものもあろう。そういうわけでコモン・ロー方式をとる国では、法典であろうと、成文法であろうと、はたまた憲法であろうとも、人々の慣行（プラクティス）と裁判での判決との変化に応じて、それ自体が経験を重ねることで変わっていく[10]。

ベンサムは自分の思考法を率直に述べている。それは、人々に対して上から課される成文法という法典による方法であって、人々自らに由来するコモン・ローという経験に基づいた方法ではない。これは、ベンサムが基本とした「功利性の原理 principle of utility」[b]と慣習の拒絶からもたらされる帰結である。コモン・ローは人々が慣習を変えることから生じる。しかしベンサムの〔効用概念たる〕功利性の概念は、主権者が是認するか否なかという感情（センティメント）である。功利性とは「精神（マインド）の作用」、「精神的（メンタル）な作用」というものである。というのも精神の作用を、「行動に当てはめてみれば、行動するのはそれから得られる効利性を質とともに満足すると判断するからである。だからこのことによって行動するか否かが決められるのは当然である」。さらに当該の活動の質は、「当事者の幸福を増大したり減少したりする……傾向がある。……しかもその当事者の利益は、市民一人ひとりのあらゆる活動がもたらす幸福が問題となるだけでなく、統治のあらゆる方策の問題でもある」[11]。それゆえにベンサムの「功

（10）後述、*p. 692*「分析と機能に長けた法学と経済学」。
（b）訳者注：utility の訳語は、ベンサムの場合「功利性」とされ、経済学では「効用」とされることが多い。
（11）ベンサム『著作集』（『道徳および立法の諸原理序説』の「序言」、第1巻A、**p. 1** および脚注〔邦訳書での該当ページ不明〕。

利性の原理」は、単に人間を支配する主人が快楽と苦痛であるとする主張ではない。人間を支配する主人が快楽と苦痛だとする断定である。慣習や**コモン・ロー**に基づく判例は、主権者を何ら制約しない。

ベンサムは、自分が主張する成文法典が有す恣意性を含むこうした推論の問題に対処するが、そのやり方は、コモン・ロー裁判所でも同じように裁判官が恣意的に推論し判決を下していると非難するものであり、理性よりも感情に訴えるという論拠で行なっている。これは「諸々の願望」というものでもあり、そうした願望が擬制（フィクション）の力を借りて法を変更すると、願望に命を吹き込むというものであった。法律家の目でみれば、「擬制」というものはコモン・ローの「進歩」の証である。ベンサムの目からみれば、そうした擬制は、法体系（コード）を生み出してきた立法府の権限を裁判所が意図的に「簒奪」したものだった。コモン・ローを奉じる法律家が明言しているように、擬制の力を借りるのは正義を推進するためである。裁判所〔の活動領域〕は、現行の制定法をはじめ法典や規則を執行することだけに限られている。裁判所は、イギリスの法制度ではこうした規則を変更する立法府の権限を欠いている。かくして裁判所が頻繁に下した判決は、

> 現になされている事実に〔現行法規を〕適応すると正義に反することになるかもしれないので、正義のためにその違法が無効であるとしていた。というのも現になされている（アクチュアリー）ことが、本来の事実（リアリー）とは違っているとみなしたからである。……擬制の使用はコモン・ローの正義についての優れた実例である。擬制であれば、法の支配がその条文を変更しないまま変更をこうむった、という事実を隠蔽するのにためらうこともなければ、そのふりもしなくてすむからである。(12)

しかしベンサムの主張に従えば、

法の擬制が定義できるとすれば、それは故意の虚偽である。というのも立法権限の簒奪を目的としているので、そうした擬制を公然と主張できないし、あえて主張することもない人たちによってその人たちのためになされるからである。また誤った信念がこのようにして生み出されなかったら、その擬制は行使できない。……かくして虚偽によって簒奪がそのたびごとに仕組まれ、行使され、そして定着した、という次第であった。(13)

こういうわけでベンサムは、経験を積み重ねることで法を作り上げるというコモン・ローのやり方を意図的に拒絶した。しかしコモン・ローのやり方をスミスは、単に看過してしまっただけであり、立法権の独立に信頼をおいていた。

ブラックストンが依拠した擬制の一つは、原契約(オリジナル・コントラクト)という擬制であった。ベンサム曰く、「人民の側からみれば、全面的服従を国王に約束した。他方、国王の側からみれば、人民を統治する約束をしたが、その統治の仕方は、つねに人民の幸福を優先しなければならないという点で独自なものであった」。しかし人民が服従に抵抗する場合、人民が正当化されるのはどの点であるかに決着をつけるという現実のテストがあるのなら、なぜそのような擬制が必要なのか。

(12)　ブーヴィエ『法律辞典』、「擬制」の項目。合衆国では、もっと単純でもっと一般的な方法がとられている。制定法や憲法で使用されている言葉の意味を変更するという良識(コモン・センス)による方法である。

(13)　ベンサム、前掲同書、第1巻、p. 243（『「統治論」断片』第2版への序文）。

……要するに、〔王に〕**服従することで生じる恐れのある災いが**〔王に〕**反抗することで生じる恐れのある災いよりも小さなものである限り**、人民は服従すべきである。……まとめてみれば、まさしくそれが人民の**利益**である限り、服従することが自分たちの**義務**であり、もはやそれ以外にはない……。契約事項を順守した結果が、いつでもそしてどんな場合でも**害毒**を生み出すことになる、と仮定してみよう。**その場合**、人民が契約事項を順守する義務はあるだろうか。**その場合**、法をつくり、人民にその法を**無理矢理**順守させるために罰則を適用する**権限**（ライト）は存在するだろうか。……いまや、思い起こすことができる原理がこれ以外にあるとすれば、功利性の**原理**の**ほかに**何がありうるのだろうか。この功利性の原理はある種の**理性**をもたらす。しかもその理性はいかなる高次の理性にも依存しないだけでなく、あらゆる実践面でそれ自体が唯一の理性であり、すべてを満たす理性である。(14)

かくしてベンサムは法典〔の成文化〕に信頼をおくあまり、〔法制度〕**改革**へと行き着く。一方、コモン・ローの方法は、個々の具体的な事件で正義が機能していないと判明すれば、契約が**次第に**執行されないようする。その場合、経験ではなく法典を成文化するというそのような功利性にはどのような意味があるのか。ベンサムはヒュームの公（おおやけ）の功利性あるいは社会の功利性という考えを再点検した。ベンサムによればヒュームは、この用語にいくつかの意味を含ませて使っていた。「どのようなものであれ、目的として有用であると考えられる」という意味の場合もあれば、「功利性は求められる目的に寄与するという点で、目に見える（フィジカル）道具、例えば機械や馬、それに家具に固有な性質である」という意味の場合もある。「快楽が目的」であるという意味の場合も時にはある。しかし苦痛の回避がこれまた快楽であるとは、決していっていない。さらに「幸福の観念が功利性の観念と分離できないほどに結びつけられている」とは決して暗示していない。ヒュームは「功利性」から、「善悪」の基準も引き出してはいないし、さらに「「なすべきは何か、放置しておくことは何か」という問いへの解答」も、引き出していない。このようにヒュームは、**現にある**功利性と、**あらねばならない**功利性とを区別しなかった。ヒュームは徳の項目を列挙しているが、それは単なる分類であって、そこでは「それらの徳が幸福に寄与する割合は示されていない。……ヒュームは、そうした徳の関係やその依存関係をいっさい示そうともせずに、快楽をはじめ、苦痛、願望、情動、情愛、情熱、利益、有徳、悪徳、その他あらゆるものを、極度に混乱したままで提示している[15]」。

しかしベンサムはこうしたヒュームの混乱を単純化して、功利性が意味するこれらすべてを、人に行動を強いるものとして、単一の*力*、*エネルギー*に転換した。

> 自然は人類を、**苦痛と快楽**という二人の主権者の支配の下においてきた。この二つだけが、われわれがなすべきことを指し示し、われわれがなすであろうことを決定する。一方で善悪の基準が、他方で原因と結果の連鎖が、苦痛と快楽の玉座につながれている。苦痛と快楽は、われわれが行なうことすべて、われわれが話すことすべて、われわれが考えることのすべてについて、われわれを統治している。われわれが自らの従属状態をかなぐり捨てようとどんなに努力しても、その努力はその従属を証明し、確認するのに役立つだけだろう。口では人は快楽と苦痛の帝国を捨てると誓うふりをするかもしれない。しかし実際には人は終始その従属に支配され続けるだろう。**功利性の原理**はこのような従属状態を認め、その従属が思想体系（システム）の土台であ

(14)　同上書、第1巻、pp. 271–272。
(15)　バウリング「最大幸福原理の歴史」、ベンサム『義務論』第1巻収録、pp. 291–294。

ることを当然のこととしており、その思想体系の目的は、理性と法律の手段によって幸福の構造を生み出すことにある。このような原理を疑おうとする諸々の思想体系は、意味あるものではなく意味のない騒音を、理性ではなく気まぐれを、光明ではなく暗黒を取り扱う。(16)

ベンサムは問題をさらに単純化して、私的な功利性が公的な功利性と同じであるとした。ところがヒュームは、それが対立するとした。ヒュームが希少性から引き出したのは、利己心という私的な功利性と、ヒュームが公的な功利性であるとした自己犠牲との二つであった。一方、ベンサムは、いまや公的功利性を、スミスの利己心と豊富性(アバンダンス)から引き出した。「最大幸福」はすべての人が利己心を最大にした場合の総和であった。ヒュームが論じる希少性は私欲が他者の善に従うことを要求する。しかしヒュームの希少性にかわるベンサムが論じる豊富性は、他者を害することなく私欲を強大化することを可能にする。こうした豊富性は、しばしば言及されるように、政治の腐敗や金融の腐敗に対してアメリカ人が無関心であるという理由の一端である。スミスの理論は正しいのだが、ベンサムに従えば、一つ例外がある。その例外とはスミスが、ブラックストンに同意した点である。すなわち、原初の自然状態についての同意である。しかしこれをベンサムは、功利性に置き換えた。しかしベンサムの功利性はヒュームの功利性ではなかった。それは豊富性における功利性であって、希少性における功利性ではなかった。

第一に、社会(コミュニティー)というものは、人々が集まってつくられるものではないし、そのような集まりとなれば、共通善のために個人を抑え込んでしまう。だからこれもまた擬制である。ベンサム曰く、「社会とは擬制に基づく**組織体**であり、個々別々の人々から構成されている、このためそのような人たちは、いわばその組織を構成している**構成員**だとみなされる。その場合、社会の利益とは何か。それは、社会を構成しているいろいろな構成員の利益の総和である」[17]。それでベンサムは、議会を社会のかわりにした。

第二に、社会の富とは、「いろいろな人たちが各自で所有している富というモノを細かいところまで集めた総計」からなっており、「こうした人々が、政治的にまとまった社会である国家を構成している。他の人の蓄えを奪うことなく、自分の蓄えを増やすような人たち皆が増やした微小なもののそのどれもが、その分だけ国富という蓄えを増やすことになる」[18]。したがってベンサムの財産概念は有体財産である。ベンサムの国富の概念は、希少性と交渉が排除され、使用価値からなるまったくの私的生産物の総計だけを含んでいるにすぎない。

社会の利益は、個人の利益を算術的に足し合わせた額となる、という結果が次にくる。ゴーイング・コンサーンの成員としての個人の間で行なわれる取引は期待できない。だから公的効用は個人の効用の総和である。それゆえにベンサムの功利性〔効用〕は、スミスが論じる主観的側面からの使用価値であり、ベンサムのいう「富を享楽すること」に相当するので客観的な使用価値と似たようなものであり、ベンサムのいう「富の問題」[19]と同じものとなる。最大幸福は最大享楽であり、最大享楽は最大の豊富性であり、最大の豊富性とは使用価値の量〔富〕が最大になることである。公的な功利性と私的な功利性は、豊富性ということであるから同じものである。ヒュームにとってそれらの公的な功利性と私的な功利性は、希少性ゆえに対立するものであった。

---

(16) ベンサム『著作集』第1巻、p. 1（『道徳と立法の諸原理序説』）〔『世界の名著38』山下重一訳『道徳および立法の諸原理序説』第1章、八一―八二頁、中央公論社、一九六七年〕。

(17) 同上『著作集』第1巻、p. 2〔同邦訳、八三頁〕。

(18) 同上『著作集』第3巻、p. 40（『政治経済学便覧』）。

(19) 前述、*p. 175* の図表2。

社会(ソサイティ)についてのこうした考えは、百年以上にわたって、古典派経済学者と快楽主義の経済学者たちにとっては**社会というものではなく**、分子からなる**住民数というもの**[20]であった。そしてこうした社会の考え方に、マルクス主義の社会主義者やキリスト教社会主義者たち、さらには近代の社会哲学者たちが反旗を翻した。個々人の快楽と苦痛から出発すると、社会は諸個人の**総和**以外の何ものでもなく、富は物的財貨の**総和**でしかない。経済学はこのようにして、倫理学から切り離された。というのもヒュームがそうしたというわけではなかったのだが、ベンサムにあっては富を獲得する際に個人の間に希少性という関係がまったく存在していなかったからである。倫理にかなった考察を呼び戻すために経済学者は、自分たちが倫理学と呼ぶ新たな出発点を創らなければならなかった。ヒュームが主張した**希少性**原理を省いたことは、個人と社会という二元論、つまり経済学と倫理学という二元論をもたらした。

しかしこの二元論は、倫理の発端をめぐる二つの理論に基づいている。その一つは、豊富性の世界で快楽を最大化するという個人主義に基づく理論である。この場合、個人は自ら望むすべてのものを手に入れるとしても自分以外の人に損害を与えることは起こりえない。もう一つは、希少性の世界で利害の衝突が起きるという社会理論である。この場合、個人が欲するものをすべて手に入れようとすれば、自分以外の人に損害を与えることも**起こりえる**。利害の衝突が起こるという後者の理論に基づけば、倫理学とは、経済争議の判決から展開している歴史的過程なのだから、倫理学と経済学との二元論は存在しない。前者の豊富性のもとでの個人主義の理論に基づけば、倫理学はベンサムが主張する個人の願望となるから、個人と社会との二元論が必然のこととなる。

個人ではなく取引から、そして利己心ではなく希少性から始めれば、この違いがわかかりやすくなる。ここでは社会関係それ自体から始めるとしよう。ここでいう社会関係とは、大勢の人たちの利己心が調和することではなく、**自分の**利益が**集団の**利益にとって分離不可能な関係であることをいう。この場合の集団の利益のためには、各自が関わる役割に関して協調行動（コンサーテッド・アクション）をとるように規制しコントロールする必要がある。というのも自分や他の人が利用できる機会が限られているために、役割に応じた取り分をめぐって争いが起こってしまうからである。もし自分たちの利益が財産や自由であると尊重されるならば、個人は、**人の数という原子**ではなく、**共有されるべき富**（コモンウェルス）を保持する**市民**となり、希少性の誘因と強制力（サンクション）(c)によって一つにまとまる。それゆえに自分たちがその組織の構成員だとするのは、他の人たちと一緒に取引が期待したとおりに整然と繰り返されるからである。そしてこのようにして取引が繰り返されるので、無限の将来にわたって一日当たりや時間当たりの生産数量と自分の取り分とが決定される。この取り分は、入手可能ではあるが限られた総生産量から手に入れられることになっている。

ベンサムは諸々の願望を計算する方法を定式化した。そしてその計算法を使えば、ベンサムが論じる総**人口全体**の利益総額を構成している個人の利害の**総和**を確実に知ることができるはずであった。このように考えてベンサムは共通の分母とする快楽の単位を構築した。しかしそれは、苦痛の回避という単位でもあった。それゆえにスミスが論じた主観的な使用価値だけでなく、ブラックストンが論じた慣習や法にも、さらにはベンサム自身が

---

(20)　後述、*p.* 678 パレートの項。

(c)　訳者注：sanction は、本章では「強制力」と訳出している。ベンサムの議論では「制裁」と訳出される場合が多い。ベンサムは、この sanction に脚注をつけて説明している。(Bentham, *An Introduction to the Principles of Morals and Legislation*, p. 25.〔山下重一訳『ベンサム道徳および立法の諸原理序説』、関嘉彦編『世界の名著38』中央公論社、一九六七年、一〇九頁〕。訳者の山下重一は sanction を「個人の快楽を最大多数の最大幸福に一致させるように外部から働きかける力のことである」、と訳者注で説明している。〔同上訳書、一〇九頁〕。また伊原吉之助はJ・S・ミルの訳者注で、「ふつう「制裁」と訳される sanction を、ここではわかりやすく「強制力」と訳しておく」、としている〔伊原吉之助『J・S・ミル功利主義論』関嘉彦編〕『世界の名著　38』中央公論社、一九六七年、四八七頁〕)。

主張する〔成文化された〕法典にも、尺度として役に立つ願望という単位であらねばならなかった。食料から宗教に至るまで、正義から邪悪に至るまでのあらゆるものの価値は、願望を充足する単位からなる変数を次のように計算した算定数値に還元される。そうした変数は、効用の所与の量を構成することになるが、その効用は快楽を算術的に足し合わせた総和である。この計算法はその後百年間、ほとんどそっくりそのまま快楽主義の経済学者たちの計算法となっていた。ベンサムの一覧表は次のように簡略化できる。(21)

(1)快楽あるいは苦痛の感覚の強度。これは慣習や商品によって生じる。
(2)その感覚が残存している時間の長さ。
(3)その感覚のリスクの度合い、すなわちその感覚が生じる確実性と不確実性。
(4)将来性、すなわち実際の感覚が生じる前に存在すると予測される遠近性の程度。
(5)多産性、すなわちその感覚と同種の感覚が引き続いて起きる可能性。
(6)純粋性、すなわちそれとは違う感覚が引き続いて起きる可能性。
(7)範囲、すなわち人口調査で数え上げられる人の数。これらの人々が得る快楽の総量と被る苦痛の総量であり、それらは商品や慣習から引き出される。

もしそのとき、立法者、あるいは〔裁判権をもつ〕行政官、あるいは民間人が、自ら提案する行為の一般的傾向を、法学、倫理学、経済学によって考察することを望むならば、そうした人は、その行為の影響を即座に受ける人であれば誰でもその人を考察の対象の手始めにして、最初の人に生じた快楽と苦痛の「価値」(「数量」)を考察する。すなわち最初の快楽や苦痛がもつ多産性と純粋性である。次いでその人は、すべての快楽とすべての苦痛の価値（「数量」）を「合計して」、その行為に関わる人々の数を斟酌する。そして快楽という側面からすれば、その行為についての一般的な善き傾向であるとの結論に至る。あるいは苦痛という側面からすれば、一般的な悪しき傾向であるとの結論に至る。(22)

掛け値なしにベンサムは十八世紀という理性の時代と、十九世紀の古典派経済学と快楽主義の経済学との最高峰にあった。

ベンサムが続けていうには、前述のことは、個人と政府が達成をきっと願う**目的**として快楽に関わるに違いない。しかし同じの快楽と苦痛は、これらの目的を達成するために力やエネルギーを必要とする**道具**である。道具としてこのエネルギーは、動機でもあり、強制力でもある。

動機は行為に先立って存在する。というのもそこでは、個人は当該行為を超えて未来をみることになり、当該行為がどのような結果になるのかを予測するからである。連続して起きる順序が突き止められる。その順序は次のものであるとみられる。（1）事象の予測。それが起きれば、十中八九は苦痛や快楽を引き起こすであろう、という事象の予測。（2）現時点での確信。その事象が苦痛や快楽を引き起こすことになるという現時点での確信。（3）現時点での苦痛や快楽。これは現時点での確信が原因となって生じている。（4）現時点での動機。これは苦痛や快楽を予測してそれを回避しようとしたり、獲得しようとする現時点での動機。（5）この結果、意志（ウィル）が働いて行動する。これは苦痛や快楽が予測されると、これを回避しようとしたり、獲得しようとする意思

(21)　ベンサム『著作集』第1巻、pp. 1-16（『道徳および立法の諸原理序説』）〔山下訳『ベンサム　道徳および立法の諸原理序説』八一―九九頁〕。

(22)　同上書、第1巻、p. 16〔山下重一訳『道徳および立法の諸原理序説』八四―八五頁〕。

が働き、その結果として行動する。

ベンサムは、この因果連鎖を精神の構造概念に結び付けなかった。これを結び付けたのは、ジェームズ・ミルであった。ジェームズ・ミルは、ベンサムの弟子であり、リカードを個人指導した。〔父〕ミルは、「観念の結合」によって、ベンサムの苦痛をはじめ、快楽、確信、動機、それに意志からなる因果連鎖を説明した。そして自分の息子のジョン・ステュアート・ミルが、当時では最先端化学であったラヴォアジエの「親和力」という考え方を使って、「知性の物理学、精神が自然発生する化学[23]」として説明したものを考案した。この親和力は、ベンサムが目指したニュートン物理学にとっては未知なものであった。苦痛と快楽は、同じ外部の原因から生じるかもしれない感覚（センセイション）であるが、観念の結合は各個人の「気質」に従って、ある者にはある方向へ、別の者には別の方向へと引き寄せる場合がある。ベンサムは精神（マインド）の機能を説明した[24]。そしてジェームズ・ミルが提示した観念の結合はその構造を説明した。精神の構造と機能は、感覚から観念（アイデア）へと進み、次いで苦痛をはじめとする快楽や願望の感覚、つまり嫌悪の情がともなう観念の結合へと進み、さらにその次には筋肉の動きへと進むというものであった。この観念の結合こそが、期待される快楽を経済という手段に結び付けるものであったし、これによってその快楽を手に入れることができた。これこそが、ジョン・ロックの微粒子（コーパスキュラー）の観念を、化学になぞらえて転換したものであった。

バイオリンの音は、わたしの耳の快楽の直接の原因であり、音楽家の演奏はその音の原因であり、わたしが音楽家を雇って支払ったお金はその演奏の原因である。この場合には、お金はこの感覚の原因の原因の原因である。あるいは、お金は二つの原因を隔てている原因である。……精神は……原因に注意を向けることに大きな関心がある。苦痛と感じれば、その原因となるものを止めるか取り除くかするであろう。また快く感じれば、その原因となるものを充てがったりとどめておくようにするだろう。いま述べたことが、感覚を素早く通り抜けて、自分の注意をその原因に向ける習慣を生み出す(25)。

ベンサムとジェームズ・ミルが**物理学**にたとえたりや**化学**にたとえたりすることで、精神の機能と構造を説明したというのが事の真相だから、両者は物理学や化学には存在しない「効用が逓減する」という希少性概念を導入することができなかった、ということがみえてくる。ベンサムはそれに気がついたが、未解決のまま放置した(26)。その結果として、ベンサムは、苦痛と快楽を強調することで、心理的要因を導入する**かのように思われた**にもかかわらず、それは単に、外部の物理的力に対応して観念が知性の面で連続するだけであった。しかもそのような外部の物理的力は、快楽と苦痛を生み出すのではなく、快楽と苦痛という**感じ**（アイディア）を頭のなかに生み出しているのである。したがってベンサムが苦痛と快楽について述べる場合、**感じ**（アイディア）を生み出させる物的対象について述べているのが実際のところである。言い換えれば、本質的にベンサムの功利性の概念は、ロックとスミスに似たものであり、現実の世界をともなわず、その中身は模倣にとどまっている。まさにこうした人間の意志が受動的で知性的であるとする考え（コンセプト）こそが、快楽主義の人間に対するヴェブレンの奇妙とも思われる批評を正当だと理由づけている。その快楽主義の人間とは、ベンサムが論じる人間であり、十九世紀の「経済人」である。この快楽主義の

(23) ジェームズ・ミル『人間の精神現象の分析』（一八二八年）、引用は一八六九年版のＪ・Ｓ・ミルの序文、第１巻、p. 9による。
(24) Ｗ・Ｃ・ミッチェル『ベンサムの幸福計算』、*Political Science Quartary*, 一九一八年、第33巻、p. 161。
(25) ジェームズ・ミル、前掲書、第２巻、p. 187–188。
(26) ミッチェル、前掲書、p. 170, 171。

快楽と苦痛を一瞬のうちに計算する。だからこの快楽主義の人間は、幸福を求めて揺れ動く均質な小さな球(たま)のようなものである。刺激が与えられれば、当人はその領域のあちこちを動き回るが、当人自身が変わることはない。当人には、これに先立つ経験もなければ、これのあとに続く結果もない。当人は周りから切り離された存在であり、最も信頼できる人間という与件である。あちこち移動させる衝撃力という打撃がなければ、安定した均衡状態にある。基本となる一定の広がりをもつ空間を自分で設定すると、力の平行四辺形が自分にのしかかるまで、自分の精神的な軸線のあちこちを均整がとれるように動き回る。衝撃の力が加わるとその空間のなかで、衝撃の力がもたらす方向に沿って動く。衝撃の力が使い尽くされると、当人は静止し、以前のように、落ち着いた欲望の小球になる。精神面からみれば、この快楽主義の人間は、発動者(プライム・ムーヴァー)ではない。自分の外側にあって自分とは相いれない環境が押し付ける一連の変化(パーミュテーション)に服することを除けば、そのような人は、生活過程の中枢にはいない[27]。

苦痛と快楽の力によって動かされる意志について、こうした物理学や化学のたとえを用いれば、当人を行動へと突き動かす力自体は、**強制力**(サンクション)という名を獲得することになる。強制力とは、ベンサム曰く「義務づける力の源泉、つまり**動機**の源泉である。つまり**苦痛**と**快楽**という源泉である。そして、苦痛と快楽とは、あれやこれやの行動様式と結合されるに従って、**動機**として作用する。苦痛と快楽は実際上、動機として作動を呼び起こす唯一のものである[28]」。

ベンサムが続けていうには「この源泉は、四つに区別できる、そしてそこから快楽と苦痛が働いて流れ出す。

その四つを分けて考察すれば、**物理的**源泉、**政治的**源泉、**道徳的**源泉、そして**宗教的**源泉と命名できよう。しかも快楽と苦痛がそれぞれの源泉には備わっており、そうした快楽と苦痛が行為の何らかの法則または基準（ルール）に拘束力を与えることができるのだから、そうしたものはどれでも**強制力**と命名できよう」(29)。「物理的（フィジカル）な強制力（サンクション）」とは、個人に作用する物理的な性質の力であり、「どのような人であろうともその人が意志を介在して意図して修正できないものである」。しかも他人の意志が介在するところではどこでも利用されるのが、まさにこうした強制力なのである。そして「宗教が現世の生活と関係をもっている限り」、宗教さえも強制力を発揮する。言い換えれば、強制力が物質化すれば、土地と商品になる。だから強制力が物質化すれば、物理的なものを意味し、使用価値に相当する。現在では効用がこれに対応する。すなわち強制力とは、快楽を期待し、苦痛を予測して回避するものである。このような強制力は、物的な財を通じて作用する。

もしこうした物質化した強制力がいかなる他人の意志も介在すること**なし**に働くならば、こうした強制力とは富である。より正確には、生存手段と享楽という二つの形態をとる「富の問題」になる(30)。もしこうした強制力が裁判官をはじめ他の人たちの意志を通じて、「君主や国家の最高支配権力の意志に従って」作用すれば、「富の問題」ではなく、「安全の問題」となる。おそらくベンサムの念頭にあるのは、刑務所をはじめ武器弾薬や銃器、それに警官が所持する警棒であろう。こうしたものは使用価値が物質化した特別な「形態」を通して作用する政

(27)　ソースタイン・ヴェブレン「なぜ経済学は進化論的科学ではないのか」、『近代文明における科学の地位』一九一九年刊に再録、pp. 73, 74。

(28)　ベンサム、『著作集』、第1巻、p. 14、脚注（『道徳および立法の諸原理序説』）〔山下訳『道徳および立法の諸原理序説』一〇九頁、注1〕。

(29)　同上書、第1巻、p. 14〔山下訳『道徳および立法』一〇九頁〕。

(30)　同上書、第2巻、p. 194、第3巻、p. 41, 42。

治的強制力である。だがもし強制力が働いて、

> **たまたま**人生のなかでその問題に関わることになった当事者のように、偶然にもその社会にいる人たちの手中にあるならば、しかもそうした人たちが自発的な裁量に従って強制力を行使するのであって、その社会に定着しており申し合わせずみの規則によるのではないとしたら、……その拘束力は「道徳的、もしくは通俗的な強制力からもたらされる」といえるかもしれない。[d]

このようにベンサムが論じる道徳に基づく強制力とは、慣習に基づくものでもないし、また協調行動という何らかの基準(ルール)でもない。そうではなくベンサムの強制力とは、バラバラな個人からなる集団のなかで、取引や付き合いがあるので、そういう人たちが**たまたま**関わるものである。

同様に、宗教上の強制力は、「天上の見えざる存在」から発せられる。それには、「現世であれ、来世であれどちらかで」期待される快楽と苦痛の動機が用いられている。もし現世においてであれば、宗教上の強制力は、「自然の諸力」を体現した物理的手段、おそらく教会の建物をはじめ聖書や宗教儀式のための道具類一式という使用価値の特殊な「形態」を介して作用する。これにはまた、同じ宗派の信徒たちの協調した信念と行動、異教に対する審判なども含まれる。こうしたものは、ベンサムの分類には出てこないのだが、慣習とコモン・ローの名の下に結び付けられている。このような同じ宗派の信者たちだとしたら、「〔神に導かれて〕たまたま巡り会った」人たちである。[31]

ベンサムの大半の著作が扱う羽目になるのは、銃や刑務所という物理的使用価値を介して作用する政治上の強制力である。ベンサムが論じる「道徳による強制力」は予期せぬ出来事として生じる。これは「偶然」である。

231

偶然の願望が、自分がもとからもっていた願望のようにたまたま浮かんでくると、この偶然の願望が人々を駆り立てる。こうした人たちと出会って起こるのが偶然なのである。

これらの道徳による強制力は、「同感による強制力」という名でベンサムによって部分的に認められている。この同感による強制力とは、「……他の誰かの胸中にある……快楽や苦痛であり、……その人たちの幸福に当事者が関心を覚えるのであり、同感による好意に基づく力が、これを生み出した」。しかしベンサムはこの同感を、スミスが論じた交易をはじめとした物々交換や交換の本能のようなものとして扱った。

当人の幸福が依存する相手の信愛の情を得ることがなければ、どのようにして幸福になれるのか。相手に自分のものを交換して与えて確信させなければ、どのようにして相手の信愛の情を得ることができるのか。好意に満ちた信愛の情を相手に実際に与えなければ、どのようにして一番上手く説得することができようか。もし当人が現実にそれを与えれば、その証拠は自分の言葉や行為のなかに現われるだろう。……自然法の第一は、自分自身の幸福を願うことである。そこに、分別と相手の仁愛を結びつける天の声が加わると、……他の人の幸福のなかに自分自身の幸福を捜し求める。……自分のために快楽を確保し、そして自分のために苦痛を避ければ、自分の幸福は**直接的に**増加する。一方、他人に対して快楽を与えて苦痛を未然に防げば、

(d) 訳者注：引用箇所の記載なし。ただしBentham, *Moral and Legislation*, p. 25〔山下訳『道徳および立法』一一〇頁〕が該当する。ベンサムの原文が若干変更されて引用されている。

(31) 参照、同上、第1巻、p. 14（『道徳および立法』〔山下訳『道徳および立法』九四―九八頁〕）。第2巻、p. 192以降。（『報酬の論拠』）、第3巻、p. 33以降（『政治経済学便覧』）

自分の幸福は間接的に高まる。(32)

このように同感とは、幸福の有益な交換である。

同感はこのように利己心の観点から説明することができたが、義務の場合はそうならなかった。この場合に義務は、一方的な片務譲渡であり、交換において得られる快楽をともなわず、相手のせいで苦痛のみをこうむる。

実際には、義務について論じるのはまったく価値のないことである。というのは、その言葉自体が、そのなかに不愉快で嫌悪感を引き起こす何かを含んでいるからである。その言葉について論じるとしても、その言葉は行為の基準(ルール)にはならないだろう。道徳家という人は、肘掛け椅子に座り、**義務**、より正確には**諸々の義務**について仰々しい独断論を浴びせかける。なぜその道徳家は聞く耳をもたないのか。なぜならば、誰でも**利益**を考えてしまうからである。……道徳の領域では、行動しないことが利益であるようなことは、人の行なうべき義務とはなりえない。利益と義務をもっと広い意味で考えて[みれば]わかるのだが、通常の日々の生活で、利益を犠牲にするような義務は、実行可能でもないし、それどころか望ましくもなく、たとえそれができたとしても、人間の幸福はそれによって促進されないであろう。……特定の行動や一連の行為がその人の利益になることを示さない限り、それが本人の義務であるということを本人に示す試みは、言葉を費やすだけ無駄になる、とはっきりいっても差し支えなかろう。[報酬や罰という物理的強制力をともなう立法が要求されるのは、まさにこのためであり、義務は効果的な誘引ではないからだ。]法律ならばどの法律も、それに関わる人たちの幸福を目的としており、それが当人の利益のためになるとしてそうしようとしている。そうであるから法律は、それが本人の義務であると謳っているのだ。(33)

それゆえにヒュームは正しかった。義務の感覚は、希少性に起因するのであり、ベンサムの豊富性に起因するのではない。

「そういうわけで快楽と苦痛の忌避は」、ベンサム曰く、

立法者が目指す**目的**である。それゆえ、それらの**価値**を理解することが立法者には必要である。快楽と苦痛は、それを使って立法者が仕事をしなければならない**手段**である。それゆえに立法者は、快楽と苦痛という力を理解しなければならない。そしてその力とは、言い換えれば、快楽と苦痛の価値のことである。[34]

こうして「価値」という用語は、スミスの苦痛からベンサムの快楽へ、もっと正確にいえば苦痛が差し引かれたあとの快楽という算術的な純所得へと変化した。この快楽の純所得こそが、人間を動かす力である。その主権は、二つの強制力、すなわち欲求と享楽によって行使される。

あらゆる苦痛、そのなかでもとりわけ死そのもので欲求に火がつくと、欲求は労働を命じ、勇気を奮い起こさせ、洞察力を鼓舞して、人間のあらゆる才能を発展させてきた。享楽とはすべての欲求が満たされたときの随伴者である。だから人が障害を乗り越えて自然が意図するものを成し遂げれば、享楽はその人たちに使

(32) ベンサム『義務論』第1巻、pp. 17, 19。
(33) 同上書、第1巻、pp. 9–12。
(34) ベンサム『著作集』第1巻、p. 15（『道徳と立法』）〔山下訳『道徳と立法』一一三頁〕。

い切ることのできないくらいの豊富な見返りを創り出していた。……法律という考え方（アイディア）が形成される前に、**欲求**と**享楽**は、この点に関して、最も良く考案された法律がなすべきすべてのことをすでになしてしまっていた。(35)

このようにしてベンサムが三つの方法で慣習を排除したことがわかる。ベンサムは、欲求と享楽の力が卓越（サバランティー）しているとして、習慣と慣習に取って代わらせた。「偶然その場に居合わせた」個人を、慣習とゴーイング・コンサーンの集団的行動のかわりにした。立法府（レジスレチャー）をコモン・ローのかわりにした。

こうしたものをかわりに用いることで、ベンサムは「道徳的強制力」と「宗教的強制力」を排除するに至った。なぜならばこうしたものを、お互いに衝突しあう個人がたまたま居合わせただけの群衆にすぎないというかたちで物理法則に基づいて放置できるからである。そうなれば、ゴーイング・ビジネスであれ、家族や友愛会、それに教会であれ、そのなかで信念や関心を同じくする人たちを結び付ける取引が繰り返されていると〔考えること〕は、望むべくもないし、期待もできない。

その結果、強制力にとってまさしく二つの源泉である富と議会が手付かずのまま残っている。富の物質的使用価値と、主権の物理的力である。富は物理的強制力をもたらし、人間行動を商品の生産、交換、消費の面でコントロールする。議会は物理的強制力をもたらし、私有財産権を創り出して保護している。次世代を担う経済学者たちのために単純化したのが、アダム・スミスである。個人と立法府や裁判権をもつ為政者（マジスレイト）の間に割って入る集団的行動もなければ、慣習（ルール・オブ・カスタム）による支配もないし、コモン・ローもなかった。ベンサムは、経済学をはじめ倫理学や法学のすべてを個人の快楽と苦痛のなかに一纏めにしたのとまったく同じように、あらゆる種類の誘引を強制力という包括的名称の下に一纏めにした。外部の刺激によって行動が起きるまでを一連の過程としてみれば、強制力とはあらゆる種類の快楽と苦痛である。物理的な強制力であろうと、道徳的な強制力であろうと、また経済的な強制力であろうと、いずれにしてもである。

　快楽と苦痛があまねく優勢であると認めるとしても、考えてもみれば、現に起きている事態に対処するという実践的な目的に対して、このような一般論で議論してもあまりにも包括的すぎる。快楽は、量に関しても種類に関してもさまざまなものがある。このことはベンサムも認める。しかしベンサムにとって〔快楽と苦痛の〕種類に関するこうした違いは、重要ではない。この二つの違いが経済学と出会うときわめて大きな違いとなる。個人がお互い同士で与えあう誘引に基づくものと、さまざまな種類の集団的行動によって与えられた誘引に基づくものとの違いである。苦痛と快楽は、それぞれのなかに見出される。快楽と苦痛は行動するように熱心に訴える重要な動機である。これを区別するには、一方を誘因、もう一方を強制力と名づければ、その違いをとどめおくことができよう。(36) 誘因（インデュースメント）は、個人の間での取引に関わる。もう一方の強制力（サンクション）は、慣習と**集団的行動**の規則に関わる。ベンサムには、スミスと同様に、集団的行動が出てくる余地はどこにもなかったし、実際、売買交渉取引、管理取引、そして割当取引の場で説得、強制（コアーション）、命令が出てくる余地はどこにもなかった。ベンサムが扱ったのは、個人、主権、商品のみにすぎない。ベンサムは、快楽と苦痛の多様な種類を区別しなかった。このため個人の行動を集団の行動から区別して認識しなかった。というのもベンサムが論じた君主とは、快楽と苦痛であり、習慣や慣習ではなかったからである。

　ベンサムが化学の比喩を使ってしたことは、苦痛と快楽に物理的実在を与えるためであった。この物理的実在

(35)　同上書、第1巻、p. 303（『民法典』）。
(36)　前述、*p. 78*「経済社会諸関係の定式」の項目。

とは、すなわち貨幣であった。ウェズリー・C・ミッチェルは、これがどのようになされたのかを明らかにした。ミッチェルは、一九〇一年にアレヴィ Halévy が発見したベンサムの未刊の手稿から引用している。

もしその場合に、貨幣保有が生み出す快楽と、貨幣によらない快楽という二つの快楽の間で、一つの快楽をもう一つの快楽と同じように喜んで享受したならば、そのような二つの快楽は等しいものであるとみなされることになる。しかし、貨幣の保有によって生み出される快楽は、その快楽を生み出す貨幣量として存在する。それゆえ貨幣は、この快楽の尺度である。しかし、後者の貨幣所有なしでの快楽はこの貨幣所有による快楽に等しい。それゆえ後者の貨幣所有なしでの快楽は、この貨幣所有による快楽を生み出す貨幣として存在する。それゆえに貨幣は、そうした貨幣保有によらない快楽の尺度でもある。それは苦痛と苦痛の間でも同じである。苦痛と快楽の間でもまた同じである。……もしわれわれがこの相互関係を理解すれば、ある共通の尺度を利用するに違いない。事物の本質が供する唯一の共通の尺度は、貨幣である。……この道具の精度に満足しない人々は、より精度が高いほかの物を見つけ出さねばならない。さもなければ政治学と道徳学に別れを告げねばならない[37]。

次に述べるような理由でベンサムは、自分の未刊の手稿のなかで願望の単位を放棄した。ベンサムがこの手稿を出版するのをためらったのは、倫理学、経済学に従事するすべての快楽主義者にとって不幸なことであった。というのは、ミッチェルが続けていうように、

金儲けに申し分ないほど完璧な人がどのように頭を働かせるかをこのように明確に系統立て(フォーミュレーション)て述べれば、金

銭を心理学用語に言い換えるだけで、いちおう満足できる程度にベンサムの快楽主義を明確に系統立った論述（フォーミュレーション）に改修できる。快楽を利益（プロフィット）に、苦痛を損失のかわりに用い、感覚の単位をドルで表わし、会計を快楽計算に置き換え、利己心は純利益を最大化するかわりに純快楽を最大化すると解釈すればよい。そうすれば、変換は完璧である。(38)

こうしてベンサムの「あらゆるもののなかで最大の幸福」は、ビジネスマンが金銭的利益を最大にすることに行き着く。しかし、貨幣によって測られるのは、快楽や苦痛ではない。希少性である。快楽や苦痛がドルやセントになるとき、その快楽と苦痛は幸福から相対的希少性に変わり、次に人間が行動する力やその原因、そしてそれを規制するものとなる。快楽と苦痛は、あまりにも根源的すぎる。ここでの問題は、貨幣信用経済で実際に何が行なわれているのかというもっと表面的であるが行動主義的な問題である。これは、希少性をはじめ、将来性、慣習、そして主権に影響される。ベンサムの快楽と苦痛は、こうした区別をあいまいにする。快楽とはベンサムにとってプラスとマイナスとの二つの意味があり、プラスの意味では快楽という所得であり、マイナスの意味では苦痛を回避することである。しかし後者の苦痛の回避とは代替案の選択であり、前者の快楽という所得とは収入の獲得である。回避とは、入ってくる所得を小さくするのではなく大きくするという選択であり、出ていく支出を大きくするのではなく小さくするという選択である。(39) 獲得と回避は、合計することはできない。それらは同

(37)　ミッチェル〔の前掲書〕から引用、pp. 169–170。

(38)　W・C・ミッチェル（一九一〇）「経済行動の合理性」、『政治経済学雑誌』第18巻、p. 213。参照、ボナー、前掲書、p. 218。

(39)　後述、*p. 304*「選択と機会」の項目。

じ行為の二つの側面である。つまり一方での回避は、その反面での遂行になるからである。

ベンサムの快楽と苦痛が区別を曖昧にするのは、個人取引と集団によるコントロールとの区別をはじめ、誘因と強制力との区別、利己心と道徳規範との区別、幸福と希少性との区別、感覚と貨幣との区別である。経済学が問題とするものは、〔ベンサムの快楽と苦痛と比べれば〕もっと底の浅いものである。表に出ているものなのである。しかも〔快楽と苦痛よりも〕もっと具体的である。そうした問題とは、購買と販売、貸しと借り、雇用と解雇、管理する者と管理される者、原告と被告という問題である。そうした問題はすべて、たしかに快楽と苦痛に分解できるかもしれない。だがそれは、あまりにも根源的でとらえどころがない。というのもそうなれば、快楽と苦痛は結局、願望になるからである。しかし集団の行動と個人の行動が作り上げる慣行と価格は、ドル表示され、数量で示される。

ベンサムが論じる「主権」とは、慣習の結果でもなければ、集団的行動がもたらすそれ以外のものでもない。というのもベンサムの集団的行動とは、ベンサムが意味する「社会（コミュニティー）」を構成するバラバラな個人の集まりにすぎないからである。ベンサムが論じる個人とは、そこに居住する人の数であって、社会（ソサイティー）ではない。その人たちは、「たまたま居合わせた」個人であり、ゴーイング・コンサーンではない。だからベンサムが論じる主権者とは部外者であり、社会を構成するものではない。ベンサムの主権は、どうやらまったくの絶対的なものらしく、そのため主権者は、自分が制定する法律を自由に決めることができたし、習慣や慣習、企業、労働組合、政党に阻まれることはなかった。ベンサムが「願った」のは、この主権者が幸福の一般原則を身に付ければいいのに、というものだった。しかし、主権者は、それとは違う行動をしてきた。イギリスの憲法は、ノルマン征服とコモン・ローから生じた。慣習法であるコモン・ローは、大衆の慣習から生じたが、その範囲は、国王が任命した判事が認可した範囲のなかだけであった。政党はいまや、君主に取って代わり、裁判官を選んでいる。営利企業は集まって組織を作り上げ、政党を支配している。だから慣習と組織は、政治家と大衆をコントロールしているし、しかもこの支配は、苦痛と快楽を凌駕している。

ベンサムは、快楽を貨幣に還元してしまったように、主権を安全に還元した。政治経済学とは、ベンサムによれば、科学であり技芸（アート）である。快楽と苦痛の科学である。「「最大の富を最大の多数の人々」に与えるために[40]」快楽と苦痛という道具を用いる立法行為の技芸である。この目標（エンド）は、「目的因（ファイナル・コーズ）」というものである。苦痛と快楽からなるいくつかの強制力は、「動力因（エフィシィエント・コーズ）、つまり手段[41]」である。立法に携わる者が、政治がつくる幸福の実体とは何かについてもっと詳しく調べれば、それが四つの要素からなっている、と気が付く。すなわち、生存、豊富性、平等、安全である[42]。生存と豊富性は、政治経済学の領域である。安全は、法学の領域である。平等は、二次的である。なぜなら、安全が配慮されている下で、農業、製造業、商業によって繁栄する国家においては、平等に向かう継続的な発展が存在するからである。「立法者が多くの場合示している意向は、**衡平**（エクイティ）(e)の名の下に平等の忠告に従うというものである。しかもこの衡平については、正義よりも許容範囲がもっと大幅に認められていた。しかしこの**衡平**についての考え方はあいまいであり、ほとんど発達していなかった。このため計算の問題というよりもむしろ直観（インスティンクト）の問題と考えられてきた[43]」。

安全とはそれゆえに、政治経済学が法学にそのすべてを求めるものであり、「自由」でさえも安全の一部門に

(40) ベンサム『著作集』第3巻、p. 33（『政治経済学便覧』）。

(41) 同上書、第1巻、p. 14（『道徳と立法』）〔訳者注：ベンサムの原典の指定ページには、引用文と同一の文はみられない。山下訳『道徳と立法』の一一五頁がこれに相当すると思われる〕。

(42) 同上書、第1巻、p. 302 以降（『民法典』）。

すぎない。「個人の自由とは、当人に害を及ぼすある種の危害に対する安全である。政治的自由とは、……政府の一員たちが犯す不正行為に対する安全である」。自由は、ベンサムにとって、慣習の軛を断ち切って当人の行為を功利性(ユーティリティー)に基づかせることにある。ベンサムの『高利弁護論』によれば、人々は自ら進んで高利を望む場合がある。しかし道徳家や立法者は、人々がそのような〔高利の〕利子率を支払ったり、受け取ったりしないようにしようとする。しかし道徳家ならば、自ら自分の規則や教訓に従うし、法律家ならば、裁判所の命令に従う。しかし両者のいずれもが、高利を排除しようとすれば、「盲目の慣習」に基づいて事を進めるはめになるはずである。しかし、「慣習」は気まぐれな案内人である。習慣は、時代ごとに、国ごとに変わる。「当事者が同意しているのではっきりしているのだが、当事者の共通の便宜」は、自分の隣人たちの慣習でもなければ、立法者の命令でもなく、借り手と貸し手のそれぞれがその状況のもとで幸福の最大化を手に入れているか否かを示す唯一の基準である(44)。

そうであるならば、経済学が関わるぎりぎりの暮らしや豊富性の特性とは何か。そして安全と自由が配慮される下で、こうしたぎりぎりの暮らしと豊富性はどのようにして存在するようになるのか。ベンサムの言に従えば、ぎりぎりの暮らしと豊富性は、他人から得るサービスというよりも、物理的対象物で成立している。これらの物理的対象物は、物理的な強制という圧力、すなわち欲求と享楽の下で作り出される。「直接の立法措置というやり方では、こうした自然の動機がもっている恒常的で抗しがたい力には追加できるものは」何もない「のか。だが法律は、間接的ではあるが、人々の生存に必要なものを提供できるだろう。というのも法律は、一人ひとりが労働している間は保護を与え、労働し終えると勤労の果実を手に入れることを保障するからである(45)」。

しかしこのような欲求と享楽は、最低生活水準を超えてもっと遠くへと進む。「……最初の穀物を育て終えたら、この欲求と享楽は、豊富性という穀倉を建てる。その穀物倉庫は、絶えず数を増やし、そしていつでも穀物で満ちあふれている。富裕は、……それが一度始まったら、この動きを抑えることはない」。

このような富裕とは何か。富裕とは、その人自身の労働を通して作り出された豊富性にあるのであって、他人の労働に支払われた代価を通してではない。では「もし社会を構成している個人の富の総額が社会の富でないとすれば、社会の富とは何か」(46)。

まったく正しいといえよう。しかしベンサムは、社会が自己充足的な人間を単位として作り上げられていると考えている。こうした考え方にぴったりあうようにベンサムは、社会の富がこうした個人が所有する物理的単位の総計である、と考えている。この総計は「数多くの人たちの幸福」に等しい。まさに貨幣が、快楽と苦痛のな

(e)　equityは、「正義衡平法」とも訳される。経済の進展にともない、コモン・ローに基づく判決が硬直的になってきた。この不備を補うものとして衡平の基準が提示され、現状により即した判決が下されることとなった。コモンズは、『資本主義の法律的基礎』で、“equity”について次のように述べている。「common law（慣習法）は、物的事物だけを取り扱うにすぎず、事が起きたあとで処罰することができた。一方equity（正義衡平法）は、たいていの無形価値に上手く対処する。というのも衡平法は、事が起きる前に直接、文字通り遂行、回避、差し控えること命じるからである。というのもこうしたことに〔無形〕価値は左右されるからである。衡平は財産とみなし、相手に行動を要求するものである。慣習法は、人が所有する事物として財産をみなす」Commons, J. R., *Legal Foundations of Capitalism*, New York, The Macmillan Company, 1924, p. 234)。

(43)　同上書〔ベンサム、『著作集』〕、第一巻、p. 307、A・T・ウイリアム（一九〇三）『ルソー、ベンサム、カントの著作における平等の概念』コロンビア大学、ティチャー・カレッジ・シリーズ、No.13も参照せよ。

(44)　ベンサム『著作集』第3巻、p. 4（『高利弁護論』）。

(45)　同上書、第1巻、p. 304。

(46)　同上書、第1巻、p. 304。

かでは消え失せてしまったように、また希少性と「資産」が「富」の概念では消え失せてしまったように、そこでは結局、富も幸福も物理的概念になってしまう。おそらくこのようなとらえ方は、植民地の頃のような昔で周りから切り離されている農民には当てはまりそうだし、また自然資源と有体財産の豊富性にも当てはまりそうだが、しかしそうした人の富（「資産（アセット）」）が、市場に売りに出され、売買を通じて出現する社会には当てはまらない。また資本家をはじめ、農民、労働者、商人、銀行家、それに政府が協調して行動することが支配的となった価格体系には当てはまらない。そうなると、法律の主要な目的である安全は、どのように規定されるのか。

法律だけが、財産という名に値する確固たる耐久性のある所有権を作り出すことができる。法律によってのみ、人々は先見の明という軍門に下ることに慣れることができる。最初は生み出すのに苦痛をともなうが、そのあとには違和感もなく穏やかなものになる。法律だけが人々に対して労働を奨励できる。労働は現時点では不要なものであり、将来になってはじめて楽しめるものになる。……法律は人に「**働けば、わたしはあなたに報いよう**」とはいわない。そういうのではなく法律が人にいうのは「**働けば、**わたしは労働の果実をあなたから奪おうとする人の手を止めさせる。そして**わたしはあなたの労働の果実を、**つまり労働の自然か**つ十分な報酬を、あなたが手にすることを保障しよう。わたしなしでは、あなたはそれを保持できないだろう**」。……財産という考え方は確立された期待にある。つまり状況の特性に応じて、当該物件から何らかの利益を引き出す力を確信していることにある。……立法者は、こうした期待に関して、最大の関心をもたねばならない。……立法者は、こうした期待を妨げないとき、社会の幸福にとって欠くことができないあらゆることを行なっている。[47]

それゆえに安全とは、労働者が自分の労働によって生産した物の所有権に関して有するはずの安全である。しかしベンサムがいうように、労働者は財産を何ももっていないと反論される。そしてバッカリア曰く、「財産権は恐ろしい権利であり、ことによると必要ではないかもしれない」。ベンサムによればこの発言は、一哲学者が思わずもらしたきわめて賢明な発言としては、意外なものである。財産をもたない貧者は、「自然状態」にあるよりもはるかに恵まれている。そして次のように続けて論じる。立法者は、

現に確立している分配〔制度〕を維持すべきである。……安全と平等が対立するとき、躊躇なく、平等が捨てられるべきである。……平等の確立は妄想であり、……平等を求めて叫ぶのは、怠惰が勤勉に対してしでかす盗みをかばうための口実にすぎない(48)。

右述の発言からわかるのは、ベンサムの財産概念は有体財産であり、土地、建物、道具であり、所有者自身の排他的利用のために保有されているものであり、いかなる場合でも現代社会の無形財産ではない。現代社会で無形財産といえば、市場へのアクセスの良さである。だから無形資産が富を獲得するやり方は、希少な便益というサービスの供給をコントロールし、こうして希少となった価値に対して支払いをするように契約を強いる、というものである。ベンサムの平等論には賛成しかねるが、これを解釈してみれば、交渉力を平等にするという意味でもないし、平等の機会という意味でもないし、また公正な競争という意味でもない。そういう意味ではなく、

(47)　同上書、第1巻、p. 307 以降。
(48)　同上書、第1巻、pp. 311, 312。

持ち主がいる物的所有物を平等に分配するという意味である。ベンサムが念頭に抱いていたのは、素朴な土地均分論(アグラリアンニズム)である。[49] ベンサムによれば、そのような「均一分割(レベリング)」制度(システム)は、実際に不可能であるだけでなく、それを制定しようとする願望の根っ子は「徳ではなく、悪徳にある。つまり神の慈悲ではなく、悪意にある」[50]。

そういうわけで次のように結論が下されよう。ベンサムの功利性(ユーティリティ)の概念において、スミスの豊富性は受け入れられるが、ブラックストンの慣習とヒュームの公益(パブリック・ユーティリティ)は拒絶された。この場合、経済学者たちには、次のような分子論に基づく推論方法が与えられたことになる。人間は**受動的**であるが、利己的な存在であり、効用(ユーティリティー)という名の下で自己の利益によって動かされる。社会は個人の**合計**であり、個人の快楽と苦痛は、商品の量によって足し算されたり、引き算されたりしてバランスがとられる。貨幣はこの会計システムで用いられる快楽と苦痛の**尺度**である。豊富性が存在するので、自己の利益は誰も害しない。この快楽と苦痛は、**こうした考え方を結び付ければ**、物的商品に転嫁される。貨幣は集団的行動という制度が作り出した人為的創造物であり、それゆえに**名目的**なものである。したがって富をつくり、富を構成するものである肉体労働を単位にしても物的商品を単位にしても、効用と不効用を引き起こす快楽と苦痛という単位にしても、どちらに基づいて理論が語られても、測定された対象物によりいっそう近づくことができる。いずれの場合も、そこで語られる理論は、幸福の名目尺度である貨幣という集合単位に基づくのではなく、快楽・苦痛という次元に基づいている。この快楽・苦痛は、物理法則や化学法則と同じように一律に作用する。政治経済学が、コモン・ローや慣習から引き出すものは、役に立たない**伝統**や**先祖の知恵**だけである。政治経済学は、成文化された制定法と法典から、所有と契約の**安全**だけを求める。この安全が、ものごとをあるがままに維持するはずである。というのも**平等**を導入しようとするどのような努力でも、不可能かつ悪徳だからである。安全が考慮されるならば、政治経済学の法則は、重力の法則とほぼ同じくらいに正確なものになる。物理学での平衡(エクウィリブリウム)や化学での親和力と同様に、知覚(センセイション)、観念(アイディア)、快楽と苦痛から機械的に政治経済学の法則が論証できる。というのも知覚をはじめとして観念、それに快楽と苦痛は、すでに生産された生産物と商品の消費を主観に基づいて写しとったものだからである。

こうしたベンサムの計算では二つのモノが切り捨てられている。希少性と慣習の二つである。希少性と慣習が切り捨てられたのは、理解が誤っていたためであり、しかもその当時に知られていた唯一の科学である物理学と化学が提示する科学モデルには当てはまらなかったからである。希少性は、十分おなじみのものではあったが、重商主義を掲げる政府をはじめ独占体や株式会社が協調してとっていた行動と結び付けて考えられていた。ところが希少性は私有財産そのものにほかならない。そういうわけで重商主義が退けられるにつれて、希少性は財産権制度という形態として採り入れられたのではなく、あらかじめ定められている需給均衡法則という物理学の形態として採り入れられた。しかもこの法則は、大海の波のように自由に動く個人という原子に作用している。

加えて慣習は、コモン・ローという古くからの伝統としてみなされていた。実際、ブラックストンはコモン・ローをそのように描いた。そして法律家たちの考えに従えば、現代は慣習の時代から自由と契約の時代へとすでに移行していまっているにもかかわらず、法律家たちは現在でさえもそのように描いている。暖簾（グッド・ウィル）をはじめとして、商慣行（トレイド・プラクティス）、ゴーイング・コンサーン、契約の標準形式、銀行信用の利用、〔経済を〕安定化させようとする現代の商慣行等々のような慣習が出現する時代に至っている。そうなると、そうしたものには「慣行（プラクティス）」という名称が与えられている。あたかも慣習と慣行とには違いがあるかのごとくであった。しかし、この二つには、均一性を強いる程度と、多様性を許容する程度以外には、違いは何らない。アメリカとイギリスで銀行小切手を

(49) 参照、コモンズ他『アメリカ労働史』第1巻、p. 522「第一次アメリカ労働党の土地均分論」一八二九年。

(50) ベンサム、前掲書、第1巻、pp. 358-361（均一分割制度について）。

使うという慣行には、封建領主の土地で賦役につく慣習と同じくらいの強制力がある。ビジネスマンが小切手のかわりに金や銀を使える自由がないのは、中世の小作人がロビン・フッドとともに無法者にならざるをえないのと同じである。ビジネスマンには、これと同じ空虚な契約の自由が多々ある。もしビジネスマンが銀行小切手の受け取りや支払いを拒めば、事業が継続できなくなるのは明らかである。このような事例は、他の商慣行にも数多くある。自分以外の労働者が七時に出勤するときに、八時に出勤する労働者は、仕事を続けることはできない。これは「慣行」でもあり「慣習」でもある。しかし、銀行小切手の使用と同様に、この「慣行」は慣習と同じく強制的である。というのも慣習は、人の頭がぼうっとしていたときに起こった何かではすまないからである。慣習は取引が反復されるという期待である。それは個人が、他人と関係をもつことによって生計を立て、豊かになろうと期待する場合、そうした人たちによって観察されるに違いないものである。加えて、ヒュームが希少性の原理に還元した私有財産は、それ自身ひたすら進化する慣習である。というのも私有財産は、取引が繰り返されるたびにことごとく変化するからである。こうした取引は、既存のルールのもとで、現に希少であるものと希少になると期待されるものを、獲得したり、譲渡したり、使用許可を与えたりする。

　ベンサムとブラックストンは過去のなかに慣習を探した。それは間違いではないが、それでは時代に遅れてしまう。慣習は過去に源を発する。しかし慣習もまた過去においても変化したし、現在でも変化している。しかしこれが慣習の唯一の特徴ではない。慣習は**期待**でもあり、その期待は経験に基づいているので、慣行が将来においても繰り返されるだろうと期待される。だからいま述べたことこそが、慣行に力を与えて、その力が協調行動をとらせることで個人行動を画一したものに強制する。こうした慣行にいつものようにいまや適用されることになる名称が慣習である。「慣行」や「習慣」という用語は、個人に関する用語で強制力をともなわない用語だから、この場合、むしろ慣習という用語が当てはまる。

240

状況の変化に応じて、もちろん、多様なものがある。このような多様性こそが、慣習を変化させ進化させることを可能にする。コモン・ロー自体は、支配的な慣習に従って争議に下された判決にすぎない。個々の判決は判例として機能する。判例には相互に食い違うものが多々あるので、裁判官にはどの判例を選ぶのかという機会がある。その結果、コモン・ローは、未来の結果を見据えた「人為的選択」によって変化し、「成長する」。慣習法は、ブラックストンが神の声としたものにかかわるものであり、ベンサムが先人の知恵として特徴づけたものにかかわるものである。

ベンサムや分子論的思考をする経済学者たちは、生活水準を慣習とみなすことさえなかった。生活水準を慣習と最初にみなしたのは、ジョン・ステュアート・ミルであった。現代の賃金調停の場では明白に考慮されており、こうした調停では、生活水準の違いに従って賃金や俸給に格差が設けられる。初期の経済学者にとって生活水準とは、蒸気機関を動かし続けるために必要な石炭の物理的最小量のようなもので、生きていくための物理的最小量であった。生活水準は、慣習の問題ではなく、生理学の問題であった。

希少性と慣習という二つの項目がベンサムの計算法に含められるならば、ベンサムの個人についての概念をはじめとして、社会の概念、商品の概念、富の概念、そして主権の概念は崩れ落ちてしまうだろう。この場合、各個人の活動は他のすべての個人の活動の関数になる。だから各個人の活動は、物的財貨が生産されれば単に足し算するものでもなく、また物的財貨が消費されれば単に引き算をするものではない。国富の総計は、ある時点での物的財貨の単なる合計ではとどまらない。国富の総額は、個人と事業体が所有する「資産」にもなってしまうので、所有権と生産者が取引でどのような行動をするかに応じて決まる。この場合の所有権とは、さまざまな財貨に対する所有権であり、個人や集団で生産者が行なう取引行動とは、保持（ホールディング）をはじめ、〔相手に与えないで自分の手元にとっておくという〕供与保留（ウィズホールディング）、交渉、そして代替物の選択である。

ベンサムが先人の知恵にすぎないとして排除した慣習は、強要、差別、経済的強制という慣行を必然的に思い起こさせる。こうしたものは、機会と交渉力の不平等のなかにみられる。株式会社、特殊会社、組合のなかにみられる。事実、国民経済には善き慣行もあれば、悪しき慣行もあり、そうしたすべての慣行がある。こうした慣行が価格と数量を決定する。そして、主権の機能は主に財貨の生産者や所有者を保護することだけではない。さらには重商主義政策のようなものを思い起こさせてしまう。つまりそのような政策は、政党や有力な経済利害関係者が階級や国家にとって最善であるとみなすものに関して、個人の活動をはじめ集団的活動、それに国家の活動でさえも割り当ててしまう。

　心理主義の経済学者の時代になってはじめて希少性の原理は、快楽と苦痛からなる経済心理学の場で、一番に機能する重要性を獲得した。ベンサムは豊富性の増加にともなう効用逓減の原理に言及した。しかしそれに関してベンサムが応用したのは、価格に関するものではなく、個人が行なう売買についてでもなく、取引の慣行や慣習に関わるものでもなかった。ベンサムが効用逓減を応用して当てはめたのは、単に、個人が所有している物的財貨の量について安全性と不平等を論じたにすぎなかった。貧しき者と比べた場合、富める者が所有する財貨の量が多くなるにしたがって、富める者の幸福はそれに比例するようには増加しない。だから幸福の総量は所有の不平等がある場合より、平等な場合のほうが大きいのである。[51] この原理は累進税や相続税という制度（システム）へとつながることもあろうが、ベンサムが支持したのは後者〔の相続税制〕であった。[52] しかしこの〔限界効用逓減の〕原理をベンサムや物理学を範とする他の経済学者は、心理学や価格と市場に応用しなかった。このような理由があるのでベンサムは、心理学を範とする経済学者であるよりもむしろ物理学を範とする経済学者である、と考えられる。ベンサムの快楽と苦痛は、単に商品や金属貨幣を写し取ったものにすぎない。

　ベンサムは慣習と希少性を排除した。そのやり方は、快楽に名を借りた貨幣と、願望に名を借りた主権をかわりに用いるというものであった。ベンサムがこの二つを排除したのは、古典派経済学者のリカードと、貨幣のかわりに快楽を用いて快楽主義に基づいて企業を論じる経済学者たちのためにお膳立てをしただけではない。さらには、空想的社会主義者とマルクス主義の共産主義者の両者のためにもお膳立てをした。空想主義者は、ベンサムが「安全性」に従属させた「平等性」を引き継いだ。マルクス主義者はベンサムの主権者の考え方を引き継いで、それをプロレタリアの独裁にした。慣習も希少性も両者の理論では機能しなかった。

慣習と希少性を排除することでベンサムは、経済学と倫理学を独立した個人の願望に還元した。ロックとスミスのように、さらには十九世紀を通じてこの二人を手本とする個人に基礎をおく倫理学や経済学の学派のすべての人ももちろん同様なのだが、ベンサムは、個人がどのようにして倫理的判断や経済的判断に至り、個人が行動するに至るのかに関心を抱いた。しかし慣習がコモン・ローになり、成文法となりついには憲法にさえなるという歴史の過程を考えるならば、この過程が利害の衝突から生じる集団的行動の過程であることに気がつく。だがこのことをベンサムは認めようとはしなかった。それゆえに、個人から始めるのではなく、個人の間で行なわれる取引とこうした取引が繰り返されるという期待から始めよう。このような取引は、組織化されているという観

(51)「……一国の全住民のことごとくを通して、個人の間で不平等の度合いが小さければ小さいほど、至福（フェシリティ）自体の集計量はより大きくなる。ここでいう個人の間での不平等とは、至福の手段の総量や蓄えをめぐって個人が保有する分量に関する不平等である。しかも不平等性を除去しようとするどんなことでも、安全に対して何らのショックも与えない、という条件がいつでも付いている」。ベンサム『著作集』第2巻、p. 272（『憲法典』）。

(52)「所有者が死去して財産の所有権が空席になると、法が介入して、……一人の手中にあまりにも大きな財産が蓄積されるのを妨げようと目論むかもしれない」。同上書、第1巻、p. 312（『民法典』）。

点からみればゴーイング・コンサーンであり、組織化されていないという観点からみれば慣習である。個々の売買交渉取引(バーゲニング・トランサクション)は本質的に集団に基づく過程である。それを最も極端なまでに単純化したとしても、取引は個人の単位に還元することはできない。取引は、実際の場であろうと潜在的な場であろうとも最低でも五人が存在することを必要とする。そしてこの五人はお互いにいくつかの関係を担っており、そうした関係には、機会が平等か否か、競争が公正か否か、道徳的力、経済的力、そして物理的力というものがある。だからこの五人の個人で構成されている集合体の五分の一を代表する一人の当事者が争議を引き起こすこともあるが、もし争議が起きたらその判決は五人が共有するものと期待されている。

いま述べたことが協調過程であり、それぞれの関係当事者が、経済や倫理に基づく判断と行為に至る協調過程である。個人が織りなす「行為」は、倫理学と経済学の問題を形成するものではあるが、多くの個人によって繰り返され、複製され、予想される取引になる。そうしたものは、慣習の別称にほかならず、組織化された活動体ではワーキング・ルールへと進化するものである。こうした歴史をもつ集団的行動は経済的で倫理的な判断に至っている。だがこの視点が欠けているために、個人を重視する経済学者や倫理学者は、ロックとスミスがしたように、慣習とコモン・ローのかわりに、神の慈悲という、原理を付け加えなければならなかったか、さもなければベンサムがしたように、個人の願望の領域内に問題を限定しなければならなかったかのいずれかであった。

しかし取引という観点から始めれば、探求は現実の過程となる。こうすれば、ロックやスミスの擬人化を排除できるし、ヒュームの懐疑論をはじめ、ベンサムの物理学のたとえ、それにブラックストンの神の徳や先人の知恵を排除できる。それぞれの取引は、それ自体のなかに利害の調和の可能性を含んでいる。これは利害の対立から生まれるが、この対立を集団が調整するからである。それはスミスとベンサムが考えたような利害の調和である。というのも、互いにサービスを提供しあう互恵的関係だからである。それは利害の対立でもある。なぜなら制限された機会への接近（アクセス）をめぐる競争が原因となるからであり、そして交渉力の行使に際し、個人の間で不平等が原因となるからである。争議には協調して規則を運用し決着をつけることで、道徳倫理にかなった調整をする。この調整から生まれるのは、現行下での理想像である。これは、機会の平等をはじめ、公正な競争、対等な交渉、そして法の適正手続という現行下での理想像だが、同時にこの理想像は変化の過程にある。こうしたものが、適正な慣行と適正な価格に関する倫理的、経済的、法律的な、複合的問題を構成している。

かくして、ベンサムの快楽主義の価値概念とは区別される、意志作用を重視する価値概念が登場する。それは個人主義の倫理に基づく伝統的意志主義ではなく、集団行動に基づく意志主義である。これは、この希少な機会の間で選択するという概念である。したがってそれは意志（ウィル）についての経済的概念であり、快楽と苦痛という内省的概念とは対立するものである。これらの機会は、自分をはじめ他の人たちが所有している財産である。こうした財産は、どれだけ協調した行動がとれるかにかかっている。この協調行動の主体には、国家だけでなく、株式会社はもとより、企業が組織するシンジケートや労働組合がある。こうしたものが、道徳的強制力をはじめとして経済的強制力や物理的強制力を使って、個人が機会を選択する際や権力を行使したり競争する際に、何が自分の安全であるかをはじめ、服従や自由、それに無保護となるかを決定する。それが、組織の一員（メンバーシップ）であるという概念であり、市民（シチズンシップ）であるという概念である。つまり共有という概念である。このような概念が含んでいる集団〔的行動〕の強制力（コンポーション）にはきわめて多様なものがあり、その強制の程度もさまざまである。こうした概念は、ベンサムの「社会（コミュニティー）」という概念と比較される。そこでは、個人という原子が一つに集まって、ベンサムがいうところの「社会（コミュニティー）」が組成されている。しかしそれは個人という原子の集まりであり、「社会（コミュニティー）」というベンサムの虚構を構成している。ここで提示している考え方は、個人の行動と他の人たちと協調した行動という二つからなる考え方であり、自分の行動は自分で統治するが、他人との協調行動は統治を受けるものである、という考え方である。

これは偶発的な強制力や外部から作用する主権によって行動へと突き動かされる受動的個人というベンサムの考え方と比較される。こうした考え方は、ブラックストンが論じた慣習をはじめ、コモン・ロー、いつもの業務（ルーティン）、先人の知恵という概念である。頭をしっかりと働かさなくても、貨幣、信用、負債、租税、慣行、価格という領域で作用するものである。ベンサムが論じている「幸福がどれだけたくさんあるのか」を測定するきわめて聡明な「瞬時に計算を行なう人」と比べられよう。

第7章　マルサス

理性の時代はフランス革命で終わった。愚かさの時代はマルサスとともに始まった。一七九三年に無政府主義者のゴドウィンは、フランス革命の諸原理はイギリスに輸入されるべきであると述べた。[1] 一七九八年に、神学者のマルサスは、過剰人口の原理と神の新たな理念で、それに答えた。

一七五一年に、賃金制度の原因としての過剰人口を提起したのは、ベンジャミン・フランクリンであった。[2] 彼には実践的な目的があった。それは、アメリカでの製造業を禁じるイギリスの植民政策の重商主義に反対するためである。イギリスはアメリカ製造業から、競争の脅威を感じる必要はない。なぜなら、豊富な自然資源があるこの土地では、賃金制度は発生しないからである。フランクリンは生物学的希少性にまでさかのぼり、専有的希少性にたどり着いた。

(1) Godwin, William, *An Enquiry Concerning Political Justice and Its Influence on Virtue and Happiness*, 2 vols. (1793)〔邦訳、岩城忠一訳［一九二三］『財産論』、大村書店〕.

(2) Franklin Benjamin, "Observations Concerning the Increase of Mankind and The Peopling of Countries" in *The Works of Benjamin Franklin* (ed. by Jared Sparks, 1882), II, p. 332. 引用は Sparks 編からである。

端的にいうと、植物や動物の多産な性質には限界がない。しかし、それらが密生したり、生存手段のために互いに干渉したりするとどうなるだろうか。地表が他の植物にとって空いていたとしても、例えばウイキョウのように、しだいに一種類の植物の種が蒔かれ、一面に広がっていくだろう。地表が他の住民にとって空いていたとしても、例えばイギリス人のように、数年経つと一つの民族で満たされてしまうかもしれない。……完全に植民された国や、……高地まで占有され開墾されたすべての土地では、土地を得られない人は、土地をもつ人のために労働しなければならない。労働者が数多いとき、彼らの賃金は低い。低賃金では、家族を養うことは困難である。この困難は、多くの人の結婚を妨げる。したがって彼らは長く、使用人や独身であり続ける。……アメリカでは土地は広大で、かなり安いので、節約を心がける労働者は、農園のために十分な土地を購入する資金を、短期間で貯金できる。そして彼は結婚に躊躇することなく、家族を養うかもしれない。……現在、北アメリカでは百万人を超えるイギリス人がいると考えられる（海を越えてやって来たのはわずか八万人と考えられるが）。そして、植民地がイギリス本国の製造業に提供している雇用があるので、大英帝国で考えると、少数ではなくかなり多いだろう。……しかし、この数の増加にもかかわらず、北アメリカの土地は非常に広いので、それが完全に植民されるには、多くの年数が必要である。そして完全に植民されるまでは、労働は決して安くならず、また、誰も一つの職業の熟練労働者であり続けずに、植民者に加わり、自分で事業を始めるだろう。……植民地の増加に比例して、イギリス製造業にとって大きな需要が成長し、大英帝国の力のなかで輝かしい市場が成長し、そこには、外国人は介入できない。……したがって、大英帝国はその植民地での製造業を抑制しすぎてはいけない。……ここでの奴隷労働は、イギリスの労働者の労働ほど、安くなることは決してないだろう。……［アメリカ人は奴隷を買う］、なぜなら、奴隷は、主人が望む限り長く、あるいはその労働を必要とする限り長く、手元におけるからである。他方、雇用した者は、（しばしば事業の最中に）絶えず雇用主のもとを去ろうとし、自分で事業をしようとする。したがって、労働や製造業などに依存する貿易に関して、植民地が母国に及ぼす脅威について、大英帝国が気にかける必要はほとんどない[3]。

イギリスの重商主義者に向けたフランクリンの一七五一年の訴えは、結局届かなかった。マルサスは一八〇三年の『人口論』第二版への改訂まで、この訴えに気づかなかった。一七九八年のマルサスの議論は、フランクリンのような、イギリスの利己心に対する空しい申し立てではなく、フランクリンのような、実践的目的をもっていた。その目的とは、理性の時代への幻滅と既存の諸制度の正当化であった[4]。

フランス人は、アダム・スミスの同感、利己心、適切さの感覚、および連動した行動（コンサーテッド・アクション）の拒絶を論理的に結び付け、自由・平等・博愛という名の下に、地主、教会、およびギルド、職業団体（コーポレーション）とあらゆる他の結社（アソシエーション）によるすべての集団的行動を廃止した。ゴドウィンは無政府主義者の父であるが、スミスのいう集団的行動の拒絶を、国家それ自体の拒絶にまで拡張し、スミスのいう自然な自由、平等および同感を、すべての人間の平等な完全性にまで拡張した。それは、スミスのいう財産の安全を可能にする、政府の唯一の組織された強制も取り除くという条件の下で実現される。

五年後、神学者のトーマス・マルサスは、ゴドウィンの人間の自然な平等に対抗して、人間の自然な罪深さを

（３）同書、第2巻、pp. 312-319。
（４）Malthus, T. R., An Essay on the Principle of Population as It Affects the Future Improvement of Society (first edition, 1798), p. 173 以下〔邦訳、永井義雄訳［一九八〇］『人口論』、『世界の名著41』所収、中央公論社、四七六頁以下〕。

持ち出した。それは、自由、平等および同感の仮定に基づくすべての体系を無効にすると期待されるべきものであった。彼は、スミスの、人間の幸福という目的での神聖な豊富性を転倒させて、神聖な希少性を主張した。それには「地上の土くれ」から人間の精神や道徳性を導き出すという目的があった。賃金制度だけでなく、悪徳、悲惨、貧困および戦争もまた、人口が生存手段よりも速く成長するはずであるという神聖な原理に付随するものであった。これをマルサスは「人口原理」と名づけた。それは、希少性の原理の生物学的基礎にほかならない。この原理は、彼が「神の強力なプロセス」と呼ぶものの基礎である。「このプロセスは精神の創造と形成のためであり、生気のないカオス的な事柄から精神へと覚醒させ、地上の塵から魂に昇華させ、土くれから天上の閃光を引き出すために必要なプロセスである」[5]。

十九世紀の経済学者たちは、マルサスの著書の前半で展開された過剰人口の物質的基礎だけを、マルサスから引き出した。しかし、マルサス自身は、自分の大きな貢献は、著書の後半にある道徳の進化の理論にあると考えていた。過剰人口の議論に基づいて、経済学者たちは、労働者に対して、人種絶滅を説教した。精神的結論に基づいて、マルサスは、のちに「生存のための闘争」と呼ばれたものから抜け出した人間の性質の道徳的進化を説教した。スミスによる歴史的過程の逆転のような仮説からではなく、過程それ自体の探求から理論を導いたという点で、彼は最初の科学的な進化論者であり、もちろん最初の科学的経済学者である。これらの探求から、彼は、希少性の経済原理を発展させた。これが、ワレスとダーウィンが、マルサスを読んだ直後に、彼らの進化の考え方を得たということの理由である。しかし、ともに過剰人口から出発したものであるが、マルサスの考え方は、道徳の起源に関するものであり、ワレスとダーウィンのは種の起源に関するものである[6]。

ワレスは彼の推論が進展したのは、彼がマルサスを読んだ直後であったと述べた[7]。彼は、予防的で、**意志的な**抑制からではなく、戦争、貧困、悪徳、悲惨という**絶対的な**抑制から、マルサスが名づけた**道徳的**抑制へと進ん

247

だのである。これらの非意志的で、絶対的な抑制は、ダーウィンとワレスの生物学的進化をもたらすだけであり、マルサスの目標であった人間の性質の道徳的進化はもたらさない。

以上述べたことが、ロック、ケネーおよびスミスまでさかのぼる神の恩恵や現世の豊富性という古い考え方からのマルサスの断絶の内容である。マルサスがいうように、われわれは「神から自然へと論証を進めるべきではなく」「自然から自然の神へと上に向かって論証すべきである」。「天国が地上の上にあるように」、神の考えはわれわれの考えの上にある。この道徳的進化の神聖なプロセスに、最初に気づかせたものは、身体の欲求という刺激である。というのも、精神は活動によってのみ創造されるからである。

> これらの刺激が、人類の大多数からとりさられるばあいには、未来の改善のすべての萌芽を破壊する一般的かつ致命的無自覚をうみださずにはおかないことは、うたがいの余地がほとんどない。……土地の完全な耕作によって、人間を神慮の仁愛ぶかい計画の遂行にかりたてるために、神は人口が食糧よりもはるかにはやく増加すべきことを命じた(8)。

（5）同書、p. 353〔邦訳、五四二頁〕。

（6）われわれは、マルサス（一七九八年）の第1版から引用している。第2版（一八〇三年）では、予防的な抑制を強調している。それはのちに古典派経済学者が、賃金労働者が賃金を上げることに関して、彼らへの説教のなかで採用したものである。『ブリタニカ百科事典』でのダーウィンとワレスの項は、自らが、マルサスから彼らの着想を得た道筋を明らかにしている。

（7）Wallace, Alfred Russel, *My life, A Record of Events and Opinions*（1905, 2 vols）I, pp. 232, 240, 361.

（8）マルサス、前掲同書、pp. 350, 359, 361〔邦訳、五四三頁、五四四頁〕。

このように、ロック、ケネーおよびスミスの神聖な豊富性は、マルサスの神聖な希少性になった。前者は、人間を怠惰で愚かな動物にするが、後者は人間をして、将来の進歩のために働き、考え、計画させる。しかし、過剰人口からは、スミスの豊富性や利己心だけでなく、スミスの同感も生じる。

人生のかなしみと困窮とはべつの種類の刺激をかたちづくるものであって、それは一連の特定の印象によって、心をやわらげ、なさけぶかくし、社会的共感を目ざめさせ、キリスト教道徳のすべてをうみだし、また慈愛に活動のひろい余地をあたえるために必要であるようにおもわれる。……道徳的悪徳はすぐれた道徳をつくるのに絶対に必要であることが、かなりたしかなようにおもわれる。……人口原理は、うたがいもなくおおくの部分的害悪をうみだすが、ほんのわずかな考察だけで、おそらくわれわれはそれをはるかにこえる利益をもうみだすことを納得できるだろう。[9]

しかし、だからといって、すべての人が平等に自由であり完全であるということにはならない。この知的道徳的改善に最も適合するのは「社会の中間領域」である。上流階級と下流階級なしに中間階級はありえないとはいえ、贅沢と貧困はともに、善ではなく悪を生み出す。「もし、社会において、だれも地位の上昇を期待できず、またたれも地位の低下の恐れがないとすれば、さらに、勤勉がその報酬をもたらさず、また怠惰が罰をともなわないならば、確実に中間層は現在のようなものではないだろう[10]」。

マルサス曰く「ゴドウィンは、知的な存在という観点だけで、人間を考察しすぎている」。ロック、ケネー、スミス、ベンサムや理性の時代の他の哲学者たちも同様である。人間を「合理的な存在」ととらえることは、「真空の中で落下する物体の速度を計算する」ようなものである。人間は、「攪乱する諸力として非常に強力には

たらく身体的性向」をもつ「複合的存在」である。実際、攪乱する諸力はたいてい人間の理性を支配する。(11)

このように、マルサスは経済学に、情念を導入した。他方、スミス、ベンサム、ゴドウィンに至る啓蒙の世紀の哲学者たちにとって、彼らが「感情」と呼んだものは、合理的な存在が、力、確率、需要と供給、最大幸福および最大利潤を測るために使用する知的な計数器にすぎない。しかし、マルサスにとっては、

問題は、人間が明白な命題を理解するようにさせられうるかどうか、あるいは異論の余地のない論議を確信させられるかどうかに、かかっているだけではない。真理は理性的存在としての人間に確信させることはできるであろうが、しかしかれは、複合的存在としてそれに反して行動することを決意するかもしれない。飢餓による渇望、酒をのむこと、うつくしい女性を所有したいという欲望は人々をつぎのような行動にかりたてることがあろう。すなわちこれらの行動が社会の一般利益にとって致命的な結果をもつことをかれらがそれらの行為をおこなっているまさにそのときにさえ、完全に自覚しているような行動にである。(12)

これが正しいとするならば、国家による強制や懲罰が必要なだけでなく、(13)私有財産もまた必要である。ゴド

(9) 同書、pp. 372, 375, 361-362〔邦訳、五四八―五四九頁、五四四頁〕。
(10) 同書、p. 369〔邦訳、五四七頁〕。
(11) 同書、p. 253 以下〔邦訳、二五二頁以下〕。
(12) 同書、p. 254, 255〔邦訳、五〇五頁〕。
(13) 同書、p. 259〔邦訳、五〇七頁〕。

ウィンの誤りは、悪徳と悲惨の原因を、人間の性質にかえて、人間の諸制度に求めた点にある。

> 政治的規制および既存の財産制度は、かれにあっては、人類を堕落させるあらゆる害悪のゆたかな源泉であり、あらゆる犯罪の温床である。……だが実際には、人間の生命の源泉を腐敗させ、その全部のながれを混濁させる不純なもっとも根深い諸原因にくらべると、表面にうかぶ羽毛にすぎない。……人間はゆたかさのさなかで生活することはできない。すべてのものがひとしく自然の恩恵をわけあうことはできない。不幸と悪徳とのすべての原因が除去されたと仮定しよう。……戦争とあらそいとがやみ普遍的な慈愛が利己心にとってかわる。

249

このような場合、マルサスの議論を要約すると、結婚は子供を養うという義務なしに行なわれるだろう。というのは、平等の原理に基づいて、両親が子供を養わない場合でも共同体が子供を養うからである。したがって、人口は幾何級数的に増加するが、食料は算術級数的にしか増えない。マルサスは次のように続ける。

> 情景はどうなるのか。……五十年以内のような短い期間に、消失した憎悪の情念がふたたびあらわれる……暴力、抑圧、虚偽、不幸、すべての憎悪すべき害悪、および社会の現状を堕落させ、悲しませるあらゆる形態の困窮が、もっとも緊急な事態によって、また人間の性質に固有で、すべての人間の規制とは絶対に無関係な法則によって、うみだされてしまったようにおもわれる。(14)

ゴドウィンのいう共同体は、「社会的慣行(コンヴェンション)と呼べるだろう」。

問題はもはや、ある人が自分で使用しないものを他人に与えるべきかどうかということではなく、自分自身の生存に絶対に必要な食糧を隣人にあたえるべきかどうか、ということである。……緊急の必要は、毎年の生産物の増大がもし可能であるのならば、どのようにしてでも達成されるべきであると、命じているようにおもわれること、この第一の、おおきな不可欠の目的を実現するためには、土地のもっと完全な分割をおこない、各人の蓄財をもっとも強力な制裁、死そのものによってさえ、蹂躙から保護するのが賢明であるとおもわれる。[15]

「うたがいもなく、われわれをもっとも落胆させる考察である」とマルサスが結論したのは、「社会のなんらかの大きな改善の途上にある大きな障害が、われわれが克服ののぞみをもちえない性質のものである」ということである。「……だが、それをかるく見すごしたりしてもそれからなんらかの利益が生じうるとは考えられない。……われわれをもっとたゆまぬ努力にふるいたたせるにたりるおおくのことがまだ存在している」[16]。

マルサスの後期の著作である、一八二一年の『経済学原理』は、混乱してはいたが、リカードの物質主義に対する人道主義的な回答であった。[17]

---

(14)　同書、pp. 176-191〔邦訳、四七七―四八二頁〕。

(15)　同書、p. 484。共産主義の勝利のあと、ロシアの農民たちが、都市共同体のために徴発が行なわれたとき穀物の調達を拒否したことは、こうした議論の妥当性を示す多くの実例の一つである。

(16)　同書、pp. 195-198〔邦訳、五三八―五三九頁〕。

(17)　後述、*p*. 348、「リカードとマルサス」をみよ。

こうしてマルサスは、懐疑論的なヒュームの結論を、信心深い言葉で、次のように言い換えた。すなわち、利己心と私有財産だけでなく、自己犠牲、同感、正義も、彼の人口の原理にほかならない希少性の原理から生じる、と。それ以後、人の情念は、スミスの自然的自由と、ベンサムによる快楽と苦痛の知的計算と同じ地位を主張するようになった。ダーウィンとウォレスのいずれもが、マルサスに対する恩義を認めている。政治闘争および生命と財産をめぐる争いは、スミスの神の豊富性に取って代わり、無知、情念、嫉妬、習慣、慣習、希少性は、理性、自由、平等、同胞愛よりも高い地位を獲得した[18]。スミスの楽観主義は、マルサスが認めるところの「人生の陰鬱な色相」のなかに姿を消した。だがマルサスはそれでもなおこの色相を実際に「情景のなかに」見出すのである。なぜなら、マルサスは厳しい現実のなかにある人間本性から始め、事実と正当化を混同せず、**存在している**ものと、彼が**望むこと**を混同しなかったし、また自然と自然のあるべき状態を混同することもなかったからである。彼は人に対する神の道を正当化し、われわれはそれをもって本章を始めたが、その正当化が、彼の著作の始まりではなかった。それは、彼の『人口論』における社会哲学者としての結論であった。

したがってマルサスは、理性の時代の崩壊にあって、愚かさの時代の到来を宣言したのである。愚かさの時代は、フランス革命の無政府主義哲学から、ロシアの共産主義哲学の時代へ、イタリアとドイツのファシスト的、およびナチ的な哲学へ、そしてアメリカ資本主義の個人主義的哲学へと拡大した。自然概念は、エデンの園でのロックの豊富性から、ダーウィンの希少性および生きのびる人々の生存へと変化する。彼らが生きのびるのは、マルサスが願ったように、彼らが道徳的に適合していたからではなく、ヒュームが哲学化したように、道徳的、および経済的環境に適合していたからである。マルサスは、景気循環、過剰生産、過小生産、失業、大量の移民、関税、独占、地主、小作農、農民、資本家、労働者たちの政治的かつ経済的闘争の時代に、つまり経済学者を資本主義的、無政府主義的、共産主義的、サンディカリズム的理論家へと分裂させた時代に、幻滅し始めたのである。それは、革命、独裁制、関税、帝国主義、不首尾に終わったアメリカの効率性およびヨーロッパの過剰人口の徹底的なアメリカによる排除をともなうもう一つの世界大戦をもたらした時代であった。こうして、マルサスの「陰鬱な色相」は証明された。それも恐ろしく行きすぎたかたちで、証明されたのである。

(18) ドイツのナチ政権による、この情緒的な感情の哲学の理論的推敲はカルヴィン・B・フーバーによって詳細に描かれており、それはこのマルサス的原理の特殊例といえる。以下を参照せよ。Hoover Calvin B.,*Germany Enters the Third Reich* (1933).

訳者あとがき

本書は、John Rogers Commons, *Institutional Economics : Its Place in Political Economy*, Macmillan, New York, 1934 全十一章のうち、序文～第7章までを訳出したものである。

原著は、全十一章からなる、九百頁を超える大著である。そのため第7章までを上巻（本書）、第8・9章を中巻、第10・11章を下巻として公刊する。中巻および下巻については今後一年以内に刊行予定であり、中巻は、宇仁宏幸氏（京都大学）と高橋真悟氏（東京交通短期大学）の共訳にて、また下巻は塚本隆夫氏（日本大学）と徳丸夏歌氏（京都大学）の共訳にて、出版される予定である。現在、コモンズの『制度経済学』は、中国語で出版されているほか、フランスにおいても翻訳出版作業が進行中である。

なお、本訳書の出版に際しては、訳者が所属する阪南大学の「阪南大学翻訳出版助成」を受けた。したがって本訳書は、「阪南大学翻訳叢書第二十四巻」として出版されている。ただし中巻以降はその限りではない。これに関わって、関係各位、とりわけ和田渡氏（阪南大学経済学部教授・同研究部長）と図書研究委員会の構成員の方々および研究助成課の方々からご支援とご助力を得た。この場をお借りして御礼申し上げる次第である。

さて、コモンズが九百頁を費やして述べようとしたことを、この短い後書きで解説することなど事実上不可能であり、ましてや現代制度派経済学の一つであるレギュラシオン理論をもっぱら研究しているにすぎない、コモンズ研究の専門家でもない訳者がそのような解説をすることは僭越のそしりを免れないであろう。まずは本訳書をお読みいただくことが何よりもコモンズ理論を理解するうえで肝要であることは言を俟たない。したがって、以下で展開されるコモンズ論は読書案内の域を出ないものであることを明言しておく。

実のところ、M・ラザフォードやG・M・ホジソンなどの、制度経済学研究者や学説史研究者のそれを除けば、コモンズ研究が、日本はおろか世界においても、スミス研究やケインズ研究のごとく、経済学者たちの耳目をいまも集め続けているとは言い難い。その限りで、コモンズは「忘れ去られた」経済学者であるかもしれない。今日、コモンズの名が語られるとすれば、彼はヴェブレンやミッチェルらとともに「制度派経済学」の基礎を築いた一人であり、「労働経済学」という応用分野への寄与が認められる経済学者である、というものではないだろうか。

それゆえ、われわれはまず、知られざるコモンズ研究の概要を読者に理解してもらうべく、中巻の訳者であり、日本におけるコモンズ研究の第一人者の一人である高橋真悟氏に「日本語版の出版に寄せて」を寄稿してもらい、訳書冒頭でコモンズ理論の全体像を紹介してもらった。氏の解説を読むだけでも、コモンズの経済理論の独自性が大いに伝わるはずである。

また、学説史的見地から次のことを述べておきたい。本書序文において、コモンズ自身が述べているように、彼は、『制度経済学』を、出版前に研究者仲間や学生たちに「未完成な謄写版」のかたちで配布し、それらの人々との議論を経て、幾度か原稿を大幅に修正している。それらの草稿を受け取った経済学者のなかで今日最も有名な人物は、J・M・ケインズである。そうした草稿類は、断片的なものばかりであるがウィスコンシン大学のアーカイブに収められており、日本では、マイクロ・フィルムの形で、立教大学、京都大学、阪南大学の図書館にて閲覧可能である。アーカイブされている草稿類が断片的なものになっている主な理由は、コモンズが退職時に、そのときまでに所有していた自身の草稿のいっさいを廃棄したためである。しかしながら二〇一三年に、中巻の訳者である宇仁宏幸氏は、「京都府立図書館」に寄贈されていた、元・京都大学教員の故・棚橋初太郎氏所有の草稿謄写版を発見した。この草稿謄写版は『制度経済学』前半部をほぼ網羅するまとまったものである。

この新発見された草稿と、出版された『制度経済学』の異同については、現在、日本学術振興会科学研究費の補助を受けた共同研究として、研究が進行中であり、二年後にはその研究成果が出版される予定である。

しかしながら、コモンズの理論は、いまやこうした経済学説史のなかでしか語れないものなのであろうか。われわれの答えは明確に否である。実際、本書の翻訳作業が進行する過程で、中・下巻の訳者たちによるコモンズ研究が同時進行した。その成果は、例えば、京都大学経済学会『経済論叢』「特集　J・R・コモンズの制度経済学の現代的展開」（第一八七巻、第一号、二〇一三年七月）に結実しており、そこでは上述の他巻の訳者やフランスの研究者たちが、『制度経済学』の精緻な分析を通じて獲得した知見が披瀝されている。本書を読まれてコモンズの理論に興味をもたれた方は、是非一読されたい。そこでのコモンズ理論は、単なる学説史研究の一対象ではない。むしろ、現代経済学が忘却しているものが、そしてそれゆえに生まれているさまざまな理論的困難を経済学が克服するための「何か」が、コモンズ理論のなかには存在しているのであり、これこそわれわれが本書を訳出することを決意した主たる理由である。われわれは懐古的にコモンズを論じるつもりはない。なぜなら、われわれは現代経済学の根本的刷新にコモンズの理論が必ずや寄与するとみなしているからでる。

そこで以下では、「いまなぜコモンズなのか」について、簡潔に述べてみたい。なお、繰り返しになるが以下の解説は、あくまで訳者の見解であり、中巻・下巻の訳者の見解ではないことを付言しておく。中巻・下巻にはそれぞれの訳者たちによる解説が付与される予定である。そこでは、本解説の立場とは異なる様々な解釈が各訳者固有の観点から開陳されるであろう。

経済理論の腑分け作業としての経済理論史研究

すでに述べたように、われわれは、学説史研究の対象としてのみコモンズに注目したわけではないが、この上巻の目次だけをみるならば、そうした印象を強く受ける読者がいることは否めない。というのも、コモンズは全七章のうち六章分を割いてまで、ジョン・ロックから始まり、マルサスへと至る古典派経済学者たちの理論を微に入り細に入り分析しているからである。これ以降の章では、第8章「効率性と希少性」、第9章「将来性」、第10章「適正価値」、第11章「共産主義、ファシズム、資本主義」というテーマが与えられており、これらの諸章がコモンズ理論の核心であることは疑いえない。とはいえ、こうした章立てからすれば、とりわけ邦訳・上巻は、コモンズによる「経済学理論の分析史」であると受け止められる嫌いがあろう。しかしコモンズによる、この叙述法は、「どうしてもそうせざるをえなかった」事情が反映されたものであるにすぎない。

というのも、本書を読めばすぐにわかるように、コモンズはこれまでの「経済理論はどこで間違ったのか」を探求するためには、過去の経済学者たちを、「自らが考える制度経済学の観点から」、徹底的に再整理しなければならないと考えていたからである。したがって、コモンズ自身が序文でも述べているように、本書『制度経済学』における彼の主たる目的は、これまでの経済学とは根本的に異なる新しい「制度の経済学」を構築することではなく、過去の偉大な経済学者たちが発見し、理論化してきたさまざまな装置のうち、彼のいう制度経済学の観点からすれば、何が正しくて何が誤っていたのかを根本的に腑分けしたうえで、制度をキー概念として、その何を継承し、新たに発展させるべきかをカテゴライズすることに全精力を傾けることにあった、といえよう。そしてその理論構築の際に核となるのが「集団的行動」の概念なのである（これについては後述する）。

これらの主張は多岐にわたるため、また各章において同様の論点が繰り返し述べられているため、いちいち章をたどって再現することはしないが、簡潔に述べればそれは次のとおりである。

経済学の方法としての物理学のアナロジー批判

まず、コモンズは繰り返し、経済学がその時代に主流であった科学観を安易に取り込みすぎていると批判する。よく知られているように、経済学はジョン・ロック以来、経済そのものを物理学のアナロジーでもって描写する傾向にあった。これは現代にまで至る経済学においても引き続き主要な方法論である。近年のミクロ経済学が人間の脳内における情報伝達作用を、実験や脳の物理的測定を通じて把握し、その意志決定のあり方を理解しようとしている情況からもわかるように、それはまさしく「経済を物理学のアナロジーで分析すること」にほかならない。

こうした方法論に従う限り、人間という、経済行為における主役たちは、原子のごとく取り扱われ、その主体性は分析の対象から最終的には消え去ってしまう。つまり人間の意志は、物体に、すなわち電気信号のそれに還元されてしまうのである。これは、経済学が「モノと人との関係」を分析することから始まって、「モノとモノとの関係」だけに、あるいは人間の行為と行為との関係を表象するモノだけにもっぱら焦点を当てる（還元する）ようになってしまったことにも通底している。そこでは、個々の人間がもっている、当該社会におけるその立場の違いによっては著しく異なる、多様な「意志そのもの」は看過され、排除されているか、後景に退いている。しかし現実の社会経済は、これらの人々がもつ多様な意志によって紡ぎ出され、進化し続けているのである。

経済学の道具としての数学――そのメリットとデメリットの措定

こうした物理学のアナロジーを経済学が用いることに関わって、コモンズは、本書のここかしこで、経済学が数学的思考とその方法を摂取することのメリットとデメリットを指摘している。まず前者についていうならば、それは統計的手法の発展と経済学におけるその可能性についての言及である。

当時勃興しつつあった統計的手法が、のちにケインズによって明らかにされることとなる「マクロ経済」概念の構築に寄与したことはつとに知られた事実である。しかし同時代を生きたコモンズもまた、マクロ経済を把握することの重要性にいち早く着目していた。彼が第1章で物価水準の変動に着目し、経済全体の変化を表す価値尺度の一つとしてそれに言及しているのは、その証左である。またコモンズが第9章「将来性」（邦訳、中巻）において、金融取引について丹念に分析しているのは、こうしたマクロ概念に基づいて、コモンズの時代においてすでに前面開花していた金融化した経済（コモンズの用語でいえば「銀行家資本主義」）全体を適正価値にしたがって調整すべきであると考えていたからである（適正価値については後述する）。

他方、後者に関していうならば、マーシャルをもって嚆矢とし、当時でも徐々に進展しつつあった、「経済諸関係」の関数化という手法は、コモンズにとって、「エンジニア経済学」（財の生産における投入・産出の連続的変化の分析）の大きな貢献、すなわち「効率性という価値」による経済の測定と調整という観点からすれば、重要なものであった。しかしコモンズは、それを経済全体に拡大してそれのみで描写することには慎重であるべきという立場をとった。というのも経済諸関係の因果連関は効率性だけでは測定できないし、それのみを適正価値とすることはできないからである。要するに「意志」のありようとそれがもたらす制度進化を考察するためにはその価値だけで経済を分析できないのであり、そうした価値以外のさまざまな価値もまたその「意志」に影響を与えているはずだ、と彼は考えていたのである。実のところ、それは、効率性を含めた、「希少性」、「将来性」、「慣習」、「主権」という五つの原理に基づく価値である（これらについては後述する）。

「自発的意志の経済学」と制度

こうしたことから、コモンズは次のような考えに進む。すなわち「自発的意志 willingness」という要素を排除せずに、逆にそれらを経済理論に組み入れるならば、経済学はまったく違ったものに変容するだろう、と。ただし、これはコモンズに特有の傾向ではなく、すでに十九世紀末から経済現象を心理学に依拠して分析する傾向が高まっていたことからすれば（本書にも効用分析を主眼に置く学派を表して「心理主義的経済学」という用語が頻出する）、当時の経済学研究の大きな流れの一つであり、当然のことでもあった。

例えば、コモンズは第2章「方法」で、次のような見解を明らかにしている。経済学において自明視されている「均衡という状態」は、原子としての同質的人間が相互依存の関係のなかで「自動的・機械的に」到達する一情況として解釈されるのではなく、さまざまな意志を持つ人間の間で行なわれる（決して一個人の選択に還元できない）経済行為を出発点とする、行為者相互の「対立をはらみながらも、一方は他方に、他方は一方に依存しつつ、交渉の結果たどり着く、あくまで暫定的なものにすぎない一つの秩序」として解釈されるべきである、と。したがって、経済学にとって重要なのは、均衡状態はその過程の一部にすぎないととらえて、秩序内部においてすでに構造化されている人間の自発的意志（これをコモンズは、制度を媒介として過去から継承され、現在の個人に内面化され、なおかつ将来への期待をもちつつ行動する「制度化された精神」と呼んでいる）のぶつかり合い・相互依存・妥協（対立・相互依存の結果新たに生み出される制度、ワーキング・ルール）というプロセスを理論的に考察することである。余談ながら、コモンズは、当初『制度経済学』を「意志の経済学 *Volitional Economics*」というタイトルで出版することを考えていたという。

経済分析の究極的単位としての「集団的行動」と取引

次に、こうした多様な意志を介した秩序（ないしプロセス）の構成に関する理論的分析がなされるためには、人間の経済活動がどのような単位でなされるのかを定義しなければならない。それに対するコモンズの解答がすでに述べた「集団的行動」である。原子論・機械論に立脚した経済理論は、個人の自由を尊び、個人の独立性を高らかに宣言する。これが現代経済学の核心をなしている方法論的個人主義から引き出されていることはいうまでもない。ちなみに、コモンズはこの経済学の代表例として、本書第4章でアダム・スミスを取り上げている。実際、スミスが敵対視したのは、市場の円滑な機能作用を阻害する「重商主義的政策」、つまり利害関係者による集団的行動の産物であった。

市場の円滑な機能を尊ぶ、現代の経済学に慣れ親しんでいるわれわれからすれば、奇妙にも思える、このコモンズの主張の要諦は、人が完全に独立した状態で、完全に自由に経済活動することなど不可能であること、つまり「方法論的個人主義」は理論的には成り立っても、現実には成り立ちえないことを証明することにあった。コモンズはさまざまな事例を引き合いに出しながら、歴史的にも理論的にも経済活動の最小単位は「集団的なもの」であらざるをえず、その単位における経済行為とは、個人と個人との財の「交換」ではなく、最低四名からなる集団内部での「取引」であると喝破したのである。この活動の単位こそがゴーイング・コンサーンである。

ゴーイング・コンサーンが経済的次元にある集団であれば、それはビジネス・コンサーンであり、より生産現場に近いもの（たとえば工場内集団）であればゴーイング・プラントであり、政治的次元に近いものであれば、ポリティカル・コンサーンである。いわゆる狭義のミクロでもなければ、マクロでもないこの経済単位は、一つの社会に同時かつ無数に存在するだけでなく、一人の人間が多くの種別的コンサーンに同時に関与していることは明白である。つねにこれらのコンサーンを媒介し、コントロールするものこそが「制度」であり、またそのコンサーン内部での取引の機能的連関を方向づけ、コントロールするものこそがワーキング・ルールである。それゆえ、ゴーイング・コンサーン間およびその内部に存在する因果連関のありようはそのゴーイング・コンサーンの数だけ存在するのであり、なおかつそうした因果連関は時間の経過とともに進化する。かくして、制度経済学は、現実に存在する無数の因果連関を丹念に調査・探求Investigationすることで、その理論化に当たらねばならず、そのためには経済学が常用する還元主義的方法論ではなくプラグマティックなそれが必要となる。こうしたコモンズの社会科学方法論は、経済学における「方法論的全体主義」か、それとも「方法論的個人主義」か、という二項対立の問題に対して「方法論的集団主義」という解答を提示しているといえよう。

社会経済システムの多元性の源泉としての「制度」

しかし、コモンズのこうした社会科学方法論に対して、直ちに次のような反論がなされるであろう。すなわち「経済的活動の最小単位の問題はひとまずおくとしても、制度が人々の活動を誘導し、方向付けるという制度の機能性については、すでに現代の制度派経済学のみならず、新古典派経済学においてもすでに理論的に取り込まれているのではないか」、と。

たしかに、いまや「制度が重要である」であると宣言したところで、またその制度を介した経済行為者の意志決定の方向付けを強調するだけでは、制度経済学の独自性を語ることはできないであろう。しかしながら、こうした疑義に対しては、次のように反論可能である。

第一に、現代の「制度の経済学」諸派は、制度が経済システムにもたらす均衡作用にもっぱら焦点を当てているが、コモンズ（およびヴェブレンらのアメリカ制度学派）は、その組織体としての社会的全体の歴史的進化・変容に焦点を当てている。つまり、前者は社会的全体としての社会経済システムの構造的一断面の理論的・構造的因果連関を叙述することに力点をおいているのに対して、後者はその構造そのものの歴史的変容と進化を理論的に叙述することに力点をおいているのである。

第二に、前者では、制度は各々の経済循環の状態に埋め込まれている「結節点・転換点」にすぎず、そのありようが経済循環の状態を決定すると捉えられている。それに対して、後者（ここではコモンズのそれ）では、構造的に決定され、階層化された無数のゴーイング・コンサーンからなる社会的全体が、制度を媒介として複雑に連接され、部分的な対立・相互依存を経て一定の秩序に至るととらえられており、そのゴーイング・コンサーンにおける「取引」という集団的行動そのものから結果する一定の社会経済的パフォーマンスが次に媒介としての制度を変容させうる、とみなされている。いわば制度からなる全体的組織体のなかに無数のゴーイング・コンサーンが存在し、活動しているのであり、その組織体はつねに変容し続けているのである。

このような理解は、決して訳者の独りよがりの解釈ではない。本書第2章「方法」におけるコモンズによる「制度」の定義からも、それは見て取ることができる。すなわち「制度とは、個人の行動を抑制し、解放し、拡張する集団的行動である」という定義がそれである。この定義はさまざまに解釈可能であるが、次のように理解したい。この定義は、何よりもまず制度が集団的行動の産物であることを措定したうえで、ある制度の機能作用の発現形態がゴーイング・コンサーンの種別的差異、それらの社会的階層性における差異、それらが現われる歴史的空間的差異に、決定的に依存していることを指摘している、と。つまり、ある制度は、そうした差異すべてのありよういかんで、集団的行動において個人の行動を抑制することもあれば、解放したり、拡張したりするのである。換言すれば、それは、ある制度が「構造的・機能的多義性」をもつことにほかならない。またその多義性は、集団的行動そのものに影響を与える構造的要因に加えて、自発的意志を持つ個人およびそれらから構成されるゴーイング・コンサーンが、現前する制度をいかに意味づけるかにもかかっている。それゆえ、コモンズは第2章でジョン・ロックの「観念」から議論を始め、「観念の意味づけ」について長々と語っているのである。だが、そうした多様なゴーイング・コンサーンの活動をある秩序へと導き、それらの活動が多元的であるにもかかわらず社会経済にさしあたっての全体的調整を与えるものは何か。コモンズによれば、それは適正価値である。

適正価値の複合性——社会的調整の原因、調整因子、尺度としての適正価値

いうまでもなく、経済理論の歴史は「価値論」の歴史でもある。これをふまえて、コモンズもまた、本書において、その問題に真正面から立ち向かっている。なぜなら価値の問題は、究極的には社会経済をどのように「調整」するのかという問題に逢着せざるをえないからである。例えば、きわめて雑駁な表現にならざるをえないが、新古典派であれば、社会的調整の主体は「市場」であり、そこでは希少性がその調整原理として作用し、効用によって測定される快楽という主観的価値がその究極的原因となっている。そして新古典派では貨幣タームで表現される「価格」はヴェールにすぎない。またマルクス派であれば、価値の根本原因は労働であり、社会的全体は価値尺度としての労働力の量によって測定されねばならないし、それが社会的調整の単位として希求されねばならない。また概して貨幣タームで表現される「価格」は本質というよりもむしろ表象としてとらえられる傾向にある。

こうした価値論をコモンズは、本書を通じて、プラグマティックに別のものへと練り直す。それが先に述べた「希少性」・「効率性」・「将来性」・「慣習」・「主権」という五つの原理に基づいて総合的かつ複合的に構成される価値の総体、つまり「適正価値」である。

コモンズは、社会的全体においても、各々のゴーイング・コンサーンにおいても、これらの五つの原理がつねに同時に作用していると考える。そして、これらのうちどれが最も中心的な原理として機能するかはゴーイング・コンサーンの構造的ありように、また取引における交渉のありように依存しており、それらの価値の複合的構成体、すなわち「諸価値の妥協形態」として立ち現われるのが「適正価値」なのである。

たとえば、コモンズは第4章において、「適正価値とは、貨幣で換算された適正な希少性価値のことである」と述べる。この引用から明らかなように、ここでの適正価値は、希少性価値によって規定されているだけでなく、

その尺度としては貨幣のみが用いられている。

コモンズは、これまでの経済学はたしかに、「希少性」あるいは「効率性」という原理に基づいて「価値」を考えてきた、という。だが現実の「希少性」価値とは、数量的・質的差異から需給原理に基づいて「自然に生み出される」価値ではない。むしろそれは「専有的」なもの、つまり私的財産の所有の度合いやその所有権の行使形態、およびその所有者の社会における政治的・経済的力関係に依存して「人為的に決定される」価値である。これをコモンズは「専有的希少性」価値と呼ぶ。またコモンズは、専有的希少性原理に基づいて行なわれる、「労働力」の投入とそこから得られる産出の関係においては、もう一つの原理、すなわち「効率性」原理が重要な役割を果たすと考えた（その限りでリカードとマルクスはそれらの原理研究の先駆者とみなされている）。そしてこうした投入・産出の関係の調整は管理取引のありように、つまりゴーイング・コンサーン内外での政治的・経済的階層性の形態およびそれらの交渉形態に依存するととらえられていたのである。

加えて、ゴーイング・コンサーンは以上の原理を考慮するだけでなく、将来への期待をもって投資を行なったり、消費をしたりする（歴史的時間のなかで、その取引からもたらされる価値の構成のあり方、つまり将来性価値を考えて行動する）し、それらがもっている過去から継承された習慣・慣習・慣行（この区別はそれらがワーキング・ルールとしてどのような社会的階層で作用するのかに依存する）を考慮して取引せざるをえないし、社会的全体内部で各々のゴーイング・コンサーンが所有する主権の政治的階層性（ここでの主権とは諸取引における指揮・命令権の所有形態のことであり、取引における当事者たちが相互に一定の強制と説得を行なうことを可能にする政治的力能のことである）をも考慮せざるをえない。そうしたことから、複雑かつ相互に影響を与えあうこれらの諸原理からなる価値は、最終的には一つの価値へと結実する。それが適正価値なのである。

適正価値を表象し、調整する「制度」としての貨幣

以上のような仮定の下では、もはや労働の苦痛および快楽の過多はその価値の原因ではなく、その調整因子でもなければ尺度でもない。それらはコモンズのいう適正価値を測定し、調整するには不適切である。だが貨幣は、こうした諸価値の構成を「測定する」うえで、先に述べた五つの原理すべてが貨幣そのものにおいても機能するという限りにおいて、適切なものである。そのように考えることによって、貨幣の価値変動が社会的全体における「適正価値」の変化をある意味で表象することになると捉えることもできよう。注目すべきことに、もしこうした解釈が正しいとするならば、それは伝統的な経済学が到達した結論とはまったく逆の結論なのである。

ただし、こうしたことは『制度経済学』で明快に述べられていない。述べられているのは、次のようなことである。たとえば、コモンズは第2章において、重商主義の登場以降経済学は貨幣的理論と非貨幣的理論に分断されたと述べている。周知のように、後者の理論は、貨幣を中立的で透明な単なる交換の媒体に還元してしまっている。彼によれば、制度経済学にとって重要なのは、貨幣的理論である。そして、彼は、貨幣もまた一つの「制度」である、というのである。たしかに、「個人を抑制し、解放し、拡張する集団的活動」が制度であるならば、貨幣もまた制度の一つであるといえるであろう。なぜなら貨幣は個人の取引を制約し、その所有のありようによっては個人を解放しもすれば、拡張しもするからである。残念ながら、現時点ではこうしたことは一解釈の領域にとどまるのであり、それをさらに理論的に構築するのは、われわれ現代の制度経済学者たちの仕事であろう。

だが、そうだとしても、貨幣タームでの適正価値の水準はいったいどのようにして決まるのか。コモンズによれば、それはゴーイング・コンサーン内部での、またゴーイング・コンサーン間での取引における「折衝心理学」によってであり、最終的には最高裁判所の判例によってである。コモンズが労働組合運動に積極的にコミットし、適正な賃金水準や諸財の価格決定のあり方についての法的整備およびそれらのコントロールの確立に尽力

し、ひいては金融政策によるマクロ経済の調整まで構想したのは、自身が構想した貨幣タームでの「適正価値」の水準が交渉によって決定され、その価値を表象する貨幣の変動をコントロールすることによってその水準が「社会的に調整される」ことを立証しようとしていたからではないだろうか。

翻って、この結論を現代制度派経済学の議論に引きつけて敷衍すれば、このようなコモンズの提言は、所得分配の適正なあり方や金融政策の方向づけなどにすでに大いに生かされており、その限りで、コモンズ理論と現代制度派経済学との間には、大いなる共通項が存在しているといえるのである。

いずれにしても、こうしたコモンズ理解はあくまで訳者の解釈であり、是非とも、全文にあたってコモンズの理論がもつ魅力に接していただきたい。

＊＊＊

次に、翻訳作業に関わることについて述べたい。

訳者は宇仁宏幸氏・斎藤日出治氏（元・大阪産業大学教授）との共訳による、ベルナール・シャヴァンス著『入門制度経済学』（ナカニシヤ出版、二〇〇七年）の翻訳出版を通じて、コモンズと出会い、遅まきながらその重要性に気がついた。しかしながら、その後も積極的にコモンズ研究を進めようとはしていなかった。実際に、その重要性にいち早く注目したのは、中巻の訳者である宇仁氏であり、本書の翻訳を最初に企図されたのも氏である。レギュラシオン理論をはじめとする現代制度経済学に造詣の深い氏は、自身の研究におけるさまざまな文献渉猟の過程で、いち早くコモンズの重要性に着目していたのだった。

ほどなく訳者は、宇仁氏が京都大学大学院の演習においてコモンズ『制度経済学』を取り上げることを知らされ、その講義に参加した。10名を超える院生に混じって訳者も、『制度経済学』を読み始めたが、著名な経済学者たちを縦横無尽に駆使するコモンズの理論は、一筋縄ではいかないものであった。だが、ページを開くごとに繰り出されるコモンズ独自の制度概念にたちまちのうちに魅了された訳者は、大学院での読了が終了したあと、あらためて宇仁氏を中心とした、有志の大学院生たちを含むメンバーで「コモンズ研究会」を立ち上げ、より掘り下げた読解に着手した。その際、深見加代、北川亘太、加藤浩司（いずれも当時、京都大学大学院リサーチアシスタント）の三氏は、本文の丁寧な読み込みに協力してくれただけでなく、訳語表の作成、原著における引用箇所の邦訳文献の渉猟などに全力を投入してくれた。とりわけ、北川氏は自身の研究時間を大幅に割いてまで、この翻訳に最初から最後まで積極的に関与してくれた。出版最終段階での氏によるさまざまな貢献なくば本書の出版はさらに遅れていたであろう（ちなみに、氏はコモンズの主権論に焦点を当てた斬新なコモンズ論を、博士論文としてすでに提出している）。また専門領域が大いに異なるにもかかわらず参加してくれた、黒澤悠氏（大阪市立大学大学院）も、研究会において訳語の確定などで鋭い意見を提示してくれた。

しかし、作業を進めていても、なかなか訳文どころか訳語さえ確定できない日々が続き、気がつけばほぼ二年の歳月が経過していた。とりわけ、ロックやベンサムなどの経済学者たちの議論や、パースのプラグマティズムの議論などは、それらを専門としない訳者にとって、きわめて難解なもののように感じられた。そこで、宇仁氏の提言により、コモンズ研究の専門家である高橋真悟氏、アメリカ制度派経済学を研究している塚本隆夫氏、そしてウィザーおよびミーゼスに明るい徳丸夏歌氏が翻訳作業に参加されることになった。そしてこれらの諸氏による参加はこれまでの遅滞を払拭するうえできわめて重要な契機となった。とりわけ本巻については、第2章は高橋氏、第3章は宇仁氏、第4章は徳丸氏、第6章は塚本氏から多大なご助力をいただいた。おそらく諸氏による数々の助言がなければ、訳者は上巻をまとめ上げることさえできなかったであろう。

加えて、訳者の所属先でご一緒させていただいた大田一廣氏（阪南大学名誉教授）は、長大な時間をかけて訳文を丹念に読み込んでくださり、数多くの指摘をくださった。出版計画の都合上、さらには訳者の能力上の限界により、氏の指摘すべてに答えることができていないことが悔やまれる。これについては、再版などが許されるならば、他日を帰したい。

こうした研究会や検討会を通じてご尽力いただいた諸氏にこの場をお借りして心より御礼申し上げる次第である。むろん、ありうべき誤訳については、その責任のすべてが訳者に帰されるべきものであることはいうまでもない。できうる限りそういうことのないよう細心の注意を払ったつもりであるが、読者諸氏の忌憚のないご意見・ご批判をお寄せいただければ、訳者にとって望外の幸せである。そうした指摘や批判が日本におけるコモンズ研究をさらに進展させるであろうし、むしろそうしたことに貢献できることのほうが訳者の本望である。

また学術書の出版がますます困難になっているなか、三巻本での出版をあえて決断いただいた、ナカニシヤ出版編集部の酒井敏行氏にも御礼申し上げる。

最後に、私事で恐縮であるが、本書を二〇一三年十二月に急逝された、恩師重田晃一先生（関西大学名誉教授）に捧げたい。

中原隆幸

二〇一五年一月吉日

中原隆幸（なかはら　たかゆき）
1963年生まれ。名古屋市立大学大学院経済学研究科博士課程後期課程修了。博士（経済学）。同大学助手、四天王寺大学人文社会学部准教授を経て、現在阪南大学経済学部教授。『対立と調整の政治経済学——社会的なるもののレギュラシオン』（ナカニシヤ出版、2010年）、『日本経済の常識——制度から見る経済の仕組み』（編著、ナカニシヤ出版、2014年）、他。

阪南大学翻訳叢書24
制度経済学　上
政治経済学におけるその位置

2015年５月29日　　初版第１刷発行　　（定価はカヴァーに表示してあります）

著　者　ジョン・ロジャーズ・コモンズ
訳　者　中原隆幸
発行者　中西健夫
発行所　株式会社ナカニシヤ出版
〒606-8161　京都市左京区一乗寺木ノ本町15番地
TEL 075-723-0111　FAX 075-723-0095
http : //www.nakanishiya.co.jp/

装幀＝白沢　正
印刷・製本＝亜細亜印刷

ISBN978-4-7795-0967-4　C3033

入門社会経済学
資本主義を理解する〔第2版〕

宇仁宏幸・坂口明宏・遠山弘徳・鍋島直樹 著

非新古典派の共有する経済理論を体系的に紹介。金融危機以後の最新の経済状況に対応した、決定版テキストの改訂版。資本主義の新たな局面の本質を理解するうえで、有効な視座を提供する。

三〇〇〇円＋税

入門制度経済学

ベルナール・シャバンス 著／宇仁宏幸 他訳

シュモラーや旧制度学派、オーストリア学派などの古典的な制度経済学から、比較制度分析や新制度学派、レギュラシオン理論まで、制度をめぐる経済学の諸潮流をコンパクトに解説。

二〇〇〇円＋税

対立と調整の政治経済学
―社会的なるもののレギュラシオン―

中原隆幸 著

「政治的なるもの」をいかにして経済学に組み入れるか。「社会的なるもののレギュラシオン」アプローチによる、社会経済システム全体の認識の試み。「政治」と「経済」の分析的融合のために。

五五〇〇円＋税

資本主義の新たな精神

ボルタンスキー／シャペロ 著／三浦直希 他訳

一九六八年を頂点に、かつてあれほどまでに燃え上がった資本主義への批判はなぜ力を失ったのか。資本主義が引き起こす破壊に立ち向かうために「批判」の再生を構想する大著の完訳。

上下巻各五五〇〇円＋税

＊表示は本体価格です。